中国社会科学院学部委员专题文集
ZHONGGUOSHEHUIKEXUEYUAN XUEBUWEIYUAN ZHUANTI WENJI

1994年后的财税改革

高培勇◎著

中国社会科学出版社

图书在版编目(CIP)数据

1994 年后的财税改革/高培勇著. —北京：中国社会科学出版社，2013.8
(中国社会科学院学部委员专题文集)
ISBN 978 - 7 - 5161 - 3321 - 7

Ⅰ.①1… Ⅱ.①高… Ⅲ.①财税—财政改革—中国—1994～—文集
Ⅳ.①F812.2 - 53

中国版本图书馆 CIP 数据核字(2013)第 229390 号

出 版 人　赵剑英
责任编辑　王　曦
责任校对　孙洪波
责任印制　戴　宽

出　　　版　中国社会科学出版社
社　　　址　北京鼓楼西大街甲 158 号（邮编 100720）
网　　　址　http://www.csspw.cn
　　　　　　中文域名:中国社科网　　　010 - 64070619
发 行 部　010 - 84083685
门 市 部　010 - 84029450
经　　　销　新华书店及其他书店

印刷装订　环球印刷(北京)有限公司
版　　　次　2013 年 8 月第 1 版
印　　　次　2013 年 8 月第 1 次印刷

开　　　本　710 × 1000　1/16
印　　　张　27.25
插　　　页　2
字　　　数　433 千字
定　　　价　82.00 元

前　言

　　哲学社会科学是人们认识世界、改造世界的重要工具，是推动历史发展和社会进步的重要力量。哲学社会科学的研究能力和成果是综合国力的重要组成部分。在全面建设小康社会、开创中国特色社会主义事业新局面、实现中华民族伟大复兴的历史进程中，哲学社会科学具有不可替代的作用。繁荣发展哲学社会科学事关党和国家事业发展的全局，对建设和形成有中国特色、中国风格、中国气派的哲学社会科学事业，具有重大的现实意义和深远的历史意义。

　　中国社会科学院在贯彻落实党中央《关于进一步繁荣发展哲学社会科学的意见》的进程中，根据党中央关于把中国社会科学院建设成为马克思主义的坚强阵地、中国哲学社会科学最高殿堂、党中央和国务院重要的思想库和智囊团的职能定位，努力推进学术研究制度、科研管理体制的改革和创新，2006 年建立的中国社会科学院学部即是践行"三个定位"、改革创新的产物。

　　中国社会科学院学部是一项学术制度，是在中国社会科学院党组领导下依据《中国社会科学院学部章程》运行的高端学术组织，常设领导机构为学部主席团，设立文哲、历史、经济、国际研究、社会政法、马克思主义研究学部。学部委员是中国社会科学院的最高学术称号，为终生荣誉。2010 年中国社会科学院学部主席团主持进行了学部委员增选、荣誉学部委员增补，现有学部委员 57 名（含已故）、荣誉学部委员 133 名（含已故），均为中国社会科学院学养深厚、贡献突出、成就卓著的学者。编辑出版《中国社会科学院学部委员专题文集》，即是从一个侧面展示这些学者治学之道的重要举措。

　　《中国社会科学院学部委员专题文集》（下称《专题文集》），是中国社会科学院学部主席团主持编辑的学术论著汇集，作者均为中国社会科学院学部委员、荣誉学部委员，内容集中反映学部委员、荣誉学部委员在相关学科、专业方向中的专题性研究成果。《专题文集》体现了著作者在科学研究实践中长期关注的某一专业方向或研究主题，历时动态地展现了著作者在这一专题中不断深化的研究路径和学术心得，从中不难体味治学道路之铢积寸累、循序渐进、与时俱进、未有穷期的孜孜以求，感知学问有道之修养理论、注重实证、坚持真理、服务社会的学者责任。

2011 年，中国社会科学院启动了哲学社会科学创新工程，中国社会科学院学部作为实施创新工程的重要学术平台，需要在聚集高端人才、发挥精英才智、推出优质成果、引领学术风尚等方面起到强化创新意识、激发创新动力、推进创新实践的作用。因此，中国社会科学院学部主席团编辑出版这套《专题文集》，不仅在于展示"过去"，更重要的是面对现实和展望未来。

这套《专题文集》列为中国社会科学院创新工程学术出版资助项目，体现了中国社会科学院对学部工作的高度重视和对这套《专题文集》给予的学术评价。在这套《专题文集》付梓之际，我们感谢各位学部委员、荣誉学部委员对《专题文集》征集给予的支持，感谢学部工作局及相关同志为此所做的组织协调工作，特别要感谢中国社会科学出版社为这套《专题文集》的面世做出的努力。

《中国社会科学院学部委员专题文集》编辑委员会
2012 年 8 月

目　　录

序　言

　　中国社会科学院学部主席团组织出版旨在集中反映学部委员在相关学科、专业方向中的专题性研究成果——《中国社会科学院学部委员专题文集》。根据统一部署，我以 1994 年的财税改革为时间节点，将在此之后围绕中国财税体制改革问题而撰写的具有代表性的论著整理、编辑，形成了这样一本集子，命名为《1994 年后的财税改革》。

　　做如此的选择，我是有些考虑的。

　　1994 年的财税改革，无论是对于中国的改革开放事业还是对于中国的整个经济社会发展进程来说，都绝对属于具有划时代意义的重大事件。作为新中国历史上规模最大、影响最为深远的一轮财税体制改革，它的最重要贡献，就是为我们搭建了一个与社会主义市场经济相适应的财税体制基本框架。可以毫不夸张地讲，正是凭借着那一轮财税改革的红利，此后的中国才得以走上正常而健康的发展轨道并收获一系列为世人瞩目的积极成果。

　　也恰好在这一期间，我在获得经济学博士学位后从天津财经大学正式调入中国人民大学。由天津来到首都，虽然仍然当教书匠，从事的仍旧是教学科研工作，但在潜移默化中，所强烈感受到的一个最重要变化，就是理论研究与政策实践之间距离的迅速拉近。在这样一个平台上，不仅可以更直接地参与围绕这一重大变革和相关方案的讨论，而且，可以置身其中，更深入地追踪改革进程、评估改革效应，不断地为其后续的配套性改革提供决策建议。

　　我体会，在我们这一代经济学者身上，天然地肩负着一种特殊使命：与改革开放共同成长。这不仅是因为，我们本来就是踏着改革开放的脚步走入大学、完成学业的，而且更是因为，我们的学术生涯，几乎就是从研究改革问题起步的,随着改革问题研究的日益深入而逐渐成熟起来的。研究改革、推进改革、把脉改革,进一步完善改革,事实上构成了我们从事学术研究的一条主线索。

转眼间,1994 年的财税改革已经过去 20 年。回过头来仔细地审视一下 20 年间的演变历程,可以发现,如果说那一轮的财税改革为我们所搭起的是社会主义市场经济条件下的财税体制基本框架,那么,在此之后,旨在完善这一基本框架的改革一直在持续,相关改革举措的出台从来就没有停止过。从这个意义上讲,1994 年的财税改革,与其说是一项改革成果,更可以说是一个改革过程。将 1994 年所进行的财税改革同此后在财税领域所发生的一系列改革对接起来,我们所看到的,是一幅关于 1994年财税改革的系列图景。

毋庸赘言,认识到我所肩负的特殊使命,同时注意到财税改革所具有的特殊魅力,起码在 1994 年后的这 20 年间,我的学术研究始终没有脱离财税改革这一主线索。特别是 2003 年我从中国人民大学的教学岗位转换到中国社会科学院的研究岗位之后,伴随着由教学科研并重到侧重于科学研究、由一般意义的学术研究向侧重于智库研究的过渡,在我的资源配置棋局上,对于财税改革问题的关注和研究,便越来越成为一项常规性的工作了。

这本集子所收录的论文,按发表的时间顺序排列。它们大都围绕当时的财税改革热点或财税改革大事而选题、而写就。其内容,大致覆盖了1994 年以后中国财税领域所发生的主要改革事项,基本反映了我对于1994 年的财税改革以及整个中国财税体制改革的主要思想。

在我看来,《中国社会科学院学部委员专题文集》不仅是一项与中国社会科学院学部委员有关的出版计划,更是一个审视自己在治学路途上的足迹,借以整理自己的学术思想并提升学术研究水平和质量的过程。

借此机会,就教于各位同行和广大的读者朋友。

高培勇

2013 年 7 月 10 日

1994 年的财税改革：系统评估与前行方向

一　1994 年财税改革已为我们搭起重构
财税运行机制的基本框架

中国的财政困难，是同国民经济的高速增长相伴而生的。合乎逻辑的结论是，问题出在财税运行机制身上，而并非国民经济运行状况的反映。因此，从重构社会主义市场经济条件下的财税运行机制入手，为国家财政状况的根本好转打下基础，正是 1994 年财税改革的重心所在。

现在看来，这个目标已经初步实现了：

1. 内资企业所得税的统一和统一的、以增值税为主体的流转税制的建立，既可为各类企业创造一个公平竞争、同等纳税的外部环境，又为财政收入机制的规范化奠定了基础条件

按经济成分分立税种、同一课税对象多税种并立，历来是我国传统税制的一大特色。只有打破这一与社会主义市场经济体制的要求不相容的格局，使包括国有企业、集体企业、私营企业和外商投资企业在内的多种经济成分的企业，在同一税收政策条件下，按照市场机制的规律运行，才能跟上时代的步伐，消除因税收政策的不统一而导致的财税运行机制与整体经济体制之间的矛盾，这是人们随着改革开放进程所达成的一个基本共识。这次的财税改革，一方面统一了内资企业所得税，初步解决了原企业所得税制所造成的不同内资经济成分之间的税负不公平问题；另一方面，建立了以增值税为主体的流转税制，并且，统一适用于内外资企业，改变了原来对内资和外资企业分别实行两套流转税制的做法。尽管出于种种考虑，统一内外资企业所得税的工作没有同时到位，但毕竟向着税制统一、

税政统一、税负统一的方向，迈进了一大步。

2. 与社会主义市场经济体制相适应的基本税收规范的确立，并推出较为规范化的几种新税制，有助于增强税收的聚财功能，确保财政收入的稳定增长

当前中国财政的困难，在很大程度上系由于财政收入的大量流失所引发，其中税收因偷漏税、随意减免税等原因而流失的数额，全国每年几乎都达近千亿元。所以，从增强税收的聚财功能入手，来稳固国家的财力基础，已经成为走出财政困境的刻不容缓之举。而要做到这一点，加强税收法制建设，进而形成一套完整、明确、权威且操作性强的税收法规体系，又是前提条件所在。这次的财税改革，在建立与社会主义市场经济体制相适应的基本税收规范方面所作出的种种努力（比如，严格控制减免税、不准"包税"或任意改变税率、推行纳税申报制度和税务代理制，等等），其目的正在于"堵漏增收"，把由于税制不合理、税政不统一、税权划分不清和缺乏严密的控制机制而流失的税源，转变为国家有效控制的财源。如果把同时推出的较为规范化的流转税制、企业所得税制、个人所得税制、资源税制和土地增值税制的因素亦考虑在内，这次的财税改革，对于减少税收流失、缓解国家财政特别是中央财政所面临的困难，有着不可低估的积极作用。

3. 改地方财政包干制为分税制，在规范中央与地方政府间的财政分配关系的同时，全面克服或弱化了包干体制所带来的、表现在财税运行机制上的许多紊乱现象

实行多年的财政包干体制与市场经济发展之间的矛盾，早已被人们概括为弱化中央政府宏观调控能力、强化地方保护主义倾向、不利于政企分开且妨碍企业机制转换等几个方面。这次财税改革所推出的分税制方案，尽管并不是一个完全意义上的分税制方案，但分税制改革终究是对包干制的彻底否定。以明确划分中央和地方的利益边界、规范政府间的财政分配关系为主旨的分税制，在克服或弱化包干体制的种种弊端上取得了实质性进展。例如，按税种划分中央和地方的收入范围，并分设中央、地方两套税务机构，分别征税，有助于控制税收减免，减少财政收入流失，形成保证中央财政收入正常增长的良性机制，进而逐步提高中央财政的宏观调控

能力；原有的按行政隶属关系划分收入的格局初步打破（在企业所得税上尚保留着某些按隶属关系划分收入的痕迹）后，地方面对企业，无论是否隶属于自己，都可从中取得应有收入，从而搞重复建设、搞旨在维护属于地方企业利益的地区性经济封锁，相应失去了实际意义；还有，改按企业隶属关系划分收入为按税种划分收入，企业收入与地方财政收入拴得过死的局面得到极大弱化，从而有利于减少地方政府对企业经营的干预，把企业推向市场。

4. 在"两则"的基础上规范国家与国有企业的利润分配关系，既符合国际的通行做法，又为政企彻底分开和国有企业经营机制的转换提供了分配上的条件

国家与国有企业之间的利润分配关系错位交叉、关系混乱，可以说是制约国有企业走上市场经济之路的"老大难"问题。这次的财税改革，在《企业财务通则》和《企业会计准则》基础上所推出的新型国有企业利润分配制度，按照国际通行做法，对国有企业实行了税利分流，即国家分别作为社会管理者和资产所有者向国有企业征收所得税和收取投资收益，并且，合理规范税基（如取消税前还贷、加速折旧、固定资产投资借款利息进成本等），免除原对国有企业征收的利润调节税和能源交通重点建设基金、预算调节基金，在一定程度上改变了国有企业利润分配不规范的状况，克服了各种"包税"制所造成的扼杀税收调节作用的弊端。而且，可为企业创造公平竞争的外部环境，实现政企分开和转换国有企业经营机制，打开一条可行的通道。

5. 禁止财政向中央银行透支或借款，财政赤字只以发行国债的办法加以弥补，有利于彻底斩断财政赤字与通货膨胀的必然联系，规范财政同银行之间的关系

从历史上看，除了极少的例外，我国财政上发生的赤字，几乎都是凭借同时向中央银行透支或借款以及举借国债两种办法来弥补的，而且，实践中又往往以前一种办法为主。所以，财政赤字与通货膨胀之间的必然联系始终未能斩断。这次的财税改革，明确提出彻底取消财政向中央银行的透支或借款，财政上发生的赤字全部以举借国债的方式弥补，表明政府下定了斩断财政赤字与通货膨胀之间关系的决心。在中国的经济体制改革已

经进入决战阶段的历史条件下，这一举措的推出，不仅是规范财政同银行之间关系的明智之举，而且，从规范社会主义市场经济体制下的财税运行机制的角度来讲，更具有特别重要的意义。

二 1994 年财税改革并不彻底，问题还未得到根本解决

应当看到，1994 年的财税改革，只是为我们搭起了重构财税运行机制的基本框架。这个框架还很粗犷，理论和操作上的难题亦有不少，许多改革内容也没有一次到位，而是采取了带有过渡性或变通性色彩的办法。财税改革的不彻底性，制约着国家财政状况的根本好转。

1. 对既得利益的照顾，在某种程度上使改革流于形式

财税改革牵涉方方面面利益格局的调整，必然要遇到各种阻力。为了顺利地推行改革，就需要以尽可能照顾各方面的既得利益为代价，来化解阻力，换取支持。这次的财税改革亦是如此：

——在税制改革方面，采取了诸种旨在减轻企业税负的措施。例如，在简并企业所得税、降低名义税率的同时，取消了国有企业利润调节税，免除了能源交通重点建设基金和预算调节基金；对盈利水平低的企业，在所得税率上设置了过渡性税率加以照顾，两年内可按 27% 和 18% 两档临时税率缴纳所得税。

——在分税制改革方面，基数的核定、税种的划分和收入分配比例等，几乎均以保证地方既得利益为前提。例如，计算中央与地方之间收入的上划、下划方案都以 1993 年度财政决算为基础，既可保地方 1993 年的既得财力，与此同时，由于分税制方案明确之际，1993 年度尚未终结，也可使地方尽其所能增加收入，加大既得财力基数；不仅在存量分配上未做调整，在增量分配上也保证中央对地方的税收返还数额可逐年递增；原体制所规定的中央对地方的补助继续给予，中央对地方的专项拨款继续保留；经省以上批准的税收减免政策可执行到 1995 年度。

——在国有企业利润分配制度方面，实行税利分流、改税前还贷为税后还贷以及"两则"的同时，亦采取了一些变通性办法照顾国有企业的现状。例如，实行新老贷款区别对待政策，老贷款老办法，新贷款新办法；

职工福利基金赤字允许依次按奖励基金、大修理基金、后备基金、生产发展基金、新产品试制基金以及从税后留利中提取的承包风险基金结余抵补；更新改造基金赤字以及后备基金、生产发展基金、新产品试制基金和从税后留利提取的承包风险基金赤字，可在转账前冲减固定基金和流动基金；已列入待处理的固定资产盘亏、毁损、报废、盘盈，在执行新制度前可按老办法处理完毕，并调整有关资金。

可以看出，1994 年财税改革对各方面既得利益的照顾，已到了相当充分的地步。问题在于，照顾既得利益实质就是让政府（特别是中央政府）继续在改革中充当"让利者"的角色。只要财税改革不能完全跳出以往"花钱买改革"的模式，其效果就要打折扣。而且，如在实践中把握不好照顾既得利益的"量限"，甚或出于局部利益的考虑而人为地加以扩大，便会在某种程度上使改革流于形式。

2. 改革内容不能一次到位，短期内效果不明显，有引发某些旧体制弊端复归的可能

财税改革所牵涉的各方面内容是一个有机的整体，缺少任何一个方面或任何一个方面不按规范化的要求去操作，都会降低改革的整体效果。只要改革的效果不明显，新体制运行中所出现的困难，便可能诱使人们习惯性地操用旧办法来处理新问题。

以分税制的改革为例。完整的、规范化的分税制模式，至少要包括五个方面的内容：科学地界定中央财政和地方财政的职能分工范围；按税种划分中央财政和地方财政的收入范围；以规范化的方法核定地方财政支出需要量和应取得的财政收入量；中央财政集中大部分财力，实施对地方的转移支付；中央预算和地方预算分立，税收征管机构分设。如前所述，出于顺利推行改革的考虑，这次的分税制改革不得不采用了诸种变通性办法，甚至沿用了一些旧办法。新体制的运行既难免带有非规范因素，分税制的改革效果也就难以充分表现出来。特别是在我国的行政体制改革尚在进行，中央政府和地方政府之间的事权范围还未得到科学界定的条件下，适用于核定地方财政收支数量的因素法和标准法尚待研究，分税制方案自然不能建立在合理划分中央财政和地方财政事权范围的基础上。所以分税制形式下出现权责不清、分配关系不稳定等某些旧体制弊端的复归，几乎

是一件必然的事情。

3. 对财政需求问题的考虑，在一定程度上牵制了对重构财税运行机制的注意力

1994 年的财税改革，既是在国家财政持续困难，并且陷入异常窘迫境地的背景下推出的。这就使得它在许多问题的处理上，不能不把财政的需求放在重要位置来考虑，以不减少财政收入或使财政收入略有增长为前提。例如，在税制改革上，政府反复强调的一个原则就是所谓"税负不变"。整个新税制的设计都是围绕着保持原有的税负水平这一原则要求来进行的。之所以要保持原有的税负水平，而不是根据重构财税运行机制的要求相应调整原有的税负水平，其根本的原因就在于，政府要确保财政收入的盘子不致因财税改革而受到冲击，从而加重已有的财政困难。更何况，增加财政收入，特别是增加中央一级财政的收入，本来就是政府推出这次财税改革的动因之一。也正因为如此，这次财税改革的回旋余地较小。受回旋余地狭小的牵制，着眼于重构财税运行机制的改革方案在一定程度上打了折扣，从而降低了这次财税改革的效果。

三　财政形势依然严峻，必须正视现实

中国的财政困难已持续多年，积累的问题较多，非一朝一夕、经过一两次财税改革就能解决的。从当前以及今后一个时期的发展趋势来看，导致财政增支减收的因素依然不少。不仅一些老大难问题难以根本缓解，新的增支减收因素还会不断地显露出来。由此而形成的对国家财政状况好转的制约，是我们不得不面对的现实。

1. 财税改革与金融改革不配套，债务负担将愈加沉重

从 1990 年起，我国已进入了偿债高峰期。这几年，债务支出占整个财政支出的比重一直在攀升，从 1990 年的 5.5% 增加到了 1992 年的 10%，成为仅次于基本建设支出、文化教育科学卫生事业费和行政管理费的第四大支出项目。今后几年，随着以往举借的国债的陆续到期，债务支出的规模还将进一步加大，达到每年上千亿元之巨。

更为严峻的问题还在于，1994 年财税改革所推出的杜绝财政向中央银

行透支或借款，财政赤字全部以发行国债方式弥补的举措，本来是应与中央银行开展公开市场业务这一金融改革举措相配套的。由于种种原因，中央银行开展公开市场业务的改革方案被搁置，未能按计划出台。这样一来，财税改革的单兵突进，在使得国债的年发行规模一下子跃增到上千亿元（1993 年为 370 亿元，1994 年为 1150 亿元，1995 年预计为 1537 亿元）之巨的同时，由于金融改革滞后，最能吃进国债的各类金融机构未能随之成为国债的主要认购主体。为了能向居民家庭推销数额越来越大的国债，政府便只能以保持相对较高的国债利率水准、增加对承债者的债息支付为代价。考虑到当前宏观金融形势的复杂性，中央银行开展公开市场业务近期内可能提不上议事日程，今后几年国债发行规模还将日益增大，国债利率进一步攀升的可能性极大，由此而促成的债务支出的增长势头肯定小不了。

2. 机构改革进展迟缓和提高行政事业单位工作人员待遇，将使得行政管理费支出居高不下

政府机构不断膨胀，吃"皇粮"的人数越来越多，亦是个"老大难"问题。这个问题若不能尽快解决，近些年一直呈上升之势的行政管理费支出便不可能得到控制。1993 年，行政管理费支出已经占到整个财政支出的 11.99%（1979 年仅为 4.5%），在各项财政支出中居第三位。它的变动趋势如何，在很大程度上左右着整个国家财政的状况。然而，尽管"精简机构"的口号已经提了许多年，政府机构和行政事业单位工作人员的编制膨胀之风却始终未能真正刹住。与此同时，行政事业单位工作人员待遇偏低的问题亦到了非解决不可的程度，1994 年推出的提高行政事业单位工作人员工资方案，虽然人均增资仅为 58 元，力度远远不够，却已经使国家财政付出了沉重的代价。更何况，在实际操作过程中，许多地方、单位都在千方百计利用各种变通办法扩大所属部门人员的增资额度，且互相攀比。今后几年，也须随形势的发展进一步加大工资的增加力度。所以，综合上述两个方面的因素，预计行政管理费支出的增长势头得以扭转的可能性不大。

3. 意在建立现代企业制度的改革，最终将使一批亏损企业走上破产之路

按照中央的部署，1995 年经济体制改革的重点将放在建立现代企业制度和国有企业转换经营机制上。如果有关的改革举措能够顺利出台，以目前国有企业的经营状况而论，即使政府倾全力从财政上予以保护，一批亏损企业也很难避免走上破产之路。由此而引发的问题是，在中国以流转税为主体的现行税制结构下，一个企业，即便是陷入了亏损状态，只要它还在运转，就有可能继续为国家创造收入。所以，在一批亏损企业最终走向破产之后，随之而来的，将不仅仅是破产企业职工的生活安排和其他经济社会问题，国家的税收来源（特别是其中的流转税收入）也很可能要因此而出现下降。而且，国有企业制度改革的力度越大，陷于破产的企业数字越多，带给财政收入的冲击度也就越大。

四　希望仍在于重构财税运行机制：可选择的思路

近期的国家财政形势依然严峻，容不得乐观。缓解财政困难并最终使财政走上良性循环之路的希望，又在于重构财税运行机制。看来，重构财税运行机制的工作，既不可操之过急，又必须继续采取实质性措施，积极推进。

首先应当明确，1994 年的财税改革，尽管尚有许多不尽如人意之处，但毕竟为我们搭起了与社会主义市场经济体制相适应的财税运行机制的基本框架。沿着这个既定的路子走下去，在这个基本框架内抓紧做"完善"和"配套"两篇文章，应当是我们今后一个时期的工作重点。其中，具有特别紧迫意义的有这样几条：

1. 从规范市场经济条件下的政府职能出发，科学地界定财政支出和财政收入的适度规模

财政收入机制和财政支出机制是财税运行机制的两翼，但这两翼的地位并不是平行的。历史和现实的经验均已说明，财政支出具有相当的"刚性"，无论是行政管理费支出、国家投资支出，还是社会福利事业支出、应付自然灾害和其他突发事件的需要等方面的支出，一般都必须给予十足的保证，容不得随意地调整或减少（当然，这并不排除在一定的条件下，可以做某种小幅度或小范围的调整，但它就财政支出的"刚性"特征来

说，则显得很微弱）。至于财政收入，虽然同样具有"规范性"，但它只是财政支出的约束条件，在很大程度上是为财政支出所左右的。借用传统政治经济学的术语，可以称做财政支出的规模决定财政收入的规模，财政收入的状况反作用于财政支出的状况。这就是说，重构财税运行机制的工作，应当由财政支出适度规模的界定开始。财政支出的适度规模界定好了，财政收入的规模，便可随之界定。财政支出和财政收入两个方面的适度规模都界定清楚了，财税运行机制的重构也就有了相应的基础。

现在的问题是，财政支出的适度规模的界定有赖于社会主义市场经济条件下的政府职能的规范。只有政府的职能规范化了，作为政府活动的成本的财政支出规模，才有望找到一个清晰的界定标准。

我国传统经济体制下所形成的"大而宽"的政府职能范围格局，显然已经不适应于改革后的经济环境。若能按照"让市场在国家宏观调控下对资源配置起基础性作用"的要求，以"市场失灵"为标准，从纠正和克服"市场失灵"现象出发，对现存的政府职能事项逐一鉴别、筛选，在此基础上，重新加以严格的界定，则一方面可使现存的政府职能范围得到相当的压缩，实现向市场经济所要求的"小而窄"的政府职能范围格局的转变，从而削减财政支出规模，缓和财政资金的紧张状况。另一方面，也是更为重要的，可通过由此实现的政府职能范围的规范化，达到科学地界定社会主义市场经济条件下的财政支出和财政收入的适度规模之目的。

如此看来，从规范市场经济条件下的政府职能出发，求得财政支出和财政收入适度规模的界定，是我们应当且必须尽快着手的一项工作。

2. 清楚地认识诸种财政收入形式在财政收入体系中的角色，严格界定国债的"配角"作用

一旦财政收入的适度规模得以科学界定，接下来的任务，便是通过诸种财政收入形式的协调配合，把应当取得的财政收入集中上来。为此，清楚地界定诸种财政收入形式在财政收入体系中所应扮演的角色，是十分必要的。政府活动的性质，决定了以税收为代表的无偿性财政收入形式是取得财政收入的最佳形式，应当在财政收入体系中居于主导地位。至于国债，它既是一种以偿还和付息为条件的有偿性财政收入形式，只应在无偿性财政收入发生问题、不足以抵补财政支出需要的条件下才可登台，扮演

"配角"。

　　之所以要提出这样的问题，是因为，中国目前的财政困难，在很大程度上是由于传统的以"农副产品低卖价和低工资制"为基本前提、能够提供"超常"水平财政收入的传统财政收入机制被打破，国债被用于填补其留下的"空缺"后，又引致了"以新债还旧债"的恶性循环所造成的。这种关系链条若不能斩断，国家财政走出困境的希望就很可能是渺茫的。所以，在当前的形势下，重新认识并界定诸种财政收入形式的各自角色特别重要。这实际上是说，建立在适度的财政支出规模基础之上的财政收入任务的完成，绝不能寄希望于发行国债，而应交由以税收为代表的无偿性财政收入形式去承担。从这个意义上讲，1993 年，举债收入占中央一级财政支出的比重达 47.9%，占整个国家财政支出的比重达 17.7% 之多的局面，不能再继续下去了。

　　这就意味着，在目前的中国，创造一切可能创造的条件，尽快实现以税收为代表的无偿性财政收入与国民经济的同步增长，是扭转国债发行规模膨胀势头，从而使中国财政走出"恶性循环"困境的根本出路所在。

　　3. 进一步完善税制，堵住税收流失的漏洞

　　国家税收大面积流失，以至名义税负和实际税负之间形成相当大的差距，这些年来一直在困扰着我们。1994 年的财税改革，尽管在完善税制、堵塞国家税收流失的漏洞方面下了一番工夫，亦取得了一定的成效，但还未从根本上解决问题。显而易见，如果我们能够采取实质性措施，使得每年近千亿元的国家税收的流失减少到最低限度，当前的财政困难，将会有相当程度的缓解。

　　再往深里说，目前的中国，偷税漏税几乎已成为商家习惯，收入多的多偷，收入少的少偷。再不采取实质性措施加以解决，那么，不仅国家财政难以走出困境，更严重的后果还在于，这种不择手段窃取国家财富的行为会在全社会范围内引起连锁反应，像污秽的臭气一样迅速向四周蔓延，从而使这种歪风越吹越猛，形成难以扼制的潮流。有鉴于此，必须花大气力抓好税收法制的建设，并在此基础上，以"完税"（把该收的税全部收上来）为基本着眼点，把建立现代税收征管制度作为当前工作的中心。根据国际通行做法，可以考虑从 5 个方面着手建立现代税收征管制度：制定

细致、严密的税收法规,包括税种、税率、期限、范围以及惩罚规定等,税法规定得越具体越细致越好;推行纳税申报制度,规定年度法定报税期限,个人和企业每年必须在期限前向税务部门报税,发现偷漏税,应上溯前几年的收入和报税的所有记录,从严惩处,用严惩来促成个人和企业的报税习惯;在建立由中央和地方两套税务机构分别征税的基础上,赋予税务人员以全权执行国家税法的权力,任何政府行政官员不得以任何借口在税务人员权力之上对个人和企业搞减免税;推行税务代理制度,并全面采用计算机管理,实行税务征管工作的公开化和社会化;建立严密的税务稽查组织和制度,强化税务稽查和司法工作。

当然,我国的税收征管工作现状与现代税收征管制度的要求,还有不小的差距。马上做到上述几点,也尚有许多困难。但不管怎样,瞄准这个方向,并逐步为之创造条件,尽快把我国的现代税收征管制度建立起来,是我们从根本上解决税收流失难题的措施所在。将税务部门严格依法征税和纳税人自觉依法纳税的新型税收征纳关系建立起来,把各方面的税收流失漏洞堵住,重构财政运行机制的工作,便可在一个较为宽松的环境下进行。

总之,规范政府职能范围,界定国债在财政收入体系中的"配角"作用和进一步完善税制,是我们在 1994 年财税改革所确立的基本框架内和国家财政极端困难的形势下,继续推进财税运行机制重构工作可以选择的三步棋。只要这三步棋下好了,走对了,重构财税运行机制任务的顺利完成,应当不成问题。进一步说,打下了重构财税运行机制这个基础,国家财政步出目前的困境,也就有了相应的保证。

主要参考文献

《中国统计年鉴(1994)》,中国统计出版社 1994 年版。

《中国财政统计(1950—1991)》,科学出版社 1992 年版。

(原载《财政研究》1995 年第 4 期)

中国财政困难的由来：从运行机制角度的分析

持续多年的中国的财政困难，是同国民经济的高速增长相伴而生的。它既然不是国民经济运行状况的反映，答案就得从财政运行机制本身去寻找。也就是说，从改革前后财政运行机制所经历的变化中去寻找。

一

传统计划经济体制的最显著特征，就是把几乎所有的社会资源集中到国家手里，并由国家直接支配。这一特征在财政运行机制上的表现，可以概括为如下几点：

1. 财政收入以低价统购农副产品和低工资制为条件，得以"超常"扩大

50 年代，国家先后颁布的《关于实行粮食的计划统购和计划供应的命令》和《国营企业、事业和机关工资等级制度》，奠定了我国实行农副产品统购统销和城镇职工低工资制度的基础。然而，也正是这两个制度，为国家财政集中起"超常"水平的财政收入提供了可能。在农副产品统购统销制度下，农民要按国家规定的价格标准将剩余农副产品统一卖给国家，由国家按计划统一供应给城镇工业部门和城镇居民消费。它使得政府可以通过农副产品的低价统购和低价统销从农业中聚集起一大批资源，并转移给城镇工业部门和城镇居民。低价的农副产品不仅降低了工业的原材料投入成本，也使城镇居民获得实物福利并降低了工业的劳务投入成本。在低成本的基础上，工业部门获得了高的利润；由国家统一掌握国有企业、事业和机关单位的工资标准，统一组织这些单位职工的升级，使得政府可以通过压低工资标准，减少升级频率来直接或间接地降低工业的劳务

投入成本。在低成本的基础上，工业部门又获得了高的利润；在自新中国成立初期就已实施下来，且几十年基本未变的财政统收统支管理体制下，国有企业（其中主要是工业企业）创造的纯收入，基本上都交财政集中支配，企业能够自主支配的财力极其有限。这又使得政府可以通过财政上的统收，将工业部门的高利润集中到国家手中；在工业部门历来是我国财政收入的主要来源的格局下，国家财政便取得了"超常"水平的财政收入。

正是凭借着这样一种特殊的财政收入机制，我国财政收入占国民收入的比重，才得以在相当长的时期保持30%以上（1978年为37.2%）的高水平。

2. 财政支出在大而宽的财政职能范围格局下，规模"超常"，负担沉重

"超常"水平的财政收入是与财政支出的规模长期处于"超常"状态直接相关的，而财政支出规模的"超常"，又是传统经济体制下所形成的大而宽的财政职能范围格局的必然结果。

众所周知，在传统的计划经济模式下，作为社会资源配置主体的政府要包办一切的思想，一直处于主导地位。按照以国家为主体的分配概念构建起来的国家财政，也就顺理成章地在社会资源的配置中扮演了主要角色。全社会宛如一个大工厂，国家财政便是大工厂的财务部。社会再生产过程的各个环节都由统一的综合财政计划加以控制，企业部门财务和家庭部门财务均在一定程度上失去了独立性。企业财务成为国家财政的基层环节，家庭财务更是财力有限，功能微弱。财政职能延伸到社会各类财务职能之中，包揽生产、投资乃至消费，覆盖了包括政府、企业、家庭在内的几乎所有部门的职能。

在这种大而宽的财政职能范围格局下，国家财政不仅要负责满足从国防安全、行政管理、公安司法，到环境保护、文化教育、基础科研、卫生保健等方面的社会公共需要，要负责进行能源、交通、通信以及江河治理等一系列社会公共基础设施和非竞争性基础产业项目的投资，而且，它还要承担起为国有企业供应经营性资金、扩大生产资金以及弥补亏损的责任，甚至要为国有企业所担负的诸如职工住房、医疗服务、子弟学校、幼儿园和其他属于集体福利设施的投资提供补贴，等等。

国家财政既要包办社会各项事业，并有"超常"水平的财政收入给予支持，其结果是，以规模"超常"和负担沉重为主要特征的财政支出机制的形成，便成为一件不言而喻的事情了。

3. 管理体制上高度集中、统收统支

财政管理体制上的高度集中、统收统支，主要表现在国家与国有企业之间的分配关系和中央财政与地方财政之间的分配关系两个方面。

在国家与国有企业之间的利润分配上，虽在不同时期实行的具体办法带有差异，如国民经济恢复时期，国有企业利润全额上交；"一五"计划时期，在利润上交的同时，推出了企业奖励基金制度；"大跃进"时期，发展为企业利润留成制度；三年调整时期，重新恢复企业奖励基金制度；"文化大革命"时期，又倒退为企业利润全额上交。但从总体上看，20多年间国家与国有企业之间的利润分配制度，始终没有摆脱僵化的统收统支模式：利润全上交，亏损国家补，投资国家拨，福利按工资比例提。

在中央财政与地方财政之间的关系上，同样实行的是统收统支的办法。有所不同的，仅在于统收统支的程度。国民经济恢复时期，所有的国家财力几乎都集中到中央财政，留给地方的是有限的地方税。地方财政一切开支也都要编制预算报请中央审批；"一五"计划时期，适当下放了一些财权给地方，并开始试行中央统一领导下的分级管理体制；"大跃进"时期，向地方下放财权的步伐加快，还推出了"以收定支，五年不变"的带有包干色彩的体制。但仅仅执行一年，便因"大跃进"指导思想失误所带来的国民经济严重困难而被中止；到三年调整时期，又回到了中央集中财权和财力的轨道上；"文化大革命"的特殊历史条件，也曾造就过财政大包干的体制：在核定地方收支总额的基础上收入大于支出的地区，由地方包干上交。支出大于收入的地区，由中央补助，地方包干使用。然而，"动乱"形势下的种种矛盾又很快使这一包干办法难以维持，而恢复了"定收定支，收支挂钩，总额分成，一年一变"的老办法。

二

把高度集中的计划经济体制引向市场化取向的市场经济新体制，必然带来财政运行机制的相应变化。尽管有些变化是财政运行机制为配合市场化的改革进程而进行的"主动"调整，有些变化则系市场化改革进程对传统的财政运行机制构成冲击的结果，因而"被动"的成分多一些。但不管怎样，发生在传统的财政运行机制上的变化确实出现了：

1. 提高农副产品收购价格，放宽城镇职工的工资管理，并扩大企业财权，打破了原有的财政收入机制

中国的经济体制改革是从分配领域入手的。改革之初的思路是由减少国民收入分配格局中的财政份额起步，以财政"还账"来激发各方面的积极性，从而提高被传统的计划经济体制几乎窒息掉了的国民经济活力。财政"还账"的具体体现就是"减税让利"。

减税让利首先是在农村开始的。从1979年以来，我国先后几次较大幅度地提高了农副产品收购价格。农副产品收购价格在1978—1993年间上涨了2.14倍。其中，粮食类产品收购价格指数上涨了3.14倍，经济作物类产品收购价格指数上涨了1.74倍。农副产品收购价格的提高，一方面增加了工业产品的原材料投入成本，另一方面，城镇居民也因此加大了生活费用开支，从而增加了工业产品的劳务投入成本。于是，随着工业部门利润向农业部门的转移，来源于低价统购农副产品这一渠道的财政收入，便减少了。

减税让利随即又扩展到城镇。在1978年国有企业实行企业基金制度的基础上，从1979年7月开始，在全国范围内陆续推出了利润留成、第一步利改税、第二步利改税、企业承包经营责任制和税利分流等一系列改革举措。伴随着这些举措的出台，企业留利额和留利率均出现了较大幅度的增加，前者由1978年的27.5亿元增加到1991年的555.4亿元，后者由1978年的3.7%增加到1991年的65.3%。与此同时，国家对城镇职工的工资管理相对放松，包括国有企事业单位和其他所有制成份在内的职工工资收入有了较大的提高，并恢复了中止多年的奖金制度。企业留利的增加，使得政府不再能通过财政上的统收将工业部门的利润全部集中到国家手中。农副产品收购价格的提高和相对放松城镇职工的工资管理，又通过增加工业产品的原材料投入成本和劳务投入成本这一渠道，压低了工业部门的利润水平。于是，来源于城镇工业部门的财政收入，也相应地减少了。

传统的财政收入机制既已被各种减税让利的改革举措所打破，而不复存在，与新型体制相适应的新型的财政收入机制又未及建立，财政收入（不含债务收入）占国民收入的比重一降再降，由 1978 年的 37.2% 降至 1994 年的 18.4%，也就有其必然性了。

2. 在财政收入不断受到冲击的同时，财政支出不但未能相应削减，反而承受着越来越大的上升压力

财政收入的下降，客观上要求财政支出随之削减。这要以相应压缩国家财政担负的职能为条件。然而，在改革初期人们普遍把注意力集中于"分利"的大环境中，压缩财政职能范围的问题还提不上议事日程。即使后来随着改革的深入和财政困难的加剧，人们已经意识到应当在压缩大而宽的财政职能范围方面有所作为的时候，又由于财政支出所牵涉的既得利益格局难以触动和财政支出本身的"刚性"，而大大增加了推出这一举措的困难。

问题还不止于此。以"放权让利"为主调的经济体制改革，所要求于财政的不仅仅是"减税让利"，而且，还要以增加支出为条件为各项改革举措的出台铺平道路。比如，1979 年国家大幅度提高粮食等农副产品的收购价格后，为减少提高收购价格带来的社会震动，对其销价采取了基本维持不变的办法。由此而形成的购销价差以及增加的经营费用，均由财政给予补贴。当年的价格补贴支出达到 79.2 亿元，比上年增加 6.1 倍。到 1994 年，价格补贴支出占整个财政支出的比重提高至 5.4%（1986—1990 年间，这一比重数字还曾超过了 10%）。还如，为了配合价格改革，保持价格总水平的基本稳定，国家对原油、煤炭等基础产品的出厂价格进行控制，但这些基础产品在生产过程中所消耗的原材料价格却在不断上升，结果产品价格不足以抵补生产成本，造成企业亏损。对由此而发生的亏损，财政亦采取给予企业亏损补贴的办法加以解决。又如，城镇职工工资奖金收入的增加，就企业而言，是以增加产品劳务投入成本从而冲减企业利润和财政收入的途径消化的，但对行政事业单位来说，职工工资奖金收入的来源几乎全部依赖财政拨款。所以，为增加行政事业单位职工的工资奖金收入，财政也要增拨专款。

国家财政的职能范围难以相应压缩，经济体制改革的各项举措又需要

财政增加支出给予支持。其结果，便是国家财政支出规模的急剧扩大。1978—1994 年，国家财政支出由 1110.95 亿元增长到 5819.76 亿元，平均每年增长 11%。增长速度之快，为历史罕见。

3. 管理体制由集中转向放权，打破了统收统支格局，但"无序"现象亦相伴而生

在财政收入机制和财政支出机制发生变化的同时，财政管理体制也在朝着"放权让利"的方向转化。

关于国家与国有企业之间的利润分配制度方面的改革，前面已经说过。这些改革举措扩大了企业的自主财力和财权，调动了企业的积极性，企业的活力亦得到了相应的增强。

在中央财政与地方财政之间的分配关系方面，从 1980 年起，对大部分地区实行了"划分收支、分级包干"体制。地方上缴中央比例和中央对地方补助数额确定后，5 年不变。地方多收多支，少收少支，自求平衡；1985 年，又根据实行第二步利改税后国家与国有企业在分配关系上出现的变化，推出了"划分税种、核定收支、分级包干"新体制。在将收入划分为中央税、地方税和共享税三类的同时，按隶属关系划分支出范围。按收支范围核定收支任务后，确定留给地方的共享收入比例或中央对地方的定额补助；1988 年，针对各地区的不同情况，分别实行了收入递增包干、总额分成、总额分成加增长分成、上解递增包干、定额上解、定额补助 6 种不同的包干形式。这几次改革，都突破了传统体制下的财权财力高度集中的格局，在调动各级政府当家理财积极性、明确各级政府事权和财权划分、扩大地方财政职能等方面，取得了实质性的进步。

然而，放权让利的财政管理体制改革所带来的并非只是积极的结果，两种令人不无忧虑的"无序"现象也同时产生了：

对企业和地方放权，实质上是一个解除企业和地方"外律"的过程。但建立企业和地方"自律"亦即企业和地方自我约束机制的工作却没有同时提上议事日程。结果，外律越来越少的企业和地方政府非但没有一步步走向自立，相反，却像失去了管束的孩子一样，重蹈了历史上曾经反复出现过的"一放就乱"的旧辙。例如，为了追求本企业、本地区的经济利益，一些企业随意扩大成本开支范围，乱摊乱挤成本，侵蚀企业利润和财

政收入之风呈蔓延之势；一些地方不顾国家的税收法令，越权宣布各种税收优惠政策，擅自减免税、随意退税现象相当普遍；一些地方、部门经常突破中央的统一政策，以种种名义和理由乱开口子增发奖金和津贴；有的地方为挖中央收入，对体制内分成收入征收不积极，却在体制外收入上大做文章，搞财政资金体外循环；有的地方想方设法截留、挪用、占压中央收入；有的企业采取各种非法手段骗取出口退税；有的地方花钱大手大脚，铺张浪费，到处盖大楼、买小汽车和高档消费品，各种会议成灾，办"节"活动连续不断；越来越多的部门与财政并行参与国民收入分配和再分配，政出多门，财权分散，各种集资、摊派屡禁不止，等等。这些现象从冲击财政收入和抬高财政支出两方面，增加了国家财政（特别是中央财政）运行中的困难。

对企业和地方让利，本来有一个承受能力问题，并且，应当在比较规范的条件下进行。但无论是旨在调整国家与企业之间利润分配关系的各种形式的承包经营责任制，还是旨在调整中央财政与地方财政之间分配关系的各种形式的财政包干体制，其承包或包干基数，都是在讨价还价的环境中确定的，随意性很大。承包或包干基数既缺乏科学性和规范化，实际执行中便很容易发生利益互挤。倘若这种利益互挤发生在国家与企业之间，让步的便往往是国家财政。倘若这种利益互挤发生在中央和地方之间，托底的又往往是中央财政。这造成打破"统收"容易，而让企业和地方自我承担责任从而打破"统支"难的局面。

而且，企业承包基数和地方包干基数，通常在讨价还价中被人为压低，压低了的基数又一定几年不变，国家财政与国民经济发展之间的有机联系被人为割裂了。财政收入，特别是中央财政收入的合理增长，受到了严重制约。

三

一方面是以低价统购农副产品和低工资为条件、可使财政收入"超常"扩大的传统的财政收入机制被打破了，财政收入占国民收入的比重已经大幅度下降；另一方面是大而宽的财政职能范围未能相应压缩，以规模

"超常"和负担沉重为主要特征的传统的财政支出机制反而呈现了强化的势头；财政管理体制由集中转向放权后，又伴生了各种各样的"无序"现象。诸方面"合力"作用的结果，便引发了"特殊"的财政困难。

1. 赤字问题上的窘况

"特殊"的财政困难在经济体制改革的车轮刚刚启动之时便形成了。1979 年，国家财政出现了 170.67 亿元的赤字。紧接着，1980 年又出现了127.50 亿元的赤字。连续两年的财政赤字，导致了财政向银行的透支，从而引起了物价较大幅度的上涨。而在改革正继续沿着以放权让利为主调的思路向纵深发展的时候，1981 年的财政预算又是一个赤字的预算。

如此严重的财政困难，使政府陷入了空前的窘境：

能否继续采用完全向银行透支的办法来弥补财政赤字？这虽不失为解决问题的一条出路，但绝不是一条好的出路。因为，如果那样做的话，由此而引发的通货膨胀无异于在已经上涨了的物价上火上浇油。而一旦物价上涨呈现蔓延和奔腾之势，很可能会使已经取得的改革成就化为乌有。

在理论上说，削减财政支出也可作为解决财政赤字问题的一种办法。但是，如前所述，在既得利益格局难以触动和财政支出本身具有"刚性"的条件下，财政支出可以削减的余地是不大的。更何况，有些财政支出，如价格补贴支出，在改革初期的大环境中，也是不应当削减且需要相应增加的。

于是，还得回过头来在增加财政收入上找出路。传统的财政收入机制已经被打破，恢复它又与以放权让利为主调的改革思路相左；通过向银行透支、增发通货来取得财政收入的办法，也于经济发展有害。那么，剩下的办法就只能是举借国债了。

其实，从 1979 年起，政府已经恢复了中断长达 20 年之久的外债举借。1979 年和 1980 年分别取得了 35.31 亿元和 43.01 亿元的国外借款。但是，举借内债的问题并未随之提上议事日程。这显然与当时人们的思想尚未冲破"左"的方面的束缚有关。不过，到1981 年严重的财政困难迫使人们不得不正视现实的时候，来自"左"的方面的束缚，最终还是被冲破了。1981 年 1 月 18 日，国务院通过并颁发了《中华人民共和国国库券条例》，随后又于 1 月 26 日公布了《关于平衡财政收支，严格财政管理的决定》，决定发行中华人民共和国国库券。当年即向社会发行了为数 48.66 亿元——计划发行额为 40 亿元——的国库券。

国债的举借，使得政府在正常的财政收入之外，又取得了一笔追加收入——债务收入。债务收入作为一种有偿性的财政收入，本来就是专门用于弥补赤字的，但出于种种考虑，却把它计入了正常的财政收入之列。然而，把债务收入计入正常的财政收入之后，收支相抵的结果，仍有赤字。举借国债只不过人为地压缩了政府对外公布的财政赤字数额——1981 年将内外债收入 73.08 亿元打入正常财政收入后，仍有 25.51 亿元的赤字，而政府对外公布的财政赤字，也仍是以向银行透支或借款的办法来弥补的。所以，国债的重新启用并没有从根本上斩断财政赤字与通货膨胀之间的联系，而仅仅是压缩了财政赤字可能引起的通货增发的"量"。这又为日后财政困难的加剧，埋下了祸根。

2. 透支所招致的责难和举债规模的扩大

从 1981 年开始，政府基本上是两条腿走路，即以向银行透支或借款和举借国债两种方式来应付赤字的弥补问题。所以，最初的几年，国库券的年发行量并不大。1981—1986 年，每年也就是发行 40 亿元多一些。1985—1986 年发行量增加到 60 亿元，增加的幅度也不算太大。但是，到了 1987 年，形势急转直下：

1981—1986 年，在将债务收入打入预算收入后，除了 1985 年财政出现少量盈余外，其余的年份都有相当数额的赤字——其中，1986 年的赤字达 70.55 亿元，都发生了向银行的透支或借款。于是，人们对于通货膨胀和物价上涨的种种责难，便铺天盖地似的朝财政涌来。而在这时，改革正处于全面展开阶段，方方面面都要求财政拿钱支持改革。财政赤字不仅压缩不了，反而呈明显的日趋扩大之势，政府也就迟迟下不了根绝透支的决心。

财政向银行的透支或借款既不能根绝，通货膨胀所带来的社会危害又不能不顾及，政府的唯一选择，便是以扩大举债来尽可能地压低因财政赤字而发生的向银行的透支或借款量。这样一来，举借国债的规模开始跃增了。1987 年，除维持上年 60 亿元的国库券发行量外，还增发了 55 亿元的重点建设债券，使得当年的国债总发行量达到 169.55 亿元。1988 年，国库券的发行量扩大到 90 亿元,同时增发了财政债券 80 亿元、国家建设债券 80 亿元,当年的国债总发行量为 270.78 亿元。1989 年,国库券的发行量虽调减至 55 亿元,但保值公债 120 亿元和特种国债 50 亿元的发行,又使这一年的国债总发行量增加到 282.97 亿元。在此之后,国债的年发行量更是直线上升。1990 年和 1991 年分别为 375.45 亿元和 461.4 亿元。到 1992 年和 1993 年,又进一步增加至 669.68 亿元和 739.22 亿元。

3. 偿债高峰期的到来,最终把中国财政拖上了"恶性循环"之路

举借的国债终归是要还本付息的。自 1986 年起,国债(内债)的还本付息开始提上议事日程。不过,最初那一年还本付息的任务不算重,只有 1981 年所发行国库券本息的 20% 需要偿付。统算下来,其数额也就是 7.98 亿元。加上国外借款的还本付息,总额为 50.16 亿元,未构成太大的压力。但是,在此之后,随着举债规模的扩大,债务支出便出现了急剧递增的情形,并于 1990 年进入了偿债高峰期。1987 年债务支出为 79.83 亿元,已经接近 1986 年的 1.6 倍。到 1990 年,债务支出一下子增长到 190.40 亿元,占当年财政支出的比重达 5.5% 之多。1991 年和 1992 年的债务支出继续增加,居于 246.8 亿元和 438.57 亿元的高水平,占当年财政支出的比重数字分别为 6.5% 和 10%。

每年数百亿元的国债还本付息支出,对于已经处于极端困难境地的中国财政来说,无疑是雪上加霜。这时,政府唯一能做的事情,就是发新债还旧债。

其实,早在偿债高峰到来之前的 1988 年 5 月,财政部国家债务管理司在一份取名为《国家内债及还本付息情况》的报告中,便提出了以推迟偿还期来应付偿债高峰的对策意见。当时的设想是:对于单位所持有的到期债券,不办理还本付息,而按应付本息额兑换新的转换债券;对于个人所持有的到期债券,则按应付本息额发行新债券,用发行新债券所筹集的资金来办理还本付息。

这种设想,首先在 1990 年到期国债的兑付上付诸实践了。1990 年到期内债所需的还本付息额共为 375 亿元,其中,单位和个人持有的份额大约各占一半。当年的 6 月 14 日,财政部和中国人民银行联合颁发了《关于暂不办理"单位"持有 1990 年到期国债兑付的通知》,决定对 1990 年

到期的企事业单位、机关团体、部队、金融机构所持有的到期债券，实行延期偿还，暂不办理兑付事宜。同时决定，当年 7 月 1 日国债兑付期开始后，只办理个人持有的到期债券兑付，并为之相应增发了新债券。

1991 年的到期国债兑付，仍然是按照 1988 年提出的方案来办理的。有所不同的是，对单位所持有的到期债券采取了较为规范化的处理办法——发行转换债。1991 年 1 月国务院颁发了《关于发行 1991 年转换债的通知》，决定将企事业单位、机关团体、部队所持有的当年到期国债转换为等额的 5 年期新债，并按 8% 的年利率计息。同时，对个人所持有的当年到期国债，仍以举借新债的办法按期办理还本付息事宜。

有了 1990 年和 1991 年的实践基础，政府似乎已经寻到了解决到期国债资金兑付难题的通道。于是，在财政困难始终未得到缓解的现实背景下，不断地以发新债来还旧债（对单位所发行的转换债，实际上也是在借新还旧）便被作为一种自然的选择，一再地运用于到期国债的兑付实践。1992 年以来，每年高达数百亿元的偿债高峰，正是循着这种模式得以渡过的。

不言而喻，以举借新债作为包括国债利息支出和国债还本支出在内的债务支出的资金来源，虽能实现到期国债的按时兑付，但其代价却是国债规模越滚越大，从而陷入一种"恶性循环"。中国财政近几年的运行状况恰恰表明：正是不断地发新债还旧债这种行为方式，最终把中国财政拖上了恶性循环之路。

四

本文着重从运行机制的角度，对经济体制改革以来中国财政困难的成因与走势，作了实证性的分析。

在笔者看来，目前中国的财政困难，是在一种极其特殊的历史背景下所形成的"特殊"的困难。这种特殊性，集中表现于：它的问题出在财政运行机制本身，而并非国民经济运行状况的反映。确切地说，财政运行机制的调整未能与整体经济体制的变革衔接、配套，是问题的症结所在。

引申一步说，中国的财政困难，既然是由财政运行机制调整与整体经济体制变革之间的不协调所引致，那么，使中国财政走出目前困境的根本出路，就在于重构社会主义市场经济条件下的财政运行机制。

事实上，我国 1994 年的财税改革，正是围绕这一重心而展开的。两任财政部长分别于 1991 年和 1994 年提出"振兴财政"和"重建财政"口号的根本意义，亦在于重构财政运行机制。不过，对于 1994 年财税改革效应和重构财政运行机制的对策问题，笔者已经专文讨论，这里不再赘述了。

主要参考文献

《中国统计年鉴（1994）》，中国统计出版社 1994 年版。

《中国财政统计（1950—1991）》，科学出版社 1992 年版。

刘仲藜：《关于 1994 年国家预算执行情况和 1995 年中央及地方预算草案的报告》，《经济日报》1995 年 3 月 21 日。

（原载《经济科学》1995 年第 5 期）

关于中国国债的几点考虑[*]

这两年来，我国国债的年发行额呈现急剧扩大的趋势。继去年首次突破千亿元大关后，今年再上一个高台，达到了 1537 亿元（计划数）之巨。而且，今后几年以至更长的一个时期，国债发行额的增长势头仍然小不了。这一现象已引起国内外许多人士的关注，并有诸多议论。对此，我们谈几点看法。

一　中国国债是经济体制改革的"有功之臣"

中国的国债是在经历了长达 20 年的"空白"之后，于 1979 年开始重新启用的。当时的背景是，经济体制改革正在全国范围内推开。中国经济体制改革的一大特点，就是从分配领域入手，改革每向前迈进一步，都要以财政上的"减税让利"为代价。在农村，政府较大幅度地提高了农副产品收购价格。在城市，企业基金制度、利润留成方案的实施，使得企业的财力和财权趋向于扩大。随着老百姓口袋里货币的逐渐充盈，一向在国民收入分配格局中占有较大份额的财政收入大幅度下降了。与此同时，财政支出并未随之削减，反而因各项减税让利举措的推行相应增加。两方面"合力"作用的结果，便是 1979 年和 1980 年财政连续两年出现赤字。而在改革正继续沿着以减税让利为主调的思路向纵深发展的时候，1981 年的财政预算又是一个赤字的预算。

弥补赤字，无非有增税、向银行透支和举债三种办法。增税，显然与减税让利的改革思路相左；向银行透支，又无异于给已经上涨了的物价火

---

[*]　本文系笔者与王传纶教授合作完成。

上浇油；剩下的办法，就是发行国债了。正是在这种条件下，继 1979 年我国恢复举借外债后，国务院于 1981 年 1 月 16 日通过并颁发了《中华人民共和国国库券条例》，当年即向社会公开发行了 48.66 亿元的国库券。

在此之后，随着经济体制改革的步步深入，有关减税让利的举措一个接着一个出台，国民收入的分配越来越向家庭和企业倾斜。财政收入占国内生产总值即 GDP 的比重持续下滑。到 1994 年，已从 1978 年的 31.9% 降至 11.8%，16 年间下降了 19.4 个百分点。财政支出也仍在承担着为各项改革举措的出台"架桥铺路"的任务，增长势头始终不减。于是，财政赤字进一步加大了，而且，是年复一年的赤字和呈膨胀之势的赤字。随之而来的，自然是国债发行规模的一再跃增。

现在回过头来看这十几年的历程，不难发现，我们实际上走的是一条以国债的连年发行来支撑（或换取）财政上的减税让利的改革道路。从某种意义上说，1978 年以后，政府之所以能够大规模地实施对家庭和企业的减税让利，之所以能够在财政收入占 GDP 的比重大幅度下降的条件下继续维持国家财政的运转，一个重要原因，就是由于有了国债的支持。因此，用"有功之臣"来形容国债对经济体制改革的支持作用，是很恰当的。

说到这里，还必须交代这样一件事情：从 1981 年开始，对于财政上的赤字，政府采取的弥补办法基本上是"双轨制"，即同时向银行透支和举借国债。所以，改革之初的几年，国债的年发行额并不大，每年也就是几十亿元上下。但是，由于财政赤字与通货膨胀之间的直接联系未能根本斩断，日趋扩大的财政赤字，每年都成为助推通货膨胀和物价上涨的重要因素。众所周知，对于经济改革而言，通货膨胀所可能引发的社会动荡是最大的威胁。为此，从 1987 年起，在改革处于全面展开阶段、财政赤字又呈膨胀之势的复杂背景下，以逐步扩大举债规模来尽可能地压低因财政赤字而发生的向银行的透支或借款量，便被政府作为一种审慎而自然的选择，一再地运用于控制通货膨胀的实践。

所以，我们看到，1987 年以后，国债年发行额的递增速度大大超过了前几年。比如，1987 年除维持上年的 60 亿元的国库券发行任务外，又增发了 55 亿元的重点建设债券。1988 年，国库券的发行额扩大到 90 亿元，同时增发了财政债券 80 亿元、国家建设债券 80 亿元。1989 年，国库券的发行额虽调减到 55 亿元，但保值公债 120 亿元和特种国债 50 亿元的发行，又使这一年的国债总发行额增加到 282.97 亿元。进入 90 年代，国债的年发行额更是直线上升，1990 年和 1991 年分别为 375.45 亿元和 461.41 亿元，1992 年和 1993 年又进一步增加到 669.68 亿元和 739.22 亿元。

到了 1994 年，从根本上斩断财政赤字与通货膨胀之间的直接联系，又被政府纳入财税改革的议事日程，从而推出了彻底取消财政向银行的透支或借款，财政上发生的赤字全部以举借国债的办法来弥补这一重大举措。随着弥补财政赤字办法的"双轨制"转入"单行道"，国债的发行规模激增，1994 年的国债年发行额一举突破千亿元（1175.23 亿元）的大关，便是一件必然的事情了。

从这个角度看，我国国债发行规模的扩大，既是为了控制通货膨胀而付出的一种"必要成本"，又是保证经济体制改革得以稳步推进的重要条件。

二 中国的经济增长和社会发展，目前离不开国债的支持

从 1979 年算起，我国国债的发行已经走过了 16 个年头。如果注意到这 16 年也正是我国有史以来经济增长和社会发展最为迅速的时期（GDP 的年均增长率超过 10%），便不难得出这样一个结论：发行国债并不意味着国民经济运行状况不佳。恰恰相反，在目前的条件下，国债很可能是推动经济增长和社会发展的一个重要因素。

中国的经济和社会发展具有两大特点：作为一个发展中的国家，它像所有的发展中国家一样，面临着建设资金短缺的制约。只有从各方面筹集尽可能多的社会资金，才有可能加快经济和社会的发展，此其一；作为一个长期实行计划经济体制的国家，传统体制的惯性作用又使得人们习惯于主要依靠国家投资来推动本企业、本地区以至整个社会的发展，此其二。不论人们对这两大特点有怎样的评判，由此决定的中国的现实国情意味着，我国的经济和社会发展速度怎样，主要取决于国家能够掌握多少可用

于经济建设的财政资金。

然而，我们所看到的现实是，前面已经说过，改革以来，随着政府各项减税让利举措的大规模推行，财政收入占 GDP 的比重大幅度下降，在财政支出未能相应减少反而呈现急剧增加势头的情况下，国家财政已经陷入了异常窘迫的境地。不仅财政赤字连年不断，而且赤字的规模也越来越大。

我们也知道，尽管政府的财政资金是捆在一起使用的，难以区分哪些是经常性的收入，哪些是举债的收入，但是，在政府的两大类支出——经常性支出和建设性支出——的力量对比中，经常性支出往往"刚性"较强，建设性支出则常常处于相对"软"的地位。一般说来，政府的各项财政支出是本着先经常性支出，后建设性支出的次序来安排的。一旦财政资金面临紧缺，经常性支出和建设性支出的安排出现"互挤"，让步的便往往是建设性支出。

有了上述的认识基础，理解国债目前对于中国经济增长和社会发展的重要意义，也就有了入手处。

应当承认，这些年在政府的各项财政支出中，基本建设支出（含生产性和非生产性）的占比已经大幅度下降，从 1979 年的 40.4% 减少到 1994 年的 12.03% 。即使加上企业挖潜改造资金和新产品试制费支出、地质勘探费支出、支援农业生产支出、城市维护建设支出以及支援经济不发达地区发展资金支出，1994 年整个建设性（或称积累性）支出的占比也不足 30% 。再来看财政的另一翼——财政收入，1994 年在政府的全部财政收入当中，来自债务收入的占比为 22.7% 。

注意到财政收支两个占比数字的对比情况，我们显然可以认定：在目前的中国，政府的建设性支出几乎主要是靠举借国债的收入来支撑。这实际上是说，中国国债的收入，目前基本上用于建设性支出。

当然，政府建设性支出的资金主要依赖于举债的收入，并不一定是最优的选择。长此下去，也并不是没有问题。但是，它终究是在财政极端困难的境况下，保持适当的政府投资规模，从而推动我国经济和社会正常发展的一条可以选择的通道。事实上，这些年来，我国经济和社会的发展在很大程度上正是沿着这样的一条通道走过来的。尽管在我国现有的统计体系中，较为准确地与某种单一因素（如举借国债）相对应的关于资金使用的数据尚付阙如，我们还难以确切地说明举借国债究竟对于经济和社会的发展起了多大的作用；但是，使用简单的反证方法也可以推知，如果政府仍然恪守前 20 年"既无内债，又无外债"的戒律，而仅仅以除债务收入之外的经常性收入来维持财政支出的需要，那么，在财政极端困难的境况下，即使是更低水平的建设性支出也难以维持下来。

看起来，要保持我国经济和社会目前这样的较为正常的发展速度，用举借国债的办法来保证一个适当的政府建设性支出水平，是必要的。也就是说，我们必须选择"负债发展经济"的道路。

三　中国目前存在着维持较大国债发行规模的可能性

对于维持较大的国债发行规模来说，中国目前的经济状况是较为有利的。可以立刻指出的有利因素有如下两个：

其一，这些年，特别是近几年，我国城乡居民的储蓄率水平持续升高，平均储蓄率已经由 1978 年的 1.8% 提高到 1994 年的 20% 以上。这样的储蓄率水平，即使同一直享有高储蓄民族之称的日本相比，也应算是较高的。而且，1993—1994 年连续两年的高通货膨胀率和高物价上涨率，也未像 80 年代中后期那样，导致城乡居民储蓄的下降。统计资料表明，到 1994 年底，全国城乡居民储蓄存款余额已达 21518.4 亿元，比 1978 年的 210.6 亿元增长了一百倍。

进一步来看，居民储蓄存款并非居民储蓄的全部，而只是其中的一个大项（储蓄存款约占居民金融资产总量的 70%），若将居民所持有的其他金融资产，如手持现金、各种债券、股票等加入其中，现有统计资料所揭示的城乡居民储蓄率，肯定还要高出许多。

应当说，如此高的居民储蓄率和如此多的居民储蓄资金量，正好是维持较大国债发行规模的基础条件。因为，我国的国债，目前主要是向居民发行、以城乡居民的储蓄资金为主要应债来源的。

其二，中国的股市经过几年的畸形发展，已经逐渐步入正轨。股市上那种曾经靠股票一夜暴富的情形，几乎不复存在。近两年连原始股被套牢赔钱的事实，也屡见不鲜。经过为期两年的金融宏观调控，久禁不止的高利集资风已经被基本刹住，持续升高的房地产投资热也已降温。如此有利的宏观金融环境，使得享有"金边债券"之称的国债的相对优势，越来越为老百姓所认识了。

还可特别指出的是，在国外，政府债券之所以被称作金边债券，是就其安全可靠和收益稳定而言的，但其收益率（利息率）相对于其他投资对象（如高风险性、高回报率的股票）来说并不高，反而还要低一些。我国的国债，目前则是无风险和高收益同时并存，国库券的利息率甚至比银行同期储蓄存款利率还高，这在国外是非常罕见的。而且，按照现行的银行储蓄制度规定，定期存款如果提前支取，无论其存入时间有多长，均要按活期存款利率计息，这就要损失一笔本来可以得到的利息收入。而国库券，即使是期限较长的券种，当投资者急需资金时，完全可以拿到市场上按照当时的行情转让给他人，从而取得现款。如果是凭证式国库券，还可在发行结束后随时到原购买网点提前兑取现金。一般情况下，投资者不会因此而受到损失，且有可能从中获利。所以，中国国债作为一种投资对象所具有的相对优势，已经大大超出了本来意义的金边债券。它不仅仅是金边债券，而且是一种"超金边债券"。今年数额高达1500多亿的国库券能够在短短的几个月时间里顺利地推销出去，就充分说明了这一点。

有人可能担心国家大规模吸收民间储蓄资金所带来的"挤占效应"会冲击企业或地方的生产和投资。对此，我们想强调三点：

第一，前面曾经说过，中国经济和社会发展的一大特点，是人们习惯于主要依靠国家投资的推动来发展本企业或本地区的经济。评价这一特点的短长不是本文的主题，但正是因为这一特点，使得国家的投资在中国经济和社会的发展中居于特别重要的地位。

第二，在社会主义市场经济体制尚未完善、各方面的关系尚未理顺的条件下，国家的投资较之企业或地方的投资，可能更能体现宏观经济发展的要求，其所带来的总效益可能较之将这些资金交由企业或地方分别使用所产生的效益之和更大。

第三，从加快我国经济和社会发展的角度考虑，目前我国的当务之急，是加大交通、能源等重点建设的投入，改善基础设施，创造一个良好的投资环境。而这一切也只有依靠主要注重社会整体效益的国家的投资才能办到。

基于上述几点，我们以为，虽然不能忽视维持较大国债发行规模可能带来的"挤占效应"问题，但在目前的条件下，我们更应注意"算大账"。如果能以国债的连年发行换得一个较为理想的社会主义市场经济体制环境和持续稳定的经济社会发展局面，那么，国债发行规模的暂时膨胀和可能由此带来的对企业、地方生产和投资的冲击，不仅是值得为之付出的代价，而且，算经济社会发展"大账"的结果，亦不是一件不可以接受的事情。

四　关键在于驾驭：必须加强国债的管理工作

在当前，维持较大规模的国债发行既有必要，又有可能，那么，接下来的问题，就是应当如何有效地管理好国债了。这项工作至关重要，因为国债同其他客观事物一样，既可起积极作用，也可起消极作用，关键在于对它驾驭的好坏。

就我国国债管理工作的现状而言，我们要做的事情不少。其中，具有紧迫意义的可能有这样几条：

第一，财政、银行两家通力合作，尽全力把相对偏高的国债发行成本降下来。

目前我国国债的发行成本主要包括两项，一是债息支出，另一是推销及兑付的手续费支出。不容否认，这两项支出都是举借国债的必要成本，不可不支付。但支付的数量、标准却是不能不有所讲究的。支付得偏多了，就会形成一块儿不必要的成本，加重国家财政的负担。

应当看到，我国国债的债息支出和推销及兑付的手续费支出，目前都存在着偏高的问题。就债息支出而言，国债的发行利率始终追随银行储蓄存款利率而定，并保持着高出银行同期储蓄存款利率 1—2 个百分点的格局。而且，每当中央银行调整银行利率时，国债的发行利率便会迅速"跟进"，随之调增或调减。就推销和兑付的手续费支出而言，整个 80 年代至 90 年代初期，国债的推销和兑付业务基本上由中国人民银行以及各家专业银行负责办理，财政部按其推销和兑付的国债数额分别支付 3‰和 2‰的手续费。尽管那个时候亦可时常听到提高国债推销和兑付的手续费率的要求，但并不十分强烈。进入 90 年代以后，随着国债发行数额的增加和发行方法的改进，办理国债推销和兑付的部门也扩展了，要求提高国库券推销和手续费率的呼声便日益强烈起来。到了 1994 年，国债的发行额一下子跃增到 1000 多亿元，财政部门对于提高国债推销和兑付的手续费率的要求已不能再漠视不管，出于顺利并确保国库券发行任务完成的考虑，推销国库券的手续费率便被提到了 4‰的水平。如果是承销凭证式国库券，手续费率还可进一步提高到 4.7‰。

如果说，在国债发行初期，老百姓对于国债还未有较清楚的认识，或者，宏观金融环境尚未得到治理，国债作为一种投资对象的相对优势未能体现出来的情况下，财政部门不得不以高利率吸引居民的储蓄资金，以高手续费率调动经办国债业务部门的积极性的话，那么，在当前，国债的发行已有十几年的历史，老百姓已经形成了承购国债的习惯性心理，并且，各种高利集资风被基本刹住，股市的发展逐步趋于正常，国债的"金边债券"形象也已经基本树立起来，再继续维持这种高利率和高手续费率的格局，就很可能是不必要的了。

当然，降低国债的发行利率，牵涉我国长期实行的"管理利率"的体制格局。减少财政部门支付的国债推销和兑付的手续费，也肯定要触动相关部门的既得利益。这只有在财政和银行两家通力合作的条件下，才能办到。而且，其间的难度，也肯定小不了。但不管怎样，从降低国债的发行成本，扭转国家财政困难局面的大处着眼，无论多大的既得利益，都是应当加以割舍的。无论多大的困难，也都是应当全力克服的。

第二，国债的种类，应尽快形成多样化的格局。

国债种类的多样化问题，我们已经提了好多年了，近几年也确实在增加国债的品种方面做了一些尝试。但国债种类单一化的格局并未有根本改观。这个问题不解决，不仅提高认购者积极性的目标有碍实现（资金持有者对金融资产的需要是多样化的，且是各不相同的），而且，也是更为重要的，财政、银行部门为了执行宏观经济政策而在国债管理方面的合作，亦缺少必要的基础条件。其中的道理不难说清，财政部门所进行的着眼于宏观调控目标的国债管理活动，主要是通过调整、变动国债的种类构成（特别是期限种类构成）来操作的。银行部门旨在贯彻宏观货币政策而进行的公开市场业务，也主要是通过吞吐不同种类的政府债券（特别是较短期的政府债券）来操作的。如果市场上的国债种类单一，甚至没有具有关键意义的较短期债券（如几个月期）的发行，财政和银行部门在国债管理方面的合作便无从谈起，从而会在很大程度上降低宏观调控的政策效果。也正因为如此，当今世界各国国债种类结构的一个突出特点，就是它的多样化。仅以国债的期限种类结构为例，根据经济合作和发展组织提供的资料，其成员国所发行的国债期限种类数字是：澳大利亚 31 种，加拿大 20 种，英国 17 种，瑞典 8 种，芬兰和瑞士 7 种，比利时和新西兰 6 种，丹麦和德国 5 种，最少的法国也在 3 种以上。由此看来，当前我们很有必要在尽快改变国债种类的单一化格局上，再下一番工夫。

顺便说一句，如果我们能以国债种类的多样化，来启动中央银行的公开市场业务，并拓展财政部门的国债管理空间，进而架起一座财政、银行两家精诚团结、通力合作的桥梁，那么，其所具有的意义将是空前的。说得远一点，事情若能进展到这一步，我国社会主义市场经济体制下的宏观调控体系，很可能会由此形成并正常运作起来。

第三，改年初确定国债发行额为按国际通行办法，控制年终的国债累积额。

目前我国对国债规模的控制，采取的是在年初确定国债发行额，并且列入预算，公之于众的办法。这与国际通行的、控制年终国债累积额的办法有所不同。相比之下，我们以为，就国债这种财政收入形式的特点而论，控制年终累积额的办法可能更为适当。这是因为，国债区别于税收等经常性财政收入形式的突出特点，就在于它的有偿性和灵活性。因其是有偿的，举债收入的运用就必须考虑它的时间成本。如果国债收入组织上来了，但又一时派不上用场，白白闲置在那里，就要无端损失一笔利息费用。因其是灵活的，政府便可拥有伸缩自如的空间，根据财政运行的实际状况随时调增或调减它的发行量，需要多少发行多少，何时需要何时发行，从而最大限度地避免财政资金可能出现的闲置、浪费现象。

采取年初确定国债发行额的办法，举债收入便成为一个既定的量。而这个既定的量很可能与当年的财政运行的实际状况发生脱节。这样一来，国债的灵活性就丧失掉了。而且，失去灵活性的举债收入也很可能会因部分甚至全部的闲置，而不得不承担起有偿性的代价。一个突出的例子是1994 年初的那一笔为期半年的 150 亿元国库券的发行。当时考虑到新的增值税制刚刚出台，短期内，特别是第一个季度，可能会因征纳双方均需对新税法有一个适应期而影响税款的正常入库。为了避免由此而发生的预算短缺，财政部破例于当年的 1 月份提前发行了 150 亿元的国库券。而实际的情况是，新税制的实施异常顺利，不仅没有减少税款的入库，入库额较之往年还增加了许多。结果 150 亿元的国库券收入，并未发挥作用。与其如此，不如效法国际通行的做法，年初不确定国债发行的具体数额，只控制年终的国债累积额，让财政部根据预算年度内的财政收支的实际状况，相机地决定国债的发行数额、发行券种和发行日期。

第四，还本付息分流，债息支出进经常预算，借新还旧只限于还本支出。

从 1990 年起，我国进入了偿债高峰期。每年数百亿元的国债还本付息支出，给已经处于极端困难境地的国家财政带来了沉重的压力。为了缓解这种压力，政府采取了不断地发新债还旧债的办法，来应付到期国债兑付资金的难题。问题在于，以举借新债作为包括国债利息支出和国债还本支出在内的整个债务支出的资金来源，虽能实现到期国债的按时兑付，但其代价却是国债规模越滚越大，从而陷入一种"恶性循环"。这个问题不解决，国家财政走出困境的希望，就很可能是渺茫的。

所以，重新认识国债利息支出和国债还本支出的不同属性，并采取不同的办法加以处理，是非常重要的。国债的还本支出，可以通过不断地举借新债的办法来解决，并以这种办法使之成为一种"永不偿还"的债；国债的利息支出，则必须将以税收为代表的经常性财政收入作为资金来源，不能指望于举债。之所以要强调这一点，是因为，若将国债的利息支出和还本支出混为一谈，统统依赖举借新债的办法去解决，那么，在发新债抵旧债的循环中，时间上的推移虽不会带来一笔特定国债本金的变化，但由此而发生的利息支付额却是会日益增大的。事实上，在我国目前已经出现的国债的"恶性循环"中，正是债息支出使得国债的规模越滚越大了。

　　有鉴于此，应当尽快着手国债还本付息支出的分流工作：债息支出列入经常预算，以税收为代表的经常性财政收入为资金来源。还本支出留在建设性预算中，仍以举借新债的办法筹措资金。惟其如此，才能一方面保证国债本息的按时足额兑付，另一方面又不会使国债本息的兑付成为诱发国债规模越滚越大的原因。当然，在我国财政已经处于极端困难境地的形势下，马上做到这一点，会有相当的困难，但这个"短痛"与维持现有做法所带来的国债规模越滚越大的"长痛"相比，孰轻孰重，是不难决断的。

（原载《财政研究》1995 年第 9 期）

怎样才能强化国人的纳税意识？

——由北京市的自行车税说开去

人民日报社的一位记者来家中采访，席间告诉笔者这样一件事：尽管投入了相当大的力量，几乎动用了所有可能的手段和方法，今年北京市的自行车税征收情况颇不令人满意。截至4月底，已纳税自行车数为472万辆，仅占全市约800万辆自行车总数的59%。北京市西城区地方税务局抽调80名税务干部上街，在12个路口检查自行车税的纳税情况，在所抽查的5700辆自行车中，有1100辆未上税。未上税者占被抽查者的20%。

中国的老百姓并非没有纳税传统

从历史上看，中国的老百姓并非没有纳税传统。一个立刻可以指出的例子是，当年李自成领导的农民起义席卷全国时，民间盛传的一句话就是："盼闯王，迎闯王，闯王来了不纳粮。"这里所说的"纳粮"，实际上就是纳税。说明那个时候的人们是知道纳税的，自然也知道拒绝纳税或逃避纳税是要受罚甚至丢掉性命的。中国几千年来的文明史，从来都是和税收的征纳密切联系在一起的。只不过商品货币经济不发达年代的税收多采取实物的形式，而不是我们现在所十分熟悉的货币形式。

仔细想来，如今国人的纳税意识变得如此薄弱，同新中国成立以来一直到改革之前的相当长一个时期，政府基本上未直接向老百姓个人征税，在舆论上又一再宣传社会主义国家的财政收入主要来源于国有经济单位的上缴，恐怕不无关系。

然而，未直接向老百姓个人征税不等于没有税。那一时期低价统购农副产品和城市职工低工资制的实行，实际上正是农民和城市职工向政府缴纳税收的两个隐含的渠道。由国有经济单位上缴给财政的高利润，亦包含农民和城市职工所负担的税收份额。

现在的问题是，随着农副产品统购统销和国家统一掌管城市职工工资制度的相继打破，政府通过低价统购农副产品和城市职工低工资制向农民和城市职工收取"暗税"的渠道，在相当程度上不复存在了，代之以公开的形式征收"明税"的工作，自然要提上议事日程。由收取"暗税"转到征收"明税"，正如政府税务部门的工作要相应转轨一样，老百姓从心理到行为亦需要一个调整、适应的过程。

为了尽可能地缩短这一过程，我们应当做些什么？

向老百姓讲清楚为什么要纳税

对于老百姓为什么要纳税的道理，近年来上上下下应当说讲得不算少。几乎每年一次的税法宣传月，都在反复强调我们的税收是取之于民、用之于民的。但此类的话过于原则，也过于笼统。当然，更与市场经济的新观念存有距离。生活在市场经济环境之中的人们，总是要受其经济利益的驱使。纳税，作为其所拥有的财富的一种割让，也只有从经济利益上给予解释，才能为人们所认同。

事实上，纳税就如同人们上街买东西，只不过通过纳税所购买的是一种特殊的消费品——公共物品。

在日常生活中，我们所需要的消费品可以分作两类：一类是由企业生产并拿到市场上出售、我们可以用钱"直接"购买的一般消费品，如食品、衣物、家具等。它们的特点是，可由各个人或家庭分别消费、单独受益，并且，谁付款谁受益。我们在理论上把这类消费品称作"私人物品"。另一类是由政府负责提供、我们要通过纳税"间接"购买的特殊消费品，如社会治安、环境保护、公路修建等。它们具有联合消费、共同受益的特性，并且，没有办法将拒绝为之付款的个人或家庭排除在其受益范围之外。我们在理论上把这类消费品称作"公共物品"。

社会生活水平是个综合性指标，它既包括私人物品的消费水平，也包括公共物品的消费水平。而且，两者之间还必须相互协调。不难想象，当一个人吃过山珍海味，身着笔挺的西装，从装饰豪华、拥有全套现代化生活设施的家中走出，看到的却是一幅治安混乱、交通拥挤、道路坑洼不平的公共环境，他会是怎样的一种感受？

两类消费品同等重要，均不可或缺，但在这"没有免费的午餐"的世界上，我们都要用钱去购买。两类消费品的供给渠道不同，方式相异，我们花钱的渠道、方式，自然也有区别。私人物品，企业愿意且有能力生产，可以通过市场来解决，我们是用钱"直接"从市场上购买的。公共物品，企业不愿也无能力生产，市场解决不了或解决不好，必须由政府负责提供，而政府用于提供公共物品的资金，就来源于我们所缴纳的税收。这实际上是说，我们每个人、每个家庭的收入总是要分作两个部分来花费的：一部分用于购买私人物品，另一部分用于购买公共物品。花钱的渠道、方式尽管有所不同，甚至迥然相异，但都是为了一个共同的目的——满足消费的需要。

要享受政府所提供的服务，要消费公共物品，就必须拿钱来购买，就必须照章纳税。这样一种与市场经济的体制环境相适应的、全新的纳税观念的确立，非常重要。曾有一位美国朋友这样告诉笔者，"如果我家养的猫爬到了楼顶上，自己下不来了，我可以打电话叫警察把它抱下来。因为他们花的是我们纳税人的钱。"正如人们上街买东西总是一边嫌贵，一边依旧往家搬一样，由上面那段话我们也就不难理解为什么生活在"万税之邦"的美国人一边抱怨骂娘，一边自行纳税了。由理解纳税为的是购买公共物品到自觉为消费公共物品而照章纳税，看来是强化国人纳税意识的必由之路。

顺便说一句，确立全新的纳税观念对于当前的反腐败斗争，亦具有非同小可的意义。每当听到某某官员贪污、挥霍巨额款项的报道时，人们总是激愤不已。然而，激愤之余，并无多少割肉之痛。因为，人们总是觉得他们贪污、挥霍的是公家的钱，与老百姓个人无关或关系不大。如果人们能够明确地意识到，公家的钱是由老百姓缴纳的税款汇集起来的，这些钱原本应当用于提供关系全民利益的公共物品，贪污、挥霍掉的公款实际来源于老百姓的血汗或老百姓本可以享用的公共物品的减少，那么，反腐败便不仅仅是党政部门的事情，很可能会由此形成一个针对腐败行为的全民的监督和制裁的环境。引申一步说，只有在人们能够确切地知道自己纳税的钱花到什么地方去了，并且，对这部分钱的使用能够加以有效监督的时候，国人的纳税意识才会真正得以强化。

正面宣传与严管重罚相结合

纳税就好比乘车买票。虽然都懂得乘车须买票，但如果人们看到有人可以无票乘车且不受处罚，自然要萌生买票吃亏的念头，从而也会想方设法"免费乘车"。这种势头一旦蔓延开来，很可能就无人肯买票了。所以，强化国人的纳税意识，在以全新的纳税观念加强正面宣传的同时，还必须动用另外一手——严管重罚。

建立在公民自行申报纳税基础之上的美国的税收管理，每年虽只有2%的稽查面，但一旦查出偷漏税问题，处罚措施是非常严厉的。轻则让你倾家荡产，重则还会让你坐上几年甚至十几年的大牢，而且追溯期长达10年。在这种机制的威慑下，美国人怎敢不照章纳税？

相比之下，我国对于偷漏税的处罚措施就不够有力。前面所说的个人所得税就是一例。面对如此之大的偷漏税面的现实，税务机关并未采取什么切实有力的处罚措施。对此，社会上当然要有"交与不交一个样"的议论。

个人所得税如此，我国其他税种的情况又何尝不是这样？反思起来，这些年偷漏税之所以能由最初只发生在个体经济中的少数人身上，到逐渐在个体户中普遍扩展，进而几乎把全民和集体所有制单位统统卷入其中，显然与我们对于偷漏税的管理不严、处罚力度不够直接有关。有鉴于此，建立一套"严管理、重处罚"的税收运行机制，让人们在偷漏税面前望而却步，不敢铤而走险，既是强化国人纳税意识的制度保证，也是我们走出目前税收征管困境的希望所在。

当然，严格税收的征管，短期内，很可能带来税收成本的相应增大。加重对偷漏税行为的处罚力度，亦免不了受到某些经济、社会因素的制约。但不管怎样，从强化国人纳税意识，进而构建一个完善的、与社会主义市场经济体制相适应的税收运行机制的大处着眼，局部的利益、暂时的困难，终究是应当且必须加以割舍、克服的。

（原载《涉外税务》1996 年第 1 期）

中国:振兴财政的路应当如何走?

出于对当前的国家财政状况的焦虑,党的十四届五中全会和全国人大八届四次会议,先后把"振兴财政"作为一项重要内容,写入了《中共中央关于制定国民经济和社会发展"九五"计划和 2010 年远景目标的建议》和《中华人民共和国国民经济和社会发展"九五"计划和 2010 年远景目标纲要》。

然而,振兴财政并不是一个轻松的任务,而是一项大的系统工程。中国的财政困难已持续多年,方方面面、上上下下积累的问题颇多,非短期内或通过推出一两个举措就能解决了的。只有站在历史与现实、理论和实践结合的高度,从对国家财政困难成因的深层次分析中,把握纷繁复杂的各种矛盾现象的运行脉络,才有可能拿出一套切实可行的通向振兴财政目标的系统方案。

一

振兴财政的工作,千头万绪,必须选择一个适当的入手处。入手处选准了,找对了,便可一招走好,满盘皆活。入手处的选择,显然取决于我们对国家财政困难成因的判断。从经济高速增长、财政日益困难这一特殊的经济现象不难得出,当前中国的财政困难出在财政运行机制本身。

传统经济体制下的财政运行机制的显著特征可以概括为:财政收入以低价统购农副产品和城市职工低工资制为条件,得以"超常"扩大;财政支出在大而宽的财政职能范围格局下,规模"超常",负担沉重。

50 年代,国家先后颁布的《关于实行粮食的计划统购和计划供应的命令》和《国营企业、事业和机关工资等级制度》,奠定了我国实行农副产品统购统销和国家统一掌管城市职工工资制度的基础。在农副产品统购统销制度下,农民要按国家统一规定的相对较低的价格标准将剩余的农副产品统一卖给国家,由政府按计划统一供应给城市工业部门和城市居民消费。通过农副产品的低价统购,政府先是从农业集中起一大批资源,然后又以低价统销的形式转移给城市工业部门和城市居民。低价的农副产品,不仅直接降低了工业的原材料投入成本,也使城市居民获得实物福利并间接降低了工业的劳务投入成本。在低成本的基础上,工业部门获得了高的利润;由国家统一掌管国有企业、事业和机关单位的工资标准,统一组织这些单位职工的工资调配,政府亦可以通过压低工资标准、减少工资升级频率的办法,来直接或间接地降低工业的劳务投入成本。在低成本的基础上,工业部门又获得了高的利润;在财政统收统支的管理体制下,国有经济单位(其中主要是国有工业部门)创造的纯收入,基本上都交财政集中支配,企业本身能够自主支配的财力极其有限。于是,通过财政上的统收,汇集在国有经济单位中的高利润便转移到了国家手里,形成了"超常"水平的财政收入。

在计划经济的体制环境中,政府是社会资源配置的主体。既然是主体,管的事情就多。既然政府要包办社会各项事业,作为政府活动的综合反映的财政职能范围,自然是大而宽的。国家财政不仅要负责满足从国防安全、行政管理、公安司法,到环境保护、文化教育、基础科研、卫生保健等方面的社会公共需要,要负责进行能源、交通、通信以及江河治理等一系列社会公共基础设施和非竞争性基础产业项目的投资,而且,还要承担为国有企业供应经营性资金、扩大生产资金以及弥补亏损的责任,甚至要为国有企业所担负的诸如职工住房、医疗服务、子弟学校、幼儿园和其他属于集体福利设施的投资提供补贴,等等。财政职能范围的大而宽在财政支出上的反映,便是规模的超常。超常规模的财政支出,反过来又要求和规定着超常水平的财政收入给予支持。于是,财政收入水平的超常和财政支出规模的超常互为条件,彼此依存。两个"超常"加在一起,便构成了改革之前国家财政运行状况的基本图景。

市场化的改革进程,带来了财政运行机制的相应变化。一方面,提高农副产品收购价格,放宽城市职工的工资管理,并扩大企业财权,打破了原有的财政收入机制。财政收入（不包括债务收入）占国内生产总值的比重大幅度下降，由 1978 年的 31.2% 减少至 1995 年的 10.7%。另一方面，财政的职能范围在既得利益格局难以触动和财政支出本身刚性的制约下，未能相应压缩。经济体制改革的各项举措又需要财政增加支出给予支持，导致了财政支出规模急剧膨胀。由 1978 年的 1111.0 亿元增加到 1995 年的 6809.17 亿元，平均每年递增 11%。财政收入水平的"超常"打破了，财政支出规模的"超常"依然如故，且有强化之势。财政收支的两翼如此不协调，便引发了改革以来的特殊的财政困难。

特殊的财政困难，集中表现为连年的财政赤字。财政赤字的弥补，先是采取"两条腿"走路——同时向银行透支和举借国债，后来，迫于通货膨胀的压力，"双轨制"转入了"单行道"——全部依靠举借国债。由此，国债的发行规模一下子突破了千亿元的大关。举借的国债又终归要还本付息，而且，举借国债的规模越大，还本付息的压力也就越大。在财政始终处于极端困难的境况下，偿债高峰期的到来，迫使政府不得不操用借新债还旧债的办法应付到期国债的还本付息难题。每年高达数百亿乃至上千亿元的偿债高峰，虽可循此模式渡过，但其代价是财政走上了国债规模越滚越大的恶性循环道路。

如果上述的认识基本不错，那么，中国财政困难的全部症结可能在于：财政运行机制的调整，未能与整体经济体制的变革衔接、配套。

看起来，"解铃还需系铃人"。振兴财政这篇大文章，要从重构财政运行机制做起。打下了重构社会主义市场经济条件下的财政运行机制这个基础，便占据了扭转国家财政困难局面，并使其尽快走出恶性循环的制高点。所以，重构财政运行机制，实质是振兴财政的重心所在。

二

财政运行机制可以分为两翼：财政支出机制和财政收入机制。重构财政运行机制，最为关键的一步，就是分别搭起财政支出机制和财政收入机制的基本框架。

问题是，应当由哪一翼起步？

　　财政支出机制和财政收入机制固然是财政运行机制的两翼，但这两翼的地位并不是平行的。历史和现实的经验均已证明，财政支出具有相当的刚性，无论是行政管理费支出、国家投资支出，还是社会福利事业支出、应付自然灾害和其他突发事件的需要等方面的支出，一般都必须给予十足的保障，容不得随意变动或减少（当然，这并不排除在一定的条件下，可以作某种小幅度或小范围的调整，但它就财政支出的"刚性"特征来说，则显得很微弱）。至于财政收入，虽然同样具有"规范性"，但它只是财政支出的约束条件，在很大程度上是为财政支出所左右的。借用传统政治经济学的术语，可以称作，财政支出的规模决定财政收入的规模，财政收入的状况反作用于财政支出的状况。

　　这就是说，重构财政运行机制的工作，应当由财政支出的适度规模的界定开始。财政支出的适度规模界定好了，财政收入的规模便可随之界定。财政支出和财政收入两个方面的适度规模都界定清楚了，财政收支两翼的机制重构也就有了相应的基础。这一基本思路，可以简单地概括为"以支定收"。

<h2 style="text-align:center">三</h2>

　　财政支出的实质，是政府活动的成本。界定财政支出的适度规模，首先要在规范政府职能的基础上，规范财政的职能范围。从这个意义上讲，重构财政支出机制的重心，应当放在规范社会主义市场经济条件下的财政职能范围格局上。

　　我国传统经济体制下所形成的大而宽的所谓"生产建设财政"职能范围格局，已经不适应改革后的经济环境。事实上，改革开放以来，伴随着经济市场化的进程，现存的大而宽的财政职能范围格局不仅越来越难以维持，而且，许多职能都被肢解或被弱化了。比如，我们一向以基本建设支出占财政支出总额的较大比重，作为生产建设财政的主要标志。现在，这个比重数字，已由1979年的40.4%一路下滑至1995年的11.6%。若单讲生产性基本建设支出，近几年，每年的支出额度也就是500亿元上下，占财政支出总额的比重不足9%。基本建设支出的下降，并没有使其他项目的支出变得宽裕些。相反，几乎所有的财政支出项目，均陷入了空前的窘境：科教文卫经费的增长赶不上通货膨胀的速度，行政事业单位工作人员工资待遇长期偏低，国防费用留有缺口，农业发展得不到应有的支持，社会保障体系的建立始终迈不出实质性步伐，如此等等。可以说，遍地是财政支出的"欠账"现象，到处有对财政投入不足的抱怨声。

事情演变到今天，我们不能不反思其中的缘由。从表面上看，上述状况的出现，是由财政上的困难所引起的，财政上的困难又是财政收支两翼长期不协调的结果。然而，若做深一步探究，则会发现，问题的真正起因，恐怕还得从财政职能范围同整体经济环境的关系中去寻找。

由计划经济走向市场经济，市场成为社会资源的主要配置者。政府的角色变了，由在社会资源的配置中唱"主角"转为演"配角"，财政的职能范围理应随之压缩——实现由"大而宽"向"小而窄"的转变。但是，如前所述，在既得利益格局难以触动和财政支出本身刚性的制约下，我们未能做到这一点。与此同时，能够提供超常水平财政收入的原有的财政收入机制，却在以"放权让利"为主调的改革中被打破了。财政收入水平不再是超常的了，大而宽的财政职能范围格局基本未变。失去了超常水平财政收入支持的现存的财政职能，怎么能不被肢解或被弱化？

综观世界上实行市场经济制度国家的财政职能，尽管形式多样，侧重点各异，但其基本的格局是相似的。这就是，以"市场失灵"为标准，从纠正和克服"市场失灵"现象出发，来界定财政的职能范围。凡是可以通过市场解决或通过市场可以解决得更好的事项，财政就不去介入。凡是不能通过市场解决或通过市场解决得不能令人满意的事项，财政才必须涉足。

具体说来，市场经济条件下的财政职能事项，可以概括为如下几个方面：

1. 提供公共物品或劳务。即负责向社会提供那些企业不愿也无能力生产、具有联合消费或共同受益的特性，并且，没有办法将拒绝为之付款的个人或家庭排除在受益范围之外的特殊物品或劳务。社会治安、环境保护、公路修建等，便是这类物品或劳务的突出代表。

2. 调节收入分配。即以财政手段去调节那些由于占有生产要素（如劳动力、资本、土地等）数量的不同以及所占有的生产要素在市场上获得的价格的不同，而造成的人与人之间的收入分配不公现象，实现收入公平合理分配的社会目标。

3. 促进经济稳定增长。即通过不同时期的财政政策的制定和财政实践上的制度性安排，来维系总供给和总需求之间的大致平衡，保证宏观经济得以持续、稳定、均衡地向前发展。

可以看出，上述的事项，基本上是限定在"满足社会的公共需要"这一层次的。由此构建起来的财政职能范围格局，相对于计划经济条件下的财政职能范围来说，自然是"小而窄"的。正是基于这个原因，实行市场经济国家的财政，大都称之为"公共财政"。

说到这里，问题的答案已经明朗化了：在目前的条件下，要维持现存的财政职能范围格局，并保证其不被肢解或不被弱化的前提是，恢复以往的那种可带来超常水平财政收入的特殊机制。这无异于取消改革，重走计划经济老路，显然不行。现时的选择只能是，按照市场经济的要求和公共财政的概念，重新界定并构建财政的职能范围。在此基础上，适时实现由生产建设财政向公共财政的转变。

如果能够按照让"市场在国家宏观调控下对资源配置起基础性作用"的原则，对现存的财政职能事项逐一鉴别、筛选，并从严界定，那么，现存的财政职能范围肯定会得到相当的压缩。以此为基础，相对偏高的财政支出规模，亦可望削减至尽可能低的水平。

由此看来，正如社会主义亦有市场，资本主义亦有计划一样，公共财政也并非西方国家的专利品。我们在选择市场经济体制的同时，也就注定了要走公共财政的道路。搞市场经济，就要搞公共财政。这可能是我们经过了十几年的旧式财政职能范围同新型市场经济体制的激烈碰撞之后，终于悟出的真谛所在。

四

在财政支出的适度规模得以科学界定的前提下，便可按照"以支定收"的思路，随之把财政收入的适度规模界定好，并以此作为重构财政运行机制的另一翼——财政收入机制的基础。

不过，界定财政收入的适度规模，只是重构财政收入机制工作的第一步，而且，可能是相对容易做到的一步。更为艰巨的任务则在于，如何通过诸种财政收入形式的协调配合，把应当取得的财政收入集中上来。为此，清楚地界定诸种财政收入形式在财政收入体系中的"角色"，是十分必要的。

在这里，笔者想特别指出两点：其一，政府活动的"公共"性质，决定了以税收为代表的无偿性财政收入形式是取得财政收入的最佳形式，应当在财政收入体系中居于主导地位。相比之下，以偿还和付息为条件的国债，只是财政收入的补充形式或辅助形式。规范化的财政收入体系，要让税收等无偿性财政收入形式做"主力队员"。至于国债，只能在主力队员发生意外或需要配合的情况下，方可上场，当好"替补队员"。

其二，不论在预算安排上作怎样的区分，政府的各种来源的财政收入实际是捆在一起使用的。事实上，任何特定的财政支出项目，均难以同特定的财政收入形式直接挂钩。引申一步说，一旦财政支出的规模既定，以税收为代表的无偿性财政收入形式和有偿性的财政收入形式——国债之间，必然呈现一种此增彼减的关系。

之所以要提出这样的问题，是因为，在笔者看来，当前我国财政收入机制上的困难，主要在于财政收入形式之间的相互"错位"——无偿性财政收入和有偿性财政收入之间的比例关系失衡。具体而言，如果把改革前以低价统购农副产品和城市职工低工资制为条件的原有的财政收入机制称之为"暗税"，那么，随着改革后"暗税"制度的打破，其留下的"空缺"则应当也必须依靠"明税"制度——以公开的形式征税——的建立与完善去"填补"。我们所面对的现象恰恰在于：明税未能及时地替代暗税，担负起过去由暗税所完成的任务，无偿性财政收入的不足，引发了对有偿性财政收入形式——国债——的日益严重的依赖，进而形成了国债发行规模越滚越大的恶性循环。这种关系链条若不能斩断，国家财政走出目前困境的希望，就很可能是渺茫的。

所以，重构财政收入机制的核心问题，是让诸种财政收入形式分别"归位"，扮演好各自在财政收入体系中本应充当的"角色"：建立在适度的财政支出规模基础之上的财政收入任务的完成，只能交由以税收为代表的无偿性财政收入——财政收入体系中的"主力队员"——去承担，绝不能寄希望于或主要依赖于发行国债。国债的作用，只能是"替补队员"，要严格限定在弥补财政赤字的范围内。不能夸大，更不能人为拔高。

这实质上是说，1996年国家财政和中央财政的国债依存度（国家债务收入额/全国财政支出总额或中央财政本级支出额）数字，分别高达26.1%和55.00%（预算数）的局面，不能再继续下去。创造一切可能创造的条件，尽快地把国债发行规模的膨胀势头控制住，应成为当前以至今后一个时期的工作重心。

注意到无偿性财政收入和有偿性财政收入之间的此增彼减关系，可以得到这样的认识：控制国债发行规模，要在增加无偿性财政收入上下功夫。降低当前相对偏高的国债依存度，只能从提高无偿性财政收入在整个财政收入体系中的比重中去想办法。

有了上述的认识基础，探寻一条走向规范化的财政收入机制的通道，也就有了着眼点。

易于看出，在目前的中国，增加无偿性财政收入，提高无偿性财政收入在整个财政收入体系中的比重的关键所在，是完善"明税"——把该收的税全部收上来。必须确立"国家税收每增加一分，国债发行就减少一分"这样一种信念。以"堵漏增收"为基本目标，抓好税收的法制建设，力争使国家税收的流失减少到最低限度。

（原载《财贸经济》1996 年第 7 期）

论财政收入体系格局的规范化

1. 本文所讨论的财政收入体系格局，特指政府所取得的各种不同形式的财政收入分别占财政收入总额的比重。

现代经济社会中，任何国家的财政收入，都是在诸种财政收入形式的协调配合下取得的。财政收入体系的格局怎样，本来是一个财政的基本理论问题。但今天把它提出来，却有着不同寻常的意义。

一

2. 或许是由于观察问题的角度相似，每当谈到财政困难，特别是财政运行机制上的困难时，人们总要提出"两个比重"（即国家财政收入占 GDP 的比重和中央财政收入占全国财政收入的比重）过低的问题。更有许多人，倾向于把"两个比重"过低视作当前财政困难的综合反映。

应当说，这一判断本身没有错。不过，对"两个比重"过低现象和成因的进一步推演分析，还告诉我们：（1）"两个比重"过低，是相对于国家财政支出占 GDP 的比重和中央财政支出占全国财政支出的比重而言的。如果后两个比重能够同步下降并达到同前两个比重大体相当的水平，也就无所谓"两个比重"过低。（2）"两个比重"过低，实质是针对国家无偿性（或说经常性）财政收入占 GDP 的比重和中央无偿性财政收入占全国无偿性财政收入的比重来讲的。如果把有偿性的财政收入——债务收入亦纳入国家财政收入和中央财政收入的统计口径，从而对无偿性和有偿性财政收入汇总计算，那么，且不说由此而得到的"两个比重"能够同国家财政支出占 GDP 的比重和中央财政支出占全国财政支出的比重大体相当，即使单就这"两个比重"数字本身而论，也肯定不会低到目前国内统计文献所揭示的水平。

3. 事实上，我国改革以来的财政困难，正是出在两个方面比重数字之间的差异上（见表 1）：就全国而言，国家财政支出同国家无偿性财政收入分别占 GDP 的比重数字不协调，1995 年，这两个比重数字分别是 13.3% 和 10.7%。两者相差 2.6 个百分点；就中央财政而言，中央财政支出和中央无偿性财政收入分别占全国财政支出和全国无偿性财政收入的比重数字不对称，1995 年，这两个比重数字分别为 37.8% 和 22.1%，两者相差 15.7 个百分点。两个方面比重数字之间的差异，又是通过有偿性财政收入形式的利用——举借国债（在 1994 年以前，还包括向银行透支或借款）加以弥补的。其结果是，债务收入在国家财政和中央财政收支平衡中的作用越来越大。到 1996 年，国家财政的债务依存度（债务收入额/国家财政支出额）和中央财政的债务依存度（债务收入额/中央财政支出额），已分别高达 22.1% 和 55.0%（预算数）。

表1　　　　　　　　　"两个方面"比重数字的对比分析　　　　　　单位：亿元，%

年份	国家无偿性财政收入 (1)	中央无偿性财政收入 (2)	国家财政支出 (3)	中央财政支出 (4)	国内生产总值 (5)	(1)/(5)	(3)/(5)	(2)/(1)	(4)/(3)
1985	1776.5	767.9	1844.8	836.5	8964	19.8	20.6	43.2	45.3
1990	2937.1	1076.3	3452.2	1372.8	18531	15.8	18.6	36.6	39.8
1993	4349.0	1019.7	5287.4	1957.2	34515	12.6	15.3	23.4	37.0
1994	5218.1	1088.3	6300.9	2262.6	45006	11.6	14.0	20.9	35.9
1995	6187.7	1370.2	7678.5	2902.2	57733	10.7	13.3	22.1	37.8
1996	6818.2	1600.7	8818.3	3549.3	62351	10.9	14.1	23.5	40.2

注：（1）表中无偿性财政收入系指剔除了债务收入之后的财政收入。

（2）1994 年之后的国家财政支出和中央财政支出均系经常性支出、建设性支出和国内外债务还本付息支出三个方面数字的总和。

（3）1996 年为预算数。

资料来源：国家统计局：《中国统计年鉴（1995）》，中国统计出版社 1995 年版；刘仲藜：《关于 1995 年中央和地方预算执行情况及 1996 年中央和地方预算草案的报告》，《人民日报》1996 年 3 月 21 日。

4. 由此可以想到，债务依存度偏高的另一面，是无偿性财政收入依存度的偏低。因为，从根本上说来，在既定的财政支出规模制约下，无偿性财政收入形式和有偿性财政收入形式之间是一种此增彼减的相互替代关系。一种财政收入形式的"缺位"或"越位"，是以另一种财政收入形式的"越位"或"缺位"为条件的。如果以税收作为无偿性财政收入形式的代表，以国债作为有偿性财政收入形式的代表，则有如下关系式：

$$税收依存度 + 债务依存度 = 100\%$$

表 2   有偿性和无偿性财政收入分别占全国

财政支出和中央财政支出的比重   单位：亿元, %

年份	债务收入 （1）	国家财政 支出（2）	中央财政 支出（3）	（1）／（2）	（1）／（3）	国家无偿性 财政收入 ／（2）	中央无偿性 财政收入 ／（3）
1985	89.85	1844.8	836.5	4.9	10.7	95.2	91.8
1990	282.97	3452.2	1372.8	8.2	20.6	91.4	78.4
1993	739.22	5287.4	1957.2	14.0	37.8	82.2	52.1
1994	1175.25	6300.9	2262.6	18.7	51.9	81.3	48.1
1995	1537.69	7678.5	2902.2	20.0	52.9	80.0	47.1
1996	1952.57	8818.3	3549.3	22.1	55.0	77.9	45.0

注：（1）无偿性财政收入分别占国家财政支出和中央财政支出的比重，系由国家财政债务依存度和中央财政债务依存度数字倒推而来（已剔除赤字和盈余因素）。

（2）1996 年为预算数。

资料来源：同表 1。

表 2 提供的数字表明，近十年来，伴随着国家财政和中央财政的债务依存度的稳步上升（前者由 1985 年的 4.9% 提高至 1996 年的 22.1%，后

者由 1985 年的 10.7% 提高至 1996 年的 55.0%），以税收为代表的无偿性财政收入占国家财政支出和中央财政支出的比重直线下降，其中，国家无偿性财政收入占国家财政支出的比重由 1985 年的 95.2% 减少至 1996 年的 77.9%，中央无偿性财政收入占中央财政支出的比重由 1985 年的 91.8% 减少至 1996 年的 45.0%。

5. 无偿性财政收入与有偿性财政收入之间比例关系失衡和我国的财政困难形势现状——两种经济现象的相关性，向我们传递了一个重要的信息：由以税收为代表的无偿性财政收入的"缺位"和以国债为代表的有偿性财政收入的"越位"所带来的财政收入形式之间的相互"错位"，是当前"两个比重"过低矛盾和财政困难的根源和集中体现。

二

6. 对当前我国财政收入体系格局失衡的判断，显然要以规范化的财政收入体系格局作为参照系。因此，分别认定诸种财政收入形式在财政收入体系中的"角色"，是非做不可的一件事情。

7. 问题是如何认定？

从总体上说，不同的财政收入形式，之所以能够在形式上互相区别，是因为它们各有其特有的形式特征。在由诸种财政收入形式所组成的财政收入体系中，它们所被赋予的任务，或者说，它们所应发挥的作用，肯定是有所不同的。除此之外，无论哪一种形式的财政收入，都是为了满足政府财政支出的需要而启用或存在的。财政支出的性质怎样，自然会左右诸种财政收入形式在财政收入体系中的分工。所以，为不同的财政收入形式在财政收入体系中的"角色"定位，一方面取决于其自身的形式特征。另一方面，亦取决于与其对应的财政支出的性质。

8. 如所熟知，税收的形式特征（或说税收的性质）通常被概括为"三性"，即强制性、无偿性和固定性。与此类似，国债的形式特征也可归结为三点，这就是自愿性、有偿性和灵活性。从两类既截然不同又互相对应的"形式特征"的比较分析中可以看出：

——税收既然是依托政府的政治权力、根据法律强制征收的，任何单位和个人都必须依法缴纳，否则势必会受到法律的制裁，那么，政府通过税收形式取得的财政收入的量，就是稳定可靠的；国债的发行或认购既然依托的是政府的信用，借贷双方要以自愿互利为基础，按一定条件结成债权债务关系。认购者买与不买，或购买多少，完全听凭其个人和单位的意愿决定，那么，政府通过国债形式取得的财政收入的量，就不那么稳定可靠。

——通过课征税收取得的财政资金，政府既然不需要偿还，也不需对纳税人支付任何代价，那么，无偿课征的税收收入的利用，就不会给政府带来任何的额外负担；通过举借国债取得的财政资金，政府既然必须作为债务按期偿还，同时还要加付利息，那么，有偿举借的国债收入的利用，就必然会给政府带来额外的负担。

——既然课税之前就要以法律形式预先规定课税对象与课征数额之间的数量比例，那么，不论财政收支状况如何，在一定期间内，除非变动税法，否则依法课征的税收收入，对于政府就是一个既定不变的量；既然国债的发行额度一般并无较为规范的法律规定，而基本由政府根据财政收支的状况灵活加以确定，那么，依据财政收支状况举借的国债收入，对于政府就是一个可以灵活调节的量。

9. 从规范分析的意义上讲，社会主义市场经济条件下的财政支出范围，是按"公共财政"的口径界定的。其界定的标准是"市场失灵"，凡是可以通过市场解决或通过市场可以解决得更好的事项，财政就不去介入。凡是不能通过市场解决或通过市场解决得不能令人满意的事项，财政才必须涉足。具体说来，市场经济条件下的财政支出事项，大体可以概括为：

——提供公共物品或服务。即负责向社会提供那些企业不愿也无能力生产、具有联合消费或共同受益的特性，并且没有办法将拒绝为之付款的个人或单位排除在受益范围之外的特殊物品或服务。如社会治安、国家安全、环境保护等。

——调节收入分配。即以财政手段去调节那些由于占有生产要素（如劳动力、资本、土地等）数量的不同以及所占有的生产要素在市场上获得的价格的不同，而造成的人与人之间的收入分配不公现象，实现收入分配公平合理的社会目标。

　　——促进经济稳定发展。即通过不同时期的财政政策的制定和财政实践上的制度性安排，来维系总供给和总需求之间的大致平衡，保证宏观经济得以持续、稳定、均衡地向前发展。

　　改革以来，我国的财政支出格局已经发生了由所谓"生产建设财政"向"公共财政"的转变。比如，我们一向以基本建设支出占财政支出总额的较大比重作为生产建设财政的主要标志。现在，这个比重数字，已经由1979 年的 40.4%一路下滑至 1995 年的 10.3%。若单讲生产性基本建设支出，近几年，每年的支出额度也就是 500 亿元上下，占财政支出总额的比重不足 7%。即使以现行的包括生产性基本建设支出、挖潜改造和新产品试制费支出、支援农业支出等所谓建设性预算支出的口径计算，1995 年占整个财政支出的比重也不过 22.2%。

　　无论就我国财政支出格局的现状还是就其发展方向看，可以列入财政支出范围的事项，大都是在"满足社会的公共需要"这一层次的。既然是用于满足社会的公共需要，就不能指望财政支出项目本身创造出与其对应的资金来源。退一步讲，即便在财政支出的项目中，有一部分可带来少许的赢利，当它面对以公共财政口径构建起来的整体的财政支出时，其作用也只不过是杯水车薪。这实际上是说，用在财政支出上的社会资金，基本上是"有去无回"。

　　10. 推敲一下上文的论证，便不难认定：能够带来稳定可靠的收入并可无偿使用、不会有任何额外负担的财政收入形式——税收，是以"满足社会的公共需要"为主体的财政支出的最佳的资金来源。至于以自愿互利和还本付息为条件的国债，只能在以税收为代表的无偿性财政收入不足以抵补支出的情况下，出任财政支出的补充或辅助财源。这样说，绝不意味着国债在财政收入体系中的地位不重要。恰恰相反，正如大千世界的万物并不以体积的大小而论其作用轻重一样，国债对于财政收支平衡的独特作用，也并不能以其所占财政收入总额比重的高低作为评判的标准。

　　基于这一逻辑，可以将税收、国债分别在规范化的财政收入体系格局中的"角色"作如下界定：税收，必须作为"主力队员"而居于主导地位。国债，则要作为"替补队员"而担负起拾遗补缺的职责。

三

11. 将财政收入体系格局置于 18 年经济体制改革的总体进程中去考察，可以悟出比对财政收入体系格局本身的论证更多的东西——中国财政收入体系格局失衡的由来。

12. 发端于 70 年代末期的中国的经济体制改革，一开始便确定了"减税让利"的改革思路。作如此的选择，显然是基于以往的国民收入分配格局过于向财政倾斜，从而使国民经济在很大程度上失去了活力这样一种判断。所以，着眼于重构国民收入分配格局的以"减税让利"为主调的改革，必然要直接打破传统的财政收入形成机制。

13. 中国计划经济体制下的财政收入形成机制的基础，是农副产品统购统销制和城市职工低工资制。以此为条件，财政收入的规模（或说国民收入分配格局中的财政份额）得以超常扩大。

——农副产品统购统销制度，始自 1953 年政务院颁布的《关于实行粮食的计划统购和计划供应的命令》。在农副产品统购统销制度下，农民要按国家统一规定的相对较低的价格标准将剩余的农副产品统一卖给国家，由政府按计划统一供应给城市工业部门和城市居民消费。通过农副产品的低价统购，政府先是从农业中集中起一大批资源，然后又以低价统销的形式转移给城市工业部门和城市居民。低价的农副产品，不仅直接降低了工业的原材料投入成本，也使城市居民获得实物福利并间接降低了工业的劳务投入成本。在低成本的基础上，工业部门获得了高的利润。

——1956 年全国第二次工资制度改革确立了城市职工低工资制的格局。当时颁发的《国营企业、事业和机关工资等级制度》的核心内容，就是把工作划分为若干类别，由国家统一掌管国有企业、事业和机关单位的工资标准，统一组织这些单位职工的工资调配。由此，政府可以通过压低工资标准、减少工资升级频率，来直接或间接地降低工业的劳务投入成本。在低成本的基础上，工业部门又获得了高的利润。

——在财政统收统支的管理体制下，国有经济单位（其中主要是国有工业部门）创造的纯收入，基本上都交财政集中支配，企业本身能够自主支配的财力极其有限。于是，通过财政上的统收，汇集在国有经济单位中的高利润便转移到了国家手里，形成了超常水平的财政收入。

14. 改革带给传统的财政收入形成机制的冲击，无论从事前还是从事后分析的意义来看，都是根本性的。

——1979 年以来，我国先后几次较大幅度地提高了农副产品收购价格，并最终基本废除了农副产品的统购统销。农副产品收购价格总指数在1978—1995 年间上涨了 4.27 倍。其中，粮食类产品收购价格指数上涨了6.07 倍，经济作物类产品收购价格指数上涨了 5.65 倍。[1] 农副产品收购价格的提高，一方面增加了工业产品的原材料投入成本，另一方面，城市居民也因此加大了生活费用开支，从而增加了工业产品的劳务投入成本。于是，随着工业部门利润向农业部门的转移，来源于低价统购农副产品这一渠道的财政收入便减少了。

——从 1979 年 7 月开始，对国有企业陆续推出了利润留成、第一步利改税、第二步利改税、企业承包责任制和税利分流等一系列改革举措。伴随着这些举措的出台，企业留利额和留利率均出现了较大幅度的增加，前者由 1978 年的 27.5 亿元增加到 1991 年的 555.4 亿元，后者由 1978 年的3.7% 增加到 1991 年的 65.3%。[2] 与此同时，国家对城市职工的工资管理相对放松，包括国有企事业单位和其他所有制成份在内的职工工资收入有了较大的提高，并恢复了中止多年的奖金制度。企业留利的增加，使得政府不再能通过财政上的统收将工业部门的利润全部集中到国家手中。农副产品收购价格的提高和相对放松城市职工的工资管理，又通过增加工业产品的原材料投入成本和劳务投入成本这一渠道，压低了工业部门的利润水平。于是，来源于城市工业部门的财政收入，也相应地减少了。

15. 按理说，经济体制的环境变了，财政收入的形成机制也应随之调整。如果把过去通过农副产品统购统销和城市职工低工资制渠道取得的财政收入称之为"暗税"，那么，随着"暗税"制度的打破，其留下的"空缺"则应当也必须依靠"明税"制度——以公开的形式征税——的建立和

---

[1]　国家统计局《中国统计年鉴（1996）》，中国统计出版社 1996 年版。
[2]　财政部综合计划司《中国财政统计（1950—1991）》，科学出版社 1992 年版。

完善去"填补"。然而，在种种因素的制约下，我们未能做到这一点。明税的建立步伐不仅慢于暗税的消失速度，各种偷漏税的行为也犹如"病毒"，从一开始便附着于明税的肌体上繁衍而生，致使国家税收大面积流失。作为无偿性财政收入支柱的税收发生了问题，财政收支两翼的平衡，自然要引发对有偿性的财政收入来源的依赖。

财政赤字的弥补，先是采取两条腿走路——同时向银行透支和举借国债，后来，迫于通货膨胀的压力，"双轨制"转入"单行道"——全部依靠举借国债。由此，国债的发行规模一下子突破了千亿元的大关。举借的国债又终归要还本付息，在财政一直处于极端困难的境况下，偿债高峰期的到来，迫使政府不得不操用借新债还旧债的办法去应付到期国债的兑付难题。每年数百亿乃至上千亿的偿债高峰，虽可循此方式得以渡过，但其代价是国债规模越滚越大、有偿性财政收入占财政收入总额的比重越来越高，财政也因此走上了恶性循环道路。

四

16. 说到这里，作出如下论断可能是适当的：以税收为代表的无偿性财政收入占财政收入总额比重的下降，或者，以国债为代表的有偿性财政收入占财政收入总额比重的上升，既与政府财政收支活动本身的性质不相符，又是把我国财政拖上恶性循环之路的重要因素。因此，重新检讨并改变目前失衡的财政收入体系格局，已经刻不容缓。

17. 显而易见，重塑规范化的财政收入体系格局的工作，要从重构财政收入形成机制做起。重构财政收入形成机制的核心问题，是让诸种财政收入形式分别"归位"，扮演好各自在财政收入体系中本应充当的"角色"。在当前，最为关键的一步，是启动作为财政收入体系"主力队员"的税收的"归位"——加大税收占财政收入总额的比重——步伐。国家税收每增加一分，国债发行就减少一分。税收的依存度加大了，债务的依存度自然会相应减下去。牵住了税收"归位"这个牛鼻子，就等于勒住了财政收入体系格局失衡的缰绳，占据了扭转国家财政困难局面并使其尽快走出恶性循环的制高点。

18. 但是，税收由"缺位"到"归位"，并不意味着一定要为此增税。当前税收占财政收入总额比重过低的基本成因，既是在于税收的大量流失，那么，不管对每年国家税收流失的额度作怎样的估计，可以肯定的一个事实是，如果堵住了导致税收流失的几个乃至大部分漏洞，国家税收的规模将会有相当程度的增加。再进一步，税收在由诸种财政收入形式构成的财政收入体系格局中的占比，将会有相当程度的提高。

所以，当前工作的主要着眼点，应当放在"完税"——把该收的税全部收上来——上。完善税制→增加无偿性财政收入占比→压低国债发行规模→减少有偿性财政收入占比，是一条可以选择的走向规范化的财政收入体系格局的通道。

19. 归根结底，当前失衡的财政收入体系格局绝不能再继续下去。

（原载《财政研究》1997 年第 2 期）

市场经济条件下的中国税收与税制[*]

一   中国税收的现状与其应有的地位不相称

1994 年税制改革以后，我国的税收形势很好，每年的税收增长额都达近千亿元（1994 年为 871.58 亿元，1995 年为 911.16 亿元，1996 年为 863.31 亿元）。不仅实现了与 GDP 的同步增长，而且略大于 GDP 的增长速度。但是，国家的财政困难依旧，且还有不断加剧的趋势。严峻的财政形势要求我们进一步挖掘潜力，实现国家税收更大幅度的增长。与此同时，我们也听到了另外一种声音，这就是抱怨税负重。有人甚至将国有企业的现时困难同税负问题联系起来，并由此引发了对 1994 年后所实行的这套新税制的怀疑。

从宏观层次上看，税收不是多了，而是少了。站在微观的立场上说，税负不是轻了，而是重了。这不能不说是一对难解的矛盾。如此的矛盾现象之所以会出现，其可能的答案在于：人们口中讨论的虽是同一件事情，但视野所及却并非同一个范围。

看起来，在当前，很有必要对我国税收的现状与其应有的作用和地位是否相称，作一番认真的检讨。在检讨的基础上，统一认识。

显而易见，一国税收的作用和地位怎样，不能仅看其绝对额的多少或增长幅度的大小，而要看它在经济社会生活中的相对重要程度。这又集中表现在税收收入占 GDP 的比重上。税收是作为政府收入的一种来源而存

---

    * 本文系 1997 年 4 月 16 日作者为国务院领导及各部委办负责人所作税收专题讲座的讲课稿。朱镕基总理主持了这一专题讲座。

在的，政府收入占 GDP 的比重，就包括了税收收入占 GDP 的比重。我们的考察可以首先放在税收收入占政府收入的比重上。

1. 中外税收地位的比较

首先要指出这样一个事实：在时下的中国，财政收入不等于政府收入。

在国外，当你想了解财政收入有多少时，人们往往会告诉你，政府收入是多少。这是因为，政府收入都是要纳入预算的，也都是要拿到国会或议会去讨论审议的。纳入预算并交由立法机关审议、通过的政府收入，就是我们所说的财政收入。所以，在国外的经济文献中，政府收入与财政收入往往是一回事。而且，一般只有政府收入的概念。

我国现时使用的财政收入概念，只是国外所使用的政府收入概念的一个部分。如果以政府收入的概念为统计口径，目前我国可以列入其中的，至少有这样几个类别：

第一，预算内收入。预算内收入就是每年财政部长向全国人民代表大会作预算报告时所公布的政府收入，也就是我们所说的财政收入。按照 1996 年的统计数字，预算内收入占 GDP 的比重为 10.9%。

第二，预算外收入。预算外收入是计划经济年代沿袭下来的一个经济范畴，本来是作为预算内收入的补充性财源来使用的。除了"文化大革命"时期预算外收入的规模较大（1976 年，曾相当于预算内收入的 35.5%）之外，其余的年份，一般在 15%—20%。但是，70 年代末以来，随着以放权让利为主调的改革进程，预算外收入的规模出现了急剧扩张。到 90 年代初，预算外收入已经和预算内收入大体持平。1993 年，我们对统计口径作了一下调整，国有企业所掌握的专项基金和税后留利不再计入预算外收入的范围。现在所说的预算外收入，只包括财政部门和行政事业单位所掌管的预算外资金两个部分。即使就这个口径而论，1996 年，预算外收入也要占到 GDP 的 6%—7%。

第三，制度外收入。如果将预算内收入称作"依法而征"的收入，将预算外收入称作"依规而收"的收入（尽管放在预算外，但征收管理以国务院、国家计委和财政部等部门颁发的行政性文件为依据），制度外收入则是由各部门、各地区"自立规章、自收自支"的收入。这部分收入的渠道较乱，很难得到精确的统计数字。根据 1996 年的有关数据推算，制度外收入至少要占到 GDP 的 5%。

第四，除此之外，还有大约占到 GDP 的 4% 的财政收入退库和占到 GDP 的 3% 的债务收入，可以算作政府收入的第四类和第五类。

上述几类收入相加，目前我国政府收入在 GDP 中的占比，实际已达到 30% 左右。其中，税收收入在政府收入中的占比，仅为 1/3 多一点（1996 年，全国各项税收占 GDP 的比重为 10.2%）。

再来看一下世界各国税收在政府收入中的占比情况。根据国际货币基金组织《政府财政统计（1995）》所提供的数字，各国中央政府税收占中央政府收入（含债务收入）的比重数字分别为：美国 80.35%（1994），加拿大 73.42%（1992），法国 81.05%（1994），德国 87.0%（1993），英国 79.76%（1993），意大利 75.04%（1994），韩国 85.06%（1995），印度尼西亚 87.19%（1991），菲律宾 81.53%（1993），阿根廷 83.79%（1990）。可以看出，国际上的通行情况是，无论发达国家，还是发展中国家，税收收入往往都要占到政府收入的绝大比重。特别在中央财政一级，税收收入的占比更大。

相比之下，我国税收在政府收入中的占比是明显偏低的。

2. 税收在世界范围内备受重视

事实上，税收在世界范围内是备受重视的。特别是在市场经济发育水平较高、实行市场经济制度历史较长的国家，不仅立法机关和历届政府都把税制建设和税收立法列入重要的议事日程，普通百姓亦出自本身利益的考虑而关注税制的一举一动。

更有意思的一个情况是，这些年来，西方世界对税收的重视已上升到对税制优化理论研究的重视。1996 年的诺贝尔经济学奖便授予了两位对税制优化理论的研究作出奠基性贡献的经济学家——英国剑桥大学教授詹姆斯·莫里斯（James Mirrilees）和美国哥伦比亚大学教授威廉·维克里（William Vickrey）。在诺贝尔经济学奖 27 年的历史上，由两位主要研究税收理论的经济学家分享诺贝尔奖，这还是第一次。它表明，税收理论研究已经在西方经济学的发展史上占据了重要地位。

那么，税收为什么会受到如此的重视？并且，为什么对税收的重视程度又同市场经济的发育水平正相关呢？这是必须作出解答的问题。

3. 税收是市场经济下政府财政收入的基本来源

税收之所以成为市场经济条件下政府财政收入的基本来源，是由政府财政支出和税收本身两个方面的性质所决定的。

无论哪一种形式的财政收入，从根本上说来，都是用于满足财政支出的需要的。财政支出的性质，自然决定和制约着与其对应的财政收入的性质。改革以来，伴随着市场化的进程，我国财政支出的格局发生了翻天覆地的变化。其中，最为显著的是，基本建设支出的占比，由 1979 年的 40.4% 一路下滑至 1996 年的 9.6% ［= 885.88 亿元/（7914.38 亿元 + 1314.3 亿元）］。这说明，我国的财政支出格局已经越来越带有"公共财政"的性质。那么，怎样看待这个变化呢？

就大的方面说，这是符合市场经济发展规律的一个变化。因为，市场经济与计划经济的根本区别就在于，资源的配置主要依赖于市场，政府的任务则是拾遗补缺。凡是可以通过市场解决或通过市场可以解决得更好的事项，政府就不去介入；凡是不能通过市场解决或通过市场解决得不能令人满意的事项，政府才必须涉足。具体而言，在市场经济条件下，政府的职能事项，大体可以概括为提供公共物品或服务、调节收入分配和促进经济的持续稳定发展三个方面。只要稍加分析，便不难发现，政府用于履行这三个方面职能而花费的财政支出，具有一个共同性质：它们都是处于"满足社会的公共需要"这一层次的。它们通常只有投入，没有产出（或几乎没有产出）。这就意味着，用于弥补市场经济条件下的财政支出的资金，基本上是"有去无回"的。

政府的哪一种财政收入形式能够和财政支出的这种性质相对应呢？政府的财政收入形式，按大类说，主要有三块：税收、国债和收费。我们不妨作一下比较分析。

先说税收。税收的性质（或说税收的形式特征）通常被概括为"三性"：第一，强制性。它表明，税收是政府依据法律强制征收的，纳税人只要有了应纳税的收入，发生了应纳税的行为，就必须依照税法的规定如数把该缴的税缴上来。所以，政府通过税收所组织的收入的量，是稳定可靠的。第二，无偿性。它表明，政府通过税收所取得的收入，既不需要偿还，也不需要支付任何代价。所以，税收收入的利用，一般不会给政府带来"额外负担"。第三，数额的相对固定性。它表明，政府在征税之前，要以法律形式预先确定征税对象与征税数额之间的数量比例。除非变动税法，否则，在经济发展水平一定的前提下，政府通过税收组织的收入，便是一个既定不变的量。可以看到，能够给政府带来稳定可靠的收入，并且可无偿使用、征收比例既定的税收，同市场经济条件下的政府财政支出的性质恰恰是一种对应关系。正因为如此，它可以且应当成为政府财政收入的主要形式。

国债和收费就不是这样了。比如国债，它的性质是自愿性、有偿性和灵活性。自愿性表明，国债的发行要建立在认购者自愿承受的基础上。认购者买与不买或购买多少，完全听凭其个人或单位的意愿而定。所以，政府通过举债取得的财政收入的量，就不那么稳定可靠。有偿性表明，通过发行国债取得的财政收入，不仅到期要作为债务偿还，而且要按认购者持有时间长短加付利息。所以，国债的利用，肯定要给政府带来"额外的负担"。灵活性表明，国债的发行额度一般无规范化的法律规定，而基本由政府根据财政收支的状况灵活加以确定。所以，以国债形式取得的财政收入，对于政府是一个可以灵活调节的量。

再看收费。需要回答这样一个问题：什么是政府收费？收费和税收的区别究竟在哪里？政府收费是以交换或提供直接服务为基础的收入形式。收费同税收的根本区别在于，前者以交换或提供直接服务为基础，后者则以政治权力为基础。世界上几乎所有国家的政府部门都有收费。不过，从总体上说，在市场经济条件下，规范化的政府收费只有两类：一是规费（fees），另一是使用费（usercharges）。规费是政府部门对公民个人提供特定服务或实施特定行政管理而收取的工本费和手续费，如行政规费（护照费、商标登记费、律师执照费等）和司法规费（民事诉讼费、刑事诉讼费、结婚登记费等）。使用费是政府对公共设施的使用者按一定标准收取的费用，如高速公路通行费、桥梁通行费、汽车驾驶执照费。可以看出，无论规费，还是使用费，都不能成为市场经济条件下的政府支出的主要收入来源，而只能在政府收入体系中居补充或辅助地位。这是因为，规费的收取：（1）须限定在政府部门提供或实施的特定服务或行政管理的领域，其收取范围狭窄；（2）要限定在工本费和手续费的额度内，其收取标准不高。使用费的收取：（1）须以公共设施为依托，不是所有的公共物品或服务都可收取使用费；（2）要贯彻受益原则，谁使用谁交费，不使用不交费；（3）要实行基金化管理，专款专用，其收入只能用于公共设施的维修与建设；（4）收取标准不能高于提供公共设施的平均单位成本。

由此不难认定，税收是市场经济条件下政府财政支出的最佳资金来源，必须作为财政收入体系中的"主力队员"而居于主导地位。至于其他的财政收入形式，如国债和收费，只能作为"替补队员"而担负起拾遗补缺的职责。也许正因为如此，历史上的许多人都对税收的特殊地位和作用给予了高度的评价。马克思曾经形象地讲过，"赋税是喂养政府的奶娘。"丘吉尔也说过，"世界上只有两样东西是永恒的：一是死亡，另一就是税收。"

4. 税收是市场经济下政府执行经济社会政策的主要手段

税收之所以成为市场经济条件下政府执行经济社会政策的主要手段，是因为税收天然地具有调节收入分配和促进经济持续稳定发展的功能。

先说税收的调节收入分配功能。在市场机制作用下，收入分配状况是由每个人所提供的生产要素的数量以及这些生产要素在市场上所能获得的价格决定的。所以，它所决定的收入初次分配状况极不公平。在市场机制的框架之内，又不存在以公平分配为目标的再分配机制。改革以来，我国城乡居民收入分配水平的差距已经在逐步拉大。据测算，1996 年，我国10% 的最高收入者与10% 的最低收入者之间的收入差距，为 4 倍以上。城乡居民收入的基尼系数为 0.37。这个问题不解决，不仅本身与社会公平的要求有违，而且会导致诸如贫困、社会冲突等一系列不好的社会后果。问题在于，市场经济条件下，政府已基本不再拥有直接调节收入分配的工具，而只能使用间接手段。税收恰恰具有可作为间接调节收入分配手段的有利条件。政府拥有强制征税的权力，这使得它可以大规模地介入 GDP 的分配过程，通过税制设计上的巧妙安排，如征收累进的所得税、高额的消费税，把资金从那些应该减少收入的人们手中征集上来，再分配给那些应该增加收入的人们。各国不乏这样的先例。比如，在德国，5% 的高收入纳税人拥有 25.1% 的应税所得，但缴纳了近 40% 的所得税。前 50% 的纳税人承担了 90.5% 的所得税负，而他们所拥有的应税所得是 83.2%。

再说税收的促进经济持续稳定发展的功能。这主要表现在两个方面：其一，近几年来，经济可持续发展的概念越来越深入人心。可持续发展的一个重要内容，就是指经济的发展，不能只追求 GDP 的增长速度，还要算经济发展的成本为多少。其中，最突出的便是环境污染问题。环境污染作为一种外部效应，通常是不被经济行为主体打入成本的。如何才能促使人们在追求经济增长的同时，考虑诸如环境污染这样的外部成本呢？各国通行的办法便是根据环境受污染的程度征收具有矫正作用的污染税，以此来加大经济行为主体的成本，达到控制环境污染的目的。其二，税收可发挥其所具有的"自动稳定器"和"人为稳定器"的功能，在政府的宏观调控体系中扮演重要角色。所谓自动稳定器，就是通过税收制度上的安排，使得税收自动地产生抵消经济波动的作用。如累进的所得税，在经济萧条和经济繁荣时期，税收会自动地趋于减少和增加，从而分别产生减缓经济萎缩程度和抑制通货膨胀之效。所谓人为稳定器，就是通过不同时期的税收政策的制定，如在经济萧条时期减少税收，经济繁荣时期增加税收，使税收作为一种经济力量来维系总供求之间的大体平衡，促使宏观经济得以稳定发展。

不说自明的道理，税收所具有的各方面作用发挥得怎样，在很大程度上取决于税收在经济社会生活中占据的地位。具体地说，就是税收收入在政府收入和 GDP 中的占比。相对于税收所应具有的地位和所应发挥的作用来说，我国税收的现状是不相称的。

二　中国税收上的问题主要出在国民收入 分配机制不规范上，而非税制本身

1. 中国税收在政府财政收入中占比的偏低，潜伏着一定风险

问题的复杂之处在于，税收占比偏低的同时，便是各种收费和债务收入占比的偏高。由税收"缺位"和各种收费和债务收入"越位"所可能引发的诸方面风险，不容我们忽视：

比如，政出多门的各种收费，征收不规范，并允许自收自支，使大量

政府收入游离于预算之外。既诱发各种乱收费的蔓延，造成收入分配渠道混乱（据不完全统计，经国务院和各级政府批准的各种基金、行政事业收费项目就达 900 多种，加上地方各部门自行设立的基金和收费项目，共计1000 多种），使本已建立起来的税收规范受到严重冲击。同时，也给人们带来税负重的错觉，招致各方面抱怨，从而加大了税收征管上的困难，最终使得整个国民收入分配机制陷于不规范的状态。

还应当看到，如果说计划经济条件下政府部门可凭借其资源配置主体地位，以不规范的行政命令办法调拨各经济行为主体收入的话，那么，在资源配置主体换位于市场，各经济行为主体的利益归属已经明晰并日趋强化的市场经济条件下，继续使用不规范的办法介入收入分配，有引发或激化社会矛盾的可能。

再如，有偿性的债务收入占比偏高，并且逐年增大，已经把国家财政特别是中央财政拖入极端困难的境地。刘仲藜部长今年的预算报告对此给予了特别关注，并使用了"债务依存度"概念来揭示当前中国财政的困难状况。债务依存度是各国通用的用以衡量政府支出对于债务收入的依赖程度的指标。根据 1997 年的预算数字计算，我国中央财政的债务依存度已达 57.77% ［＝债务收入 2529.08 亿元/（中央本级支出 2418.8 亿元 + 债务支出 1959.08 亿元）]。这表明，以"满足社会的公共需要"为主体的我国的中央财政支出，其资金来源的一半以上要依赖于发行国债。更为严峻的事实还在于，这几年，中央财政的债务依存度一直呈攀升之势。1994—1997 年间，我国中央财政的债务依存度数字依次为：52.14%、53.68%、55.61%、57.77%，平均每年上升 1.87 个百分点。其水平之高、增速之快，在世界上都是罕见的。

还如，不纳入预算管理的各种税外收费和债务收入占比的不断升高，亦带来了政府预算约束的弱化。无论从历史上看，还是就现实来说，对政府支出约束最强的因素，就是税收。税收所具有的性质之———"数额的相对固定性"，实质是一把"双刃剑"。一刃是针对纳税人的，即要求纳税人把该缴的税全部如数缴上来。另一刃则是针对政府的，即征税的额度必须控制在法律允许的范围内，不允许有超越法律之外的征收。我国的现实是，由于税收在政府收入中的占比长期"缺位"和各种收费、债务收入的相应"越位",对收费和债务收入的使用又缺乏预算约束,加上债务支出本身的惯性力量,致使政府财政支出增速迅猛。仅就预算内支出而言,近几年,每年都在 15% —20% 之间(含债务支出)。进一步说,不纳入预算管理的各种收费的泛滥,还造成政府部门行为扭曲,在某种程度上成为滋生各种腐败现象的温床。

又如,税收调节收入分配和促进经济持续稳定发展的作用长期"缺位",其结果,一方面,城乡居民收入分配的差距继续拉大,政府又难以拿出更有力的措施制止这种趋势,搞不好,会引发社会矛盾和社会动乱。另一方面,经济的持续稳定发展缺少税收的制衡,许多需要通过税收解决的问题,税收没有介入或介入不够。长此以往,不仅会带来税收本身职能的弱化,也会在相当程度上影响经济的持续稳定发展。

2. 问题非出在税制上,3 年来的新税制实践证明,1994 年税制改革相当成功

中国税收现状的不理想,极易导致一种简单的推理:把税收的地位和作用"缺位"归结于 1994 年后所实行的这套新税制。应当指出,中国税收上的问题,主要不是出自税制本身。恰恰相反,3 年以来的新税制实践充分说明,1994 年的税制改革相当成功。最突出的标志,就是它为我们搭起了社会主义市场经济体制下税制体系的基本框架。这个框架的好处,至少有如下几点:

第一,保证了税收的正常增长,特别是中央税收的正常增长。从规范分析的意义上说,税收的增长不仅应与 GDP 的增长同步,而且要大于 GDP 的增长速度。这是因为,人类社会发展的一般规律表明,政府的职能范围有不断扩大和复杂化的趋势,由此决定了政府支出的增长速度往往大于 GDP 的增长速度。政府支出的增速,自然决定和要求着税收的增速与之对应。此外,不论累进所得税在整个税制结构中的份额怎样,它本身就是一种保证税收增长大于 GDP 增长的因素。前面说过,1994 年实行的这套新税制,已经做到了这一点。

第二,同世界通行税制接轨,代表了现代税制的发展方向。这突出表现在增值税地位的确立上。加拿大多伦多大学教授布莱恩曾把第二次世界大战后的税制发展格局归纳为五大特征:流转税(特别是增值税)备受青

睐、个人所得税先升后降、公司所得税地位下降、社会保障税急剧爬高、财产税趋于萎缩。据统计，到 1995 年底，世界上已有 100 多个国家和地区实施了增值税。而且，颇具启发意义的是，以 1990 年为界，实施增值税的国家和地区，前 36 年（增值税诞生于 1954 年）每年增加 1.5 个，后 5 年则每年增加 9.5 个。由此可见，增值税作为现代优秀税种的地位，已为越来越多的国家和地区所认同。目前，在我国，增值税已成为政府财政收入的支柱。这一格局的确立，在经济全球化、各国税制带有趋同性的今天，为我国对外经济交流和对外开放，打下了很好的基础。

尤为值得注意的是，增值税的大面积推行，既没有给生产和流通带来不利影响，也没有引起物价大幅度上涨，反而成为促进国民经济持续、快速、稳定发展的重要力量。这在世界各国是非常鲜见的。

第三，统一税法，公平税负，使企业负担趋于合理，带来了人们观念上的一次革命。1994 年的税制改革将"统一税法，公平税负"作为一项重要指导思想，并以此为契机，在全国范围内展开了新税法的宣传活动。新税法宣传的范围之广，力度之大，在新中国的历史上，恐怕还是第一次。这对于转变长期生活在计划经济体制环境下的人们的观念，起到了很大的推动作用。比如，它强化了人们的税法意识，初步实现了由不懂税、不理解税到学习税法，运用税法知识解决现实问题的转变；它强化了人们的公平竞争意识，初步实现了由眼睛向外要优惠、要照顾，到眼睛向内要效益，并积极走向市场的转变；它刹住了税收减免的势头，纠正了过多过滥的越权减免和自定税收优惠政策的行为，初步营造了依法治税的良好的税收氛围。

第四，以流转税为主体，所得税辅之，比较适合中国的现实国情。各国税制结构发展的一般规律是，由以简单、原始的直接税为主体演变为以间接税为主体，再由以间接税为主体过渡到以发达的直接税为主体。其中的主要制约因素，一是经济的发展水平，另一是市场经济的发育程度。作为一个尚处在经济转轨时期的发展中国家，选择目前这样一种以流转税为主体、所得税辅之的税制结构，是比较适合我国的现实国情的。不少人对目前税收结构中所得课税的比重偏低表示忧虑，这是可以理解的。今后应当从加强所得课税的征管入手，适当提高这个比重。但是，也应当看到，所得税在我国今后一个时期内，很难在数量上成为与流转税相匹敌的主体税种。这是因为，所得税的增长，要求以企业经济效益和个人收入的较大幅度增加为前提，同时还要求相关的政策、法规以及征管手段能够跟上。很显然，在目前条件下，我们还难以做到这一步。

顺便指出，现在回过头来看，我国 1994 年的税制改革，在某种意义上说，还是 1996 年诺贝尔经济学奖得主税制优化理论的一次成功的实践。大家知道，詹姆斯·莫里斯和威廉·维克里对于税制优化理论的最大贡献，就是立足于现时的约束条件，以"理想优化"作为参照系，把"现实优化"作为税制改革改革与税制设计的目标，并不断地从"现实优化"向"理想优化"逼近。我国 1994 年税制改革所确定的"统一税法、公平税负、简化税制、合理分权"的指导思想，就体现了税制"优化"的特征，体现了税制诸原则的统一。而新税制中对"具有中国特色"、"适应经济发展水平"、"与国际接轨"等方面的具体要求以及在增值税、所得税、税收征管、国地税机构分设等方面的相应改革，又体现了"现实"的要求。正是由于努力将"优化"与"现实"结合起来，才使新税制实现了平稳过渡，取得了初步成功。刚才所提到的诸如从总体上未给生产和流通带来不利影响，未引起物价较大幅度上涨，而是促进了经济持续、快速、稳定发展，基本理顺了国家与企业的分配关系，并保证了税收收入的正常增长，都是比较突出的例证。继续沿着这个路子走下去，不断地从"现实优化"向"理论优化"逼近，我国的税制发展前景是很光明的。

当然，说中国税收上的问题主要不是出自税制本身，并不意味着现行税制已经尽善尽美了。恰恰相反，进一步完善税制的任务，非常繁重。比如，增值税的计征范围和计税基数尚有不合理之处，所得税的征管范围带有过渡性质，地方税体系建设相对迟缓以及征管环节亟待加强，等等。但是，不管怎样，它们终究不是也不可能成为税收"缺位"的根本原因所在，而是可以通过不断完善税制逐步加以解决的。

4. 问题主要出在转轨时期的国民收入分配机制不规范上

那么，问题究竟出在哪里？依笔者看，可能是国民收入分配机制在从计划经济向市场经济的转轨过程中出了问题。

计划经济体制下，我国的财政收入结构具有两大特征：一是税利并存，以利为主；二是来自国有经济单位的缴款占大头儿。如在 1978 年，以财政收入总额为 100%，来源于国有经济单位上缴的税收和利润份额分别为 35.8% 和 51.0%，两者合计 86.8%。在这样一种财政收入结构的背后，是以农副产品统购统销、国家统管城市职工工资制度和财政统收统支体制为基本前提的国民收入分配机制：

（1）在农副产品统购统销制度下，农民要按国家统一规定的相对较低的价格标准将剩余的农副产品卖给国家，并由政府按计划统一供应给城市工业部门和城市居民消费。低价的农副产品，不仅直接降低了工业的原材料投入成本，也使城市居民获得实物福利（生活费用降低）并间接降低了工业的劳务投入成本。在低成本的基础上，工业部门获得了高的利润。

（2）由国家统一掌管国有企业、事业和机关单位的工资标准，并统一组织这些单位职工的工资调配，政府亦可以通过压低工资标准、减少升级频率的办法，直接或间接地降低工业的劳务投入成本。在低成本的基础上，工业部门又获得了高的利润。

（3）在财政统收统支的管理体制下，国有经济单位（其中主要是国有工业部门）创造的纯收入，基本上都交财政集中支配，企业本身能够自主支配的财力极其有限。于是，通过财政上的统收，汇集在国有经济单位中的高利润便转移到了国家手中，形成了财政收入的主要来源。

如此的国民收入分配机制，带来了如下两个结果：

在普通百姓的眼中，不管是税还是利，都是由单位交的，与个人无关（实际上，那一时期的农副产品低价统购和城市职工低工资制，正是农民和城市职工向政府缴纳税收的两个"隐含"的渠道）。纳税意识淡薄或基本上没有纳税意识，也就在情理之中了。

在政府部门的眼中，无论是税还是利，都是主要由国有经济单位上缴的钱，彼此都姓"公"。税利不分或只重"量"不问"源"等方面倾向的形成，也就在所难免了（直到今天，"税利"或"利税"这一字眼，还可以不时地在各类经济文献中见到）。

改革以后，伴随着市场化的进程，农副产品统购统销制度、国家统管城市职工工资制度和财政统收统支体制的格局相继被打破。原有的财政收入渠道基本上不复存在了，所有制成分也发生了很大的变化。在新的体制下，政府履行职能所需的资金显然只能通过规范化的税收渠道去获取。进入 80 年代以来，我国税制建设的力度明显加大，《个人所得税》、《中外合资经营企业所得税》、《外国企业所得税》、《国营企业所得税》、《集体企业所得税》、《城乡个体工业户所得税》、《私营企业所得税》等一系列新的税种，陆续出台。到 1994 年税制改革之时，税种的总数达到 34 个，正是政府为此而采取的积极行动。

然而，长期"无（明）税"的惯性作用，加上种种因素的制约，给税收制度的正常运行带来了严峻挑战：

普通百姓，多年生活在"无（明）税"的环境之中，一旦须拿出本已装入兜中的一部分钱缴税时，出于心理和行为上的不适应，一个本能的反应便是"躲"。能躲就躲，能躲多少躲多少。在税收严管重罚的力度未能相应跟上、依法治税的社会环境远未确立的条件下，各种偷漏税的行为犹如"病毒"，附着于"明税"的肌体上繁衍而生。由最初只发生在先富起来的个体经济的少数人身上，到逐渐在个体户中普遍扩展，进而几乎把全民和集体所有制单位统统卷入其中，致使大量该征的税不能如数征收上来。

政府部门，多年习惯于以行政命令的办法、非税的方式组织收入，在各方面的政府支出增势迅猛、规范化的税收渠道不畅、财政部门所能提供的资金存在较大缺口的情况下，一个自然的反应，就是转而操用非规范性的行政命令，去另外找钱。于是，在"创收"的旗号下，各个政府职能部门开始自立收费项目，介入财政性分配。以收费形式取得的收入，既然被视为非规范性的"创收"范畴，由各个部门自收自支，游离于预算之外，也就变为顺理成章的事情。

问题还不止于此。非规范性的政府收费趋势的蔓延及其规模的日渐增大，又从两个方面加剧了税收制度运行的困难：其一，有些收费对象，本来就是税基的构成部分，这类收费项目显然会冲击税基。其二，政府部门的收入，既然有了规范性和非规范性两个来源，并且，前者纳入预算，不可随意左右；后者游离于预算之外，可以自收自支，人们（特别是一部分地方政府领导人）对税收的注意力（或称"重视度"）便会在相当程度上转移到收费。各级、各个政府部门的收费之门越开越大，不少地方领导人出于发展地方经济的考虑，擅定减免税条款，并且，利用体制转轨过程中的漏洞截留中央税收，甚至采取非法手段鼓励企业偷漏税款，等等，都是在这种背景下出现的。

与此同时，鉴于财政赤字的压力日渐增大，抑制通货膨胀又必须杜绝财政向中央银行的透支，财政部门也逐步加大了举借国债的规模，并走上了国债规模越滚越大的道路。

作为上述诸方面矛盾现象的结果，在政府收入体系中，税收收入的"缺位"和非税收入的"越位"同时并存。而且，非税收入的占比逐年加大。国家机器的运转和政府职能的履行，越来越离不开非税收入的支持。政府收入机制以至整个国民收入分配机制，均因此陷入了不规范状态。

很明显，在这样一种不规范的国民收入分配机制基础上，即使再好的税收制度，其潜力和优越性也难以充分发挥或表现出来。

三　当前面临的政策选择

如果前面的认识基本不错，那么，在目前的中国，想方设法，采取一切可能的措施，加大税收在政府收入以及 GDP 中的占比，并以此强化税收的地位和作用，应当成为今后一个时期的工作重点。其中，具有关键意义的工作，有如下几条：

1. 转变观念，把税收在经济社会发展中的地位高低，提到能否保证国家长治久安的高度来认识

税收的地位和作用怎样，不仅仅是个经济问题，在相当程度上还是个政治问题。由税收"缺位"所可能带来的经济和社会风险，的确应当引起我们的严重关注。绝不能为了短期的便利而置长期的稳定发展于不顾。理论界曾有人专门指出，我国的发展和稳定已受到政府无"财"行"政"的潜在威胁。我体会，这里所说的"财"，就是指政府以税收方式取得，并且纳入预算管理、可无偿使用的"自有之财"。因此，抓好了税收的"归位"这件大事情，在经济上，我们可收治理政府收支程序，扭转国家财政困难局面，进而使整个国民收入分配机制走上规范化道路之效。在政

治上，我们又可收保证国家政令统一、民族团结、社会安定和经济正常发展之效。

2. 清理各种收费，把必要的、具有税收性质的收费纳入规范化的税收轨道

市场经济本质上是一种规范经济、法制经济，政府部门取得收入的方式和数量必须建立在法制的基础上，不能想收什么就收什么，想收多少就收多少。对于目前存在的种种政府收费，应当通过清理，将那些必要的、具有税收性质的收费项目，尽可能纳入税收的轨道。可选择的办法，一是通过扩大税基，将其并入现行的有关税种，统一征收；二是根据其性质，改设新的税种，另定办法征收。当然，对于那些不必要的、纯属乱收费的项目，则应在坚决取消之列。以"费改税"为途径，对现有的收费项目加以清理规范，可能是在目前条件下，解决政府收费项目泛滥问题的一个有效且可行的办法。

引申一步说，"费改税"对于铲除人民群众深恶痛绝的腐败现象，亦具有打基础的意义。应当看到，各种腐败现象之所以能够滋生蔓延，与政府部门滥用收费权，并可随意花费通过收费取得的收入，不无关系。以往所实行的清理小金库的办法，实际上就是用于解决这个问题的。但是，清理小金库充其量只是一种"治标剂"。且不说它在市场经济条件下不易实行，即使勉强实行了，所解决的也只是已进入小金库的"存量"，而未堵住小金库的"源头"。在对各种政府收费项目进行清理的基础上推行"费改税"，并将与其有关的收支纳入预算，则是一种"釜底抽薪"的治本之法。

3. 下大气力，培育与市场经济相适应的"税收观"

这里所说的"税收观"，包括老百姓的"纳税观"和政府的"征税观"两个方面。对于老百姓为什么要纳税、政府为什么要征税的道理，以往我们总是用"取之于民、用之于民"加以解释。此类话虽然总体上说并不错，但过于原则，也过于笼统。市场经济是讲究权利与义务相对称的。对于纳税和征税，也只有从权利与义务的平衡上给予解释，才能为人们所认同。

现实生活中，存在着两类消费品。一类是由个人或家庭分别消费、单独受益的一般消费品，如食品、衣物、家具等；另一类则是具有共同消费、联合受益特性的特殊消费品，如社会治安、环境保护、公路修建等。前一类消费品，在理论上被称为"私人物品或服务"，可以由企业生产，我们可以用钱直接从市场上买到；后一类消费品，在理论上被称作"公共物品或服务"，企业不愿也无能力生产，我们必须依赖政府以非市场的方式来提供。政府用于提供公共物品或服务的资金，就来源于我们缴纳的税收。这实际上是说，政府的征税权是与其提供公共物品或服务的义务相对称的，老百姓的纳税义务是与其享用公共物品或服务的权利相对称的。让人们理解纳税为的是购买公共物品或服务、征税为的是提供公共物品或服务，可能是现时背景下，强化纳税、征税意识的必由之路。

4. 严管重罚，加大"完税"的力度，把该收的税全部收上来

在我国，税收流失是个"老大难"问题。而税收之所以会大面积流失，一方面同人们的纳税意识淡薄，缺乏依法纳税的整体社会氛围有关。另一方面，我们的税收征管工作未能相应跟上，同市场经济的要求存有距离，也是一个重要原因。应当认识到，各类经济行为主体的偷漏税现象，在市场经济条件下恐怕要与我们长期相伴。我们的任务是，如何通过健全征管机制，来堵住税收流失的漏洞。因此，尽快建立一套"严管理、重处罚"的税收征管制度，是非常必要的。

不过，国内外的经验告诉我们，税收征管秩序的确立和运行，不单单是税务部门一家的事情，它需要包括各级政府和社会各界在内的共同努力。比如，没有公安、邮电、银行、工商行政管理、海关、技术监督等部门的积极配合，再完备的税收征管制度，实行起来，其效果也要打折扣；没有司法机关的有效支持，查处税收违法犯罪案件的工作，既很难到位，亦缺乏必要的司法保障。正因为如此，优化税收环境、维护税收秩序，把该征的税全部收上来的历史重任，应当由各级政府和社会各界共同担负起来。

5. 进一步完善税制，实现中国税制的不断优化

前面说过，我国1994年以来税制改革的一个重要特征，就是在不断总结经验的基础上，逐步对新税制加以完善。这既是我们的成功经验，也符合世界各国税制改革的潮流。今后的任务，仍是继续循着这个方向，坚

定不移地把我国的税制改革推向前进。在这个方面,我们要做的事情不少。比如,从强化个人所得税的征管入手,适当加大我国税收中的所得课税比重;理顺国税、地税关系,消除国、地税体系存在的不确定因素,使之走上规范化的轨道;适应对外开放的要求,在"宽税基、低税率、少优惠"的原则下,向国民待遇原则靠拢;以建立纳税人自行申报纳税制度和为纳税人提供优质服务为先导,实现我国税收征管模式与市场经济要求相适应的根本性转变,等等。

四　基本结论

综上所述,我们可得到如下基本结论:

第一,市场经济越发展,税收越重要。税收的地位和作用,代表了一个国家市场经济的发育水平。

第二,中国的税收应当且必须在政府收入体系中占据"主导地位"。中国财政困难的缓解,振兴财政目标的实现以及国家的长治久安,都有赖于税收的"归位"。

第三,现时中国的税制代表了市场经济的发展方向。存在的问题,可以通过不断完善税制的办法逐步加以纠正。

第四,应当确立与市场经济相适应的"税收观",并以此规范目前陷于混乱状态的国民收入分配机制。

主要参考文献

刘仲藜:《关于 1996 年中央和地方预算执行情况和 1997 年中央和地方预算草案的报告》,《中国财经报》1997 年 3 月 18 日。

项怀诚:《抓好两个文明建设,把税收工作提高到一个新水平》,《涉外税务》1997 年第 2 期。

杨崇春:《关于当前经济形势与税收工作》,《税务研究》1997 年第 1 期。

米建国:《振兴财政是重要的国家安全战略》,《经济工作者学习资料》1996 年第 78 期。

高培勇:《税收:必须在财政收入体系中担当"主力队员"》,《涉外税务》1996 年第 10 期。

邓力平:《"理想优化"还是"现实优化":新时期税制改革思路的选择》,《涉外税务》1997 年第 1 期。

《政府财政统计（1995）》，中国财政经济出版社 1995 年版。

《中国统计年鉴（1996）》，中国统计出版社 1996 年版。

（原载《人民日报》1997 年 5 月 10 日）

关于财政性教育经费支出占 GNP 比例问题的考虑[*]

一　4% 是一个应当且必须实现的比例目标

1993 年 2 月 13 日由中共中央、国务院联合印发的《中国教育改革和发展纲要》，明确规定："国家财政性教育经费支出占国民生产总值即 GNP 的比例，本世纪末达到 4%。"这是为落实教育优先发展的战略，在广泛参照国际经验的基础上，根据我国国情而提出的一项重要目标。

从规范分析的意义讲，教育作为一种既具有较高的经济价值和功能，又具有广泛的社会价值和功能的特殊的物品或服务，在市场经济条件下，是应由家庭、企业和政府共同负担其经费开支的。我们通常所说的教育投入，也指的是包括家庭、企业和政府投入在内的整个社会的教育投入。为什么要单独为政府的财政性教育经费支出制定一个量化的指标呢？

1. 政府对教育的投入，是决定教育事业能否正常、稳定发展的一个关键的因素

政府的教育投入具有多重功能，每一方面的功能又都带有不可替代的性质。在现实的中国，它的具体表现有这样几点：

（1）教育兼具经济和社会两个方面的价值和功能。从经济的角度看，教育能为社会培养出各类具有特定劳动知识和技能的劳动者，并使这些受教育的劳动者在今后的工作中获得相对较高的货币收益和精神享受。教育的经济价值既然主要为受教育者本人或家庭所获得，它便可以成为个人或家庭的追求目标并通过市场的自发调节得以实现。从社会的角度看，教育

---

　* 本文系时任分管教育工作的国务院副总理李岚清交办作者承担并完成的研究课题。

的发展关系到一个国家的民族文化及其精神财富的传播和继承，关系到民族政治、文化及道德素养的培养和提高。教育的社会价值既然能为整个社会带来广泛的公共利益，它便不能只成为个人或家庭的追求目标，而应作为一种社会或国家所追求的共同需要和公共利益，由代表社会公共利益的政府并通过政府的投入加以实现。

（2）教育的经济价值及其收益的获得，必须以个人能够正常接受必要的教育或培训为前提。但是，在市场机制的作用下，家庭经济状况的差距，意味着每个人所能接受的教育的机会与程度是不均等的。比如，排除其他方面因素的影响不论，低收入者及其子女很可能因家庭收入水平过低而得不到应有的教育或培训。教育机会的不均等，不仅与社会公平的要求相违，而且会使既有的收入分配差距继续下去，甚至进一步拉大既有的收入分配差距。显然，实现教育机会均等化的任务，只能由代表社会公共利益的政府担当起来，并通过政府对教育的投入（或直接办教育，或对低收入家庭子女提供相应资助）加以完成。

（3）根据前述的道理，家庭、企业和政府应当各有其特定的教育投入领域，原则上也应当首先发挥家庭和企业对教育投入的积极作用。然而，问题在于，家庭和企业的教育投入毕竟属于一种带有"自发"性质的资金投入，一旦受到某些因素的干扰或影响，本应由家庭或企业进行的投入便可能因此而出现"缺位"，从而妨碍整个教育事业的发展。为了避免乃至防止这种状况的出现，政府必须作为整个经济社会活动的最后调节者，在整个教育投资领域担负起"拾遗补缺"的职责。

2. 政府对教育的投入，客观上存在一个"下限"指标

政府教育投入所具有的各方面功能的正常"到位"，当然要以相应的教育投入规模为前提。事实上，政府对教育的投入规模，在市场经济体制下，是存在一个"下限"指标的。这就是，政府的教育投入，至少应当保证满足整个社会对教育的社会价值的共同需要，保证教育机会均等化目标的实现以及教育事业的稳定发展。若用公式来表示，则为：

政府教育投入的下限 = 全社会对教育投入的需要 -（家庭的教育投入 + 企业的教育投入）

上述"下限"指标的引申含义在于：政府应是整个教育投入资金来源

的最后供给者和唯一调节人。尽管由于经济发展水平和市场化程度的不同，各国对政府教育投入的下限要求有所差别，但政府的教育投入规模，终归是要与其作为整个教育投入资金来源的最后供给者和唯一调节人的身份相对称的。以政府的财政性教育经费支出占 GNP 的比例指标为例，在1991 年，世界各国的平均水平为 5.1%，其中发达国家为 5.3%，发展中国家为 4.1%。

注意到市场经济体制对政府教育投入规模的客观要求以及世界各国政府的教育投入的一般水平，可以说，财政性教育经费支出在本世纪末达到GNP 的 4% 的比例目标，只不过反映了我国教育事业的发展对政府教育投入规模的最低限度的要求。

3. 对政府的教育投入行为，亦需要给予有效的监督

政府的教育投入对于整个教育事业的发展具有如此关键的作用，然而，现实生活中的政府部门，由于某些因素的影响和制约，却常常不能如客观经济社会生活所要求的那样，保证对教育的必要投入，有时甚至不能满足对政府教育投入规模的"下限"要求。

比如，需要由政府安排的财政支出是多种多样的，而用于满足财政支出需要的资金却是有限的。就对各项财政收入支出所形成的需要来讲，国防费、行政管理费等方面的支出往往"刚性"较强，教育经费支出则常常处于相对"软"的地位。一般说来，政府各项财政支出是本着先"刚性"较强或压力较大的项目，后"刚性"相对较弱或压力相对不大的项目的次序来安排的。只要财政资金面临紧缺，国防费、行政管理费等方面的支出和教育经费支出的安排出现"互挤"，让步的便往往是教育经费支出。

再如，这些年，尽管人们对教育经费支出的认识有了很大的转变，在某些意义上，教育经费支出已经被视为一种投资。但相对于经济建设性投资项目来说，教育投资的效果毕竟具有迟效性和间接性，而且不那么容易测定和考核。因而，出于追求政绩或本地区、本部门经济利益的考虑，政府官员往往注重那些见效快且效果同本地区、本部门直接相关的经济建设性投资，而不大愿意将资金投入教育事业。显而易见，只要政府部门在教育投入领域有出现行为偏差的可能，对政府教育投入行为监督就是必需的。将对政府的财政性教育经费支出规模的要求加以量化，并且写入《中

国教育改革和发展纲要》，便是对政府教育投入行为给予监督的一个有效途径。

上述分析，既说明了制定财政性教育经费支出占 GNP 的比例指标的客观必然性，也说明，党和政府对全国人民作出本世纪末财政性教育经费支出达到 GNP 的 4% 这一郑重承诺，是社会主义市场经济体制下的必然选择。从这个意义上讲，4% 的比例目标已不是可不可以实现或者能否实现的问题，而是应当完成、必须完成的一项重要的政治任务。

二　当前最大的障碍是政府部门财力分散，管理不规范

令人不无忧虑的是，进入 90 年代以来，我国财政性教育经费支出占 GNP 的比例并未如人们所期望的那样稳步上升，而是呈现持续下滑的趋势：1991 年为 2.85%，1992 年为 2.73%，1993 年和 1994 年均为 2.52%，1995 年为 2.46%，1996 年为 2.44%。平均每年下滑 0.08 个百分点。

造成上述状况的原因是多方面的。不过，从如下几方面的数字的实证分析中可以看到：

（1）我国财政性教育经费支出占 GNP 比例的下滑与财政收入（不含债务收入）占 GNP 比例的下降几乎是同步的。后一方面的比例数字为：1991 年 14.5%，1992 年 13.1%，1993 年 12.6%，1994 年 11.2%，1995 年 10.9%，1996 年 11.1%。除 1996 年略有回升外，其余各年平均下降 0.9 个百分点。其实，在 1985 年，我国财政性教育经费支出占 GNP 的比例曾经达到过 3.6%，同 4% 的要求已很接近。但那一年，财政收入占 GNP 的比例为 22.3%。

（2）除了 4% 的指标之外，《中国教育改革和发展纲要》还有一个 15% 的指标规定，即"八五"期间我国各级财政支出中教育经费所占比例要达到全国平均不低于 15% 的水平。两个指标显然具有相关性，似乎只要 15% 的比例目标能够达到，4% 的实现便是一件顺理成章之事。但实际上，1994 年我国预算内教育经费支出（约占当年整个财政性教育经费支出的 85.7%）占全部财政支出（不含债务支出）的比例已经达到 16.21%。而同年，预算内教育经费支出占 GNP 的比例，仅为 2.01%。

（3）世界各国的政府教育经费支出占其全部政府支出的比例，大体也在 15% 左右。如 1990 年，印度为 11.2%，日本为 16.2%，美国为 12.4%，加拿大为 15.6%，澳大利亚为 14.8%。这些国家的政府教育经费支出占 GNP 的比例，则均高于甚至大大高于 4% 的水平。

所有这些，均说明了这样一个问题：我国财政性教育经费支出占 GNP 比例的持续下滑，其根源，可能并不在于（或主要不在于）财政部门的预算支出安排，而在于财政收入在 GNP 中的占比偏低。

然而，问题的复杂性在于，财政收入在 GNP 中的占比偏低，只是一个表面现象。因为，在我国的现实生活中，财政收入并不等于政府收入。若按国际通行的政府收入的口径来计算，我国的政府收入，除了列入预算的财政收入之外，还包括预算外收入、没纳入预算外管理的制度收入和财政收入退库，等等。各方面的政府收入相加，大约要占到 GNP 的 25% 左右。其中，预算内财政收入在全部政府收入中的占比不足 1/2。

大量的政府收入游离于预算之外，由各地区、各部门自收自支，这种不规范的政府收支管理状况，带来了一系列的后果。表现在财政性教育经费支出问题上，便有如下几个方面：

（1）政府收入虽然总体上说并不少，但财力分散在各地区、各部门，财政部门能够调度的、仅限于预算内的收入这一块儿。财政部门在教育经费支出的安排上捉襟见肘，即使拿出能够调度的、仅限于预算内的资金用于教育，算大账的结果，财政性教育经费支出在 GNP 中的占比，仍然是偏低的。

（2）不纳入预算管理的各类政府收入由于自收自支，不受财政部门的监督，其管理自然处于混乱状态。不仅本应花在教育事业上的资金被挪用、挤占和克扣的现象时有发生（甚至连明文规定须专款专用于教育事业的教育费附加，也出现了被一些地区的政府部门挪作他用的情况），而且，通过种种途径，相当一部分预算内收入被转作预算外资金，从而进一步加剧了财政部门在教育经费支出安排上的困难。

（3）即便通过一些非规范的途径，如集资、摊派、收费、统筹等取得的制度外政府收入，已经用之于教育（在我国的中西部地区，这种现象并不鲜见），由于未列入预算，亦不在财政性教育经费的统计口径之内。这部分的政府教育支出，也就不能在财政性教育经费占 GNP 的比例数字中得到反映。

说到这里，不难看出，在当前，制约我国实现财政性教育经费支出占 GNP 比例达到 4% 目标的最大障碍，是政府部门的财力分散，管理不规范。

引申一步说，在目前的中国，解决教育投入不足问题，提高财政性教育经费支出在 GNP 中的占比，从而确保教育优先发展的根本出路，在于尽快规范财政部门的收支管理制度，全部政府收支纳入预算，建立完整、统一的政府预算管理体系。

三　可供选择的政策措施

从现在起到本世纪末，只有不足 3 年的时间了。若不能尽快推出强有力的措施，最终实现教育经费支出占 GNP 比例 4% 的目标，便很可能成为一句空话。为此，必须在宏观上统筹安排，且要标本兼治，具体说来，当前应着重抓好这样几件事：

1. 下定决心，坚决清理游离于预算之外的各种政府收入，对政府部门收支实行统一财政管理

考虑到游离于预算之外的政府收入情况复杂，牵涉的利益关系广泛，可以在操作上采取先清理、后纳入预算的办法，分步加以规范。第一步，对现行各种税外收费项目进行全面清理，在清理的基础上，区分为合理的与不合理的收费两大类。坚决取消那些不合理的、纯属乱收费的项目。第二步，对合理的收费项目，按不同的办法进行规范。凡具有税收性质（名为"费"实为"税"）且宜于纳入税内管理的收费项目，尽可能纳入税收的轨道。可通过扩大税基，将其并入现行的有关税种统一征收。或是根据其性质，改设新的税种，另定办法征收；对那些不宜于纳入税收轨道，本身就属于"费"范畴的收费项目，按照市场经济条件下规范化收费的内涵与外延，严格加以界定，分别归入"规费"和"使用费"系列，并相应实行规范化的管理办法。第三步，将通过"费改税"纳入税内管理以及归入"规费"和"使用费"系列的政府收入，或作为过渡办法，暂时单独

编制预算（亦可称作第二、第三预算）；或一步到位，纳入统一的政府预算。

粗略估算，对各种税收收费项目通过"费改税"和"规范费"两种办法加以规范并纳入财政预算管理之后，我国财政收入在 GNP 中的占比可望达到 25% 左右。从中拿出平均不低于 15% 的资金用于教育，财政性教育经费支出占 GNP 比例的提高，便有了实现的基础。

2. 发行教育公债，专款专用于教育事业

与政府其他方面的支出有所不同，教育经费支出不但是一种消费，同时也是一种投资活动。作为一种投资，它可提高受教育者的整体素质，并最终促进经济和社会的发展。政府的教育经费，其用途按大类区别包括教育事业费和教育基建投资两个方面。两相比较，后者的投资色彩更浓。将政府教育投入的这些特点同所谓建设性公债联系起来，可以得到这样一个认识：用发行教育公债的办法来拓展教育资金的筹措空间，并把它专款专用于教育基本建设项目，可能是缓解我国教育投入不足困境的一种现时且可行之策。

从经济学的原理看，用发行公债为教育基本建设开辟财源，亦有其经济合理性。比如，在一个城镇，一所学校的建成并投入使用，可在相当长的时期发挥效益。若以税收形式为学校建设融资，则因费用庞大，或会使税率急剧提高，或会挤占其他本应正常安排的支出项目。无论哪一种情形出现，都是由这个特定年份（指学校建设期间）的纳税人承受全部建设费用，此后的若干代人则可无偿享有学校提供的效益，这显然有违公平和受益的准则。如果在此期间又发生居民迁出或迁入的情况，不公平的问题便会更加突出。而若用发行教育公债的办法融资，该年的税收既不会急剧增加，正常的支出安排亦不会被打乱，而且，随着学校的使用，若干代受益人也可通过纳税来偿付为学校建设积欠的债务。于是，学校的建设费用，便可在学校使用期间的几代受益人中分摊。正是出于这样的考虑，在不少国家，地方政府都采用举债之法为包括学校在内的公共设施建设融资。

现在的问题是，教育公债的发行，从经济合理性和管理效率的角度讲，应属于地方政府的事情，而在我国，目前是不允许地方政府举债的。发行专款专用的教育公债，显然必须在不违背政策初衷的条件下，首先突破这一限制。

3. 重新界定财政性教育经费支出的内涵与外延

现行财政性教育经费支出的统计口径，包括如下四个项目：各级财政对教育的拨款、城乡教育费附加、企业用于举办中小学的经费和校办产业减免税部分。易于看出，这一口径既不那么规范，同时，也给有关部门的统计和管理工作带来了诸多的不便。比如，这其中，既有政府对教育的投入，也有企业对教育的投入，并非都是财政性教育经费支出。而且，如前所述，有些本应属于政府部门的教育支出，又不在统计口径之内。预算内、预算外以及其他方面的教育支出混在一起，支出系列的项目、收入系列的项目（如城乡教育费附加）和属于收入抵扣性质的项目（如校办产业减免税）不加区分；甚至同属城乡教育费附加的数额，又分为城市和农村部分而计入预算内和预算外两个不同的预算体系。

因此，很有必要按照国际通行做法，对财政性教育经费支出的内涵和外延重新加以界定。这就是，以政府部门的支出为准绳，凡属于政府部门的教育经费支出，不论是预算内的，还是预算外的，或是其他别的什么系列的支出，都列入财政性教育经费支出的统计口径。凡不属于政府部门的教育经费支出，则不管是由国有企业担负的，还是由非国有企业担负的，或是通过其他别的什么途径形成的支出，均不列入财政性教育经费支出的统计口径。

调整统计口径之后，即使以目前的状况而论，我国财政性教育经费支出的统计数字，可能会出现相应的增加。因为，统计口径的调整，既有减法，亦有加法。而且，加法的"剂量"大于减法。例如，1995 年，列在企业用于举办中小学经费和校办产业减免税部分项下的数额分别为 56.43 亿元和 12.22 亿元，两者相加，占现行财政性教育经费支出统计数字的比重，仅为 5.32%。而各级政府每年花在教育事业上的预算外或制度外资金，按保守估计，起码在百亿元以上。

4. 加强对政府特别是财政部门预算安排行为的监督

前面说过，现实生活中的政府部门，在教育投入领域存在着各种行为偏差。只有从制度的建设上，对政府特别是财政部门的预算安排行为加以有效监督，财政性教育经费支出占 GNP 比例的逐步提高，才会有可靠的保证，上述各方面政策措施的效力，也才能最终落到实处。

问题是如何来监督？从国外的经验看，在数量指标上对财政性教育经费支出作出制度规定，不失为一个现实之策。其实，1993 年的《中国教育改革和发展纲要》就是本着这种思路，而将 4% 和 15% 两个指标写入其中的。需要进一步采取的措施是：（1）将对财政性教育经费支出的数量指标，上升到"法"的层次，以法律形式固定下来。（2）加强各级人民代表大会对同级政府预算（含各类预算）的审查监督，凡教育经费支出未达到整个财政支出比例指标的预算，均不予通过。凡教育经费支出占整个财政支出的比例数字，未能实现在上年基础上有所增长的预算，均要推倒重来。（3）各级预算中教育经费支出单列，设置"教育经费类"级科目，汇总反映目前散布在各级各类政府部门的教育经费支出状况。以此为基础，改革现行教育管理体制，所有学校统一归口各级政府教育部门管理，并将各类教育经费拨款统一划归教育部门安排，实现真正意义上的教育经费支出单列。

四　需补充说明的事项

在财政性教育经费支出占 GNP 比例问题上，还有几个方面的事情要说明：

1. 关于开征教育税

为了加大政府的教育投入，不少人提出了这样一种建议：开征教育税，并且附加在流转税和个人所得税上同时征收。然而，它可能不是一个适当的选择。因为，税种的名称往往是根据征税对象的性质来定的。若按其用途给税种定名，通常都要实行基金化管理，专款专用。社会保障税的征收管理即是这样。教育经费支出，显然不具备实行基金化管理的条件。（1）不论在税基、税率的安排上怎样精确，来自教育税的收入，都难以做到与教育经费支出的要求同步。收入既不能互相对称，专款专用也就失去了它的意义。（2）教育经费支出作为一个速率均衡的支出项目，并不会像社会保障支出那样，随着经济形势的变化而周期性地增减。教育税的收入也不会如社会保障税那样，随着经济形势的变化而周期性地升降，从而同教育经费支出的变化恰好呼应。（3）即使对教育税收入实行专款专用，只要不能满足教育经费支出的全部需要，就必须有其他来源收入的支持。一旦其他来源的收入加入其中甚或成为主要的资金来源，教育税也就同一般用途的收入形式无异了。（4）同时附加在流转税和个人所得税上征收，既不规范，更不易于管理，收入一翼的矛盾，又进一步加大了实行基金化管理的困难。

更为严峻的问题还在于，在当前社会各界对税收负担非常敏感的形势下，教育税的开征，很可能会将负担的抱怨矛头，引向亟待增加投入的教育部门。

2. 关于"费改税"和"规范费"

通过"费改税"和"规范费"，将游离于政府预算之外的各种收费加以规范并且纳入统一的财政预算管理，是实现提高财政性教育经费支出占GNP 比例目标关键的一步，也是难度最大的一步。对此，应当有足够的认识。但不管怎样，只要下决心，果断地采取有力措施，这一"老大难"问题的最终解决，并非没有可能。目前的当务之急，是摸清中央和地方各级政府的收费现状的底数，在此基础上，确定哪些可以转为税，哪些可归入规费和使用费系列，哪些又是应当加以取消的乱收费。

从统计文献的分析中可以看出，在收费问题上，各国的通行情况是：（1）中央政府基本无"费"，税收（包括社会保障税）是中央一级政府收入的主要来源。（2）以"费"的形式取得收入，且在财政收支的平衡中充当举足轻重的"角色"，一般是地方政府的事情。这是因为，收费的项目同老百姓的日常生活直接相连或关系密切，属于地方政府的职责或职权范围。

这实际告诉我们，"费改税"和"规范费"的工作，可以也应当从中央一级政府做起。中央政府各部门现存的大部分收费项目，如果是合理且必需的，在相当程度上，它们都可以改为税，按税收的形式加以管理。中央政府带了头，率先实现了收入机制规范化，"费改税"和"规范费"便可由此延伸到地方各级政府，从而在全国范围内逐步推开。

3. 关于 GNP 和 GDP

4% 的目标，是就财政性教育经费支出占 GNP 的比例而于 1993 年提出的。此后，随着我国国民经济核算指标的变化，人们越来越习惯于使用 GDP 即国内生产总值，作为揭示国民经济发展状况的指标。由于统计范围方面的差异，GNP 和 GDP 通常在量上有所不同。绝对额的差异，自然会带来相对额即财政性教育经费支出分别占 GNP 和 GNP 比重数字的不同，虽然差异并不很大，但亦会模糊人们的认识。为了求得人们对财政性教育经费支出量化指标认识的一致，也为了我们所为之奋斗的目标的准确可靠，应当坚持使用财政性教育经费支出占 GNP（而不是 GDP 的 4%）作为本世纪实现的比例目标。

（原载《财贸经济》1997 年第 12 期）

关于"费改税"的基本思路

一　界定概念："费改税"的内涵与外延

1. "费改税"是针对目前我国"费大于税"的不规范的政府收入格局而提出的一项政策主张。

2. 从规范分析的意义看，在社会主义市场经济体制下，税和费都是政府收入的形式，各有各的地位和作用，两者并不能互相替代。税收是以政治权力为基础的政府收入形式，它可以且应当成为政府收入的主要形式。收费则是以交换（或直接提供服务）为基础的政府收入形式，在政府收入体系中，它居于补充或辅助地位。

3. 在目前我国的政府收入格局中，规范性的政府收入和非规范性的政府收入同时并存。前者指的是列入预算管理的财政收入，后者指的是游离于预算之外的预算外收入和制度外收入等。前者主要来源于税收，后者的来源基本上是各种各样、形形色色的政府收费。而且，相比之下，在数额上，后者又大于前者。于是，形成了所谓"费大于税"这种特殊的矛盾现象。

"费改税"并不是要将所有的"费"均改为"税"，而是把那些具有税收性质或名为"费"实为"税"的政府收费项目，纳入税收的轨道。对那些本来即属于收费范畴或名与实均为"费"的政府收费项目，则要按照收费的办法加以规范。在此基础上，纠正由"税费不清"、"税收缺位"或"收费越位"而导致的政府收入格局的不规范现状，实现"税费归位"。

二　统一认识：从宏观层次看待"费改税"

4. 应当看到，对于"费改税"的必要性，目前人们的看法并不一致。若不能实现认识的统一，这项改革举措的出台，很可能要受到一定程度的阻碍。或者，即使出台了，其效果也要打折扣。因此，统一认识，特别是在全党范围内统一认识，是首先必须做好的一件事。

5. 从表面上看，"费大于税"是所谓的"费税之争"或财税部门和其他政府部门之间的"权力之争"。然而，如果脱出部门或微观的局限，而站在整个经济社会发展的宏观层次上考虑问题，便会发现："费大于税"矛盾的实质，是政府收入机制不规范以及由此引发的政府部门行为不规范。可以说，"费大于税"已经成为我国各项改革事业进一步推进和社会主义市场经济体制进一步完善的极大障碍。

——政出多门的各种政府收费的一个共同特征，是自收自支、不纳入预算管理。既然能够自收自支，收费项目的多少和收费数额的大小便同各部门、各地区的利益挂上了钩，其收费的积极性自然会越来越高；既然能够不纳入预算管理，支出去向脱离了各级人民代表大会和广大人民群众的监督，各类腐败现象也就有了滋生的土壤和温床。如此演化下去，各种政府收费日益扩展，非财税部门介入财税性分配，不仅整个国民收入分配渠道陷于混乱状态，而且，以权牟钱、以权换钱等不规范行为，亦由此产生并蔓延开来。

——国有企业的困难与其负担重直接有关。但负担重并非"税负重"，而是五花八门的"费负"重。国家经贸委的调查表明，国有工业企业的各种不合理负担，大体占到当年其实现利润与税收之和的 20%，甚至超过了当年实现的利润。对北京地区 6 家国有企业的典型调查还表明，它们所承受的来自各个政府职能部门的收费项目，多达 206 项。处于如此重负之下的国有企业，怎么能不陷入困境？不解决政府收入机制不规范的问题，国有企业又怎么能走出困境？

——对于政府机构膨胀和行政管理费支出增势迅猛，人们通常把它归结为行政管理体制改革滞后。其实，除此之外，更为重要的原因，还在于由政府收入机制不规范所带来的政府部门预算约束的弱化。倘若政府部门的收入机制是规范化的——以税收为主要来源，且全部纳入预算，那么，在经济发展水平一定的条件下，其每年可取得或可供其使用的收入便是一个既定不变的量，其支出的规模便不能不受其收入规模的约束。"费大于税"的政府收入格局以及各种收费所具有的自立章法、按需而征的性质，使得政府部门的收入变成了在相当程度上可以"随意"上调的量。有了如此宽松的环境，政府机构的膨胀和行政管理费支出的迅速增长，便是一件自然而然的事情。

进一步说，如果政府收入机制不规范的问题得不到解决，即使在行政上下大气力压缩了政府机构的编制并相应削减了行政管理费支出，由于政府收入的调节——显然只能是"上调"——余地仍在，在我国，曾出现过数次"反复"的政府机构的膨胀之风和行政管理费支出的扩张之势，很可能会再一次刮起和出现。

——这些年来，政府部门财力分配格局上所存在的"弱干强枝"现象，一直困扰着我们。所谓"弱干强枝"，是将政府部门之间的财力分配格局比喻为一棵树。这棵树的"树干"弱，经不起风吹草动；而它的"树枝"繁茂，致使头重脚轻。这种分散的财力分配格局，不仅存在于中央政府和地方政府之间，而且，在各个不同级次的政府与其所属的职能部门——如省一级政府与其所属各厅、局——之间，甚至每一级次的政府与其下属级次的政府——如省一级政府与市、县级政府——之间，也有类似的表现。财力分散了，各部门、各地区的支出，除了依靠政府集中调配的那一块儿规范性的资金外，还分别拥有各自非规范性的财源，可以自立规章，自收自支。其结果，肯定是中央政府以及各个不同级次的政府宏观调控能力的削弱。人们常说的所谓"诸侯经济"、"王爷经济"，都是在这种背景下产生的。长此以往，势必危及国家的政令统一和长治久安。

诸如此类的事情，还可举出许多。站在这样的高度来认识，"费改税"显然是为规范政府收入机制，从而规范政府行为，完善整个社会主义市场经济体制而须采取的一项重大改革举措。

三 改革目标:建立与市场经济相适应
的规范化的政府收入机制

6. 如果将今天的政府收入机制不规范视作我们为改革而付出的成本或代价——事实上,"费大于税"的政府收入格局,正是伴随着经济体制的转轨过程而出现并蔓延开来的,那么,在改革已经历时十九个年头,各方面的体制框架已经基本构建起来的条件下,我们所追求的目标,应当也必须转到规范政府收入机制上来。

7. 市场经济体制相对于计划经济体制的一个显著的变化,就是各个经济行为主体之间的利益边界越来越明晰了。这意味着,市场经济体制下的政府收入机制,必须是规范化的。所谓政府收入机制的规范化,从大的方面讲,至少有四个方面的要求:

——以法制为基础。即是说,政府取得收入的形式和数量,要建立在法制的基础上,不能想收什么就收什么,想收多少便收多少。无论哪一种形式、哪一种性质的收入,都应当先立法,后征收。

——全部政府收入进预算。政府预算的实质是透明度和公开化,它体现着立法机关和广大人民群众对政府收支行为的监督,并非简单地由哪一个部门管理或列入哪一类表格反映。也即是说,政府的收与支,必须全部置于各级人民代表大会的监督之下,不允许有不受监督、游离于预算之外的政府收支。

顺便指出,在实行市场经济体制的国家中,一般不存在"预算外资金"的概念。我国现使用的"预算外资金"概念,是新中国成立初期从苏联和东欧国家那里引进并从计划经济体制下沿袭下来的。即便不作更深一步的考察,也会发现,预算外资金是同计划经济密切相关的范畴,它同市场经济不相容。从这个意义上讲,随着市场经济体制的日益完善,在我国,预算外资金终归要退出历史舞台。

——财税部门总揽政府收入。即所有的政府收入完全归口于财税部门管理。不论是税收,还是收费,或是其他别的什么形式的收入,都要由财税部门统一管起来。即便出于工作便利的考虑,把某些特殊形式的收入,如关税、规费交由特定政府职能部门收取，那至多也是一种"代收"、"代征"。这样做的好处，就是要切断各个政府职能部门的行政、执法同其经费供给之间的直接联系，从根本上铲除"以权牟钱、以权换钱"等腐败行为的土壤。

——政府收入以税收为基本来源。以政治权力为基础、能够带来稳定可靠的收入，且可无偿使用的税收，同市场经济条件下的政府支出格局——以"满足社会的公共需要"为主体——是一种对应关系，必须作为政府收入体系中的"主力队员"而居于主导地位。至于其他的政府收入形式，如以交换为基础的收费，只能作为辅助或补充财源而担负起拾遗补缺的职责。

8. 中国在选择市场经济体制的同时，也就注定了要走政府收入机制规范化的道路。事实上，党的"十五大"报告已经对规范政府收入机制做了战略部署。江泽民总书记所谈到的"完善分配结构和分配方式"，其中一个重要内容，就是完善政府的分配结构和分配方式。

从根本上说来，规范政府收入机制，还是完善整个社会的分配结构和分配方式的基础或前提条件。没有政府部门分配结构和分配方式的规范化，就不可能有家庭、企业部门分配结构和分配方式的规范化。况且，今天我国分配领域所存在的种种不规范状况，在相当程度上，也是由政府收入机制的不规范所带动或引发的。

9. 所以，以规范政府收入机制为着眼点，通过"费改税"将各种非规范性的政府收入转变为规范性的政府收入，是迟早要干、非干不可的一项跨世纪工程。

四　分步到位：采取积极而稳妥的政策措施

10. "费改税"的实施，牵扯到沿袭多年的既得利益格局。举凡带来既得利益格局调整的改革举措，历来都要遇到相当大的阻力。对于这项改革可能遇到的困难，我们必须有充分的估计。

11. 与此同时，我们也要看到实施这项改革的各种有利条件：我国是由共产党领导的社会主义国家，拥有6000多万党员的中国共产党代表着全国人民的根本利益。只要全党上下统一认识，采取步调一致的行动，"费改税"甚或难度更大的改革，并非是办不到的事情。此其一。在这方面，我们也曾有过成功的先例。新中国成立之初，那时各地的税收制度很不统一，既有老解放区各个革命根据地沿用下来的原各自单独制定的税制，也有新解放区所实行的在税种、税目、税率和征管办法等方面差异很大的五花八门的税制。但是，随着 1950 年 1 月《全国税政实施要则》的颁布，一个全国统一的税收制度很快建立起来，并在全国范围内统一实行。此其二。我国有史以来范围最广、力度最大的一次政府机构改革，目前正在紧锣密鼓地进行。随着机构精简和人员分流，原有的收费主体会趋于减少，行政管理费的负担会趋于减轻。"费改税"的难度和回旋余地，自然会相应缓解和加大。

12. 关键的问题是，围绕"费改税"而采取的政策措施，既要积极——保证顺利出台和实施效果，又要稳妥——尽可能化解阻力，换取各方面的认可和支持。

在当前，可以选择的比较现实和可行的思路是：分步到位。

——先中央，后地方，逐步在全国推开。

注意一下各国特别是实行市场经济体制国家有关政府收入结构的统计文献，可以看到这样两个现象：其一，中央一级政府基本没有收费，税收（包括社会保障税）是其收入的基本来源。其二，以收费的形式取得收入，并且，收费在收入结构中占有相当的比重，通常发生在地方各级政府那里。其中的原因不难解释：在市场经济条件下，规范化的政府收费只有两类，一是规费（fees），另一是使用费（user charges）。前者指政府部门向公民提供特定服务或实施特定行政管理所收取的工本费和手续费，如行政规费和司法规费；后者指政府对其所提供的公共设施的使用者按照一定的标准收取的费用，如高速公路通行费、桥梁通行费。无论规费，还是使用费，所具有的一个共同特性是：收费项目与家庭、企业的日常生活密切相连，且是一种直接的服务报偿关系。毋庸赘言，同家庭、企业日常生活密切相连的公共事项，本来就是地方（非中央）政府的职责范围。

有鉴于此，"费改税"的工作，可以也应当从中央一级政府做起。既然实行市场经济体制国家的中央一级政府基本没有收费，那么，我国中央政府各部门现存的收费项目，经过清理，绝大部分都可以纳入"费改税"的范围。而且，追根溯源，在我国，非规范性政府收费的兴起，最初也是发生在中央一级政府——如"预算调节基金"和"能源交通重点建设基金"。只要中央政府带了头，率先实现了中央一级政府收入机制的规范化，"费改税"便可依次延伸到地方各级政府，从而在全国范围内逐步推开。

——先清理，后规范，逐步纳入统一预算。

第一步，对现存的各种政府收费项目，进行全面的清理。在清理的基础上，区分为必要、合理的收费和乱收费两大类。将那些已经构成政府部门运转的必要前提而且征收性质比较合理的收费项目，作为规范的对象保留下来；把那些既不必要也不合理、纯属乱收费的项目，坚决取消掉。

第二步，对作为规范的对象保留下来的收费项目，按照规范化的"税"和"费"的性质，区分为名为"费"实为"税"的收费和名与实均为"费"的收费两个系列。将前者通过"费改税"的办法，纳入税收的轨道。或是扩大现有税种的税基，并入现行有关税种统一征收。或根据其性质，改设新的税种另外征收；把后者通过"规范费"的办法，纳入规范化的收费轨道。或作为规费，依照规费的内涵与外延加以管理；或作为使用费，依照使用费的原则和标准加以征收。

第三步，以此为基础，将通过"费改税"纳入税收轨道和通过"规范费"分别作为规费和使用费管理与征收的政府收入，先采取过渡办法，暂时单独编制预算——由财税部门统一管理和征收，但收入全部返还各有关政府职能部门使用。

第四步，逐步创造条件，将全部政府收入纳入统一的政府预算。

13. 可以认为，以规范政府收入机制为主旨的"费改税"，将是继1994年的财税改革以后，对我国财政税收制度所作的进一步根本性改革。可以预见，这项改革的目标基本实现之后，我国与市场经济体制相适应的财税运行机制，将初步建立起来。

主要参考文献

高培勇：《有关"费改税"的几个认识问题》，《税务研究》1998 年第 2 期。

吴俊培：《税费简论》，《涉外税务》1998 年第 1 期。

（原载《财贸经济》1998 年第 12 期）

论更新税收观念

所谓税收观念，无非指人们对于税收的基本看法或态度。如果同税收的实际工作联系起来，也就是，本着什么样的思想，去规范与税收有关的经济主体的行为，去处理与税收有关的经济主体之间的关系。

本文之所以将税收观念问题提出并作为一个主题来讨论，是出于如下的基本判断：税收观念对税收环境有重大影响，不同经济体制条件下的税收观念也有着根本区别。在目前的中国，依法治税社会环境的确立，有赖于税收观念的更新。

一　中国税收环境面临的挑战

这些年来，中国的税收环境一直面临着来自两个方面的挑战：一个方面来自纳税人。纳税人的纳税意识淡薄甚或没有纳税意识，偷漏税行为严重。且不说作为现代税种的个人所得税从出台的那一天起，便陷于"征的不如漏的多"的窘境，就是税制设计简单到类似于历史上的人头税，征收数额只有区区4元钱的北京市的自行车税，其纳税面1997年仅为53.7%（430万辆）。而且，平均每年以10%左右的比例下降。另一个方面的挑战来自各级政府部门。为数不少的政府部门用税意识淡薄甚或没有用税意识，许多做法有违税收收入机制的运行规律。这其中，既有曾经充斥全国各地的随意减免税、越权减免税之风，也有大量的以言代（税）法、以权定（税）法、以情碍（税）法的事件，亦包括由政出多门的政府收费而引发的"费挤税"现象和不规范的"费大于税"的政府收入格局，以及存在于某些领域的税款使用上的铺张浪费、透明度低，等等。

更进一步看，两个方面的挑战互为因果，交相作用。纳税人纳税意识的薄弱，直接带来了税收的大面积流失。税收渠道的不畅以及"费大于税"的政府收入格局的出现，又模糊了政府部门对于税收的性质及其运行规律的认识，滋生了种种不规范的政府行为。故而，在一定程度上弱化了人们的税收法制观念，甚至逆反了人们的纳税心理，从而加剧了各种偷漏税的蔓延势头。

作为上述矛盾现象的综合反映，我们看到，今天中国的税收环境，尽管较之计划经济年代或改革初期有了很大改善，但总体上仍不理想。同市场经济体制的要求相比，还存在着相当大的距离。

由此提出的问题是，究竟什么原因阻滞了中国依法治税社会环境的营造进程？

二　传统经济体制下的税收观念：必要扣除说

对于传统经济体制条件下的税收观念以及据此构建的税收收入机制（或称"财政收入机制"）做一较为系统的回顾，或许是有益的。

马克思曾在《哥达纲领批判》中勾画了社会主义社会的产品分配模式：社会产品在分配给个人消费之前，要进行一系列扣除：第一，用来补偿消耗掉的生产资料的部分；第二，用来扩大再生产的追加部分；第三，用来应付不幸事故、自然灾害等的后备基金或保险基金。剩下的总产品的其他部分是用来作为消费资料的，但在把这部分进行个人分配之前，还得从里面扣除：第一，和生产没有直接关系的一般管理费用；第二，用来满足共同需要的部分，如学校、保健设施等；第三，为丧失劳动能力的人等设立的基金。若再加上用于国防的费用，经过以上七项扣除之后，其余的部分，才能用于个人消费①。

易于看出，马克思所勾画的是一种典型的以政府作为资源配置主体的分配模式。在其中，税收实质是政府凭借政治权力在社会产品用于个人消费之前而进行的"必要扣除"。既然是凭借政治权力而进行的"必要扣除"，那么，相对而言，采取什么方式扣除、在哪些环节扣除以至必要扣除的量如

---

①　参见《马克思恩格斯选集》第 3 卷，第 9—10 页。

何把握,便显得无关紧要了。基于这样一种认识,并且与当时的计划经济体制环境相适应,中国选择了一条主要依靠"暗税"渠道取得财政收入,在形式上基本不对个(私)人征税的道路。那一时期的税收收入机制可大致概括如下:

——农民,除了直接缴纳少量的公粮并负担一些附着于消费品价格中的间接税之外,其纳税的主渠道,便是那一时期所实行的农副产品统购统销制度。1953 年颁布的《关于实行粮食的计划统购和计划供应的命令》,赋予了政府按相对偏低的垄断价格统一收购和销售农副产品的权力。在对农副产品实行统购统销的条件下,农民剩余的农副产品,只能按照国家规定的相对偏低的价格标准统一卖给国有商业部门。国有商业部门所执行的统购价格同市场价格(影子价格)之间的差额,便是政府凭借政治权力对农民所创造的社会产品的分配进行的必要扣除——农民所缴纳的税收。进一步看,随着低价的农副产品销往城市,不仅工业的原材料投入成本因此直接降低,而且城市居民亦因此获得实物福利(生活费用降低)并间接降低了工业的劳务投入成本。

——城市职工,除了负担附着于消费品价格中的间接税之外,其纳税的主渠道,便是八级工资制。1956 年出台的《国营企业、事业和机关工资等级制度》亦即八级工资制,赋予了政府统一掌管城市职工工资标准、统一组织城市职工工资调配的权力。在八级工资制度下,政府通过压低工资标准,减少升级频率(马洪,1982)①的办法,人为地降低了城市职工的工资水平。城市职工实际领取的工资水平同市场工资水平(或影子工资水平)之间的差额,便是政府凭借政治权力对城市职工所创造的社会产品的分配进行的必要扣除——城市职工所缴纳的税收。随着城市职工工资水平的人为降低,工业的劳务投入成本又一次被降低了。

——在工业的原材料投入成本和劳务投入成本被人为降低的同时,那一时期的工业品实行计划价格制度。工业品的计划价格又长期偏高于农副产品的统购价格(即所谓工农产品"剪刀差")。于是,在低成本和高售价的基础上,工业部门获得了高的利润。

---

①　事实上,从 1956—1977 年的 20 年间,我国只进行了三次小幅度、小范围的工资升级工作。

——在始自新中国成立初期且几十年未变的财政统收统支管理体制下,国有经济单位(其中主要是国有工业企业)的纯收入,基本上都交由财政集中支配,其本身能够自主支配的财力极其有限。于是,通过财政上的统收,"汇集"在国有经济单位中的高利润便转移到了政府手中,形成了财政收入的主要来源。

如此的税收收入机制,对于人们的观念产生了极其深刻的影响:

——在普通百姓的眼中,无论纳税还是上缴利润,都是公家的事情,与个(私)人无关。而且,社会主义国家的优越性之一,就是政府不向个(私)人征税。有了税收与个(私)人之间的这样一种制度的阻隔,老百姓的纳税意识淡薄甚或没有纳税意识,就在情理之中了。

——在政府部门的眼中,无论征税还是收取利润,大都是政府与国有经济单位之间的事情。有了同属全民所有制、彼此都姓"公"这样一种制度的基础,政府部门税利不分或只问财政收入的"量"而不大问它的"源",也就顺理成章了。

三 经济体制改革以来的税收观念:应尽义务说

以市场化为取向的中国的经济体制改革,相继打破了农副产品统购统销制度、政府统管城市职工工资制度、计划价格制度和财政统收统支管理体制。原有的税收收入机制的基础不复存在了,所有制成分亦发生了很大的变化,税收收入机制自然要相应调整:由主要从隐含的渠道收取非规范性的"暗税"转到以公开的形式征收规范性的"明税";由基本依赖国有经济单位的单一财源扩展至包括各种经济成分以及城乡居民个人在内的多重财源。于是,进入 80 年代以后,中国税制建设的步伐明显加快,一改过去基本上只有一种"工商税"的格局,个人所得税、中外合资经营企业所得税、外国企业所得税、国营企业所得税、集体企业所得税、城乡个体工商业户所得税、私营企业所得税等一系列新的税种,陆续出台。到 1994年税制改革之时,税种的总数达到了 34 个。

随着税收收入机制的调整,税收开始广泛地介入经济社会生活,同人们的切身利益日益密切地挂起钩来。这一变化,对传统的税收观念提出了挑战，要求我们按照变化了的形势重新审视税收观念并对此赋予新的解释。事实上，在当时，"必要扣除说"与新的经济体制环境的激烈碰撞，已经迫使税务部门和理论界转而启用"应尽义务说"去进行宣传：依法纳税是每个公民应尽的光荣义务。

然而，面对调整了的新的税收收入机制以及关于税收的新的解释，由于长期"无（明）税"的惯性作用，人们作出的反应并未如所期望的那样，跟上形势的变化步伐。

——普通百姓，多年生活在"无（明）税"的环境之中。一旦被告知其有义务纳税，须拿出本已装入兜中的一部分钱去交给政府时，出于观念的不适应，一个本能的反应便是"躲"——能躲就躲，能躲多少躲多少。下意识的躲又扩展为有意识的躲。其结果，各种偷漏税的行为犹如"病毒"，附着于"明税"的肌体上繁衍而生，由最初只发生在先富起来的个体经济中的少部分人身上，到逐渐在个体户中普遍蔓延，进而几乎把全民和集体所有制单位统统卷入其中，致使大量该征的税不能如数征上来。

——政府部门，多年来习惯于以"暗税"的方式从国有经济单位那里组织收入，一旦面临多重的财源结构，须为履行职能而凭借政治权力向形形色色的纳税人征收实实在在的"明税"时，出于观念的不适应，一时难以找到恰如其分的方法和手段去和纳税人打交道。在各方面政府支出增势迅猛、规范性的税收渠道不畅的情况下，一个自然的反应，就是操用非规范性的行政性办法去另外找钱。于是，在"创收"的旗号下，各级政府部门开始自立收费项目，以收费的形式填补收入的缺口。

问题还有复杂之处。事态演化下去，更为令人忧虑的局面出现了。

——对于政府部门而言，不管是税，还是费，都是其凭借政治权力而征收的钱，也都是其可用于履行职能的钱。只不过前者纳入预算管理，不可随意调整；后者游离于预算之外，可以自收自支。既然征税和收费被混同在一起，在管理上，收费对于各级政府部门（特别是地方各级政府）又有着种种的便利之处，所以，税费不分——不论什么钱，夹到碗里都是菜、重费轻税——出于局部利益的考虑而以费挤税，以牺牲中央税收为代价擅定减免税条款，甚至采用非法手段鼓励企业偷漏税等一系列不规范的政府行为，便由此产生并蔓延开来。

——对于企业和居民而言，不管是税，还是费，都是政府凭借政治权力而向其征收的钱，也都是其被告知有义务向政府缴纳的钱。而且，由于后者的随意性较大，数额一路上扬，不仅给本来较为规范、负担相对稳定的税收打下了不规范的印迹，亦使税费义务混淆——不论什么钱，只要系政府部门所收都是税、纳税心理逆反——对不规范的费的反感连累于税，进而在一定程度上妨碍了偷漏税行为的有效抑制。

四 市场经济条件下的税收观念：权利义务对称说

由以上分析可见，税收观念与经济体制环境是密切联系在一起的。随着经济体制环境的变化，税收观念应当也必须加以更新。现行税收收入机制运行中的困难，固然可归之于多方面的原因，但其更深层次的原因可能在于：以"应尽义务说"为代表的税收观念同市场经济的体制环境不相适应。

那么，市场经济条件下的税收观念到底是什么？

由于问题涉及市场经济体制下税收收入机制构建的基础要素，我们不妨分析得细致一些。

有位美国朋友闲谈时向笔者讲过这样一件事：一天，他家养的猫爬到房顶上，自己下不来了。焦急中，他打电话向警察局求助。警察特意跑来，搬梯子上房，帮他把猫抱了下来。当笔者为此感到奇怪，问他为什么警察可以管这种事时，他不假思索地反问道："为什么不可以？他们花的是我们纳税人的钱！"美国朋友的这句话，可以作为生活在市场经济环境中的人们的税收观念的一个突出例证。

市场经济的通行准则是权利与义务相对称。讲到某人负有什么义务，同时便意味着他拥有怎样的权利。反之，讲到某人拥有什么权利，同时便意味着他负有怎样的义务。在税收的问题上，当然亦不例外。

从某种意义上说，在市场经济条件下，政府实质是一个特殊的产业部门——提供公共物品或服务。广大的企业和居民，则是公共物品或服务的消费者。正如人们到商店买东西需要为之付款一样，政府提供的公共物品或服务也不是"免费的午餐"。只不过为消费公共物品或服务的付款，是以纳税的方式来完成的。这实际上是说，只要纳税人依法缴纳了税收，便拥有了向政府部门索取公共物品或服务的权利。只要政府依法取得了税收，便负有了向纳税人提供公共物品或服务的义务。纳税人之所以要纳税，就在于换取公共物品或服务的消费权。政府部门用于提供公共物品或服务的资金，就来源于纳税人所缴纳的税收。在这里，纳税人的纳税义务与其纳税之后所拥有的消费公共物品或服务的权利，是一种对称关系。政府的征税权力与其征税之后所负有的提供公共物品或服务的义务，也是一种对称关系。因此，可以将市场经济条件下的税收观念归结为：权利与义务相对称。

反思起来，如果将税务部门的行为同作为一个整体的政府部门的行为区别开来，将前者称为征税人——各项税款的具体征收者，将后者称为用税人——各项税款的最终使用或运用者，从而对纳税人、用税人和征税人的行为分别加以考察的话，可以认为，纳税人、用税人和征税人在税收观念上的模糊，是这些年来阻滞中国依法治税社会环境营造进程的关键所在：

——对于作为纳税人的企业和居民来说，在贴近现时生活方面，"应尽义务说"尽管比"必要扣除说"前进了一步，但前者毕竟是在后者的基础上衍生并作为后者的延续而提出的，因而带有明显的计划经济体制的痕迹。在计划经济体制下，各经济主体之间的利益边界不明晰或不那么明晰，人们可以不讲成本、不计报酬而无偿奉献。然而，随着市场化的改革进程，各经济主体之间的利益边界不仅越来越明晰了，其利益驱动机制也已形成并有日趋强化的势头。经济体制环境一旦走到这一步，权利与义务便如同一对连体婴儿一并进入人们的生活。只讲义务不讲权利，只有付出没有回报，便不再能为人们所认同。这意味着，在市场经济意识愈益深入人心的条件下，单纯强调纳税人的纳税义务而未有明确的权利相对称，很可能滋生人们的逆反心理，甚至萌发偷漏税的动机。

——对于作为用税人的政府部门来说，"应尽义务说"的另一面，是政府拥有征税的权力。至于政府为什么拥有这样的权力或这样的权力伴随以怎样的义务，"应尽义务说"本身并没有提供明确的答案。问题在于，与前述的道理相似，如果说计划经济体制下特殊的所有制背景可以允许政府单纯强调征税权力的话，那么，到了市场经济的环境中，政府只讲征税的权力、不讲征税之后的义务，不仅不会为纳税人所认同甚至逆反纳税人的心理，而且，在相当程度上，会障碍政府在税收与其支出关系问题上的视线，从而造成政府部门行为扭曲现象的频繁发生，如花钱大手大脚、支出不受监督、忘记公仆身份而以主人自居、误将履行职能视作"恩赐"、以非规范性手段随意添加老百姓的负担等等。其结果，当然会大大抵消我们为营造依法治税社会环境而作出的各种努力。

——对于作为征税人的税务部门来说，在纳税人面前，它们不仅是各项税款的具体征收者，而且是税收法规的宣传者和解释者。税法的宣传和解释，免不了涉及诸如纳税人为什么纳税、政府为什么征税之类的问题。"应尽义务说"的运用，在未能获得纳税人认同的同时，亦障碍了税务部门自己的视线——只看到纳税人尽义务、做奉献，忽略了纳税人纳税之后可以获得的消费公共物品或服务的实质收益。于是，在同纳税人打交道时，总免不了有些理不直，气不壮。甚至执法偏软，对偷漏税的行为打击不力，严管重罚的税收征管机制始终未能真正构建并有效运行起来。

五　出路在于更新税收观念

如果上述的认识基本不错，那么，适时实现税收观念的更新，按照市场经济条件下的税收观念——权利与义务相对称，分别规范纳税人、用税人和征税人的行为，将会对中国依法治税社会环境的营造打下一个良好的基础。

——对照一下西方国家纳税人的行为，便会发现，在他们那里，税收也并不是令人喜欢的字眼。但是，喜欢不喜欢是一回事，是不是依法纳税则是另一回事。常见的情形是：人们一边抱怨骂娘，一边自行报税，甚至不惜花钱雇佣专业人员代行报税。其所以如此，同纳税人具有"等价交换"的市场经济观念，同时亦有一套具有威慑力的严管重罚的税收征管机制，有直接的关系。因此，规范纳税人的行为，可以正面宣传与严管重罚同时并举。一方面，要向纳税人讲清纳税并非纯尽义务之举，而是一种可以获得实质受益的权力与义务的对称统一活动。纳税为的是获得公共物品或服务的消费权，偷漏税则属于坐享其成的"免费搭车"行为。另一方面，要致力于构建严管重罚的税收征管机制。让偷漏税者在付出经济代价的同时，亦有名誉和社会地位的损失，从而在偷漏税面前望而却步，不敢铤而走险。

——相对而言，在我国，规范作为用税人的政府部门的行为，可能是一件既费气力又不那么容易办到的事情。原因在于，中国的封建历史较长，以"普天之下，莫非王土。率土之滨，莫非王臣"为代表的封建传统观念，直到今天，仍在一定程度上束缚着人们的头脑。无论是政府部门本身，还是企业和居民，都尚不习惯于将政府摆到同纳税人平等的地位上去考虑问题。故而，规范政府部门的行为，不仅要以权力与义务相对称的税收观念去进行正面宣传，让各级政府部门懂得其根本的职能或其存在的根本意义，就是向纳税人提供公共物品或服务，纳税人所缴纳的税收则是其从事提供公共物品或服务活动的基本来源。而且，与此同时，要着手进行必要的制度建设，逐步形成纳税人对政府部门行为的监督约束机制，树立政府部门对纳税人负责、为纳税人服务的意识和风尚。

顺便说一句，一旦政府部门的行为和纳税人的缴纳挂起钩来，其积极影响，很可能会超出税收领域本身。因为，当纳税人清楚地知道政府部门的活动经费系由其缴纳的税款汇集起来，并且，这些钱应当用于提供与其切身利益相关的公共物品或服务的时候，肯定会产生将政府部门行为置于纳税人监督约束之下的强烈愿望。当政府官员清楚地知道其所花费的钱来源于纳税人缴纳的税款，并且，这些钱的本来去向是关系纳税人切身利益的公共物品或服务的时候，也会由此产生一种较强的自我约束力量。与此相联系，在纳税人能够确切地知道自己纳税的钱花到什么地方去了，并且，对这些钱的使用能够加以监督约束的情况下，纳税人的纳税意识才会真正得以强化。

——作为征税人的税务部门，在依法治税的过程中，其角色颇像公共汽车上的售票员。一方面，它要对纳税人——乘车人——依法征税，把提供公共物品或服务所需的资金筹措上来。另一方面，它要对偷漏税者——逃票人——依法惩处，不允许"免费搭车"的行为存在下去。所以，规范税务部门的行为，重心应当放在提高税务部门自身素质，增强严格执法的自觉性上。以此为基础，力争把该征的税尽可能如数征上来。

可以认为，税收观念的更新，将是改革以来我国税收领域影响最大、涉及范围最广的一次根本性变革，其意义可能不亚于历次税收制度的改革。可以预见，权利与义务相对称的税收观念得到确立之后，我国依法治税的步伐将大大加快，并将对社会主义市场经济体制的完善产生巨大的推动作用。

主要参考文献

马克思：《哥达纲领批判》，载《马克思恩格斯全集》第 3 卷，第 9—10 页。

马洪：《中国经济事典》，中国社会科学出版社 1982 年版。

高培勇：《进一步完善中国的财政税收制度》，《国际经济评论》1998 年第 9—10 期。

袁力等：《骑车人，明天别忘交税》，《北京青年报》1998 年 2 月 28 日。

张馨：《个人课税：权利义务职责》，《涉外税务》1998 年第 2 期。

（原载《税务研究》1999 年第 2 期）

市场经济体制与公共财政框架[*]

一　中国财政收支实践面临的严峻挑战

几乎从改革开放的那一天起，中国的财政收支便一直处于困难境地。在经济高速增长时期如此，进入经济低迷阶段亦是这样。不仅中央财政的日子难过，地方财政的收支安排也不同程度地捉襟见肘。而且，往前看，如果不在财政收支格局上作出大的调整，这种困难状况恐怕会有增无减，甚至延续至 21 世纪。

比如，财政支出增长的势头居高不下。就全国财政支出论，1979 年为 1281 亿元，1999 年已增加到 14824 亿元（ = 12312 亿元 + 1912 亿元 + 600 亿元）（预算数），20 年间其规模增加了 10.57 倍。由于财政收入未能也不可能同步增长，其结果是，财政赤字连年不断，国债发行规模日益膨胀，已经到了不能不采取有效措施加以适当控制的地步。尽管如此，环顾四周，仍然遍地是财政支出的"欠账"现象，到处有对财政投入不足的抱怨声。

再如，财政收入占 GDP 的比重始终偏低。这个比重数字，1979 年为 31.92%，1999 年已下滑至 13.9%。近两年，由于在税收上采取了一系列堵漏增收措施，财政收入占 GDP 比重下滑的势头有所扭转，但在企业和居民的"费负"未能同步调整、"费大于税"格局基本未变的条件下，又引发了整体负担加重的矛盾。

---

　* 本文系作者在 2000 年 1 月 16 日为中共中央举办的"省部级主要领导干部财税专题研讨班"作专题讲座的讲课稿。

还如，在现时的中国，财政收支不等于政府收支，已经是公认的事实。大量的政府收支游离于预算之外，不仅人为地加剧了财政收支本身运作的困难，而且，使整个政府收支管理陷入无序状态。在市场经济体制日趋完善、依法治国步伐明显加快的现时背景下，政府收支行为的不规范，越来越成为人们关注的焦点。

由此提出的问题是：究竟什么原因造成了财政收支的困难境地？我们还能否找到一条走出财政困境的通道？

对于财政收支的困难，最初我们是把它作为改革的成本来看待的，以为随着改革举措的逐步到位，财政收支的压力将自动趋于减轻。后来，又将其同市场经济联系起来，以为搞市场经济，就会与财政困难相伴。但是，随着时间的推移，研究视界的放宽，我们发现：改革举措的出台和市场经济体制的建立，同财政收支的困难并不具有必然的联系。问题的真正原因，还得从财政运行机制同整体经济环境的关系中去寻找。

看起来，站在宏观的层次上，回过头来看一下这些年来我们在财政运行机制上所走过的历程，是十分必要的。

在计划经济的体制环境中，政府是资源配置的主体。既然是主体，管的事情就多。既然政府要包办社会各项事业，政府的职能范围自然是"大而宽"的。"大而宽"的政府职能范围，决定了作为政府活动综合反映的财政职能范围也是"大而宽"的。国家财政不仅要负责满足从国防安全、行政管理、公安司法到环境保护、文化教育、基础科研、卫生保健等方面的社会公共需要，负责进行能源、交通、通信和江河治理等一系列社会公共基础设施和非竞争性基础产业项目的投资，而且，还要承担为国有企业供应经营性资金、扩大再生产资金以及弥补亏损的责任，甚至要为国有企业所担负的诸如职工住房、医疗服务、子弟学校、幼儿园和其他属于集体福利设施的投资提供补贴，等等。正是由于财政职能范围所带有的事无巨细、包揽一切的特征，我们将计划经济体制下的财政称之为"生产建设财政"。

财政职能范围的"大而宽"在财政支出上的反映，便是规模的"超常"。财政支出规模的"超常"，反过来又要求和规定着政府把几乎所有的社会资源集中到自己手里，形成"超常"水平的财政收入。这在那个时候，并不难办到。那一时期的特殊的财政收入机制，恰好提供了这样一种前提。

马克思曾在《哥达纲领批判》中勾画了社会主义社会的产品分配模式：社会产品在分配给个人消费之前，要进行一系列扣除：第一，用来补偿消耗掉的生产资料的部分；第二，用来扩大再生产的追加部分；第三，用来应付不幸事故、自然灾害等的后备基金或保险基金。剩下的总产品的其他部分是用来作为消费资料的，但在把这部分进行个人分配之前，还得从里面扣除：第一，和生产没有关系的一般管理费用；第二，用来满足共同需要的部分，如学校、保健设施等；第三，为丧失劳动能力的人等设立的基金。若再加上用于国防的费用，经过以上七项扣除之后，其余的部分，才能用于个人消费。[①]

按照这样一种"必要扣除"理论构建起来，并且，与那个时期的计划经济体制环境相适应、以"先扣后分"为特点的财政收入机制，可大致概括如下：

——1953年颁布的《关于实行粮食的计划统购和计划供应的命令》，赋予了政府按相对偏低的垄断价格统一收购和销售农副产品的权力。在对农副产品实行统购统销的条件下，农民剩余的农副产品，只能按照国家规定的相对偏低的价格标准统一卖给国有商业部门。国有商业部门所执行的统购价格同市场价格（影子价格）之间的差额，事实上是对农民所创造的社会产品的分配进行的必要扣除。通过这一渠道，政府不仅掌握了货币流向农民"口袋"的闸门，而且，随着低价的农副产品销往城市，工业的原材料投入成本因此直接降低，城市居民亦因此获得实物福利（生活费用降低）并间接降低了工业的劳务投入成本。

——1956年出台的《国营企业、事业和机关工资等级制度》亦即八级工资制，赋予了政府统一掌管城市职工工资标准、统一组织城市职工工资调配的权力。在八级工资制度下，政府通过压低工资标准，减少升级频率（事实上，从1956—1977年的20年间，我国只进行了三次小幅度、小范围的工资升级工作）的办法，将城市职工的工资水平控制在偏低状态。

[①] 《马克思恩格斯选集》第3卷，第9—10页。

偏低的城市职工工资水平同正常的工资水平（与经济发展水平相匹配或市场工资水平）之间的差额，事实上是对城市职工所创造的社会产品的分配进行的必要扣除。通过这一渠道，政府不仅掌握了货币流向城市职工"口袋"的闸门，而且，随着城市职工工资水平的人为降低，工业的劳务投入成本又一次被降低了。

——在工业的原材料投入成本和劳务投入成本被人为降低了的同时，那一时期的工业品实行计划价格制度。工业品的计划价格又长期偏高于农副产品的统购价格（即所谓工农产品"剪刀差"）。于是，在低成本和高售价的基础上，工业部门获得了高的利润。

——在始自新中国成立初期且几十年未变的财政统收统支管理体制下，国有经济单位（其中主要是国有工业企业）的纯收入，基本上都交由财政集中支配，其本身能够自主支配的财力极其有限。于是，通过财政上的统收，"汇集"在国有经济单位中的高利润便转移到了政府手中，形成了财政收入的主要来源。再加上不占大头儿的来源于税收的那一部分收入，其结果是，整个财政收入水平达到了"超常"状态。

也正是在这样一种特殊的财政收入机制背景下，当时我国的财政收入结构呈现两大特征：一是税利并存，以利为主；二是来自国有经济单位的缴款占大头儿。如在 1978 年，以全国财政收入总额为 100%，来源于国有经济单位上缴的利润和税收分别为 51% 和 35.8%，两者合计 86.8%。

市场化的改革进程，带来了财政收入机制的极大变化。一方面，先后几次较大幅度地提高农副产品收购价格直至基本取消对农副产品的统购统销，在削弱了政府对流向农民"口袋"的货币的控制力的同时，亦增加了工业的原材料投入成本，并因此加大了城市居民的生活费用开支，从而增加了工业的劳务投入成本。另一方面，政府放宽城市职工的工资管理和扩大企业财权，在削弱了政府对流向城市职工"口袋"货币的控制力的同时，城市职工的工资收入相应提高并逐步向市场化的工资标准靠拢，进一步加大了工业的劳务投入成本。随着工业部门利润水平的下降，原有的财政收入机制逐渐被打破甚至不复存在了。财政收入（不包括债务收入）占GDP 的比重大幅度下降。

财政收入机制的变化，客观上要求财政支出规模随之削减。这当然要以相应压缩财政的职能范围为条件。然而，在既得利益格局难以触动和财政支出本身刚性的制约下，财政职能范围的压缩未能引起应有的重视，反而被极力加以维持。加之经济体制改革的各项举措又需要财政增加支出给予支持，加快经济的发展亦需要靠增加财政支出来换取，财政的职能范围事实上又有所扩大，其结果，又导致了财政支出规模的急剧膨胀。

问题不止于此。在各方面的政府支出需求迅猛、规范化的税收渠道不畅、财政部门所能提供的资金存在较大缺口的情况下，多年习惯于以行政命令的办法、非税的方式组织收入的各级政府部门，转而操用非规范性的行政手段去另外找钱。于是，在"创收"的旗号下，各级政府部门开始自立收费项目，介入财政性分配。以收费形式取得的收入，既然被视作非规范性的创收范畴，自然要由各个部门自收自支，放到预算之外。事情一旦走到这一步，国家机器的运转，政府职能的履行，也就越来越离不开非规范性政府收入的支撑，进而成为一件积重难返的事情。

如果上述的认识基本不错，那么，中国财政收支困难的全部症结可能在于：财政运行机制的调整，未能与整体经济体制的变革衔接、配套。进一步的推论也就在于：走出现时财政收支困难境地的希望，在于重构财政运行机制。

二　搞市场经济，就要搞公共财政

重构中国的财政运行机制，首先要确立一个恰当的目标。那么，中国财政运行机制的重构目标，应当是什么？

计划经济体制下的财政运行机制，我们是按照"生产建设财政"的模式来构建的。由计划经济走向市场经济，经济体制环境变化了，财政运行机制显然要按照与市场经济体制相适应的模式去构建。

综观世界上实行市场经济制度国家的财政运行机制，尽管形式各异，侧重点多样，但其基本的模式是相似的。这就是，以满足社会的公共需要为口径界定财政职能范围，并以此构建政府的财政收支体系。这种为满足社会公共需要而构建的政府收支活动模式或财政运行机制模式，在理论上亦被称为"公共财政"。

具体来说，作为一种与市场经济相适应的财政运行机制模式，公共财政的基本特征可归结为如下几个方面：

第一，着眼于满足社会公共需要。

相对于带有事无巨细、包揽一切特征的"生产建设财政"的职能范围而言，公共财政的职能范围是以满足社会公共需要为口径界定的。凡不属于或不能纳入社会公共需要领域的事项，财政就不去介入。凡属于或可以纳入社会公共需要领域的事项，财政就必须涉足。

所谓社会公共需要，是相对于私人个别需要而言的。它指的是社会作为一个整体或以整个社会为单位而提出的需要。相比之下，其突出的特征在于，一是它的整体性。也就是它是由所有社会成员作为一个整体共同提出，或者说大家都需要，而不是由哪一个或哪一些社会成员单独或分别提出。二是它的集中性。也就是它要由整个社会集中执行和组织，而不能由哪一个或哪一些社会成员通过分散的活动来加以满足。三是它的强制性。也就是它只能依托政治权力、动用强制性的手段，而不能依托个人意愿、通过市场交换的行为加以实现。易于看出，社会公共需要实质就是不能通过市场得以满足或者通过市场解决得不能令人满意的需要。据此界定的具有代表性的财政职能事项是：

1. 提供公共物品或服务。公共物品或服务是典型的用于满足社会公共需要的物品或服务。之所以要由政府通过财政手段来提供这类物品或服务，主要是因为：（1）它是向整个社会共同提供，全体社会成员联合消费，共同受益。即它具有效用的非分割性。（2）一个或一些社会成员享受这些物品或服务，并不排斥、妨碍其他社会成员同时享用。即它具有消费的非竞争性。（3）它在技术上没有办法将拒绝为其付款的社会成员排除在受益范围之外。即它具有受益的非排他性。具有如此特点的物品或服务，显然企业不愿也无能力生产，必须由政府担当起提供的责任。社会治安、环境保护、公路修建等，便是这类物品或服务的突出代表。

2. 调节收入分配。一般而言，决定市场经济条件下的居民收入分配状况的因素，一是每个人所能提供的生产要素（如劳动力、资本、土地等）的数量，另一是这些生产要素在市场上所能获得的价格。由于人们所拥有（或继承）的生产要素的差别，人与人之间的收入分配状况往往高低悬殊，客观上需要社会有一种有助于实现公平目标的再分配机制。在市场机制的框架内，又不存在这样的再分配机制。所以，只有借助于非市场方式——政府以财政手段去调节那些由此而形成的居民收入分配上的高低悬殊现象，实现收入公平合理分配的社会目标。

3. 促进经济稳定增长。自发的市场机制并不能自行趋向于经济的稳定增长，相反，由总需求和总供给之间的不协调而导致的经济波动，是经常发生的。为此，需要政府作为市场上的一种经济力量，运用宏观上的经济政策手段有意识地影响、调节经济，保证宏观经济得以稳定、均衡地向前发展。其中，通过不同时期的财政政策的制定和财政实践上的制度性安排，来维系总供给和总需求之间的大致平衡，便是政府所掌握和运用的重要政策手段之一。

可以看出，上述的事项，基本上是限定在满足整个社会的公共需要这一层次的。由此构建起来的财政职能范围格局，相对于计划经济条件下的"大而宽"的财政职能范围来说，是"小而窄"的。这也正是实行市场经济国家的财政运行机制模式大都称之为公共财政的主要原因。

第二，立足于非营利性。

相对于计划经济体制中直接介入竞争性领域的"生产建设财政"而言，在市场经济条件下，政府部门和企业部门所扮演的角色截然不同。企业作为经济行为主体，其行为的动机是利润最大化。它要通过参与市场竞争实现牟利的目标。政府作为社会管理者，其行为的动机不是也不能是取得相应的报偿或盈利，而只能以追求公共利益为己任。其职责只能是通过满足社会公共需要的活动，为市场的有序运转提供必要的制度保证和物质基础。即便有时提供公共物品或服务的活动也会附带产生一定的数额不等的利润，但其基本的出发点或归宿仍然是满足社会公共需要，而不是盈利。若打比方，就是政府只应站在场外充当裁判员——为市场经济主体提供公共服务，而一般不能作为运动员亲自入场，直接参赛。表现在财政收支上，那就是，财政收入的取得，要建立在为满足社会公共需要而筹措资金的基础上。财政支出的安排，要始终以满足社会公共需要为宗旨。政府的财政收支行为，不应也不能带有盈利的色彩。这是因为：

1. 作为社会管理者的政府，拥有相应的政治权力。拥有政治权力的政府，如果直接进入市场参与竞争，追逐盈利，它将很自然地动用政治权力去实现追逐利润的愿望。其结果是，很可能会因权钱交易的出现而干扰或破坏市场的正常运行。

2. 一旦政府出于盈利的目的而作为竞争者进入市场，市场与政府分工的基本规则将会被打乱。由于政企不分，本应着眼于满足社会公共需要的政府行为，很可能异化为追逐私人利润的企业行为。其结果是，政府活动会偏离其追求公共利益的公共性轨道，财政性资金也会因用于牟取利润项目而使社会公共需要的领域出现"缺位"。

3. 只要政府活动超出满足社会公共需要的界限而延伸至竞争性领域，包括财政收支在内的整个政府行为，就免不了对各个经济行为主体的差别待遇。如对自身出资的企业或项目，在财政收支的安排上给予特殊的优惠。而对非自身出资或对自身出资的企业或项目有可能产生竞争的企业或项目，在财政收支的安排上给予特殊的歧视。其结果是，着眼于满足社会公共需要的财政收支活动，会因厚此薄彼而违背市场正常和正当竞争的公正性，甚至给市场经济的有序发展造成障碍。

第三，收支行为规范化。

与计划经济条件下的"生产建设财政"有所不同，公共财政既是以满足社会公共需要为基本着眼点的，它便与全体社会成员的切身利益直接挂上了钩。不仅财政收入要来自于社会成员的缴纳，财政支出要用于向社会成员提供公共物品或服务的事项，就是财政收支出现差额而带来的成本和效益，最终仍要落到社会成员的身上。所以，既然大家的事情大家都有份儿，社会成员对于公共财政的运作便有着强烈的监督意识，从而要求和决定着政府财政收支行为的规范化：

1. 以法制为基础。即是说，财政收入的方式和数量或财政支出的去向和规模必须建立在法制的基础上，不能想收什么就收什么，想收多少就收多少，或者，想怎么花便怎么花。无论哪一种形式、哪一种性质的收入，都必须先立法，后征收。无论哪一类项目、哪一类性质的支出，都必须依据既有的制度来安排。

2. 全部政府收支进预算。政府预算不仅是政府的年度财政收支计划，还是财政收支活动接受立法机关和社会成员监督的重要途径。通过政府预算的编制、审查、执行和决算，可以使政府的收支行为从头到尾置于立法机关和社会成员的监督之下。这即是说，预算的实质是透明度和公开化，并非简单地将政府收支交由哪一个部门管理或列入哪一类表格反映。由此推演，政府的收与支，必须全部置于各级立法机关和全体社会成员的监督之下，不允许有不受监督、游离于预算之外的政府收支。

顺便指出，在实行市场经济体制的国度里，一般不存在所谓"预算外资金"。我国现使用的预算外资金概念，还是新中国成立初期从苏联东欧国家那里引进并从计划经济年代沿袭下来的。即便不作更深一步的考察，也会发现，预算外资金同计划经济密切相关，而与市场经济不相容。就这个意义讲，随着市场化改革的不断深入和市场经济体制的日趋完善，在中国，预算外资金这个概念终究要退出历史舞台。

3. 财税部门总揽政府收支。也就是，所有的政府收支完全归口于财政税务部门管理——从社会成员那里筹措资金，然后，转手供给各个政府职能部门作为活动经费，而不让各个政府职能部门分别向自己的服务或管理对象直接收钱、花钱。不论是税收，还是收费，抑或其他别的什么形式的收入，都要由财政税务部门统一管起来。即便出于工作便利的考虑，把某些特殊形式的收入，如关税、规费交由特定的政府职能部门收取，那至多也是一种在"收支两条线"前提下的"代收"、"代征"。这样做的好处，就是要切断各个政府职能部门的行政、执法同其经费供给之间的直接联系，从根本上铲除"以权牟钱、以权换钱"等腐败行为的土壤。

与此相联系，也是出于上述的基础，财税部门在整个政府部门所担负的经济社会管理工作中处于中枢环节。其突出的表现是：（1）以税收为主体的财政收入是整个政府部门运转的基础和生命线，除此之外，政府部门没有也不允许有其他别的什么收入来源。（2）一年一度的财政预算，事实上规定了整个政府活动的范围、方向和政策重点，为当年的政府活动定了调。（3）财政收支直接深入整个经济社会生活，财政政策是政府部门所掌握的对整个经济社会发展实行宏观调控的主要手段，除了货币政策具有类似的性质之外，其他的任何手段都难以同其并列或像它那样有效、可靠。

对照实行市场经济制度国家的公共财政模式，再来看一下现时我国财政收支实践的困难现状，不难得出下述的结论：瞻前顾后，我们也得走公共财政的道路。看起来，正如社会主义亦有市场，资本主义亦有计划一样，公共财政也并非西方国家的专利品。我们在选择市场经济体制的同时，也就注定了要走公共财政的道路。搞市场经济，就要搞公共财政。这可能是我们经过了十几年的旧式财政运行机制同新型市场经济体制的激烈碰撞之后，终于悟出的真谛所在。

现实的选择只能是：按照市场经济的要求和公共财政的概念，重新界定我国财政的职能范围。在此基础上，重新构建我国的财政运行机制，适时实现由生产建设财政向公共财政的转变。

其实，改革开放以后的这些年来，我们的财政收支格局逐步朝着公共财政的方向迈进。比如，在过去，我们一向把基本建设支出占财政支出的较大比重作为生产建设财政的主要标志，现在，这个比重数字，已经从1979 年的40.4%一路下滑至不足10%（不含用于启动经济、以增发国债来安排的基础设施投资）。与此同时，科教文卫事业支出占财政支出的比重，从1979 年的13.1%稳步提高至目前的20%以上。只不过这些变化，在最初的时候，并非主要出自自觉的行动，而多少带有被迫的色彩或多少属于困境中的无奈选择。现在要做的事情是，变困境中的被迫选择为有目标的自觉行动，把公共财政框架的构建纳入议事日程，使中国财政运行机制真正走上公共财政的道路。不这样，中国的财政就没有出路。不如此，社会主义市场经济体制也就不可能真正建立起来。

正是基于上述的考虑，1998 年末的全国财政工作会议提出了构建公共财政基本框架的目标。将现实的问题放到特定的历史背景下来观察，可以看出，公共财政基本框架的提出，既是对中国财政改革和发展目标的明确定位，也寄托着我们走出持续了多年的财政困境的热切希望。

三　积极而稳妥地构建中国的公共财政框架

然而，认识到走公共财政道路的必然性只是问题的一个方面，更重要的问题还在于，我们不仅要善于从规律的层面上思考问题，还要善于找到过河的船和桥：在当前的中国，怎样才能构建起与社会主义市场经济体制相适应的公共财政框架？

　　应当看到，构建公共财政框架是一项难度非常大的改革。之所以说它难，是因为它牵涉沿袭多年的既得利益格局。大凡带来既得利益格局调整的改革举措，历来都要遇到相当大的阻力。但难度大，并不意味着没有实施这项改革的有利条件：

　　中国的改革已经进入攻坚阶段，在市场化的道路上已经取得了长足的进步。财政运行机制的调整早晚要做，绕不过去。而且，早调整比晚调整更有利。这已在某种程度上成为人们的共识。此其一。

　　经过二十多年的改革，人们越来越习惯于以市场为参照物来思考问题，人们对于各项改革举措的出台已经具备了相当的承受力。于是，许多在过去我们连想都不敢想的事，现在不仅敢想，而且做到了。此其二。

　　构建公共财政框架的工作，我们并非从头做起或推倒重来。且不说有实行公共财政模式国家的经验可以借鉴，单就我国的情况而论，前面说过，这些年来，我们的财政收支格局已经有所变化，已有的许多改革举措符合公共财政模式的基本要求并打下了构建公共财政框架的初步基础。此其三。

　　问题的关键是，围绕构建公共财政框架而采取的政策措施，既要积极——保证顺利出台和实施效果，又要稳妥——尽可能化解阻力，换取理解和支持。

　　比较现实和可行的思路是：

　　第一，澄清概念，统一认识。

　　也就是要围绕公共财政框架做一些宣传工作，从而实现认识上的统一。对于不少人来讲，公共财政还是一个比较新的概念。接触的时间既短，理解上也就存在着一些偏差。所以，目前很有必要澄清几个方面的认识：

　　其一，公共财政不等于吃饭财政。将公共财政简单等同于吃饭财政或理解为财政要从建设领域完全退出，是目前比较流行的一种说法。然而，环顾一下身边的世界，就会发现，若以净资本形成为标准，世界上根本不存在无建设性支出的财政。相反，各种基础设施和公用设施，历来都是公共物品或服务的代表，通常都要纳入社会公共需要的范围，或由政府直接出资兴办，或在政府出资占大头儿的基础上吸收部分民间资金由政府和民间共同兴办。这就是说，公共财政并非不搞建设。同过去相比，有所变化的，只是建设性支出的安排要始终以满足社会公共需要为出发点和归宿。我们需要调整的，是将那些不属于或不可纳入社会公共需要领域的建设性支出项目，逐步从财政支出的范围内退出去。从而保证那些属于或可纳入社会公共需要领域的建设性支出项目的资金供给。

其二，公共财政并不意味着不搞甚或取消国有经济。有关公共财政的另一种比较流行的说法是，公共财政就是不再投资兴办国有企业。其实，同建设性支出的性质相似，财政对国有企业的投资，从根本上说来，也是满足社会公共需要的途径之一。各国的经验表明，在公共财政的框架内，政府既可以通过直接的公务活动来提供公共物品或服务，也可以通过投资于国有企业的途径来提供公共物品或服务。这就是说，公共财政同样要安排有对国有经济的投资。同生产建设财政相比，有所不同的，在于投资国有经济的出发点和归宿要始终立足于满足社会公共需要。我们需要调整的是，逐步使国有经济从与满足社会公共需要无关或可以交由市场解决的竞争性领域退出去。从而，保证那些旨在提供公共物品或服务或与提供公共物品或服务密切相关的国有经济的资金供给。

其三，社会公共需要并没有一个固定的模式。把社会公共需要的内容看作一成不变的，甚至机械地列举哪些项目是社会公共需要，哪些项目就不是社会公共需要，也是目前围绕公共财政产生的一种误解。从理论上讲来，社会公共需要可以分作三个不同的层次，不同社会公共需要的性质有所不同：一是政府保证履行其职能的需要，诸如国防、外交、司法、公安、行政管理以及基础教育、卫生保健、基础科研和环境保护等。二是介乎社会公共需要和私人个别需要之间在性质上难以严格区分、常常要由政府部门给以满足的一些需要。如高等教育、社会保障、价格补贴等。三是大型基础设施和公共设施，甚至包括基础产业，如邮政、电信、民航、铁路电力等，由于耗资规模巨大，私人无力承担，又在经济发展中处于举足轻重的地位，其中许多需要也是由政府部门给以满足。

易于看出，除了第一层次的社会公共需要属于典型的公共需要、具有相对固定的性质之外，其余两个层次的社会公共需要（甚至包括第一层次的某些需要）则是不断变化的，在不同时期、不同国情背景下有不同的表现。比如，按照古典学派的说法，宏观调控、收入分配就不属于社会公共需要之列。而到了凯恩斯主义时代，在现代经济条件下，它们便成了社会公共需要的不可或缺的内容了。再比如，支持国有企业改革支出，甚至包括支持处于竞争性领域的国有企业改革支出，从财政应当逐步退出竞争性领域的角度看，它们不应属于社会公共需要。但是，换一个角度而站在中国现时国情背景的立场上，这些企业的改革与发展事关整个经济社会的稳定发展，它们便属于必不可少的社会公共需要内容而必须加以满足了。所以，对于社会公共需要以及由此界定的公共财政支出范围，不能机械地去理解，而应置于特定的历史背景下用发展变化的眼光来看待。

第二，从规范政府职能入手，科学地界定财政职能范围，消除"越位"与"缺位"。

财政支出的实质，说到底，是政府活动的成本。能否界定好财政的职能范围，关键要看政府的职能究竟能否规范化。所以，构建公共财政框架的重心，要放在规范政府职能上。

规范政府职能的标准，当然是"满足社会公共需要"或"纠正市场失灵"。按照"满足社会公共需要"这个标准，对现存的政府职能事项逐一鉴别、筛选，可以达到两个互为关联的目的：一是消除"越位"——政府管了不该管的、不属于社会公共需要领域的事。二是消除"缺位"——政府该管的、本属于社会公共需要领域的事没有管好。

就目前的情况看，可以纳入"越位"之列的事项不少。比如，竞争性领域的投资。竞争性活动是典型的市场活动，按照"市场能干的，就交给市场"的原则，财政无论如何要从竞争性领域退出去。虽然这需要有一个过程，但是，除非视作一种社会公共需要，否则，财政不应再在竞争性领域投资办企业。再如，应用性研究。它与基础性研究的性质不同，后者属于公共物品或服务范畴，其成果为社会所共享，不能作为商品出售，财政理应给予支持，负担全部经费。前者的成果可以直接运用于生产和生活，在专利制度下可以作为商品出售，研究费用既可以由此得到补偿，还可获得相应盈利，财政就不应负担或不应全部负担其经费。还如，一般性文艺团体。它们的经营收入，同样可以弥补成本和盈利，应当实行企业化管理，财政不应提供经费。又如，弥补国有企业亏损（特别是弥补竞争性领域的国有企业亏损）以及给予一般加工工业的投资补贴，从发展的角度看，它们绝对不是社会公共需要领域的事项，财政必须逐步退出去，如此等等。

可以视为"缺位"的事项也有许多。比如，社会保障。在实行市场经济制度的国家中，社会保障作为一种社会公共需要颇受各国政府重视，财政在社会保障方面的支出历来不是一个小数。随着我国市场经济进程的逐步加快，社会保障体系欠缺对于改革的制约作用，已经越来越突出地显露出来。所以，财政应当加大这方面的投入，将社会保障体系的建立和运作作为一项重要的职能。又如，调节收入分配。从计划经济走向市场经济，政府不再拥有直接调节收入分配的工具，而只能使用间接手段，财政恰恰具有可作为间接调节收入分配手段的有利条件。但在这个方面，财政几乎一直没有多少作为。从社会公共需要的角度看，财政的确应当将其纳入职能范围。再如，科学教育事业。无论从其给全社会带来的经济效益或社会效益来看，科学教育事业都属于社会公共需要领域。相对于世界各国的平均水平而言，我国对科学教育事业的财政投入历来不足，欠账很多。到今天，我们连 1993 年《中国教育改革和发展纲要》所制定的"财政性教育经费支出占 GNP 的比例本世纪末达到 4%"的目标都实现不了。甚至，同这个目标的距离还在进一步拉大之中。事情一旦走到这一步，增加对科学教育事业的投入，实际上已经势在必行。除此之外，诸如宏观调控、环境保护、维护市场秩序等都是市场本身所不能解决的问题，都属于社会公共需要领域，财政在过去给予的注意也存在着明显的不足。

从"越位"的领域退出并补足"缺位"的事项之后，我们便可纠正因"越位"和"缺位"而带来的政府职能"错位"现象，科学地界定财政的职能范围，从而实现向市场经济所要求的"小而窄"的财政职能范围格局的转变。

第三，以支定收，界定财政收支的适度规模。

在规范政府职能进而科学界定财政职能的基础上，作为政府活动的成本的财政支出的适度规模也就可相应界定。按照市场经济—社会公共需要—政府职能—财政职能—财政支出—财政收入的线索，便可随之把财政收入的适度规模界定好。这一基本思路，可以简单地概括为"以支定收"。

财政收入适度规模的界定，意味着对整个财政收入规模要有一个通盘的考虑。不论是税收，还是收费，抑或其他别的什么形式的财政收入，都要纳入这个统一的盘子内，从总体上加以安排。否则，企业和居民的负担就没有止境，财政收入占GDP的比重也就难以真正到位。

为此，当前亟待抓好两件事情：一是进一步完善税制。完善税制的着眼点，在于堵漏，把该收的税尽可能如数收上来。这项工作意义重大，因为，如果把改革前以低价统购农副产品和城市职工低工资制为条件的财政收入机制称之为"暗税"，那么，随着改革后"暗税"制度的打破，其留下的"空缺"，是应当也必须依靠"明税"制度——以公开的形式征税——的完善去"填补"的。只有税收制度完善了，各方面的税收流失漏洞堵住了，规范化的财政收入机制才会形成并正常运作起来。二是尽快实施"费改税"。对于"费改税"，不能仅仅从"费税关系"的层面上去理解，而应将其视作规范政府收入行为及其机制的一项重大改革举措。只有将着眼点放在规范政府收入行为及其机制上，通过"费改税"将各种非规范性的政府收入转变为规范性的政府收入，并且，将"费改税"同税收制度的调整结合起来，才能从根本上解决"费挤税"、"乱收费"以及企业和居民的负担重等问题。进一步说，只有坚持一手抓完善税制，一手抓"费改税"，并从宏观层次上通盘考虑政府的收入水平，财政收入占GDP偏低的问题才能最终得到解决。

第四，实行预算改革，建立完整统一的公共预算。

前面说过，以满足社会公共需要为着眼点的公共财政，带有明显的"公共性"特征。其一举一动，都要牵涉广大人民群众的切身利益，同全体社会成员的切身利益息息相关。因此，实行公共财政，在建立公共财政框架的过程中，人民群众对政府财政收支的监督意识会逐步增强。不仅会要求财政收支的运作纳入法制化的轨道，而且会要求财政收支决策的科学化，甚至对财政资金使用的效率都会提出相应的要求。然而，无须多说，所有这一切，都要建立在全部政府收支纳入预算的基础上。只有全部政府收支纳入预算了，政府有一个完整统一的预算了，人民代表大会以及广大人民群众才能谈得上对政府收支的监督。否则，如果人民代表大会审议的预算、广大人民群众从新闻媒体上见到的预算，只是政府收支的一部分，还有相当的部分游离于预算之外，这种审议或监督的实际意义就要打一个很大的问号了。可以肯定的一点是，随着我国市场经济体制的完善和依法治国进程的加快，一部分政府收支游离于预算之外的状况，绝不会继续下去。

所以，从现在起，应当把建立完整统一的公共预算作为一项重要的改革议程。以着眼于规范政府收入行为及其机制的"费改税"为契机，尽快取消制度外政府收支，逐步将预算外政府收支纳入预算内管理。在此基础上，形成一个覆盖政府所有收支、不存在任何游离于预算之外的政府收支项目的完整统一的公共预算。

如果说 1994 年的财税体制改革已经为我们搭起了社会主义市场经济体制下财政运行机制的基本框架，并且，这一框架的主要着眼点在于收入一方的话，那么，公共财政框架的构建，将是对 1994 年财税体制改革的进一步完善，并且，其主要的着眼点在于支出一方。可以预计，这项改革逐步到位之后，与社会主义市场经济体制相适应的财政运行机制将初步建立起来。

（原载《税务研究》2000 年第 3 期；财政部办公厅、
国家税务总局办公厅：《建立稳固、平衡、强大的国家财政
——省部级主要领导干部财税专题研讨会讲话汇编》，
人民出版社 2000 年版）

纳税人·征税人·用税人

一

　　不论具体的表述方法怎样，依法治税，从来都是每年一度的税法宣传月乃至整个税收工作的主线或灵魂。回过头来看一下我们这些年围绕依法治税所做的种种努力，可以注意到一个基本的倾向。那就是，工作的着力点始终放在纳税人——企业和居民及征税人——税务机关两个行为主体身上，而对作为各项税款的最终使用者并且对税制格局及其运行具有重大影响的各级政府部门，关注不多。若用一句形象而简单的话来概括，那就是，依法治税工作的着力点尚未完全"到位"。

　　由于工作着力点不到位，在许多场合，我们所谈论的依法治税，主要着眼于规范税收征纳双方的行为。比如，作为"征税人"的税务机关，应当依据税法把该征的税如数征上来；作为"纳税人"的企业和居民，应当依据税法把该缴的税如数缴上来。于是，依法治税的社会环境，也就在相当程度上被理解为围绕征税、纳税而形成的征纳双方之间的关系。进而，与依法治税有关的诸方面事项，亦被相应归入税务机关和企业、居民的职责范围。

　　然而，脱出征纳的局限而站在宏观的高度思考问题，从而抽象出税收的一般内容，便会发现，在征纳现象的背后，各有关行为主体围绕税收而形成的实质关系是：企业和居民"交钱"，税务机关"收钱"，各级政府部门"用钱"。政府部门与企业和居民是两极，税务部门则是连接两极的桥梁或纽带。循着"企业和居民→税务机关→政府部门"这一关系链而追踪税收运行的全过程，我们看到了各级政府部门在依法治税工作的关键地位和决定作用。

如果将作为一个整体的政府部门的行为同税务机关的行为相区别，从而赋予它一个专门的名称——"用税人"，从而对与税收有关的各个行为主体分别加以考察，那么，纳税人、征税人和用税人便是"三位一体"的关系。三者之间，相辅相成，互为条件，彼此依存。其中，用税人处于矛盾的主要方面。具体来讲，纳税人能否依法纳税，征税人能否依法征税，在相当程度上，取决于用税人能否有效用税。如果纳税人看到自己缴纳的税款被用到不该用的地方去了，或者，在使用过程中"打水漂"了，纳税人的纳税行为肯定会因此而扭曲。相应的，征税人的征税工作也肯定会因此而受阻。

这就是说，用税人的用税观念和用税行为，不仅对纳税人的纳税观念和纳税行为，而且对征税人的征税观念和征税行为，都有着重大影响。纳税人的纳税观念的确立和纳税行为的规范以及征税人的征税观念的确立和征税行为的规范，必须伴随以用税人的用税观念的确立及其用税行为的规范。忽略了用税人这个主体，不谈用税人的观念和行为，孤立地去讲纳税人或征税人的责任和义务，不仅纳税人和征税人的行为难以规范，而且，更为重要的是，我们所期望的依法治税的社会环境，亦难以真正营造起来。

二

进一步看，依法治税工作的着力点之所以尚未完全"到位"，其根本的原因，还在于我们对市场经济与计划经济的环境差别重视不够，思考问题的立足点始终带有计划经济的体制色彩。比如，迄今为止，我们对于政府为什么要征税的阐释，其基本的说法，一是政府有履行职能的需要，另一便是政府有征税的权力。当说到人们为什么要纳税时，答案又是"依法纳税是每个公民应尽的光荣义务"。至于政府为什么有这样的需要或权力，公民为什么有这样的义务，或是说得不多，或是从社会产品或 GDP 的分配和再分配过程出发，对政府参与分配的必要性作比较抽象的解释。无须多说，这些年的实践已经一再告诉我们，由于它同现实生活存在一定的距离，如此的解释难以深入人心。

由此想到笔者经常使用的一个例子。一位美国朋友家养的猫爬到房顶上，自己下不来了。焦急中，他打电话向警察局求助。警察特意跑来，搬梯子上房，帮他把猫抱了下来。当笔者为此感到奇怪，问他为什么警察可以管这种事时？他不假思索地反问道："为什么不可以？他们花的是我们纳税人的钱！"

笔者最近在英国见到了另一个相关现象，可以作为上述例子的补充。英国人聊天时经常抱怨东西贵。一旦问他为什么商品价格如此高时，他便会说到税多。紧接着，又会提到英国人从政府那里享受的福利多。什么许多人要靠政府发的救济过日子了，生的孩子多可以领取政府补贴了，政府不得不征收高额的税收了，等等。

在美国人和英国人的心目中，"政府—税收"以及"价格—税收—福利"之间的关系线索如此之清晰，说明税收已经融入于人们的现实生活。或者，税收已经同人们的现实生活挂上了钩。

要让税收融入现实生活，要让税收同现实生活挂上钩，最根本的途径，无非是将税收置于现实生活的背景下，把各有关行为主体放到现实生活的坐标图上，从税收同各有关行为主体的关系中，定义税收，解释税收。在发达的西方国家是这样，在发展中的中国亦是如此。

那么，我们的现实生活背景是什么？从规范分析的意义上讲，既然我们已经选择了社会主义市场经济体制作为改革的目标，既然我们已经在市场化的道路上取得了长足的进步并且仍在朝着这个方向迈进，以市场经济——而不是以计划经济——来定位我们的体制背景，恐怕是唯一的选择。

看起来，我们不仅要将用税人的行为纳入视野，而且，还要将税收置于市场经济体制的背景下，对纳税人、征税人和用税人加以定位。在此基础上，分别规范纳税人、征税人和用税人的行为。

三

市场经济通行的准则是权利与义务相对称。讲到某人负有什么义务，

同时便意味着他拥有怎样的权利。说到某人拥有什么权利，同时也意味着
他负有怎样的义务。在税收的问题上，自然也不例外。

日常生活中，人们所需要消费的物品或服务，可以分作两类。一类是
由个人或家庭分别消费、单独受益的一般物品或服务，如食品、衣物、家
具，等等；另一类是由社会作为整体共同消费、联合受益的特殊物品或服
务，如社会治安、环境保护、能源交通，等等。两类物品或服务同等重
要，均不可或缺。但是，两类物品或服务的供给渠道有所不同。前一类物
品或服务，在理论上被称作"私人物品或服务"，可以由企业生产并拿到
市场上出售，人们可以"直接"用钱从市场上买到；后一类物品或服务，
在理论上被称作"公共物品或服务"，企业不愿也无能力生产，只能依赖
政府以非市场的方式来提供。并且，政府提供的公共物品或服务不是"免
费的午餐"，人们要通过纳税的方式"间接"购买。

从某种意义上讲，在市场经济条件下，政府实质是一个特殊的产业部
门——生产或提供公共物品或服务。广大的企业和居民，则是公共物品或
服务的消费者。借用通常用于描述私人物品或服务的术语，透过复杂的税
收征纳现象，我们看到的图景是：公共物品或服务的生产与消费，公共物
品或服务的购买与销售。纳税人——企业和居民——之所以要纳税，就在
于换取公共物品或服务的消费权。用税人——政府部门——之所以要用
税，就在于向社会提供公共物品或服务。征税人——税务机关——之所以
要征税，就在于为用税人筹措提供公共物品或服务的资金来源。

只要纳税人依法缴纳了税收，便因此享有了向政府部门索取公共物品
或服务的权利。只要政府部门依法取得了税收，便因此负起了向纳税人提
供公共物品或服务的义务。纳税人所消费的公共物品或服务，来源于政府
部门提供公共物品或服务的活动。政府部门用于提供公共物品或服务的资
金，又来源于纳税人所缴纳的税收。在这里，纳税人的纳税义务与其纳税
之后所拥有的消费公共物品或服务的权利，是一种对称关系。政府的征
（用）税权力与其征（用）税之后所负有的提供公共物品或服务的义务，
也是一种对称关系。因此，围绕税收而形成的各有关行为主体之间的关
系，均表现为"权利与义务的对称"。

四

注意到纳税人、征税人和用税人之间的这种对称关系，可以得到如下认识：在当前的中国，依法治税工作的推进和依法治税社会环境的营造，有赖于纳税人、征税人和用税人观念的确立及其行为的规范。

企业和居民应当有"纳税人观念"——他（她）们向税务机关缴纳的钱是税收。（1）税收是每一个企业和居民消费公共物品或服务所必须付出的代价。正如到饭店吃饭要埋单，到商店买东西要付款一样，为公共物品或服务而纳税并非尽义务之举。（2）任何的偷逃税，都如同坐享其成的无票乘车或偷人钱财行为。（3）与此相联系，任何社会成员的偷逃税行为，都意味着其他社会成员所能享受的公共物品或服务的数量因此而减少，或者，质量因此而降低。因而，偷逃税现象的出现和蔓延，关系到每一个社会成员的切身利益。对于任何的偷逃税行为，每一个纳税人都有制止或纠正的权力。（4）政府部门的活动经费系由纳税人缴纳的税款汇集起来，并且，这些钱应当用于同其切身利益相关的公共物品或服务上。对于政府部门使用税款的活动，纳税人有监督的权力和必要。所以，作为纳税人的企业和居民，既要依法履行好缴纳税收的义务，又要充分地运用好消费公共物品或服务的权利。

政府部门应当有"用税人观念"——他（她）们所使用、所花费的钱是税收。（1）税收来源于企业和居民本已实现的收入，凝结着广大人民群众的血汗。（2）企业和居民之所以要向政府纳税，就在于政府提供公共物品或服务。必须慎重地安排、使用好每一分钱，把所有的钱都用到关系纳税人切身利益的公共物品或服务上。（3）政府部门提供公共物品或服务的活动，有接受"出资人"——纳税人——监督的义务和必要。税款的安排与使用过程，应当也必须置于各级人民代表大会和广大人民群众的监督之下。（4）税收是政府部门运转的基础和生命线。离开了税收的缴纳，或者，税收的征收工作受阻，提供公共物品或服务的活动，便会成为"无米之炊"或"缺米之炊"。各级政府部门应当像关心、重视自己的"口粮"——经费来源——一样，关心、重视税务机关依法征税的工作。所以，作为用税人的政府部门，既要有效地履行好提供公共物品或服务的义务，又要依法运用好维护税法权威、保证税款如数及时到位的权力。

税务机关应当有"征税人观念"——他（她）们向企业和居民征收的钱是税收。（1）税收是政府部门提供公共物品或服务的资金来源。各项税款能否如数及时到位，关系到各项政府职能的履行和国家机器的运转以及整个经济社会的稳定发展。（2）税收是公共物品或服务的消费者必须支付的代价。纳税人不仅是各项税款的交纳者，同时是各项公共物品或服务的受益者。（3）严格执法，依法征税，事关全体社会成员的切身利益。既一分钱不能少收——关系到政府所能提供的公共物品或服务的数量和质量，亦一分钱不能多收——关系到企业和居民可支配收入或可消费物品或服务的多寡。（4）征税人的角色，颇像公共汽车上的售票员。既须对纳税人——乘车者——依法征税，把提供公共物品或服务所需的钱筹措上来。又须对偷逃税者——逃票人——依法惩处，不允许无票乘车的现象存在或蔓延下去。所以，作为征税人的税务机关，既要切实履行好加强征管、堵塞漏洞从而把该征的税尽可能如数征上来的义务，又要依法运用好征税的权力，保证执法的公正性和严肃性。

（原载《光明日报》2000 年 9 月 26 日）

"量入为出"与"以支定收"

——结合当前财政收入增长态势的讨论

一 问题的提出:政府究竟需要多少钱?

近一个时期,中国财政收入所呈现的增长态势,颇为引人关注。来自财政部门的一项统计结果表明,2000 年 1—9 月份,全国财政收入(不含债务收入)累计为 9560.56 亿元,比上年同期增加 1649.31 亿元,增长率达 20.8%。将如此强劲的增长速度同 8% 左右的同期 GDP 增长率联系起来,并考虑到整个"九五"期间可能不低于 17% 的财政收入年均增长率(国家统计局,2000)①,可以认为,当前中国的财政收入已经处于"超常"增长区间。

对于财政收入超常增长现象的解释,有几个方面的说法颇具代表性:一是国际国内经济形势出现转机,投资、消费、出口三大需求由低迷趋于旺盛,为财政收入的增长奠定了基础;二是各级财政税务部门狠抓收入征管,堵塞税收漏洞,加之国家严厉打击走私和海关加强监管,使得财政收入相应增加;三是 1999 年同期财政收入基数(特别是主要税种收入基数)较低,反映在 2000 年的收入上增长速度便较快,如此等等。

无论出于哪一个原因或者哪几个因素的综合作用,我们看到了一个企盼多年亦为之奋斗了多年的结果:随着财政收入"潜能"的逐步释放以及名义税率同实际税率之间距离的日益拉近,财政收入占 GDP 的比重在不

---

① 这些年的财政收入增长率分别为:1996 年 18.7%,1997 年 16.8%,1998 年 14.2%,1999 年 15.9%(参见《中国统计年鉴 2000》,中国统计出版社 2000 年版)。

断地提升。继 1996—1999 年间分别升至 10.9%、11.6%、12.6% 和 14.0% 之后，到 2000 年末，这一比重数字可望达到甚或超过 15.0%。

但是，财政收入占 GDP 比重的提升，带给我们的并非只是欣喜。与此同时，在中国经济运行机制中潜伏多年的一种隐忧，亦随之显现出来：现时中国的财政收入不等于政府收入。除了规范性的财政收入之外，可以纳入政府收入系列的，还有预算外收入和各种制度外收入。如果将规范性和非规范性的政府收入相加，并以此为口径来计算政府收入占 GDP 的比重，那么，根据 1996 年的推算数字，当时政府收入在 GDP 中的占比，即为 30% 左右（高培勇，1997）。正因为如此，朱镕基总理才将政府的收入格局描绘为"费大于税"，并将"费改税"列入了新一届政府的改革议程。显而易见，在"费改税"始终未能迈出实质性步伐、非规范性政府收入一直未有伤筋动骨变化的条件下，规范性的财政收入占 GDP 比重的持续提升，其结果，只能使 GDP 分配天平上的砝码，越来越向政府一方倾斜。或者，只会使企业和居民所承受的来自政府部门的总体负担因此而加重。

尽管因非规范性政府收入的渠道较乱，我们很难得到有关它的精确统计数字，而只能根据典型调查加以推算，但是，一旦我们正视这种现实并分析由此带来的种种效应，一个表面看似简单、实则意义深刻的问题自然要进入视野：照着目前这样的趋势走下去，政府的收入规模还有没有一个量限？或者，企业和居民的负担还有没有一个止境？上述问题又可以作进一步的归纳：政府究竟需要多少钱？

二　"量入为出"的困惑

从根本上说来，政府所需要的收入的量同其所需要的支出的量，是密切联系在一起的。多少年来，每当论及财政收支的安排或其间关系的处理，便会陷入一种习惯性思维——"量入为出"，即根据财政收入的大小安排财政支出的规模。循着从收入到支出的思路，有多少收入便安排多少支出，能取得多少收入就安排多少支出，不仅在理论研究中被反复套用，而且，在一定意义上被提升到规律的层面，成为指导财政收支安排实践的一般原则。所以，在过去的年代，相对而言，我们通常首先关心的是政府可以取得多少钱，而不大问政府究竟需要多少钱。似乎只要财政收入的量确定了，财政支出的量就可自然而然地随之确定下来。

作为一种传统的财政观（或称理财观），"量入为出"的贯彻虽然并非总是一帆风顺，但在计划经济的体制环境中，确有其生存和运转的土壤。笔者曾在不少场合论及，在那个时候，政府是资源配置的主体。凭借着一系列经济社会制度——如农副产品统购统销、八级工资制、工业品计划价格制度和财政统收统支制度——的支持，它可以集政府和企业于一身，把几乎所有的社会资源集中到自己手里（高培勇，2000）。既然政府部门能够统筹安排整个的社会资源，那么，作为其中的一个组成部分，属于财政份额领域的收入和支出，也就应当且可以实行"量入为出"。因此，尽管那一时期的某些年份多多少少也会存在一些财政赤字，不过，大致说来，我们还是能够本着"量入为出"的财政观安排财政收支的。

市场化的改革进程，打破了原有的资源配置机制。随着市场在资源配置中的基础作用越来越大，我们发现，"量入为出"同现实生活之间出现了诸多的不和谐之处。在有些场合，甚至出现了激烈的碰撞。

比如，我们最初遇到的窘况是，政府不再能掌管整个的社会资源了，其可以从 GDP 分配中获得的财政收入的量，便同它本已存在或它所需花费的财政支出的量拉开了距离。如果固守"量入为出"，而让支出随收入的锐减相应萎缩，那么，国家机器的运转和政府职能的履行，都会因此陷于困境之中。况且，除了极少的例外，政府支出历来又是不断增长的。让呈膨胀之势的支出在收入的下降面前止升回降，无异于不切实际的幻想。出于无奈或困境中的被迫选择，只得将思路调转过来——根据支出的需要去取得收入。于是，政府部门在资源配置问题上的着眼点，越来越倾向于能够从 GDP 中拿到多大的财政份额，从而支撑起呈膨胀之势的政府支出的需要。

再如，按照"量入为出"原则，应当有多少收入就安排多少支出，不应当或起码在主观上不安排赤字性支出。但是，摆在我们面前的事实是，不仅宏观经济政策有时需要赤字性支出的支持，而且，政府部门本身的扩张支出冲动也常常逼迫财政作出支出大于收入的安排。其结果，财政赤字与我们相伴的年份远远大于财政平衡或盈余的年份，甚至基本没有什么财政平衡或盈余的年份。

又如,"量入为出"的一个本意,是以收入约束支出。但是,由"量入为出"又引出了一句潜台词,能取得多少收入就安排多少支出。由于政府部门往往喜欢多支出并拥有相应的政治权力,我们正在面临这样一个事实:收入非但未能成为约束支出的因素,反而诱使政府部门出于扩张支出的需要而动用政治权力增加收入。正是在这样的背景下,不惜动用非规范性的手段去"额外找钱"的现象出现了,规范性收入占 GDP 比重的持续下降和非规范性收入占 GDP 比重的持续上升同时并存的事情发生了,国际罕见的"费大于税"的政府收入格局也形成了。

问题还有复杂之处。随着"量入为出"走向了它的反面——"量出为入",由政府收支行为及其机制的不规范所引发的矛盾接踵而来。一方面,由于政府部门究竟应当维持一个怎样的支出规模始终未有一个清晰的答案,这些年来,各级政府部门的支出规模均带有不同程度的随意性。另一方面,无论是出于追求政绩还是为老百姓多做实事或者其他别的什么考虑,政府部门总是倾向于多花钱、多支出。有欠规范性的支出决策机制同政府部门扩大支出规模的偏好结合在一起,肯定要导致政府支出规模的急剧膨胀。按照如此的支出需要,超出规范性财政收入制度的界限并动用政治权力去向企业和居民收钱,则无疑要不断加重老百姓的负担,从而陷入一种恶性循环:支出膨胀→收入增加→支出再膨胀→收入再增加。沿着这样的循环走下来,最终的结果就是"不堪重负,民怨沸腾"。在市场经济体制日趋完善、依法治国步伐明显加快的现实背景下,政府收支行为及其机制的不规范,越来越成为可能引发或激化各种社会矛盾的导火索。

三 "以支定收"的财政观

事情一旦走到这一步,我们对于"量入为出"同现实生活之间的矛盾的思考,便不能不深入一层:在市场经济体制的环境中,究竟应当本着怎样的财政观来安排政府的财政收支?

其实,这并不是一个十分复杂或多么深奥的问题。循着政府为什么要花钱又为什么要收钱的线索去追根寻源,可以看到,财政支出的实质,说到底，是政府活动的成本。或者说，是政府履行职能的代价。在市场经济体制的环境中，之所以需要有政府的活动，之所以需要政府履行它的职能，其全部原因就在于，现实社会存在着不能通过市场得以满足或者通过市场解决得不能令人满意的人类需要——社会公共需要。要满足社会公共需要，就需要政府提供所谓的公共物品或服务。要提供公共物品或服务，政府就需要花钱。政府要花钱，就需要向消费公共物品或服务的社会成员收钱。很明显，这一支一收之间的联系纽带，应当且只能是社会公共需要，而不是其他别的什么东西；这一支一收之间的数量界限，应当且只能是满足社会公共需要，而不是其他别的什么标准。

将这个道理加以引申，我们可以得到如下的关系链：市场经济→社会公共需要→政府职能→财政支出→财政收入。这就是说，在市场经济体制的环境中，应当首先按照社会公共需要把政府的职能界定好。政府的职能界定清楚了，作为政府活动成本的财政支出的规模也就可相应界定下来。以此为基础，便可随之界定弥补财政支出之需的财政收入的规模。这一处理财政收支关系的基本思路，可以简单地概括为"以支定收"。

易于看出，"以支定收"并非是"量入为出"的简单倒置——"量出为入"。"以支定收"中的"支"，系指按照社会公共需要标准科学地界定了政府职能之后，并且，纳入立法机关和社会成员监督视野的规范性的支出，而非根据政府部门本身的偏好或由政府部门自身确定的随意性的支出。"以支定收"中的"收"，系指按照规范性的政府支出需要，并且，通过财政收入制度严格界定了的规范性的收入，而非由政府部门自身随意把握或可跨越财政收入制度的规范性和非规范性并存的收入。按照这样的财政观安排的财政收支，显然可控制在"适度"的水平上——既可满足政府履行其职能的需要，又不至于超出企业和居民可容忍的界限。

从上面的讨论中，似可悟出这样一个道理：随着计划经济向市场经济体制的转变，政府部门已经由资源配置的主体退居为资源配置的"配角"。只要政府部门不再掌管整个的社会资源了，"量入为出"便在相当程度上失去了其操作的可能和意义。只要政府部门循着"拾遗补缺"的思路、以满足社会公共需要为口径界定其职能了，"以支定收"——根据支出来决定收入——自然要替代"量入为出"，作为处理财政收支关系的一般原则。

显而易见，"以支定收"是一种植根于市场经济体制环境并且与市场经济体制环境相适应的财政观。

四　结论与启示

将"以支定收"的财政观应用于当前财政收入的增长态势以及与此相关问题的判断，我们可以看到不少过去所看不到或者看得不那么清楚的东西。

第一，关于"两个比重"。

这些年来，"两个比重"几乎是财政经济领域使用频率最高、使用范围最广的一个特殊概念。每当提到财政困难的现象，我们总要说起财政收入占 GDP 的比重偏低或中央财政收入占全国财政收入的比重偏低。每当探讨摆脱或走出财政困难的途径，我们又总要论及提高财政收入占 GDP 的比重或提高中央财政收入占全国财政收入的比重。"两个比重"，似乎涵盖了中国财政困难问题的全部内容，成为压在人们心头的一块重石。

然而，深究一下"两个比重"各自应当达到怎样的水平才算适当，就会发现，人们的认识并不那么一致。比如，就前一个比重而言，有说 25% 为宜的，也有认定至少要 30% 的。当说到后一个比重的时候，有人坚持 60% 左右，亦有人主张 70% 上下。至于为什么是 25% 或 30%（而不是 24%、26% 或 29%、31%），或者，为什么是 60% 或 70%（而不能是 50%、55% 或 65%、75%），说法的差异就更大了。有从中国历史经验的角度寻求解释的，有以西方国家的状况为参照系的，还有拿发展中国家的数字做样板的。认识或说法既不能得到明晰论证，也就不能为人们所广泛认同。况且，在不同的国情背景下和不同的经济发展阶段，政府所需要的收入的量也会有一定的甚或较大的差距。将不能得到广泛认同和差异性颇大的数字勉强拿来，作为现时中国确定"两个比重"的依据所在，甚至将其作为奋斗的目标加以追求，所带来的结果当然是财政收支之间的不匹配：或者取得的收入量赶不上政府履行职能的实际支出量，或者按照取得的收入量安排的实际支出量又大于政府履行职能的需要量。

看起来，拘泥于从收入到支出的传统思路，不问支出规模是否适当，一味地追求提升"两个比重"，无论如何不是一条可行的路径。迄今为止，我们之所以在振兴财政或重建财政的道路上步履维艰，同我们始终没有找到一个界定政府收支的适当标准和处理财政收支关系的适当思路，恐怕有直接的关系。所以，如果我们的确需要以"两个比重"作为界定财政收入以及中央财政收入适当规模的依据，那么，现实的选择只能是，从支出入手，由支出到收入，在严格界定了的支出和收入的基础上界定"两个比重"：按照作为一个整体的政府职能范围，界定政府支出规模并由此界定收入规模，从而界定财政收入究竟应占 GDP 的多大比重；按照作为政府的一个级次的中央政府的职能范围，界定中央政府支出规模并由此界定其收入规模，从而界定中央财政收入究竟应占全国财政收入的多大比重。

第二，关于当前财政收入超常增长的利与弊。

前面已经提到，相对于政府履行职能的支出需要量来讲，改革以来中国的财政收入规模始终处于严重"缺位"状态。中国财政收支的困难甚至政府收支行为及其机制的不规范，在相当程度上都是由此而引发的。就此而言，当前财政收入的超常增长带有"恢复性"增长的意义。它对于缓解持续多年的财政困难以及启动期待已久的各项改革举措，从而构建起与市场经济体制相适应的财政运行机制，的确是一件好事情。

但是，在作出上述判断的同时，亦需注意到如下两种可能：其一，中国当前的财政收入只是政府收入的一部分。规范性的财政收入增加了，过去因"填补"规范性财政收入"缺位"而先后登台的各种非规范性政府收入必须相应减下来。否则，整个的政府收入规模，很可能出现不适当的增长。其二，各级政府部门历来倾向于多支出。规范性的财政收入的增加，若不能伴随以非规范性政府收入的减少，很可能会因此弱化收入对政府部门扩大支出偏好的约束，甚至会进一步刺激整个政府支出规模的扩张。

令人不无忧虑的是，在当前的中国，上述的"可能"已经处于走向"现实"的过程中。如果不能按照"以支定收"的思路很好地解决这个问题，由财政收入的增加带给我们的好事情，完全有可能演化为坏事情。为了化弊为利或除弊兴利，眼下亟待做好下述几项工作：

一是抓紧财政收入相对宽裕的有利契机，全面启动"费改税"的改革。关于"费改税"的意义，我们已经讨论了一段不算短的时间，笔者没有更多的话要讲（参见高培勇，1999）。只是想在此强调指出，我们在过去之所以能够容忍规范性的财政收入规模大幅度减少以至长期"缺位"，是以相应的非规范性政府收入能够作为弥补政府支出缺口的补充来源为前提的。再进一步，酝酿已久的"费改税"的改革之所以始终没有迈出实质性步伐，非规范性政府收入之所以至今未有伤筋动骨的变化，一个很重要的原因就是，规范性财政收入留给我们的活动"空间"太小，从而难以摆脱对非规范性政府收入的依赖。所以，在规范性财政收入的增长相应弱化了我们对非规范性政府收入的依赖之际，便应当是我们全面启动"费改税"的改革之时。

二是将"费改税"同税制改革结合起来，通盘考虑整个政府收入的规模。从根本上说来，不论是税收，还是收费，抑或其他别的什么形式的政府收入，都是政府为履行其职能而向企业和居民取得的收入，也都是政府要以规范性的手段或形式来取得的收入。在它们之间，只有形式上的差别，没有本质的不同。所以，不能仅仅从"费税关系"的层面上去理解"费改税"，而应将其视作规范政府收入行为及其机制的一项重大改革举措。对于"费改税"和税制改革，必须从总体上加以安排。不能各唱各的调，各念各的经。并且，要将它们纳入统一的财政收入的盘子内，仔细地算一算政府收入占 GDP 比重的宏观账。既不能只算税收账，不记收费账，也不能税收和收费各算各的账。

三是立即着手非规范性政府收支的调整，将其纳入规范化管理的轨道。无论是"费改税"本身的启动，还是"费改税"和税制改革的联动，其最终的着眼点，都在于将非规范性的政府收支转变为规范性的政府收支，实现政府收支行为及其机制的规范化。只有在这个基础上，政府的收支口径才能统一，我们才可能比较清楚地界定政府收支的适当规模。否则，在规范性和非规范性的政府收支同时并存的情况下，我们怎能说清政府究竟需要多少钱？又究竟收了多少钱？或者，政府收支的适当规模究竟应当界定在怎样的水平上？所以，从现在起，要把规范政府收支行为及其机制作为改革的一个重要目标加以追求。尽快取消制度外政府收支，逐步将预算外政府收支纳入预算内管理，从而形成一个覆盖政府所有收支、不存在任何游离于预算之外的政府收支项目的完整统一的财政预算。顺便说一句，到了那个时候，我们也就不再需要如此费劲或反复地区分什么财政收支和政府收支的概念了。

第三，关于公共财政框架的构建。

作为一种与市场经济体制相适应的财政运行机制模式，公共财政框架的构建已经摆上议事日程，成为中国财政改革与发展的目标所在。但是，必须看到的是，公共财政绝不仅仅是对以往生产建设财政支出结构的简单调整，而是以全新的思路或理念对传统财政运行机制进行的脱胎换骨式的变革。

那么，公共财政框架的构建思路或理念究竟新在何处？其实，笔者在前面的讨论中已经多少涉及了这个问题。公共财政有别于生产建设财政的根本标志，就在于，它以满足社会的公共需要为口径界定政府的财政职能范围，并以此构建政府的财政收支体系。从市场经济→社会公共需要→政府职能→财政支出→财政收入的关系链，就是构建公共财政框架的基本线索。所以说，"以支定收"实质是公共财政框架的灵魂。

由此立刻可以得到如下几个层面的启示：

满足社会公共需要——而不是其他别的什么方面的需要，是政府的职能范围。所以，构建公共财政框架的重心，是以满足社会公共需要为口径重新规范政府的职能，从而解决好"政府究竟需要干什么事"的问题。应当明确这样一种理念，市场经济条件下的政府是一个特殊的产业部门。它的任务或职能，就是提供与满足社会公共需要有关的公共物品或服务。与社会公共需要无关或不属于社会公共需要领域的事项，无论我们主观上认为有多么重要，也不能纳入政府的职能范围。这些年来，困扰我们的乱收费或负担重的问题之所以解决不了，一个根本的原因，还是政府的职能未能按照社会公共需要的口径加以规范①。这实际上告诉我们，不解决好

---

① 认真看一下各级政府部门特别是基层政府部门的现状，一个村，支书、副支书、村长、副村长、会计、出纳、治安主任、妇联主任，少则五六人，多则十几人；一个乡镇，少则四百人，多则五六百人；一个县，用成千上万来形容，一点儿也不过分（中国税务杂志社，2000）。暂且不问这些人所从事的活动是否确实属于满足社会公共需要的性质，或者，这些人所从事的活动是否确实需要那么多的人，仅就如此多的人所需要的开销而论，不管动用什么形式，最终的归宿，只能是企业和居民。

"政府究竟需要干什么事"的问题，公共财政的框架是无论如何构建不起来的。此其启示之一。

政府为满足社会公共需要而从事的活动——而不是其他别的什么方面的活动，是公共财政要保障的资金供给范围。所以，构建公共财政框架的核心问题，是以政府从事的提供公共物品或服务的活动为取舍重新界定财政支出的适当规模，从而解决好"政府究竟需要多少钱"的问题。为此，应当强调这样一种意识，财政上的钱只能投向社会公共需要领域。同社会公共需要无关或不属于社会公共需要领域的事项，无论我们主观上认为有多么重要，也不能纳入财政资金的供给范围。这些年来，政府支出之所以增长势头居高不下，我们为控制政府支出而付出的各种努力之所以收效不大，一个很关键的原因，就是政府的支出未能有效纳入提供公共物品或服务的轨道。政府手中的钱用到了许多不该由政府出资的事项或领域，而这些钱又同许多人或部门的既得利益捆在了一起。这也提醒我们，不解决好"政府究竟需要多少钱"的问题，也就谈不到什么公共财政框架的构建。此其启示之二。

政府从事满足社会公共需要的活动所花费的钱——而不是其他别的什么方面的钱，是公共财政可以取得或分配的资源范围。所以，构建公共财政框架的另一个核心问题，是以政府从事的提供公共物品或服务的活动成本为准绳相应界定财政收入的适当规模，从而解决好"政府究竟可以取得多少钱"的问题。应当严守这样一种信条，财政收入的量，无论是绝对量还是相对量，只能同作为政府提供公共物品或服务活动的必要成本的财政支出的量相联系：既不能超出支出的需要量而盲目增收，又不能不顾支出的需要而随意减收。这些年来，政府的收入水平之所以界定不清，政府的收入行为及其机制之所以处于扭曲状态，一个很重要的原因，就是政府收入规模的参照系多元化，未能走上根据支出的适当规模界定收入规模的轨道。这亦警示我们，不解决好"政府究竟可以取得多少钱"的问题，公共财政框架的构建也就失掉了其题中之义。此其启示之三。

上述的讨论可以归结为一点：客观的经济现实已经向我们提出了这样的要求，换一种思路，站在市场经济的立场上和现实国情的背景下，不失时机地把"以支定收"的财政观确立下来，并以此作为解释或解决财政经济领域一系列问题的一条重要线索。

主要参考文献

《中国统计年鉴2000》，中国统计出版社2000年版。

高培勇：《市场经济条件下的中国税收与税制》，《人民日报》1997年5月10日。

高培勇：《市场经济体制与公共财政框架》，《税务研究》2000年第3期。

高培勇主编：《"费改税"：经济学界如是说》，经济科学出版社1999年版。

中国税务杂志社：《交完了税费还怎么生活》，《税收特供信息》2000年第31期。

（原载《财贸经济》2001年第3期；《新华文摘》2001年第6期）

规范政府行为:解决中国当前收入分配问题的关键

一 值得关注的居民收入分配差距

中国当前的居民收入分配差距,越来越值得我们给予更多的关注。各方面的统计指标,已经从不同的角度向我们揭示了这一问题的严峻性(袁志刚、乔延清,2001):

——基尼系数。按照可比口径测算,农村内部居民收入的基尼系数,由 1978 年的 0.21 上升到 1999 年的 0.36,21 年间上升了 60%,即 15 个百分点;城镇内部居民收入的基尼系数,由 1978 年的 0.16 上升到 1995 年的 0.295,17 年间上升了 84%,即 13.5 个百分点。全国居民个人可支配收入的基尼系数,由 1979 年的 0.33 上升到 1995 年的 0.445 和 2000 年的 0.458(孙立平,2001),21 年间上升了 45%,即 12.8 个百分点。已经超过国际公认的 0.4 的警戒线。

——城乡收入差距。1999 年,全国城镇居民人均可支配收入 5854 元人民币,农村居民人均纯收入 2210 元人民币,前者是后者的 2.65 倍。若再加上城镇居民享受的各种补贴和福利,城乡居民的实际收入差距会更大。

——地区收入差距。1999 年,排在首位的上海城镇居民和排在末位的山西城镇居民可支配收入分别为 10931.64 元和 4362.61 元人民币。两者相差 6569.03 元人民币,其比值为 2.52:1。与此同时,排在首位的上海农村居民和排在末位的山西农村居民人均纯收入分别为 5409.11 元和 309.46 元人民币。两者相差 5099.65 元人民币,其比值为 4.13:1。

——行业收入差距。1999 年,工资最高的行业与工资最低的行业相比，职工平均工资的比值为 2.17∶1。而且，工资最高和最低的行业发生了很大变化，分配开始向科学技术含量高的行业和新兴产业倾斜。

——不同所有制单位收入差距。1999 年，国有、城镇集体和其他经济单位职工的平均工资之比为 1.50∶1∶1.70。

——高低收入阶层差距。按居民人均收入由低到高排队，1999 年，10% 的最高收入者的人均可支配收入与 10% 的最低收入者的人均可支配收入差距为 4.62 倍。

尽管这些有关收入分配差距的数字的真实性尚需论证，同其他国家相比，中国当前的收入分配差距也有许多特殊的背景。但无论如何，收入分配差距正在逐步地拉大，已经到了非采取措施加以矫正不可的地步，却是一个不争的事实。

二　差距究竟是如何产生的？

然而，透过上述的统计数字并追溯一下改革以来居民收入差距的演变历程，便会发现，中国收入分配领域存在的种种矛盾，几乎都同政府部门的行为不规范直接有关。有些矛盾，在相当程度上，本身就是政府部门非规范性行为的产物。

在我们的记忆中，收入分配差距的产生及其拉大，大约是从改革的那一天开始的。在此之前，虽然不能说没有收入分配差距，但那个时候的收入分配差距主要表现为城乡之间的差距。总体说来，在一系列国民收入初次分配和再分配制度安排下，城镇居民内部或农村居民内部的收入差距不大。即使少许的一些差距，亦多半是因工龄的长短、工种的差别或所种养农副产品品种的不同而致。

那么，计划经济体制下的中国国民收入分配机制及其作用，是怎样一种情形呢（高培勇，2000）？

先看农村。1953 年，政府颁布了《关于实行粮食的计划统购和计划供应的命令》，赋予了政府按相对偏低的垄断价格统一收购和销售农副产品的权力。在对农副产品实行统购统销的条件下，农民剩余的农副产品，只能按照国家规定的相对偏低的价格标准统一卖给国有商业部门。由此，政府达到了两个互为关联的目的：一是牢牢地控制住了货币流向农民家庭"口袋"的闸门。那个时候，农民获取货币收入的主要渠道，就是剩余农副产品的销售。只要把农民对于农副产品的销售渠道管住了，把农民出售农副产品的价格掌握在手中了，农民每年能够获得多少货币收入，其手中又有多少货币收入，政府是可以心中有数的，也是可以牢牢地控制住的。另一是通过农副产品的低价收购，政府又为在城市压低城市职工的工资标准，进而在工业部门汇集起高额的利润打下了相应的基础。那个时候，城市居民购买农副产品的几乎唯一的渠道，就是国有商业部门。由于城市居民能够以低价购买到农副产品，其生活费用便降低了，从而城市职工的工资水平亦即工业部门的劳务投入成本也被间接降低了。

再看城市。1956 年第二次工资制度改革之际，政府出台了《国营企业、事业和机关工资等级制度》亦即八级工资制，赋予了政府统一掌管城市职工工资标准、统一组织城市职工工资调配的权力。在八级工资制度下，不仅城市职工被区分为若干类别，每一类都由政府规定了相应的工资级别和标准，而且，什么时候涨工资、涨多少工资，也是由政府说了算的。由此，政府亦达到了两个互为关联的目的：一是牢牢控制住了货币流向城市居民家庭"口袋"的闸门。那个时候，城市职工获取货币收入的唯一渠道，就是工资。正如在农村的效果一样，只要把城市职工的工资渠道管住了，把城市职工的工资调配权垄断了，城市职工每年能够获得多少货币收入，其手中又有多少货币收入，政府是可以心中有数的，也是可以牢牢控制住的。另一是通过压低工资标准，减少升级频率（马洪，1982）[①]的办法，政府又人为地降低了城市职工的工资水平，从而奠定了低工资制的格局。随着城市职工工资水平的人为降低，工业部门的劳务投入成本又一次被降低了。

在工业的原材料投入成本和劳务投入成本被人为降低的同时，那一时期的工业品实行计划价格制度。计划部门是按照偏高于农副产品收购价格的水平给工业品定价的。这种当时称之为"工农产品剪刀差"的格局，在计划经济条件下长期延续，没有发生大的变化。于是，在低成本和高售价

[①]　事实上，1956—1977 年的 20 年间，我国只进行了三次小幅度、小范围的工资升级工作。

的基础上,工业部门获得了高的利润。

在始自新中国成立初期且几十年未变的财政统收统支管理体制下,国有经济单位(其中主要是国有工业企业)的纯收入,基本上都交由财政集中支配,其本身能够自主支配的财力极其有限。于是,通过财政上的统收,"汇集"在国有经济单位中的高利润便转移到了政府手中,形成了财政收入的主要来源。

有了上述几个基本经济制度的支撑,政府事实上已经为有效调节居民收入分配打造了良好的基础:

——在国民收入的初次分配层面,政府拥有了一套可直接对城乡居民收入实施有效调节的手段。手中有了直接控制农民和城市职工收入分配的强有力的"权",政府便可分别在农村和城市,进而在全国范围内有效地调节居民收入分配状况。

——在国民收入的再分配层面,政府拥有了一大笔可对城乡居民收入实施再分配、进行第二次调节的资源。手中有了经过多个环节和渠道汇集起来并转移到政府手中的比较充裕的"钱",政府便可利用转移支付对贫困地区和弱势群体实行有效的救济和援助。

处在如此的背景下,政府自然可以按照当时的经济社会政策将居民收入分配控制在比较理想的"公平"状态,居民收入的分配状况也自然可以尽在政府的掌握之中。

这样一种国民收入分配机制在改革之后发生了变化。

我们的改革是从农村开始的。始自70年代末的农村的改革,除了实行联产承包责任制之外,另一个重要的内容就是提高农副产品的收购价格。随着农副产品收购价格的数度提高,农民出售给国有商业部门的农副产品价格同其市场价格(影子价格)之间的距离缩小了。后来,又废除了农副产品的统购统销制度,农民出售农副产品的渠道市场化了,其价格同市场价格"合二为一"了。这时,便出现了两个问题:其一,政府失掉了对货币流向农民家庭"口袋"闸门的控制权。农民每年能够获得多少收入,其手中又握有多少收入,在相当程度上取决于市场而不是取决于政府了。其二,城市居民不再能以低价购买到农副产品,生活费用上涨,工业部门的劳务投入成本也因此上升了。政府将高额利润汇集到国有工业部门的基础动摇了。

80 年代初，改革的重点转向城市。城市的改革主要是两个内容，一是扩大企业自主权，其中主要是扩大财权。另一是给企业减税让利。在手中拥有了可自主支配的"权"并且呈上升势头的"钱"之后，企业的一个本能反应，就是给职工增加工资。先是制度外的各种奖金、补贴增加了，继而制度内的工资也增加了。再到后来，随着增加工资奖金的浪潮扩展至行政事业单位，八级工资制名存实亡了。这时，政府既失掉了对货币流向城市职工家庭"口袋"闸门的控制权，又失掉了在城市地区实行低工资制的凭借。

至于工业品的计划价格制度和财政统收统支体制，亦随着市场化的改革进程而相继退出了历史舞台。工业部门不再能获得高的利润了，政府也不再能通过国有工业部门的途径获得比较充裕的财政收入了。

事情一旦走到这一步，在国民收入的初次分配层面，政府事实上已经失掉了实施调节的手段和基础；在再分配层面，政府事实上也失掉了实施调节的资源。既没有了可用于调节的"权"，又缺少了可用于调节的"钱"，政府当然不再能像过去那样有效地控制国民收入分配的流程，居民收入的分配状况便不再能像过去那样掌握在政府手中了。

如果随着旧的调节机制的离去，新的调节机制能够建立起来并替代旧的机制发挥作用，国民收入的分配格局还不至于完全处于失控状态。但是，可能是基于提高效率或其他别的方面的考虑，在当时的背景下，政府实际上选择了容忍不平等程度增加，并且，寄希望于通过由此换得的经济增长自动解决不平等问题的政策（王绍光，2001）。其典型的做法就是，允许或默认各个人、各单位（部门）和各地区自行"创收"，自己解决自身的收入问题。于是，作为看似奇特、实则必然的经济现象，在中国这块土地上，逐渐形成了一种可称之为"各顾各"——带有"八仙过海、各显神通"特色的收入分配机制。

"各顾各"在个人身上的体现，便是拥有不同人力资本含量和不同劳动生产率的个人，分别按照个人贡献的大小获得报酬。并且，拥有不同经济资源和不同政治资源的个人，分别凭借各自的优势或特权聚敛财富。人与人之间在人力资本含量和劳动生产率的差异，使得一部分人先富起来的同时，亦拉开了个人间的收入差距。从改革初期的价格"双轨制"①到90年代大规模瓜分国有资产②进入更为实质性的阶段，以及腐败现象的进一步普遍化，一部分人牟取了大量的"不义之财"，开始并加剧了财富向少数人或社会群体积聚的势头。

"各顾各"延伸至单位（部门）那里，其表现，便是各自动用经济的或行政的手段介入分配。如果是企事业单位，处于垄断行业的，便会在极力维持垄断地位的同时，把其所获垄断租金的一部分以各种不同形式分配给其职工。未处在垄断地位的，则会通过各种合法和非法甚或"打擦边球"的途径，尽可能多地攫取收入并将其所获收入的一部分分配给其职工。倘若是政府机关，则便是权力的滥用。或者向其管理或服务对象搞摊派、搞集资，或者向其管理或服务对象乱收费、乱罚款。由此获得的收入，当然成了为其职工分发奖金、福利的财源基础。于是，伴随着各个单位（部门）围绕抢占收入分配制高点而展开的竞赛，不同单位（部门）职工之间的收入分配差距由此形成并拉大了。

"各顾各"波及各个地区，地方保护主义、地区封锁、"跑部向钱"等有违市场经济发展规律的现象便盛行起来。再加上使城乡劳动力市场人为分割开来的城乡户籍制度和对农村的税费制度，既进一步拉大了不同地区之间经济发展水平的差距，也人为地强化了不平等的竞争环境，使得不同地区之间特别是城乡之间的居民收入水平差距悬殊。

几乎是与此同时，中国的分配理念也悄悄发生了变革。传统的、在人们头脑中根深蒂固的"按劳分配"原则，尽管并没有在党和政府的文件中被抹去，但实践中已不再居于支配地位。取而代之的是从西方社会传入的"按要素分配"原则。然而，按要素分配毕竟不同于按劳分配。其最根本的特点在于，参与分配、有资格获得生产成果分配权的不止是劳动。除此之外，起码还有资本（资金）、土地和企业家才能三个生产要素。一旦除

---

　　①　例如，作为80年代中期"官倒"的延伸而在80年代末90年代初形成的所谓"价差、汇差、利差、税差"，实际上成了一部分人在生产资料、金融和房地产市场进行倒买倒卖活动中牟取财富的实现形式。

　　②　90年代，特别是90年代中后期以后出现的所谓"圈地运动"和随着企业改制的名义"滞后"实际"暗箱推进"而出现的瓜分国有资产现象，便是两个突出的例子。

劳动之外的其他生产要素加入分配过程，那么，无论在城镇还是农村，居民收入的分配状况便取决于每个人所拥有的生产要素数量的多与少及其价格的高与低。这就是说，由于人们所拥有（或继承）的生产要素的差别，按要素分配原则决定的收入分配状况，肯定高低悬殊。而且，差距越来越大。

一方面是"各顾各"——带有"八仙过海、各显神通"特色的收入分配机制形成并在国民收入分配中发挥作用，另一方面是"按要素分配"取代传统的"按劳分配"而成为居支配地位的分配原则，处于如此环境中的居民收入分配，怎么能不产生悬殊的差距？

再进一步，在处于转轨过程中的政府部门始终没有找到切实有效的调节措施去应对新的国民收入分配局面的条件下，居民收入分配的差距又怎么能不被日益地拉大？

三　当前居民收入分配差距的三个特点

从这些年来中国居民收入分配差距产生并拉大的历程的回顾中，可以看出，中国当前的居民收入分配差距具有三个明显的特点：

其一，当前的居民收入分配差距是在政府分配政策的导向下产生并拉大的。

从改革之初一直到 90 年代末期，中国政府所实行的有关收入分配问题的政策，实际上是定位在"放任"或"容忍"基调之上的。先是"允许一部分人先富起来，以先富带后富"，后来，又提出了"效率优先，兼顾公平"。其基本的出发点，无非是以收入分配的差距来换取较快的经济增长，从经济的增长当中自动缓和收入分配的不平等。根据这样一种政策行事的各级政府，在长达 20 多年的时间里，几乎没有在调节收入分配差距方面有任何实质性的作为。而是眼睁睁地看着差距一天天拉大，唯恐走上平均主义的老路。就此而论，中国当前的居民收入分配差距，从其产生到逐渐拉大，都是一个有意识的人为设计的结果。

随着时间的推移，特别是到了 90 年代末，事实已经开始表明，经济增长本身并不能自动解决不平等问题，相反，收入分配差距的拉大会妨碍市场化改革和未来经济的长期增长（王绍光，2001）。这时，尽管政府已经被迫调整原来的政策导向，而采取了一些旨在缓和收入分配差距的措施，但是，一方面，这些措施，面对行驶了20多年的带有拉大收入分配差距之势的惯性颇强的列车，显得极其力不从心；另一方面，有着实行了20多年的"放任"或"容忍"政策历史的政府部门，亦不可能一下子掉转方向，而须有一个心理和行为的调整期。所以，居民收入分配差距的进一步拉大，便在所难免了。

其二，当前的居民收入分配差距是在政府"角色"扭曲的过程中产生并拉大的。

如果将政府比喻为"家长"的话，那么，计划经济年代的政府便是一位"名副其实"的家长。它可以集政府和企业于一身，把几乎所有的社会资源集中到自己手中，在全社会范围内通盘考虑、统筹安排整个资源的配置状况。因此，在那个时候，作为家长的政府部门，心中盘算、谋划的是全体社会成员的日子。政府行为的立脚点或出发点，无论在理论上还是实践上，都是能够覆盖包括城乡居民和企事业单位在内的所有社会成员利益的。

当旧的资源配置格局被打破，新的以市场为基础的资源配置格局逐步凸显，政府取得的财政收入占GDP比重日益下降的趋势形成之后，也许是"角色"上的物极必反所致，在不少场合和不少地区或不少特定背景下，政府部门行为的立脚点或出发点，开始转向追求本单位、本部门或本地区利益的轨道上来了。这些年来，可以经常见到的一个景象是，在许多政府部门那里，站在全局的立场上和从宏观的层面上考虑问题的人少了，心中盘算、谋划本单位、本部门或本地区的"小日子"的人多了。甚至，在"各顾各"的收入分配机制作用下，为数不少的政府部门行为，已经偏离了公共利益的轨道，而异化成了集追求公共利益和自身利益于一身的混合体。

正是由于政府的"角色"被扭曲了，居民收入分配差距产生并拉大的现象自然很难被顾及到，调节居民收入差距的事项当然亦很难被提上议事日程，须以割舍本单位、本部门既得利益（如行业垄断、地区封锁以及非规范性收费）为代价但对解决分配不公问题有实效的改革举措，更是很难获得通过或被采纳。

其三，当前的居民收入分配差距是在体制转轨时期的"制度真空"状态下产生并拉大的。

前面已经看到，在计划经济的体制环境中，无论是国民收入的初次分配和再分配层面，我们都曾有过一套非常有效的可对居民收入分配差距实施调节的机制。这套机制随着市场化的改革进程逐渐削弱了，不复存在了。与市场经济相适应的新的规范化的收入分配机制，又始终没有真正建立起来。由此形成的"制度真空"——缺乏甚或没有相应的制度规范，在相当程度上使得中国的收入分配陷于"失控"境地。

说得具体一点，当前中国居民收入分配领域的不平等，在国民收入的初次分配层面，主要表现为"分配不公"。在再分配层面的表现，主要是"差距过大"。其实，"分配不公"也好，"差距过大"也罢，都是"制度真空"的必然产物。比如，"分配不公"，主要指的是由机会不均等产生的非正常收入差别。而机会之所以会不均等，显然是由于市场经济秩序不完善以及政府动用行政权力对企业和个人的经济活动滥加干预和管制造成的。"差距过大"，主要指的是收入分配差距超过了社会所能认可的程度。这显然又是由于既有制度框架中的再分配机制"缺位"以及政府始终未找到切实有效的调节措施造成的。

有关收入分配的运行既然是缺乏甚或没有章法的，涉及收入分配的秩序既然是极为混乱的，包括城乡收入差别、地区收入差别、行业收入差别、不同所有制单位收入差别和高低收入者阶层收入差别在内的各种居民收入差别的产生和拉大，也就不足为奇了。

四 几点结论

关于收入分配问题的思想进程至此，似乎应当对本文的讨论作出一些结论。

1. 收入分配差距，作为市场经济体制的必然产物，显然要与我们长期相伴了。但是，如果说适度的收入分配差距有利于促进竞争、提高效率的话，过大的差距，则会带来诸如贫困、社会冲突、低收入者得不到发展与改善自己处境的机会等一系列后果。搞不好，还会引发社会动荡，妨碍整个经济社会的稳定发展。事实上，我们当前所遇到的许多矛盾，都同收入分配差距的过大有直接关系。甚至，有些矛盾，本身就是收入分配差距过大的直接结果。所以，我们在继续坚持效率优先的同时，必须注重公平。把公平作为一个十分重要的政策目标，全力加以追求。

2. 解决中国当前的收入分配问题既难，又不难。说其难，是因为，它要牵涉各方面既得利益格局的调整，特别是政府部门既得利益格局的调整。古今中外，举凡牵涉既得利益格局调整的事项，历来都是十分困难的。在中国这样一个有着几千年封建历史，并且，政府部门对于整个经济社会的运行拥有极大权力的国度，要调整政府部门的既得利益格局，其可能遇到的困难程度，便更是可想而知了。说其不难，是因为，它无须走出多远，在政府自己的家门内，即可完成相当的工作。更何况，我们的政府是在共产党领导下的、始终以广大人民群众的根本利益为最高利益的政府。为了求得国家的长治久安，为了实现整个经济社会的稳定发展，主动地割舍一些个人的、单位（部门）的、地区的既得利益，无论从哪个方面讲，都是一件必须去做、应当去做也不用花太多的气力即可做好的事情。

3. 以规范政府行为为主要线索解决中国当前的收入分配问题，其主要的方面，在于如下三条：调整政策、端正角色和健全制度。所谓调整政策，就是变"放任"或"容忍"为积极的介入国民收入的初次分配与再分配。尽快动用一切可以动用的政策手段，将收入分配差距控制在社会所能认可的范围内；所谓端正角色，就是坚持以社会公共利益的极大化为政府部门的唯一行为动机。立即采取所有可以采取的措施，剥离掺杂于政府部门行为中的自身利益因素，使其行为真正走上与其角色相符的轨道；所谓健全制度，就是建立、完善与市场经济相适应的收入分配机制。迅速施行各种可以施行的方案，全面清除体制漏洞，规范市场经济分配秩序，铲除行政权力对资源配置的过度干预。以此为基础，重建中国的国民收入再分配机制。

4. 解决中国当前的收入分配问题，当然要启用一系列的再分配手段，但不宜对再分配机制期望过高。相对而言，打造初次分配的公平基础更为重要，解决初次分配层面的"分配不公"更加迫切。这不仅是由于导致中国当前居民收入分配差距过大的主要原因，在于初次分配层面的"分配不公"，而且，更重要的考虑在于，我们所追求的社会主义市场经济条件下的公平，是竞争机会的公平，是效率基础上的公平，而绝不是竞争结果的平等。只有将"分配不公"的问题解决好了，将初次分配的秩序规范化了，再分配层面的各种调节手段才能乘势而上，"差距过大"的状况也才有可能切实得以缓解。

5. 在市场经济的框架内，财政税收天然地具有调节收入分配的各种有利条件。政府既可通过税收大规模地介入 GDP 的分配过程，如征收累进的所得税、高额的消费税，把高收入者的一部分收入集中到政府手中。政府也可通过转移支付将从高收入者那里征集的收入，再分配给那些需要救济的低收入者。在当前的中国，充分地利用财政税收手段，深入地挖掘财政税收"潜能"，是在再分配层面解决收入差距问题的一条极好的通道。就这个意义讲，财政税务部门责无旁贷，财政税收政策任重道远。

主要参考文献

袁志刚、乔延清：《中国居民收入差距问题研究与政策建议》，《专家通讯》2001 年第 10 期。

马洪：《中国经济事典》，中国社会科学出版社 1982 年版。

孙立平：《两极分化：市场与权力的双动力》，《改革内参》2001 年第 19 期。

高培勇：《市场经济体制与公共财政框架》，《税务研究》2000 年第 3 期。

王绍光：《收入不平等的政治影响》，《改革内参》2001 年第 18 期。

（原载《财贸经济》2002 年第 1 期；《新华文摘》2002 年第 4 期）

税收的宏观视野

——关于当前若干重大税收问题的分析

这些年来，笔者围绕税收问题，特别是中国的税收问题，作了不少思考，也写了一些东西。当回过头来将这些思考和随之写就的东西放到一起重新加以梳理和斟酌时，笔者发现，它们大多是从宏观的层面上入手的。并且，基本上是在某一特定的背景下，就某一个特殊问题或从某一特殊问题的某一侧面来展开的。由此想到一项始终未了、但当前似乎颇具紧迫性的工作：能否以此为基础，由局部推进到全局，按照一以贯之的思路，形成一个比较完整的理论分析框架？若可行的话，又能否将这样的框架应用于当前若干重大税收问题的分析，从而得出某些判断或启示？

上述的两点考虑，构成了本文的出发点和归宿。

一

1.1　所谓税收的宏观视野，无非是将税收放到整个经济社会发展的大背景下或大棋盘上，从税收同其他相关要素的彼此联系和相互作用中，恰当地给税收"定位"。让税收扮演好其所应扮演的角色，担负好其所应担负的职责，发挥好其所应发挥的作用。换句话讲，就是税收的角色、职责和作用要"到位"——把该管的事情管好。既不能"缺位"——该管的事情没有管好，也不能"越位"——管了不该管的事情。

1.2　研究税收问题，不仅要从微观角度，也要从宏观角度，这是历史与现实一再向我们揭示的道理。许多曾经在微观层面看得不那么清楚、心中不那么有底的事情，只要放眼宏观，便看得清楚了，心中有底了。同时，不少曾经在微观层面论证得非常有理也十分有力的方案，一旦放眼宏观，便不那么有理也不那么有力了。甚至有过这样的经历，站在税务部门的立场上，就税收领域的某一问题作局部均衡分析，总是困难重重，疑惑颇多。当脱出部门的局限而伸展至全局，将税收置于宏观层面上作所谓一般均衡分析的时候，便如同哥伦布发现了新大陆，以"豁然开朗"或"如梦初醒"几个字来形容，并不为过。

所以，要重视税收的宏观分析。我们所生活的世界是个多元函数，研究税收必须把"多元"变量——而不只是税收一个变量——置于视野之内；而且，要考察税收运行的全过程——而不能仅仅停留在某一区间。只有经过这样的分析，只有在这样的分析基础上，才有可能得出比较符合客观实际的判断，也才有可能拥有统揽全局的洞察力。

二

2.1　说到底，税收是政府取得收入的一种形式。在政府的收支体系中，它处在收入的一翼。在现代市场经济的体制环境中，政府取得财政收入的形式多种多样。可以是税收，也可以是国债，亦可以是收费，还可以是其他别的什么形式。不过，相对而言，税收是政府取得收入的最佳形式。

2.2　税收的形式特征通常概括为"三性"：其一，强制性。它表明，税收系政府依据法律强制征收。纳税人只要有了应纳税的收入，发生了应纳税的行为，就必须按照税法的规定，把该缴的税如数缴上来。所以，政府通过税收所取得的收入，在量上是稳定可靠的。其二，无偿性。它表明，政府征税之后，既不需要偿还，也不需要向纳税人支付任何代价。所以，政府通过税收所取得的收入，一般是不会有"后顾之忧"的。其三，固定性。它表明，政府系按以法律形式预先确定的征税对象与征税数额之间的数量比例征税。除非变动税法，在经济发展水平一定的前提下，政府通过税收所取得的收入，是不能随意调整的。

国债的形式特征，则为自愿性、有偿性和灵活性。（1）自愿性表明，国债的发行系以认购者自愿承受为基础的。认购与否或认购多少，完全听凭其自身意愿而定。所以，政府通过国债所取得的收入，在量上不那么稳定可靠。（2）有偿性表明，政府举债之后，不仅要作为债务到期偿还，而且要依事先约定加付利息。所以，政府通过国债所取得的收入，会因其必需的"后续支出"而给政府带来"后顾之忧"。（3）灵活性表明，国债的发行额度一般没有法律形式的预先规定，而是由政府根据财政收支的状况相机决定。所以，政府通过国债所取得的收入，是可以灵活调节的。

收费是政府以交换或提供直接服务为基础而取得收入的形式。从总体说来，规范化的政府收费有两种：规费（fees）和使用费（user charge）。规费系政府部门对公民个人提供特定服务或实施特定行政管理所收取的工本费和手续费。它的收取，一要限定在政府部门提供或实施的特定服务或行政管理的领域内，而不能扩大到一般领域。二要限定在工本费和手续费的额度内，而不能以此牟利；使用费系政府对公共设施的使用者按一定标准收取的费用。它的收取，一须以政府提供的公共设施为依托，而不能扩大到所有的公共物品或服务。二要体现收益原则，谁使用谁交费，不使用不交费。三要实行基金化管理，其收入只能用于公共设施的维修与建设。四是收取标准不能高于提供公共设施的平均单位成本。所以，无论规费还是使用费，能够带给政府的收入，在数额上，不会是大量的；在使用上，也是要受限制的。

2.3　无论哪一种形式的政府收入，从根本上说来，都是用于满足政府支出需要的。政府支出的性质，自然决定和制约着与其对应的政府收入的性质。

伴随着市场化的改革进程，我们已经将中国财政改革与发展的目标确定为公共财政，并且正在加快公共财政框架的构建步伐。公共财政的一个基本特征，就是着眼于满足社会公共需要。凡不属于或不能纳入社会公共需要领域的事项，财政就不去介入；凡属于或可以纳入社会公共需要领域的事项，财政必须涉足。由此决定的政府支出事项分别是：提供公共物品或服务、调节收入分配和实施宏观调控。这些支出事项，具有一个共同性质：通常只有投入，没有产出或几乎没有产出。换言之，政府花在满足社会公共需要领域事项的钱，基本上是"有去无回"的。

2.4　将收入与支出两翼的特征和性质联系起来并加以权衡，不难认定：税收，只有税收，才是政府部门运转的基础和生命线。税收，必须作为政府收入体系中的"主力"队员而居于主导地位。至于其他的政府收入形式如国债和收费，只能作为"替补"或"陪练"队员而担负起拾遗补缺的职责。

由此得到一个重要启示：如果比照"国债依存度"——国债收入占政府支出的比重——的概念，把税收收入占整个政府支出的比重数字称作"税收依存度"，那么，想方设法、千方百计提高这个依存度，实在是规范市场经济体制下政府收入体系的必然选择。

2.5 转眼看一下当前中国政府收入格局的现状，就会发现，尽管税收收入已经占到规范性的政府预算收入的绝大比重（2000 年为 93.3%），但是，若以国际货币基金组织（IMF）所使用的"政府财政收入统计方法"（GFS）为口径，将预算外收入、政府性基金收入、社会保障基金收入等加进来，则税收在政府收入中的占比并不大。根据陈小平（2001）的测算，2000 年中国政府收入为 26314.87 亿元，相当于预算收入的 1.97倍。照此计算，税收收入占政府收入的比重，仅为 47.9%。

进一步看，IMF 的统计方法所计入的，并非是当前中国政府收入的全部。倘若在此基础上，将政府通过收费、集资、罚款或摊派等途径取得的各种非规范性收入再加进来，税收占整个政府收入的比重，就更是偏低了。

结论 1：中国税收要"归位"——提高"税收依存度"，让税收真正成为政府收入的基本来源。

三

3.1 税收负担，牵动千家万户，事关国计民生，历来被视为税收制度的一个核心内容，受到人们的格外关注。

通常用一国的税收收入占其当年 GDP 的比重数字——税收收入/国内生产总值，作为衡量该国企业和居民所承受的税收负担状况的尺子。由于它所揭示的是一国总体上的税收负担状况，而非某一企业或家庭个别承受的税收负担状况，故亦可称作宏观税负或宏观税负水平。

3.2　就一般意义的税收负担而言，2000 年，中国的税收收入总额为 12660 亿元，当年的 GDP 为 89415.12 亿元，两者之比，税收负担为 14.16%。这样的税负水平，同各国的平均水平比起来①，绝不能算是高的。不过，一旦透过数字的表象而深入到它的实质内容，便不是那么一回事了。

问题出在"分子"而非"分母"上。我们所计入的税收收入，只是政府按照税收制度的规定，由税务部门通过税收渠道征收的那一部分政府收入。除此之外，在当前的中国，政府还使用别的形式、通过别的渠道取得收入。其中，属于规范性的、纳入预算的收入有：企业收入、教育费附加收入以及其他杂项收入；介于规范性与非规范性之间、未纳入预算但可比较精确的统计的收入有：预算外收入、政府性基金收入、社会保障基金收入等；纯系制度外且无法加以精确统计的收入，则是由各部门、各地区"自立规章，自收自支"的各种收费、罚款、集资、摊派收入，等等。如果将上述四个层次的这些收入统统相加，中国政府收入的总量，起码要以税收收入的倍数计算。

仍以（陈小平）2000 年的数字测算，能够统计到的前三个层次的中国政府收入总计为 26314.87 亿元，占到 GDP 的 29.43%。在此基础上，以第四个层次——制度外收入——占 GDP 的 5% 计算②，则加入制度外收入之后的整个政府收入占 GDP 的比重，达到 34.43%。这个负担水平，是单纯的税收负担数字的 2.43 倍。

3.3　不过，从整个社会资源配置的角度，或者站在老百姓的立场上看问题，政府收入层次的划分，税收负担和非税负担的区别，只是政府部门内部的事情。重要的问题在于，作为公共部门或社会管理部门的政府，究竟从整个 GDP 的分配中拿走了多少？企业和居民，又究竟有多少收入交给了政府？或者，整个 GDP 的分配格局最终是怎样的？

用涵盖前述四个层次的政府收入总量占 GDP 的比重做尺子，再来讨论

---

①　杨志清（1997）的研究表明，多数发达国家的宏观税负水平一般在 35% 左右，发展中国家的宏观税负水平一般在 20%—30% 之间。

②　这是 1996 年的典型调查数字。当前的水平，可能比那时还要高出一些。

中国现时的"总体税收负担",可以认定:当前中国的总体税收负担远远大于一般意义上的税收负担。

结论 2:衡量当前中国的税收负担,要同时使用"一般意义的税收负担"和"总体税收负担"两把尺子。

3.4 一般意义的税收负担并不高,总体税收负担却不轻。如此复杂的局面之所以出现的根本原因,在于当前中国的政府收入行为及其机制不规范。如果以是否纳入预算作为判定规范性与否的标准,那么,前两个层次的政府收入便是规范性的,后两个层次的政府收入则是非规范性的。正是由于规范性的政府收入和非规范性的政府收入同时并存,而且,相比之下,在数额上,后者又大于前者,1998 年的时候,朱镕基总理才将当时的中国政府收入格局描绘为"费大于税",并由此启动了"费改税"的改革。

其实,"费改税"的着眼点,并不是要将所有的"费"统统改为"税",而是以此为契机,实现政府收入行为及其机制的规范化。只有那些具有税收性质或名为"费"实为"税"的政府收费项目,才有必要纳入税收的轨道。对那些本来即属于收费范畴或名与实均为"费"的政府收费项目,则要按照收费的办法加以规范。而对于那些纯属"乱收费"的政府收费项目,则是要坚决取消掉的。

问题还有复杂之处。改革以来非规范性政府收入在中国的兴起并蔓延开来,其初始的原因,并非是人们对"费"的偏爱超过了"税",而是规范性的税收渠道不畅。在大量该征的税不能如数征上来、政府支出留有较大缺口的背景下,操用非规范性的行政手段去另外找钱——自立收费项目,便成了一种自然的选择。正所谓"税不足,费来补"。然而,收费之门的打开,非但没有缓解税收运行中的困难,反而把人们的注意力转到了收费上。甚至于,在尝到了收费甜头、有了规范性和非规范性两种收入来源可以依赖之后,为数不少的政府部门对"费"的偏爱超过了"税"。于是,"费挤税"的事情——以收费项目的扩大及其规模的增加冲击税基,以擅定减免税条款、鼓励企业偷逃税款的手段截留中央税收,等等——发生了。"重费轻税"加上"费挤税",事情演化下来,便是"费大于税"的政府收入格局的形成。

3.5　注意到"费改税"的动因所在以及"税""费"之间的历史渊源，再来回顾一下1998年以来我们在强化税收征管和"费改税"道路上所走过的历程，其宏观层面上的经济效应也就不难看清楚了。

税收征管力度的加强已经带来税收收入的高速增长。继1998年历尽千辛万苦终于实现税收增收1000亿元的目标之后，从1999年起，税收似乎走上了快车道。当年的增收额近1500亿元，增幅为16.2%，从而使全国税收收入规模首次突破10000亿元的大关。2000年，增收的额度又达到了2348亿元，增幅为22.8%。刚刚过去的2001年，增收势头仍旧居高不下。全年增收额为2511亿元，增幅为19.8%。由此，全国税收收入规模又进一步迈上了15172亿元的台阶。

"费改税"则还没有多少实质性的进展。作为"费改税"重头戏的养路费改燃油税的方案，至今还处在论证阶段。农村的税费改革，仍在安徽等少数省份试点。有所突破的，只是从2001年起，原收取的"车辆购置费"改成了"车辆购置税"。

一"快"一"慢"、"快""慢"不等。两项工作既然未能同步，非规范性的政府收入未能随规范性政府收入的增加而相应减下来，其结果，企业和居民承受的"税收总体负担"以及整个GDP的分配格局因此而朝什么方向变化，是不言而喻的。

结论3：随着税收收入的高速增长和"费改税"进程的相对迟缓，当前中国企业和居民的"税收总体负担"已经有所加重，GDP分配天平上的砝码越来越向政府一方倾斜。

3.6　再深一层看，在任何时期、任何情况下，大到一个国家的整体税制设计，小至整体税制中某一单个税种的税制安排，总是以取得既定规模的税收收入为基本着眼点的。由于现实生活中税收的实际征收率永远不会达到100%，故在设计税制时，无论是税基的选择，还是税率的安排，都要"宽打窄用"——将实际征收率的因素放入其中，将税率定得宽一些，把税率搞得高一点。税基、税率和实际征收率三个因素的乘积，便是我们要通过某一税种或整个税制所取得的税收收入。所以，税基和税率的乘积，只是理论上或名义上的税负水平。实际的税负水平，则要放入实际征收率的因素之后，从三个因素的乘积中去判断。其中，任何一个因素的变化，都会带来实际税负水平的升降。这便意味着，即使未采取任何扩大税基或提高税率等旨在提高理论或名义税负水平的行动，随着税收征管状况的改善，也会使实际税负水平相应上升。

1994 年实行的新税制，无论税基还是税率，都是根据当时税收征管状况所能达到的税收实际征收率而确定的。从那以后，特别是 1998 年以来，我们的税收征管状况已经有了相当大的改善。如果当时的税收实际征收率能够达到目前这样的水平，现行税制，特别是其中的税基和税率，很可能不是现在这个样子。

结论 4：同 1994 年的情况相比，就"一般意义的税收负担"而论，当前中国的实际税负水平已经有了相当的提高。

四

4.1　作为政府收入的基本来源，税收收入的规模总是一个恒久话题。应当按照怎样一种思路界定税收收入的规模，并且，税收收入的规模应当界定在怎样的一种水平上，是税制设计首先要面对的两个问题。

4.2　作为政府收入的一种形式，税收终归是弥补政府支出而征收的。提到税收收入的规模，不能不涉及政府收入同政府支出之间的关系。古往今来，处理政府收支之间关系的思路——或称财政观——无非两种："量入为出"和"以支定收"（高培勇，2001）。所谓"量入为出"，指的是根据政府收入的规模安排政府支出的规模。所谓"以支定收"，指的是根据政府支出的规模安排政府收入的规模。

表面上看，两种思路只不过是同一事物的两个方面。但是，循着不同的思路来做事，所得到的结果却可能是迥然相异的。

4.3　循着"量入为出"——从收入到支出的思路，应当是有多少收入便安排多少支出。这在计划经济的体制下，确有其生存和运转的土壤。在那个时候，政府是资源配置的主体。凭借着一系列经济社会制度——如农副产品统购统销、八级工资制、工业品计划价格制度和财政统收统支制度——的支持，它可以集政府和企业于一身，把几乎所有的社会资源集中到自己手里。既然政府部门能够统筹安排整个的社会资源，那么，作为其中的一个组成部分——政府部门自己的那一块儿收入和支出，自然应当且可以实行"量入为出"。

不过，随着我们步入市场经济的新环境，随着市场在资源配置中的基础作用越来越大，"量入为出"同现实生活之间变得越来越不合拍了，我们越来越没有办法去实践"量入为出"。

比如，当政府不再能掌管整个的社会资源，财政收入占 GDP 的比重大幅度下降之后，按照"量入为出"的思路，这时应当削减政府支出，让支出向收入看齐。但是，如果那样做的话，国家机器的运转和政府职能的履行，势必因此陷于困境之中。况且，除了极少的例外，政府支出历来是不断增长的。让呈膨胀之势的支出在收入的下降面前止升回跌，无异于不切实际的幻想。出于无奈或困境中的被迫选择，只得将思路掉转过来——按照支出的需要去取得收入。于是，想方设法、千方百计，提高财政收入占 GDP 的比重，便成了这些年来政府部门为之奋斗的一个重要目标。

再如，按照"量入为出"，不应当或起码在主观上不安排有赤字性支出。但是，摆在我们面前的事实是，不仅宏观经济政策——如积极的财政政策——有时需要赤字性支出的支持，而且，政府部门本身的扩张支出冲动也常常逼迫财政作出支出大于收入的安排。其结果是，这些年来，与我们相伴的，非但不是"量入为出"的结果——财政平衡或盈余，反倒是对它的屡屡违犯——财政赤字。

又如，"量入为出"的一个本意，是以收入约束支出。但是，由此又引出了一句潜台词：能取得多少收入就取得多少收入，能取得多少收入就安排多少支出。由于政府部门往往喜欢多支出并拥有相应的政治权力，这些年来，收入非但未能成为约束支出的因素，反而诱使政府部门出于扩张支出的需要而动用政治权力增加收入。正是在这样的背景下，不惜动用非规范性的手段去"额外找钱"的现象出现了，规范性收入占 GDP 比重的持续下降和非规范性收入占 GDP 比重的持续上升同时并存的事情发生了，国际罕见的"费大于税"的政府收入格局也形成了。

4.4　看起来，有必要换一种思路，以"以支定收"替代"量入为出"来处理市场经济体制环境下的政府收支关系。

循着"以支定收"——从支出到收入的思路去追根寻源，可以看到，政府支出的实质，说到底，是政府活动的成本。或者说，是政府履行职能的代价。在市场经济体制的环境中，之所以需要有政府的活动，之所以需要政府履行它的职能，其全部原因就在于，现实社会存在着不能通过市场得以满足或者通过市场解决得不能令人满意的人类需要——社会公共需要。要满足社会公共需要，就需要政府提供所谓的公共物品或服务。要提供公共物品或服务，政府就需要花钱。政府要花钱，就需要向消费公共物品或服务的社会成员收钱。很明显，这一支一收之间的联系纽带，应当且只能是社会公共需要，而不是其他别的什么东西；这一支一收之间的数量界限，应当且只能是满足社会公共需要，而不是其他别的什么标准。

将这个道理加以引申，我们可以得到如下的关系链：市场经济→社会公共需要→政府职能→政府支出→政府收入。这就是说，在市场经济体制的环境中，应当首先按照社会公共需要把政府的职能界定好。政府的职能界定清楚了，作为政府活动成本的支出的规模就可相应界定下来了。政府支出的规模明确了，弥补支出之需的收入的规模也就可随之界定了。也就是说，要先问"政府究竟需要多少钱"，再定"政府究竟可以取得多少钱"。

按照这样的思路安排的政府收支，显然同市场经济的体制环境相适应，显然可控制在"适度"的水平上——既可满足政府履行其职能的需要，又不至于超出企业和居民可容忍的界限。

结论5：随着计划经济向市场经济体制的转变，应当循着"以支定收"而不是"量入为出"的思路，来界定包括税收在内的政府收入规模。

4.5 既然政府收入的规模要根据政府支出的规模来界定，作为政府收入的基本来源或一个主要组成部分的税收收入，当然也要遵循这个思路。只不过，税收收入的规模要在整体政府收入规模界定的基础上，从税收在整体收入格局中的"定位"以及税收同其他收入形式之间的联系和配合中加以界定。换句话讲，界定税收收入的规模，不能脱离税收同其他政府收入形式之间的联系，不能就税收论税收。无论是税收，还是收费，抑或其他别的什么收入形式的政府收入，都要纳入统一的政府收入的盘子内，按照赋予各种政府收入形式的任务，从总体上加以安排。

4.6 当前中国的政府收入，渠道很多。各个渠道的收入，又分别为不同的政府部门分兵把守，而非交由专司掌管政府收支之职的财政税务部门统一管理。政府收入既是多头管理的，而且，规范性和非规范性的收入又是同时并存的，对于整体政府收入的规模，自然就缺乏甚或没有统一的考虑和整体的安排。脱离了整体收入规模控制的各种政府收入，又大都有相应的收入任务或收入目标。多头出击，竞相增收，各唱各的调，各念各的经，可以说是近些年来中国政府收入管理状况的基本图景。问题在于，照着这样的趋势走下去，政府的收入还有没有一个量限？或者，企业和居民的负担还有没有一个止境？

结论6：税收制度的设计，税收收入规模的界定，要着眼于整体的政府收入格局。税制改革要同"费改税"结合起来，在通盘考虑政府收入规模的基础上，加以统筹安排。

五

5.1　税收不仅是政府收入的一种形式，除此之外，它还具有调节收入分配和促进经济持续稳定发展两个方面的功能。只不过，有所不同的是，取得收入系税收的基本功能，调节收入分配和促进经济持续稳定发展则属于税收的派生功能。

5.2　税收的调节收入分配功能，指的是税收对于居民个人之间收入分配状况所具有的调节作用。

5.3　应当说，调节收入分配是市场经济体制赋予中国税收的新功能。在计划经济的年代，虽然也会涉及税收的调节，但那个时候所着眼的，并非居民个人之间的收入分配，而是企业之间的利润分配。而且，即便是对后者的调节，税收也只是充当"配角"。当时的企业产品价格由计划部门而不是由市场决定。由于价格与价值往往相背离，便需要税收配合价格发挥作用：对于价格高于价值的产品多征税，对于价格低于价值的产品少征或不征税，从而排除价格与价值背离对企业利润的影响，让不同企业处于同一起跑线上。所谓"高税配合高价，低税配合低价"，正是对那时税收参与企业利润分配调节作用的通俗概括。至于对居民个人之间收入分配的调节，在那个时候，则主要是通过农副产品统购统销和八级工资制来完成的（高培勇，2002）。在农副产品统购统销制度的框架内，农民获取货币收入的几乎唯一的渠道，就是向国有商业部门出售农副产品。由于农副产品的价格和收购渠道完全掌握在政府手中，农民每年能够获得多少收入，其手中又有多少收入，政府是可以胸中有数并牢牢控制住的。在八级工资制的框架内，城市职工获取货币收入的几乎唯一的渠道，就是工资。由于工资标准及其调配权力完全掌握在政府手中，城市职工每年能够获得多少收入，其手中又有多少收入，政府也是可以胸中有数并牢牢控制住的。有了如此有效的两个基本经济制度的支撑，居民收入的分配状况自然可以尽在政府的掌握之中，税收的调节收入分配功能也自然没有机会表现出来。

市场化的改革在相继打破了农副产品统购统销制度和八级工资制之后，政府事实上已经失掉了直接对居民收入分配实施调节的手段和基础。旧的调节机制既然已经离去，传统的计划经济色彩的手段既然已经不再奏效，新的调节机制当然要随之建立起来并替代旧的机制发挥作用，现代的与市场经济相适应的手段当然要随之登上历史舞台而担负起调节居民收入分配的重任。这个时候，也只有到了这个时候，税收的调节收入分配功能，才有了将"潜能"转变为"现实"的环境。

5.4　在市场经济的框架中，税收天然地具有调节收入分配的各种有利条件。几乎所有的税种，都可起到调节居民收入分配的作用。有所区别的，仅在于作用的功效、作用的方式和作用的传导机制。

通过征收属于直接税系列、带有累进性质的所得税和财产税，政府可以把高收入者的一部分收入集中到起来，并通过转移支付再分配给那些低收入者和需要救助的群体。所以，这两类税，特别是其中的个人所得税，无论在经济学家的论著中，还是在各国政府的政治经济文献内，往往都是作为首选的再分配手段而论证的。即使是那些被划入间接税系列、带有累退性质的流转税种，虽然表面上普遍征收且所有人都适用相同的税率，但由于高收入者消费的物品或服务的规模终归大于低收入者，高收入者消费的物品或服务的档次终归高于低收入者，到头来，高收入者缴纳的流转税数额还是多于低收入者。通过这些税种集中上来的收入，不论是用做事关全体社会成员切身利益的公共物品或服务的提供，还是用做仅对低收入者和需要救助群体发放的各种转移性支付，均具有再分配之效。只不过，它们的作用不像直接税那样来得显著，来得更有针对性。

结论7：税收是市场经济条件下政府大规模地介入 GDP 分配过程的最重要的手段。除此之外，在现实生活中，恐怕政府还找不到其他别的什么可与之相媲美的手段或工具。

5.5 将税收的调节收入分配功能应用于当前中国的居民收入分配格局，还需要有些特别的讲究。这是因为，当前中国的居民收入分配差距，具有许多在其他国家难以想象亦不可能见到的特殊背景。

第一，当前中国的居民收入分配差距，是在政府分配政策的导向下产生并拉大的。从改革之初一直到90年代末期，政府所实行的有关收入分配问题的政策，实际上是定位在"放任"或"容忍"基调之上的。先是"允许一部分人先富起来，以先富带后富"，后来又提出"效率优先，兼顾公平"。其基本的出发点，无非是以收入分配的差距换取较快的经济增长，从经济的增长当中自动缓和收入分配的不平等（王绍光，2001）。在长达20多年的时间里，各级政府几乎没有在调节收入分配方面有任何实质性的作为。而是眼睁睁地看着差距一天天拉大，唯恐走上平均主义的老路。就此而论，当前中国的居民收入分配差距，从其产生到拉大，都是一个有意识的人为设计的结果。

第二，当前中国的居民收入分配差距，是在政府"角色"扭曲的过程中产生并拉大的。计划经济年代的政府，可以集政府与企业于一身，把几乎所有的社会资源集中到自己手里，在全社会范围内通盘考虑、统筹安排整个资源的配置状况。然而，随着旧的资源配置格局的打破，新的以市场为基础的资源配置格局的逐步凸显，尤其是财政收入占 GDP 比重下降趋势形成之后，在许多政府部门那里，站在全局的立场上和宏观的层面上考虑问题的人少了，心中盘算、谋划本单位、本部门或本地区的"小日子"的人多起来了。甚至，为数不少的政府部门行为，偏离了公共利益的轨道，而异化成了集追求公共与私人利益于一身的混合体。正是由于政府的"角色"被扭曲了，居民收入分配差距产生并拉大的现象便很难被顾及，调节居民收入分配差距的事项亦很难被提上议事日程，须以割舍本单位、本部门或本地区既得利益为代价但对调节收入分配有实效的举措，更是很难获得通过或被采纳。

第三，当前中国的居民收入分配差距，是在体制转轨时期的"制度真空"状态下产生并拉大的。前面已经说到，在计划经济的体制环境中，我们曾有过一套非常有效的可对居民收入分配实施调节的机制。这套机制随着市场化的改革进程逐渐削弱了，不复存在了。同时，与市场经济相适应的新的调节机制又始终没有真正建立起来。由此形成的"制度真空"——缺乏甚或没有相应的制度规范，在一定程度上使得收入分配陷于失控状态。有关收入分配的运行既然是缺乏甚或没有章法的，涉及收入分配的秩序既然是极为混乱的，包括城乡差别、地区差别、行业差别、不同所有制差别和高低收入者阶层差别在内的各种收入差别的产生并拉大，也就不足为奇了。

5.6 处于如此的背景下，作为政府掌握的最重要的调节收入分配手段的税收，其功能的释放，作用的发挥，显然不能直接搬用既有"范式"。而须理论与现实相结合，并斟酌行事。在当前，比较适当的选择是：以规范政府行为作为解决当前中国收入分配问题的主要线索，将工作的重心放在调整政策——变"放任"或"容忍"为积极的介入居民收入分配、端正角色——坚持以社会公共利益的极大化为政府部门的唯一行为动机、健全制度——建立、完善与市场经济相适应的收入分配机制等三个方面。以此为基础，引入税收的调节功能，发挥税收的调节作用。事实上，也只有将税收的调节建立在规范化的政府行为基础上，并且，将税收的调节同其他手段的调节结合起来，税收的调节收入分配功能才会有释放的空间，税收的调节收入分配作用才会有发挥的土壤。

说得具体一点，解决当前中国的收入分配问题，当然要启用包括税收在内的一系列再分配手段，但不宜对再分配机制期望过高。相对而言，在当前的中国，打造初次分配的公平基础更为重要，解决初次分配层面的"分配不公"问题更加迫切。只有将"分配不公"的问题解决好了，将初次分配的秩序规范化了，再分配层面的各种调节手段才能乘势而上，"差距过大"的状况才有可能切实得以缓解。

结论8：税收固然应当在调节居民收入分配过程中当仁不让，但不能指望税收"包打天下"——解决当前中国收入分配领域的所有问题。

六

6.1　税收的促进经济持续稳定发展功能，亦称宏观调控功能，指的是税收对于经济持续稳定发展所具有的促进作用。

6.2　在宏观经济理论中，关于税收和经济持续稳定发展之间的关系，历来有两个所谓"稳定器"的基本概括：一个是"自动稳定器"。就是通过税收制度上的巧妙安排，可使税收自动地产生抵消经济波动的作用。如实行累进制的所得税，在经济萧条和繁荣时期，税收数额会自动地趋于增加和减少，从而分别产生减缓经济萎缩程度和抑制通货膨胀之效。另一个是"人为稳定器"。即指通过不同时期税收政策的相机确定，如在经济萧条时期减少税收，经济繁荣时期增加税收，可使税收作为一种经济力量维系总供求之间的大体平衡，促使宏观经济得以稳定发展。

在世界经济发展历史上，两个稳定器都曾立下过汗马功劳。且不说具有自动变化特征的所得课税，早已进入各国的税制结构，成为支撑经济稳定发展的重要因素之一。单讲20多年前美国里根政府实施的减税政策以及由此带动的世界范围的减税浪潮，它对于美国和世界经济增长所作出的贡献，即使今天回忆起来，也仍然令人赞叹不已。在中国，尽管我们有意识地运用税收政策调节社会总供求的时间不长，经验不多，但还是可以从改革以来中国经济的快速增长中找到一些税收政策的印记。在计划经济的年代，虽然那时并没有所谓总供求或宏观经济的概念，税收亦不是现在意义上的税收，将税收作为调节经济手段的意识也是有的。而且，就实际功效而言，税收的调节也会作用到总供求或宏观经济的平衡。因而，可以说，对于税收的宏观调控意义和作用机制，中国的理论界和政府相关部门并不陌生，甚至已经达到了烂熟于心的地步。

6.3　问题在于当前形势的判断和抉择。从1998年以后，在政府实行积极的财政政策应对通货紧缩的声浪中，有关减税的呼声和动议一直与我们相伴。每年一度的中央经济工作会议，几乎都要对是否减税作出相应的安排。特别是近两年，在税务部门加大征管力度、税收收入高速增长的背景下，关于减税的讨论再一次热烈起来了。

6.4   由于减税话题涉及的因素既广泛又复杂，似应首先过滤掉一些容易障碍人们视线的东西。

单纯提到减税，恐怕没有人不赞成。因为，说到底，税收是政府活动的成本。同企业要降低成本的道理一样，能够把政府活动的成本——税收减下来，在任何时候、对任何人，都是一件好事情。唯一的限制条件是，政府职能可以照常履行，不会因此受阻。所以，减税如同居家过日子——人、出要左右权衡。讨论减税，必须联系政府的支出或政府的职能。此其一。

减税有其特定的含义。它指的是通过调整或改变既有税制——如削减税种、缩小税基、降低税率——而减少税收的一种规范化的政府行为。放着该收的税不收，听凭偷漏税的现象蔓延而不采取积极的行动加以阻止，或者，跳出既有税制的框架，随意给予企业和居民所谓减免税的照顾，均不在减税之列。所以，要用市场经济的规范化的理念去理解减税，而不能将其视作可由哪一位领导人或哪一级党政部门说了算的非规范化行为。此其二。

在既有税制的框架内，依法征税，把该收的税如数收上来，是税务部门的天职所在。而且，是税务部门必须倾力追求的目标。所以，抱怨税务部门加大征管力度，提高征收效率，或者，指责税务部门办事不灵活，因而加重了企业和居民的税收负担，无疑既片面，又不合时宜。恰恰相反，税务部门还应当继续采取一切可以采取的行动，力争实现税收的应收尽收。此其三。

不论具体的表述如何，从根本上说来，减税的目的在于"减负"——减轻企业和居民的负担，并以此争取较高的经济增长。所以，任何性质的措施，只要它有助于或有可能减轻企业和居民负担，都可实现减税的意图，都可视作减税的"替代"之举。此其四。

有了上述的认识基础，再来讨论减税，我们达成共识的机会就多了。

6.5   税收既然是作为政府活动的财源而征收的，它的规模的大小，是增还是减，直接取决于政府支出的规模。如果政府职能范围不作相应调整，政府支出规模不能随之压缩，减税举措的单兵突进，所带来的结果将不外有二：或是被迫加大举债规模以填补减税后的收入空缺，或是难以为继而不得不中途转向。

问题是，当我们转向现实的政府职能层面而寻求压缩支出规模的途径时，便不无沮丧地发现，在当前的中国，上述情形的出现，有着极大的可能性。一方面，由于体制转轨期间政府职能的调整步伐极为缓慢，旧的职能未能减下去的同时，新的职能又增加了不少。既有的法制框架内，又几乎没有对政府部门扩张支出欲望构成有效约束的机制。我国的财政部门根本就没有能力压缩支出规模。另一方面，改革以来，中国财政收支的紧张状况始终没有得以缓解，赤字连年不断，国债与年俱增，调整的空间相当狭小。若不能伴随以政府支出的相应压缩，在已经相当困难的情况下实施减税，将无异于使中国财政雪上加霜。

所以，实施减税，还得立足于4.4所阐述的"以支定收"：减税要同规范政府职能和压缩政府支出同步进行。而且，相对而言，职能的调整和支出的压缩更加迫切，更为重要。

6.6　减税既然属于制度性的安排——要通过规范化的调整或改变税制的行动加以实现，它的操作，非同小可。必须着眼于长远，而不能立足于短期。把税收制度的设计同经济的周期性波动捆绑在一起，随着经济形势的变化而对税收制度修修补补，力图使其适应政府干预经济的需要，可能不是税收政策的长处所在和主要的作用领域。作为一种规范性很强的政策手段，税收的调节主要不应是相机抉择式的，而应当是具有相对稳定性的。正如我们在对国有企业的资金支持方面通常强调"桥归桥，路归路"——不宜采用减免税，而应通过财政补贴——一样，在应对当前的通货紧缩问题上，税收政策和支出政策亦应各有侧重。凡属于相机抉择式的、带有短期应付色彩的调节事项，可以主要交由支出政策去完成；凡属于制度变革性的、作为长期战略确立的调节事项，则可纳入税收政策的作用领域。

所以，实施减税，也应作为一种长期战略，致力于制度创新。短期措施，特别是一些应急措施，不应使长期的制度结构调整目标受损或受挫。

6.7　我们现行的税制，还是1994年确立的。从那以后，税制格局并未做什么调整，税收政策亦未有什么大的变化。既没有增设税种（纳入"费改税"系列的车辆购置费改为车辆购置税，以及恢复征收的、属于个人所得税系列的利息所得税，是两个例外），也没有扩大税基，亦没有提高税率。按照可以从任何辞典上查到的约定俗成的解释，这几年来，我们并没有采取什么可纳入"增税"范畴、可用"增税"来定义的举措。税制还是那套税制，政策还基本是原来的政策。对于当前的税收收入高速增长，显然只能从经济增长、征管力度加强和"费改税"等一次性政策调整几个角度去分析。

税收收入可随经济增长而自然增长，会因一次性政策调整而跳跃式增加，这些都属于常识性的道理。通过加大征管力度、提高征收效率谋求税收收入的增长，又是税务部门的天职所在。所以，既不能用增税来解释当前的税收政策，也不应将当前的税收收入形势看作背离减税政策的结果。

6.8   3.5 和 3.6 的分析已经表明，这几年来，企业和居民的"总体税收负担"和"一般意义的税收负担"都在逐渐加重。脱出税收自身的局限而放眼促进经济持续稳定发展的大局，在当前的中国，也的确有为企业和居民"减负"的必要和可能。

要减轻"总体税收负担"，根本的出路在于规范政府的收入行为及其机制。其实，税收也好，其他别的什么政府收入形式也罢，最重要的问题莫过于，它的运行是否有一个规范化的机制？强化税收征管和启动"费改税"两项工作，就是为了建立起这样一个规范化的机制。如果政府可以想收什么就收什么，想收多少就收多少，或者，想怎么收就怎么收，企业和居民负担的水平不可能是低的。而且，是不可能有止境的。不少现存的各种政府收费之所以会为人们所厌恶，也正是因为它有着这样一个不规范的机制。因此，如果确认当前企业和居民总体税收负担加重的原因在于强化税收征管和"费改税"两项工作的非同步性，并且，"费改税"进程的相对迟缓又源于规范性政府收入留给我们的活动"空间"太小，从而难以摆脱对非规范性政府收入的依赖，那么，在税收收入的高速增长相对弱化了我们对非规范性政府收入的依赖之际，现在迫切要做的事情，就是加快"费改税"进程。并且，从规范政府收入行为及其机制的宏观层次上，将"费改税"和税收制度的调整结合起来，通盘考虑政府的收入规模与企业和居民的负担水平（高培勇，1999a）。政府的收入行为及其机制规范化了，企业和居民的负担水平自然会相应减下去。换言之，其他国家一般要通过减税来达到的目的，在当前的中国，可以通过规范政府收入行为及其机制的途径去实现。它所产生的政策效应，可能不亚于减税。

要减轻"一般意义的税收负担"，有两件事情可做。一是根据税收征管状况已经有了相当改善并由此提高了税收实际征收率的现实，重新审视1994年确立的税制格局。在可能的条件下，加以适当调整。比如，按照3.6的分析，在税收实际征收率已经大大提高从而税基、税率和实际征收率三者的乘积已经扩张之后，就增值税而言，我们可能不再需要如此宽的生产型的税基，也不再需要如此高的17%的税率。相应地压缩税基、降低税率，便是可以选择的行动。将这个道理延伸至现有的其他各个税种，可以看到对整个税制格局重新规划的必要性。另一是针对我们已经基本告别短缺经济、通货膨胀已经让位于通货紧缩的现实，重新审视现行税制的政策倾向。以此为契机，尽快矫正那些与现实不符、于经济发展有碍的税制安排。比如，改生产型增值税为消费型增值税，以提高企业更新改造和扩大投资的能力；变对不动产销售和建筑安装业课征营业税为增值税，把目前企业承受的相对较重的投资负担降下来；减轻以小汽车为代表的过去曾视做奢侈品、现已成为新的经济增长点的产品的消费税税率，以刺激对这类产品的需求，如此等等。通过对我们的税收法律、法规、政策以及散见于各个经济管理部门和各级政府的浩如烟海的有关税收的规定进行一番全面而系统的清理，我国的税制安排，将会从此走上刺激投资和消费或起码不至于对投资和消费起抑制作用的道路。

6.9　说到这里，可以再次印证：对类似减税这样的话题作全方位的宏观层面的讨论，认识到我们可以做什么和不可以做什么，是极为重要的。这可以避免出现一些似是而非的决策。

结论9：减税是个系统工程，它的实施，必须综合配套——既要考虑税收自身特点，亦要伴随以其他相关因素的调整。

结论10：按照市场经济的理念，以"减负"为出发点，以规范政府收入行为及其机制为主要线索，重新审视政府收入规模，重新构建政府收入格局，是当前国情背景下有关税收政策的适当选择。

七

7.1 依法治税的口号，我们已经提了许多年。营造依法治税的社会环境，也是我们追求了多年亦为之奋斗了多年的目标。然而，每当回过头来重新检讨我们所走过的依法治税道路并仔细审视现实中国的税收环境，总会感到不那么尽如人意，也总会因此面对那么一点儿困惑：究竟什么原因障碍了中国依法治税的进程。

7.2 在笔者看来，有关依法治税的最深层次的问题，无非是：恰当地定义税收并以此规范各有关主体的行为（高培勇，1999b）。简言之，就是税收的理念及其运行规则。

这个问题，表面看似简单，实则颇为复杂。它渗透着一个社会的政治经济理念，贯穿了一个特定经济体制背景下的游戏规则，牵涉整个税收运行机制的布局。可以说，它是上层建筑和经济基础的复合产物。

7.3 在计划经济的年代，政府实质是公有制经济的代表。它的收与支，基本上是在公有制经济——其中，主要是国有制经济——的范围内运作的。其收入，主要来源于公有制经济单位。其支出，亦主要投向于公有制经济单位。既然收入来源于"自家之财"，既然支出投向于"自家之事"，它的运作，便似"一个锅里抡马勺"，自然可在"自家"的院子内，根据"自家"的意志来安排。正是基于这样的理念，当时的税收，被视作政府凭借政治权力在公有制内部进行的"必要扣除"。无论在作为"必要扣除"客体的普通百姓眼中，还是在作为"必要扣除"主体的政府部门那里，税收只不过是一种名义或说法，实质的问题是"必要扣除"。既然是"必要扣除"，以什么方式扣除、在哪些环节扣除以及扣除的量如何把握，便没有必要过多讲究了。

从计划经济走向市场经济，经济体制环境变了，关于税收的说法当然要随之修正。但为什么要修正，如何修正，最初的认识还只是感性化的，并不清晰。套用政治宣传的习惯手法，以"应尽义务"替代"必要扣除"，便成为当时理论界和政府部门能够接受的选择。将纳税解释为每个公民应尽的光荣义务，虽然有些牵强，但同"必要扣除"相比，还是向市场经济贴近了一步。

不过，"应尽义务"毕竟是在"必要扣除"的基础上衍生并作为后者的延续而提出的，因而不可避免地带有计划经济的痕迹。随着市场经济意识逐步走入现实生活，只讲义务不讲权利，只讲付出不讲回报，不仅越来越不能为纳税人所认同，而且，亦模糊了政府部门在税收问题上的视线。其结果可想而知：投在依法治税上的气力不小，其产出总是未能与之相匹配。

结论11：税收理念及其运行规则要与时俱进——随着经济体制环境的变化而做相应修正。①

7.4　令人欣慰的是，公共财政框架的提出和构建，为我们有关依法治税问题的思考搭建了一个很好的平台。应当说，对于中国财政运行机制而言，以"公共财政"来替代"国家财政"，绝不仅仅是支出一翼结构的调整，而是一种全方位——事关收入、支出与管理等各个方面以及与此相关的一系列理念和运行规则——的根本变革。

在公共财政的框架中，政府的职能或任务，或者说，它所产生、存在或运转的唯一理由，就是向全体社会成员提供公共物品或服务。它的收与支，基本上是围绕生产或提供公共物品或服务这条线索而发生的。其收入，系为了生产或提供公共物品或服务而从全体社会成员那里取得——不再是"自家之财"。其支出，亦要用于生产或提供覆盖全体社会成员切身利益的公共物品或服务上——不再是"自家之事"。如果将计划经济时期的政府收支解释为"以自家之财，办自家之事"，那么，市场经济条件下的政府收支活动，就是"以众人之财，办众人之事"。

7.5　一旦将依法治税置于公共财政的背景下，许多过去看似朦胧的问题一下子变得清晰起来了。

在市场经济条件下，政府实质是一个特殊的产业部门——生产或提供公共物品或服务。广大的企业和居民，则是公共物品或服务的消费者。借用通常用于描述私人物品或服务的术语，透过复杂的税收征纳现象，我们

---

① 关于改革以来中国税收观念演进过程的详细讨论，可参见笔者的专题文章《论更新税收观念》，载《税务研究》1999年第3期。

看到的图景是：公共物品或服务的生产与消费，公共物品或服务的购买与销售。企业和居民之所以要纳税，就在于换取公共物品或服务的消费权。政府部门之所以要征税，就在于向社会提供公共物品或服务。

只要纳税人依法缴纳了税收，便因此享有了向政府部门索取公共物品或服务的权利。只要政府部门依法取得了税收，便因此负起了向纳税人提供公共物品或服务的义务。纳税人所消费的公共物品或服务，来源于政府部门提供公共物品或服务的活动。政府部门用于提供公共物品或服务的资金，又来源于纳税人所缴纳的税收。在这里，纳税人的纳税义务与其纳税之后所拥有的消费公共物品或服务的权利，是一种对称关系。政府的征税权力与其征税之后所负有的提供公共物品或服务的义务，也是一种对称关系。围绕税收而形成的各有关行为主体之间的关系，均表现为权利与义务的对称。

结论 12：市场经济条件下的税收理念可以归结为："权力（利）与义务相对称"。

7.6   进一步推演，可以将作为一个整体的政府部门和专司征税之职的税务部门的涉税行为分解开来：税务部门征税——为政府部门筹措用于生产或提供公共物品或服务的财源，政府部门用税——将税务部门所收之钱投向于公共物品或服务的生产或提供。进而，将税务部门称作"征税人"并赋予政府部门一个专门的名称——"用税人"。[①] 那么，在现实生活的坐标图上，各有关行为主体围绕税收而形成的实质关系便是"三位一体"的：企业和居民"交钱"，税务部门"收钱"，各级政府部门"用钱"。政府部门与企业和居民是两极，税务部门则是连接两极的桥梁或纽带。

必须指出，分解政府部门的涉税行为并分别冠以不同的名称，并非是玩弄文字游戏，而确有其必要性。在我们的身边，不知手中支用的经费来自税收、花钱大手大脚的官员有之，不晓兜里的工资皆系税款、误将履行

---

①   笔者关于用税人的提法，最早形成于 1998 年 8 月由金人庆局长主持的北京宽沟税收工作座谈会上。从那以后，这一提法逐渐为人们所接受，并不时出现在各种文献中。关于纳税人、征税人和用税人的系统论述，可参见笔者的专题文章《纳税人·征税人·用税人》，载《光明日报》2000 年 9 月 26 日。

职能视作对百姓"恩赐"的干部有之，将税收工作划在自身职责之外而持旁观态度甚至人为设置障碍的政府部门亦有之。然而，循着"企业和居民→税务部门→政府部门"这一关系链而追踪税收运行的全过程，我们看到的是各级政府部门在依法治税工作的关键地位和决定作用：纳税人能否依法纳税，征税人能否依法征税，在相当程度上，取决于用税人能否有效用税。如果纳税人看到自己缴纳的税款被用到不该用的地方去了，或者，在使用过程中"打水漂"了，纳税人的纳税行为肯定会因此而扭曲。相应的，征税人的征税工作也肯定会因此而受阻。

　　结论 13：用税人的用税理念和用税行为，不仅对纳税人的纳税理念和纳税行为，而且对征税人的征税理念和征税行为，都有着重大影响。应当适时地将依法治税的工作重心转到用税人身上。

　　7.7　注意到纳税人、征税人和用税人之间的这种对称关系，可以得到如下认识：在当前的中国，依法治税工作的推进和依法治税社会环境的营造，有赖于纳税人、征税人和用税人理念的确立及其行为的规范。

　　企业和居民应当有"纳税人理念"——他（她）们向税务部门缴纳的钱是税收。税收是每一个企业和居民消费公共物品或服务所必须付出的代价。正如到饭店吃饭要埋单，到商店买东西要付款一样，为公共物品或服务而纳税并非尽义务之举；任何的偷逃税，都如同坐享其成的无票乘车或偷人钱财行为；与此相联系，任何社会成员的偷逃税行为，都意味着其他社会成员所能享受的公共物品或服务的数量因此而减少，或者，质量因此而降低。因而，偷逃税现象的出现和蔓延，关系到每一个社会成员的切身利益。对于任何的偷逃税行为，每一个纳税人都有制止或纠正的权力；政府部门的活动经费系出纳税人缴纳的税款汇集起来，并且，这些钱应当用于同其切身利益相关的公共物品或服务上。对于政府部门使用税款的活动，纳税人有监督的权力和必要。

　　结论 14：作为纳税人的企业和居民，既要依法履行好缴纳税收的义务，又要充分地运用好消费公共物品或服务的权利。

　　政府部门应当有"用税人理念"——他（她）们所使用、所花费的钱是税收。税收来源于企业和居民本已实现的收入，凝结着广大人民群众的血汗；企业和居民之所以要向政府纳税，就在于政府生产或提供公共物品或服务。必须慎重地安排、使用好每一分钱，把所有的钱都用到关系纳税人切身利益的公共物品或服务上；政府部门生产或提供公共物品或服务的活动，有接受"出资人"——纳税人——监督的义务和必要。税款的安排与使用过程，应当也必须置于各级人民代表大会和广大人民群众的监督之下；税收是政府部门运转的基础和生命线。离开了税收的缴纳，或者，税收的征收工作受阻，生产或提供公共物品或服务的活动，便会成为"无米之炊"或"缺米之炊"。各级政府部门应当像关心、重视自己的"口粮"——经费来源——一样，关心、重视税务部门依法征税的工作。

　　结论 15：作为用税人的政府部门，既要有效地履行好生产或提供公共物品或服务的义务，又要依法运用好维护税法权威、保证税款如数及时到位的权力。

　　税务部门应当有"征税人理念"——他（她）们向企业和居民征收的钱是税收。税收是政府部门生产或提供公共物品或服务的资金来源。各项税款能否如数及时到位，关系到各项政府职能的履行和国家机器的运转以及整个经济社会的稳定发展；税收是公共物品或服务的消费者必须支付的代价。纳税人不仅是各项税款的交纳者，同时是各项公共物品或服务的受益者；严格执法，依法征税，事关全体社会成员的切身利益。既一分钱不能少收——关系到政府所能生产或提供的公共物品或服务的数量和质量，亦一分钱不能多收——关系到企业和居民可支配收入或可消费物品或服务的多寡；征税人的角色，颇像公共汽车上的售票员。既须对纳税人——乘车者——依法征税，把生产或提供公共物品或服务所需的钱筹措上来；又须对偷逃税者——逃票人——依法惩处，不允许无票乘车的现象存在或蔓延下去。

　　结论 16：作为征税人的税务部门，既要切实履行好加强征管、堵塞漏洞从而把该征的税尽可能如数征上来的义务，又要依法运用好征税的权力，保证执法的公正性和严肃性。

　　可以确信，"权力（利）与义务相对称"税收理念的确立，并且，以此为基础，分别规范纳税人、征税人与用税人的行为，将会为我们的依法治税工作提供一个新天地，并极大地推动中国依法治税社会环境的营造进程。

主要参考文献

陈小平：《我国政府财政合理规模研究》，《中国财经信息资料》2001 年第 22 期。

杨志清：《国际通行的宏观税负水平》，《税务研究》1997 年第 6 期。

高培勇：《"量入为出"与"以支定收"——结合当前财政收入增长态势的讨论》，《财贸经济》2001 年第 3 期。

高培勇：《规范政府行为：解决中国当前收入分配问题的关键》，《财贸经济》2002 年第 1 期。

王绍光：《收入不平等的政治影响》，《改革内参》2001 年第 18 期。

高培勇：《费改税：实质在于规范政府收入机制》，《经济日报》1999 年 1 月 25 日。

高培勇：《论更新税收观念》，《税务研究》1999 年第 3 期。

（原载《税务研究》2002 年第 2—3 期）

加入 WTO 后的中国税收:两个层面的分析[*]

迄今为止，笔者所见到的围绕加入 WTO 和中国税收之间关系问题的讨论，在研究视野上，存在着两个方面的倾向：或是偏"宽"——将同加入 WTO 有关和无关的内容未加区分，统统放入 WTO 的"箩筐"；或是偏"窄"——将加入 WTO 对中国税收的影响锁定在税收制度层面，而未伸展至税收理念以及其他相关层面。在前人的基础上，对加入 WTO 和中国税收之间的关系问题作出尽可能完整和系统的分析，是本文的主要着眼点。

一　影响牵涉两个层面

要比较确切、完整地概括加入 WTO 对中国税收可能带来的影响，可能至少应当讲两句话。

一句话是：WTO 是一个多边贸易体制。

既然是贸易体制，它就不会同属于一国主权领域的税收制度安排"直接"发生关系。但是，由于贸易体制同税收制度的安排密切相关，加入 WTO 的影响终归要通过贸易体制延伸至税收制度领域。所以，WTO 肯定要对中国的税收制度安排产生影响。只不过，它的影响是"间接"的——以贸易为线索、通过贸易这个纽带而传递到税收制度，并对税收制度提出调整的要求。

另一句话是：WTO 是一个市场经济框架下的多边贸易体制。

WTO 的产生、运作与发展始终是同市场经济连在一起的，从头到脚

---

[*]　本文系将原分别发表的《加入 WTO 后的税收制度》和《变革中的中国税收理念及其运行规则》两篇文章综合而成。

都贯穿着市场经济的血脉，它实质上是市场经济理念和游戏规则在贸易领域的体现。所以，WTO 还会将市场经济国家所通行的一系列政治经济理念及其游戏规则带入中国。其中，与市场经济体制相适应的税收理念及其运行规则的带入，肯定要对中国的传统税收理念及其运行规则提出挑战，甚至产生相当大的冲击。

两句话所涵盖的内容，实际上牵涉两个不同的层面：税收制度的层面和税收理念及其运行规则的层面。更深一步看，税收理念及其运行规则对税收制度的安排有重大影响，税收制度安排的调整亦反映着税收理念及其运行规则的变化。两个层面相辅相成，互为条件，构成一个完整的统一体。

不过，相对而言，在当前的中国，前一个层面的调整容易一些，可以作为短期举措——集中一批人力，加班加点，突击奋战，在一个不长的期间内加以完成。后一个层面的调整则不能一蹴而就，只能视做长期任务——随着加入 WTO 和市场化改革的进程，潜移默化、循序渐进地融入我们的经济社会生活。

二　税收制度安排的调整

说到税收制度安排的调整，还应作些适当的区分：被动的、无选择的调整和主动的、有选择的调整。

1. 被动的、无选择的调整

古今中外，任何一个国家的税收制度，总是同其特定的经济社会环境联系在一起并随着经济社会环境的变化而相应调整的。对我们来说，税收制度的调整是一个恒久的话题。加入 WTO，意味着中国税收制度赖以存在的经济社会环境发生了变化，意味着中国税收制度设计所须遵循的原则发生了变化，现行税收制度的安排当然要随之进行相应的调整。

——根据 WTO 的国民待遇原则，对外国企业和外国居民不能实行税收歧视。也就是说，给予外国企业、外国居民的税收待遇不能低于给予本国企业、本国居民的税收待遇。不过，WTO 并不反对给予外国企业和外国居民高于本国企业和本国居民的税收待遇。以此度量我国的现行涉外税收制度，可以发现，就总体而言，我们给予外国企业和外国居民的非但不是什么税收歧视，反倒是大量的本国企业和居民所享受不到的优惠——"超国民待遇"。再细化一点，我们在进口货物和国内同类货物之间、中国政府有承诺的事项和无承诺的事项之间，还存在一些差别的税收待遇。[①]所以，逐步对外国企业和外国居民实行国民待遇，显然是中国税收制度安排调整的方向。

——根据 WTO 的最惠国待遇原则，对所有成员的企业和居民要实行同等的税收待遇。也就是，给予任何一个成员的企业和居民的税收待遇要无差别地给予其他成员的企业和居民。清理我国现行的各种涉外税收法规和对外签订的双边税收协定，对那些适用于不同成员的带有差别待遇性质又不符合所谓例外规定的项目或条款予以纠正，[②] 使之不同最惠国待遇原则的要求相矛盾，也是中国税收制度安排调整的一个内容。

——根据 WTO 的透明度原则，各成员所实行的税收政策、税收规章、税收法律、税收措施等，要通过各种方式预先加以公布。保证其他成员的政府、企业和居民能够看得见、摸得着，可以预见。对比之下，我国的差距着实不小。除少数几部税收法律外，多数税种的基本规定是以法规形式而非法律形式颁布的，大量的税收政策通过税收规章或政府部门文件的形式下达且往往带有绝密或秘密字样。而且，在这些并不规范的法规、政策或文件的执行过程中，亦带有浓重的人为或随意色彩。所以，提高税收的立法层次，加大税法的透明度，构筑加入 WTO 后的透明税收，是中国税收制度安排调整的方向所在。

——根据 WTO 的统一性原则，各成员实行的税收法律、税收制度必须由中央政府统一制定颁布，在其境内各地区统一实施。各个地区所制定颁布的有关税收规章不得与中央政府统一制定颁布的法律、制度相抵触。就此而论，尽管 1994 年的税制改革初步实现了中国税收制度的统一，但

---

① 突出的例子有，对某种进口产品征收 17% 的增值税，而同类国内产品适用 13% 的增值税率；对外资医疗机构，如果中国政府曾承诺给予税收优惠，便适用税收优惠规定。如果未曾承诺给予税收优惠，便不适用税收优惠规定。

② 属于差别待遇但符合例外规定的例子是，我国通过签订税收协定，对特定国家实行 15% 或 10% 的预提税率，而对未签订税收协定的其他国家实行 20% 的预提税率。

以不同形式变相违背税制规定或对税制规定作变通处理的现象，仍在不少地区盛行，甚至在一些地区呈现蔓延趋势。所以，统一税制，对于我们来说，依然要作为税收制度安排调整的一个方向。

诸如此类的事项还有不少。面对如此的变化，我们没有其他的选择，只能按照 WTO 的要求，相应地做好中国税收制度的调整工作。

2. 主动的、有选择的调整

但是，还要看到，加入 WTO，毕竟只是影响我国经济社会环境的一个因素，而不是它的全部。除此之外，诸如市场化改革的深入、经济全球化的发展、通货膨胀为通货紧缩所取代等，都会对中国的税收制度安排提出调整的要求。换句话说，即使不加入 WTO，或者，即使 WTO 没有相应的要求或规定，为了适应变化了的经济社会环境的需要，或者，出于放大加入 WTO 的积极效应的目的，我们照样要进行税收制度的调整。

中国的现行税收制度是在 1993 年设计并于 1994 年推出的。此后的 8 年多时间里，虽然一直在修修补补，但基本的格局没有发生大的变化。然而，今天的中国，同 8 年前相比，无论从哪方面看，都几乎是不能同日而语的。

——在 8 年之前，且不说经济全球化没有达到今天这样的地步，中国的国门也没有打开到今天这样大的程度。加入 WTO 之后，中国企业所面对的竞争对手，是全球范围的。前面说过，相对于外国企业来讲，现行中国税制给予本国企业的是带有诸多歧视性待遇的安排。让本来竞争力就相对较弱的中国企业，背负着比外国企业更重的税收负担去同实力强大的全球范围的对手竞争，其结果可想而知。所以，基于经济全球化的新形势，基于为企业创造一个公平竞争的税收环境的目的，我们必须进行税收制度的调整，必须提供一个能够同国际接轨的税制。

——在 8 年之前，我们经常挂在嘴边的是如何抑制通货膨胀，怎样丰富市场供给。到了今天，萦绕我们心头的已经是如何刺激需求，防止物价指数的持续下滑了。所以，形成于通货膨胀和短缺经济年间、带有明显的抑制通货膨胀痕迹的现行中国税制，必须根据宏观经济环境的变化进行相应调整，使其走上刺激投资和消费或起码不至于对投资和消费需求起抑制作用的道路。

　　——在 8 年之前，我们的税收流失漏洞颇多，税收实际征收率不高。这些年来，随着税务部门征管力度的加大和征管状况的改善，再加上新税制奠定了良好的制度基础，税收的实际征收率已经有了相当的提升。初步估计，其提升的幅度，至少要以 10 个百分点计算。[①] 如果说在税收实际征收率偏低的条件下我们不得不选择"宽打窄用"的税制——将税基定得宽一些，把税率搞得高一点，从而保证既定收入目标的实现——的话，那么，随着税收实际征收率的提升和税收收入形势的变化，现行中国税制自然也就有了重新审视并加以调整的必要。

　　——在 8 年之前，我们绝对想象不到中国居民的收入分配差距会演化到今天这个样子。因而，那个时期设计的税制，调节收入分配的色彩不够浓重。居民收入分配差距拉大了，作为市场经济条件下政府掌握的再分配主要手段的税制建设当然要相应跟上，使其能够担负起调节收入分配、缓解收入差距过大问题的重任。

　　这里所列举的只是一些比较突出的事项。除此之外，还有许多相同或类似的方面。我们只能与时俱进，根据变化了的经济社会环境，主动出击，适时且有选择地对中国税收制度作出相应的调整。

　　3. 一份大致清单

　　将上述所谓被动的、无选择的调整和主动的、有选择的调整加在一起，可以得出一份有关中国税收制度下一步调整事项的大致清单（卢仁法，2001；高强，2001；郝昭成，2002）。

　　——增值税。现行增值税的调整方向主要是两个，一是转换改型。即改生产型增值税为消费型增值税，允许抵扣购进固定资产中所含税款。把企业目前承受的相对较重的投资负担降下来，提高企业更新改造和扩大投资的能力。另一是扩大范围。即将交通运输业和建筑安装业等纳入增值税实施范围，完善增值税的抵扣链条。

　　——消费税。现行消费税的调整重点，主要是进行有增有减的税目调

---

　　① 贾绍华（2002）的研究表明，在 1995 年，中国税收的流失额和流失率分别为 4474 亿元和 42.56%。到 2000 年，上述两个数字分别改写为 4447 亿元和 26.11%。依此计算，5 年间，中国的税收实际征收率提升了 16.45 个百分点。与此对应，税收收入占 GDP 的比重，由 1995 年的 10.3% 提升到 2000 年的 14.1%。

整。即根据变化了的客观环境和实现消费税调节功能的需要，将那些过去没有计征消费税但现在看来应当计征消费税的项目——如高档消费品或消费行为以及带来环境污染的产品，纳入消费税的征税范围；将那些过去计征了消费税但现在看来不应当继续计征消费税的项目——如普通消费品或消费行为，从消费税的征税范围中剔除出去。与此同时，对现行消费税有关税目的税率作适当调整，确定合理的税负水平。

——企业所得税。现行企业所得税，要完成内外资企业所得税制的统一。统一后的企业所得税制，不论是实行内资企业所得税向外资企业所得税靠拢，还是实行外资企业所得税向内资企业所得税靠拢，或是按全新的模式重新确立企业所得税的格局，都要统一纳税人认定标准、统一税率、统一税基、统一优惠政策，为各类企业提供一个稳定、公平和透明的税收环境。

——个人所得税。现行个人所得税，要在强化居民收入分配调节功能的目标下加以完善。其主要的方面，一是实行分类与综合相结合，将工资薪金所得、生产经营所得、劳务报酬所得、财产租赁所得和财产转让所得（即属于勤劳所得和财产所得系列的所得）纳入综合征税范围，其他所得实行分类征税。二是建立能够全面反映个人收入和大额支付的信息处理系统，形成一个规范、严密的个人收入监控和纳税人自行申报纳税体系。三是在适当提高费用扣除标准的同时，简并、规范税收优惠项目。四是简化税率，减少级距。对分类所得继续实行比例税率；对综合所得，则实行超额累进税率。或者，酌情实行少许累进的比例税率。①

——关税。现行关税，要在履行降低关税总水平承诺的同时，相应调整关税税率结构。并根据 WTO 的转换原则，适当扩大从量税、季节税等税种所覆盖的商品范围。

——地方税。可以纳入现行地方税调整系列的事项不少，一是解决内外资企业分别适用两套不同税法的问题，如统一内外资企业分别适用的车

---

① 一种较有代表性并已引起有关部门重视的看法是，在现时的中国，实行综合制有相当大的风险。可以考虑仿照俄罗斯的单一税（flat tax）做法，实行"见钱就征"的征收办法：如在允许基本扣除之后，只适用 13% 的单一税率，或实行 10% 和 20% 两个档次的税率。

船使用税和车船使用牌照税，统一内外资企业分别适用的房产税和城市房地产税。二是在完善城市维护建设税、土地使用税和教育费附加的基础上，将外资企业纳入征税范围，对内对外统一适用。三是完善印花税，择机开征证券交易税。同时，结合费改税，将一部分适合改为税收的地方收费项目，改为地方税。

——费改税。费改税是一项大的系统工程，必须同税收制度的调整结合起来，通盘考虑，统一安排。眼下可以确认并须尽快着手的有如下几项，一是实行车辆道路收费改革，开征燃油税。二是推进社会保障收费制度改革，开征社会保障税。三是加快农村税费改革，切实减轻农民负担。四是推进环保收费制度改革，开征环境保护税。

除此之外，还要适时开征遗产与赠与税，并使其同个人所得税相配合，共同担负其调节居民收入分配的使命。

三　税收理念及其运行规则的调整

税收理念及其运行规则，并不是一个多么深奥的理论问题。说得通俗一点，它无非是指怎样定义税收并以此规范各有关主体的涉税行为（高培勇，2002）。

不过，前面说过，由于它渗透着一个社会的政治经济理念，贯穿了一个特定经济体制背景下的游戏规则，牵涉到整个税收运行机制的布局，因而它的调整，非同小可，必须给予高度的关注。

不妨以 WTO 的原则为参照系，并将税收放在整个政府收支的运行过程中，透视一下处于变化中的中国税收理念及其运行规则。

1. 公共财政框架带来的变化

其实，中国税收理念及其运行规则的变化，从市场化改革启动的那一天便开始了。只不过，它是随着市场化改革的不断深入而逐渐显现出来的。加入同市场经济同宗同源的 WTO，对中国税收理念及其运行规则的影响，更多的是为之装上了一个向市场经济靠拢的"加速器"。

说到这里，应当提及 1998 年末和 1999 年初相继召开的全国财政工作会议和全国税收工作会议。在这两个会议上，作出了一个具有划时代意义、事实上铺就了中国加入 WTO 之路的重要决策:构建中国的公共财政基本框架。随着中国财政改革与发展目标的明确定位以及一系列相关工作的启动,中国税收理念及其运行规则的革命性变化已经在孕育之中。叩开 WTO 之门,意味着这场革命终于到来了。

公共财政相对于传统意义上的国家财政,并非仅仅是"定语"的变化,而是有着实实在在的内容。

在以往的教科书和马克思主义经典作家的著述中,关于国家的解释,有两句话即便今天读起来依然刻骨铭心。其一,它是阶级矛盾不可调和的产物。其二,它是一个阶级压迫另一个阶级的工具。

由对国家的认识延伸到对国家财政的认识,国家财政理所当然地被赋予了鲜明的阶级性质。50 年初期出版的《国家财政学》一书,明白无误地指出了财政的阶级性:"财政既是在实现国家职能,为统治阶级服务,于是国家的本质决定了财政的本质。在阶级社会中,财政很明显的是统治阶级的剥削工具。资本主义财政学家,为要隐蔽财政的阶级性和剥削性,硬说政府是为公共服务的,财政是应公共的需要而发生,把它称为公共财政或直接称为政府财政;他们不敢触及国家本质,甚至连国家这一名词,也避而不用;他们仅仅罗列一些财政现象,讨论一些收支技术问题。这种混淆是非的理论,是不足以说明财政的真意的。"①

1979 年出版的全国高等财经院校通用教材《国家税收》甚至就此作出了对比分析:"资本主义国家是为资产阶级的利益服务的,因而税收是资产阶级在生产资料占有关系之外,凭借国家的政治权力,通过对劳动人民已经获得的国民收入的再分配,对劳动人民进行的超经济剥削。资本主义税收的阶级本质,表现在绝大部分税收是直接向劳动人民征收;是对劳动人民已经获得的收入的扣除;表现在一切税收最终都是由劳动人民负担的;还表现在它是为资产阶级的利益服务的。……社会主义税收的阶级本质与资本主义税收有根本的区别。社会主义国家是为广大劳动人民的利益服务的,因而社会主义税收也是为劳动人民的利益服务的。我国税收主要是向社会主义企业征收,而不是向劳动人民或其他个人征收。在社会主

---

① 转引自张馨等《当代财政与财政学主流》,东北财经大学出版社 2000 年版,第 396 页。

社会，无产阶级专政国家把税收动员的资金，通过国家预算的安排，有计划地用于发展社会主义经济——国有经济，发展社会主义的科学、教育、文化、卫生事业，用于加强战备，巩固国防。所有这些，都是为社会主义革命和建设服务的。"①

以上只是俯拾即是的两个例子。根据如此的"国家观"和"国家财政观"或"国家税收观"构建起来的国家财政，屁股当然要坐在"国有制"或"公有制"椅子上，而几乎谈不上什么"公共性"。以改革前夕的1978年的财政收支格局以及政策取向为例。在那一年，（1）以全国财政收入总额为100%，则来源于国有经济单位上缴的税收和利润份额分别为35.8%和51.0%，两者合计86.8%。如果在此基础上，再加上集体经济单位上缴的部分，那么，整个财政收入的来源结构，便是几乎清一色的公有制了。（2）在全国财政支出总额中，用于基本建设项下的支出占40.4%。无须赘言，由财政拿钱搞的基本建设要形成国有资产，也就是投向了国有制经济单位。加上投向国有制经济单位的增拨企业流动资金支出、挖潜改造资金和科技三项费用支出、弥补亏损支出，以及为国有企业诸如职工住房、医疗服务、子弟学校、幼儿园和其他属于集体福利设施的投资提供补贴的支出，等等，财政花在国有制经济单位身上的钱，便成了整个财政支出中的大头儿。如果财政拿出一部分钱拨付到农村，即给了非国有制经济单位，也要在其前面冠之以"支援"二字——支援农业支出。（3）财政税收政策的基本取向是"区别对待"——私营企业的税负重于集体企业，集体企业的税负重于国有企业。并且，国家财政上的钱主要投向于国有制经济单位。

然而，时隔20多年，当我们再来透视今天的财政收支以及政策安排格局，便会发现，其间的变化是翻天覆地式的：屁股已经在从"国有制"或"公有制"向"多种所有制"的椅子上挪动。在2001年，（1）全国财政收入的来源结构已经是国有制和非国有制经济单位两分天下，非国有制经济单位占比略高于国有制经济单位。而且，往前看，来自非国有制经济

---

① 国家税收编写组：《国家税收》，中国财政经济出版社1979年版，第3—7页。

单位缴款的份额呈现出强劲增长的态势。① （2）在中央一级财政支出中的占比，基本建设支出已经一路下滑到 14.9%。如果剔除当年用于启动经济、以增发国债来安排的并非正常性的基础设施投资，这个占比数字还要下调。与之形成鲜明对比的是，用于养老保险基金补贴、国有企业下岗职工基本生活保障补助、城市居民最低生活保障补助、抚恤和社会福利救济费等社会保障性支出上升至 17%，用于科教文卫事业项下的支出，增长到了 18.3%。（3）财政税收政策的基本取向已经由"区别对待"转变为"国民待遇"——在税收负担和支出投向安排上，一视同仁地对待所有的企业和居民。

如果说传统的财政收支格局是"取自家之财，办自家之事"——将基本取自于国有制经济单位的钱，主要投向于国有制经济单位，并且，财政税收政策被赋予了阶级斗争工具——通过财政收支安排，达到削弱以至铲除非公有制经济的目的——之责的话，那么，随着市场化改革的进程和公共财政框架的构建，逐步趋向于"公共性"的今天的财政收支已经呈现出"取众人之财，办众人之事"的格局——将取自于广大社会成员的钱，投向于同广大社会成员切身利益相关的公共物品或服务项目上，并且，财政税收政策已经在相当程度上失掉了阶级斗争工具的意义，而走上了为全体社会成员服务——无差别地、一视同仁地对待每一个企业和每一位居民——的道路。

2. 进一步的分析：公共财政框架的基本特征

以"公共性"定位财政，绝不是一件小事情。事实上，它所带来的变化，不仅为我们走进 WTO 之门铺平了道路，而且，对于中国的经济社会生活来说，无异于一场革命。

为了更清楚地认识公共财政框架带给税收理念及其运行规则的影响，我们不妨分析得更细致一些。

公共财政的框架，当然要在广泛借鉴市场经济制度国家财政运行机制

---

① 最新的一项对非公企业人才调查显示，非公有制企业管理人员和专业技术人员中，大学本科以上学历的占 18.2%，比国有企业高出 1.1 个百分点。中国港澳台地区及外商投资企业管理人员和专业技术人员中，大学本科以上学历的占 22.4%，比国有企业高出 4.3 个百分点（《新华日报》2002 年8 月 21 日）。

基本模式的基础上，植根于中国的基本国情并按照中国人的思维习惯加以阐释。尽管人们对于如何定义公共财政、怎样解释公共财政框架，还有着诸多的不同点，但就总体看来，来自理论界和有关政府部门的文献表明，[①]在公共财政框架基本特征的概括上，认识正在逐渐趋向一致（高培勇，2001）。

　　——着眼于满足社会公共需要。亦称"公共性"。即是说，公共财政的职能范围是以满足整个社会的公共需要——而不是满足哪一个阶级或哪一个集团的需要——为口径界定的。凡不属于或不能纳入社会公共需要领域的事项，公共财政就不去介入；凡属于或可以纳入社会公共需要领域的事项，公共财政就必须涉足。

　　本着这样一种理解，可以纳入社会公共需要领域、应当由公共财政担负的具有代表性的职能事项是：

　　（1）生产或提供公共物品或服务。公共物品或服务是典型的用于满足社会公共需要的物品或服务。之所以要由政府通过财政手段来生产或提供这类物品或服务，主要是因为：它是向整个社会共同提供的。全体社会成员联合消费，共同受益。即它具有效用的非分割性；一个或一些社会成员享受这些物品或服务，并不排斥、妨碍其他社会成员同时享用。即它具有消费的非竞争性；它在技术上没有办法将拒绝为其付款的社会成员排除在受益范围之外。即它具有受益的非排他性。具有如此特点的物品或服务，显然企业不愿也无能力生产，必须由政府担当起提供的责任。社会治安、环境保护、公路修建等，便是这类物品或服务的突出代表。

　　（2）调节收入分配。指的是居民个人之间收入分配的调节。之所以要由政府运用财政手段来调节居民收入分配水平，其最主要的原因，在于它也是一种社会公共需要。在市场经济条件下，决定居民收入分配状况的因素，一是每个人所能提供的生产要素（如劳动力、资本、土地等）的数量，另一是这些生产要素在市场上所能获得的价格。由于人们所拥有（或继承）的生产要素的差别，人与人之间的收入分配往往会拉开差距。尽管

---

　　①　可以参阅的主要文献是：财政部办公厅、国家税务总局办公厅编《建立稳固、平衡、强大的国家财政——省部级主要领导干部财税专题研讨班讲话汇编》，人民出版社2000年版。

一定的收入分配差距可以提升效率，但差距过大了，整个社会的稳定发展就要受到威胁。所以，客观上需要社会有一种有助于实现公平目标的再分配机制。在市场机制的框架内，又不存在这样的再分配机制。政府借助于非市场方式——通过财政收支的恰当安排去调节那些由此而形成的居民收入分配上的高低悬殊现象，便成了公共财政的职能事项之一。

（3）促进经济稳定增长。自发的市场机制并不能自行趋向于经济的稳定增长，相反，由总需求和总供给之间的不协调而导致的经济波动，是经常发生的。为此，需要政府作为市场上的一种经济力量，运用宏观上的经济政策手段有意识地影响、调节经济，保证宏观经济稳定、均衡地向前发展。其中，通过不同时期的财政政策的制定和财政实践上的制度性安排，来维系总供给和总需求之间的大致平衡，便是政府所掌握和运用的重要政策手段之一。

——立足于非营利性。亦称"非营利性"。即是说，公共财政的收支安排是以公共利益的极大化——而不是以投资赚钱甚或夹带着投资赚钱的因素——为出发点和归宿的。公共财政的非营利性决定于政府活动和公共财政的公共性。因为，在市场经济条件下，政府部门和企业部门所扮演的角色截然不同。企业作为经济行为主体，其行为的动机是利润最大化，它要通过参与市场竞争实现谋利的目标；政府作为社会管理者，其行为的动机不是也不能是取得相应的报偿或赢利，而只能以追求公共利益为己任。其职责只能是通过满足社会公共需要的活动，为市场的有序运转提供必要的制度保证和物质基础。即便有时提供公共物品或服务的活动也会附带产生一定的数额不等的利润，但那至多是一种副产品。其基本的出发点或归宿仍然是满足社会公共需要，而不是赢利。表现在财政收支上，那就是，财政收入的取得，要建立在为满足社会公共需要而筹措资金的基础上。财政支出的安排，要始终以满足社会公共需要为宗旨。政府的财政收支行为，不应也不能带有任何营利的色彩。

进一步分析，公共财政的收支安排之所以要立足于非营利性，还可作如下几个方面的归结：

（1）作为社会管理者的政府，拥有相应的政治权力。拥有政治权力的政府，一旦直接进入市场参与竞争，追逐赢利，它就免不了"手脚并用"——动用除经济资源之外的政治权力去实现追逐利润的愿望。其结果是，肯定会发生权钱交易并因此而滋生政府部门的腐败行为，干扰或破坏市场的有序运行。

（2）一旦政府出于营利的目的而作为竞争者进入市场，市场与政府分工的基本规则将会被打乱。由于政企不分，本应着眼于满足社会公共需要的政府行为，很可能异化为追逐私人利润的企业行为。其结果，或是因财政性资金用于牟取利润项目而使社会公共需要的领域出现"缺位"，或是因牟利性支出项目的设置而不得不增加向社会成员征收的收入。其中的任何一种结果出现，都会损害而不是增进社会成员的切身利益。

（3）只要政府活动超出满足社会公共需要的界限而延伸至竞争性领域，作为社会管理者的政府同作为其管理或服务对象的各个经济行为主体之间便有了亲疏之别，包括财政收支在内的整个政府行为，就免不了对各个经济行为主体的差别待遇。如对由政府出资的企业或项目，在财政收支的安排上给予特殊的优惠。而对非由政府出资或对由政府出资的企业或项目构成竞争关系的企业或项目，在财政收支的安排上给予特殊的歧视。其结果是，着眼于满足社会公共需要的财政收支活动，会因厚此薄彼而违背市场正常和正当竞争的公正性。

——收支行为规范化。亦称"规范性"。即是说，公共财政的收支运作要建立在讲规矩、有规矩、守规矩——而不能不讲规矩、没有规矩、不守规矩——的基础上。公共财政的规范性亦决定于公共财政的公共性。正是因为公共财政是以满足整个社会的公共需要为基本着眼点的，正是因为政府部门所花的钱是从广大社会成员那里收取的"众人之财"——而不是或不再是"自家之财"，政府部门所办的事是与广大社会成员日常生活息息相关的"众人之事"——而不是或不再是"自家之事"，政府部门收钱、花钱的行为，才应当有所讲究，才必须接受监督，才应当且必须对社会成员具有透明度。

那么，怎样才能算作公共财政收支行为的规范化呢？或者，公共财政收支行为规范化的标志是什么呢？

（1）以法制为基础。即是说，财政收入的方式和数量或财政支出的去向和规模必须建立在法制的基础上，不能想收什么就收什么，想收多少就收多少,或者,想怎么花便怎么花。无论哪一种形式、哪一种性质的收入,都必须先立法,后征收。无论哪一类项目、哪一类性质的支出,都必须依据既有的制度来安排。

(2)全部政府收支进预算。政府预算不仅是政府的年度财政收支计划,还是财政收支活动接受立法机关和社会成员监督的重要途径。通过政府预算的编制、审查、执行和决算,可以使政府的收支行为从头到尾置于立法机关和社会成员的监督之下。这即是说,预算的实质是透明度和公开化,并非简单地将政府收支交由哪一个部门管理或列入哪一类表格反映。由此推演,政府的收与支,必须全部置于各级立法机关和全体社会成员的监督之下,不允许有不受监督、游离于预算之外的政府收支。

(3)财政税务部门总揽政府收支。按照政府部门之间的职能划分,掌管政府收支是财政税务部门的天职。所有的政府收支——而不是部分的——要完全归口于财政税务部门管理——从社会成员那里筹措资金,然后转手供给其他政府职能部门作为活动经费,而不让各个政府职能部门分别向自己的服务或管理对象直接收钱、花钱。不论是税收,还是收费,抑或其他别的什么形式的收入,都要由财政税务部门统一管起来。即便出于工作便利的考虑,把某些特殊形式的收入,如关税、规费交由特定的政府职能部门收取,那至多也是一种在"收支两条线"前提下的"代收"、"代征"。这样做的好处,就是要切断各个政府职能部门的行政、执法同其经费供给之间的直接联系,从根本上铲除"以权牟钱、以权换钱"等腐败行为的土壤。

3. 公共财政框架中的中国税收

中国的财政收支格局以及政策取向已经并正在发生翻天覆地的变化,步入 WTO 之门又将极大地推动并加速这种变化,作为财政收支体系的一翼、对于经济社会发展有着重大影响的税收,显然要适时地、主动地进行理念及其运行规则的调整,并使之走上与市场经济体制环境相适应的轨道。

这种调整,在深层次上至少要涉及如下几个方面。

——为"办众人之事"而"取众人之财"。税收终究是政府取得财政收入的一种形式。但是,在不同的经济体制环境中,税收所具有的意义有着很大的差异。计划经济年代的税收，既然主要来源于国有制经济单位，亦主要投向于国有制经济单位，并且要作为阶级斗争的工具而发挥作用，自然被视作政府凭借政治权力在公有制内部进行的"必要扣除"。在市场经济的体制环境和公共财政的框架中，政府实质是一个特殊的产业部门——公共物品或服务业。广大的企业和居民，则是公共物品或服务的消费者。无论是企业和居民，还是政府部门，其同税收之间的关系，都是围绕着公共物品或服务这条线索而发生的。企业和居民之所以要纳税，就在于换取公共物品或服务的消费权。政府部门之所以要征税，就在于向社会提供公共物品或服务。到了这个时候，税收便被赋予了一种带有鲜明的市场经济色彩的"权利与义务相对称"的意义。只要纳税人依法缴纳了税收，便因此享有了向政府部门索取公共物品或服务的权力。只要政府部门依法取得了税收，便因此负起了向纳税人提供公共物品或服务的义务。纳税人所消费的公共物品或服务，来源于政府部门提供公共物品或服务的活动。政府部门用于提供公共物品或服务的财源，又来源于纳税人所缴纳的税收。

按照如此的思维来定位，在这里，税收所担负的任务，或者，税收所扮演的角色，说到底，就是为"办众人之事"而"取众人之财"。更进一步看，既然取的是"众人之财"，为的是办"众人之事"，那么，有关税收的征收、缴纳、使用的全部事项，都必须放入"众人"的视野，根据"众人"的意志来行事。事关税收制度设计、税收政策安排的所有工作，都应当本着"众人之事"的议事规则，按照"众人之财"的理财方法来操作。

可以看出，由"凭借政治权力而征税"到为"办众人之事"而"取众人之财"，的的确确是发生在现时中国经济社会中的一场革命。

——按"办众人之事"之需而"取众人之财"。说得更透彻一点，就是税收收入的规模，要严格地按照"以支定收"而不再是"量入为出"的思路加以界定。计划经济年代的税收，不过是政府在"自家"院落、公有制的大家庭内，调配社会资源的一种名义或说法。既然几乎所有的社会资源统统掌握在政府手中，政府配置社会资源的对象又几乎是清一色的公有制单位，那么，政府将其中多大的社会资源份额作为财政收入配置给政府部门花费，完全可以根据政府自身的意志来决定。既然财政收入和财政支出的量完全听凭政府自身的安排，实行所谓"量入为出"——按照财政收入的大小安排财政支出的规模，也就成为一种自然的选择。因此，在那个时候，税收收入的量如何去把握，相对来说，是不那么重要亦不那么受关注的。但是，一旦走入市场经济，一旦政府不再能统揽社会资源的配置了，特别是政府要作为一个特殊的产业部门而从事与其身份相符的收支活动了，政府应当且可以从企业和居民手中取得多少收入，或者，财政收入应当且可以在整个社会资源配置中占多大的份额，不仅有必要讲究了，而且，继续循着过去的"量入为出"规则走下去，很可能进入"能取得多少收入便取得多少收入，能取得多少收入便花费多少支出"的思维怪圈，从而对企业和居民施加越来越重的负担。①

既然市场经济体制环境中的税收或公共财政框架中的税收，其实质的意义在于，为"办众人之事"而"取众人之财"，或者，换句话讲，"取众人之财"的目的是"办众人之事"，那么，"取众人之财"的标准，只能是"办众人之事"——政府生产或提供公共物品或服务——的需要量，而且，只能是市场定价基础上的"办众人之事"的最低需要量。所以，"以支定收"——以社会公共需要为参照系，按照政府生产或提供公共物品或服务的最低需要量来安排税收收入的规模，应当是我们在新的形势下，处理诸如税收收入规模的界定、财政收入规模的界定以及财政收入占GDP 比重之类问题可以依循的唯一标准。

——将"取众人之财"融入"办众人之事"的系统工程。也就是说，要脱出税收征纳的局限而站在市场经济体制和公共财政框架的宏观高度思考问题，并由此规范围绕税收而形成的各有关行为主体的行为。在计划经济的年代，建立在"取自家之财，办自家之事"理念基础上的中国税收运行格局，只要解决好征收和缴纳两个环节的问题，处理好税务机关和公（国）有制经济单位的关系，其他别的什么方面的事情便不重要了或不那么重要了。但是，使用市场经济的眼光，将税收放到公共财政框架和

---

① 当前，随着税收收入的高速增长和"费改税"改革相对迟缓所呈现的企业和居民负担的加重状况，可以视作这种思维怪圈的一个必然结果。

WTO 规则的棋盘上，我们看到的围绕税收而形成的各有关行为主体的实质关系是：企业和居民为了换取公共物品或服务的消费权而纳税，税务部门为了筹措提供公共物品或服务的财源而征税，其他政府职能部门为了向社会提供公共物品或服务而用税。

据此理解，税收征纳并非独立存在的单一业务，而是"办众人之事"这个大的系统工程的一个组成部分。作为完整意义上的依法治税，至少应当包括依法纳税、依法征税和依法用税三个方面。其中的任何一个方面除了问题，都会影响、波及其他的方面，从而使整个的依法治税工作因此受阻。事实上，在当前的中国，困扰依法治税工作、阻碍依法治税取得实质性进展的矛盾焦点，就出在用税方面，而不是人们经常挂在嘴边的征税或纳税。正是由于用税的理念及其运行规则未及确立或者未及按照市场经济的理念及其游戏规则确立起来，在我们的身边，不知手中支用的经费来自税收、花钱大手大脚的官员有之，不晓兜里的工资皆系税款、误将履行职能视作对百姓"恩赐"的干部有之，对税收工作持旁观态度甚至人为设置障碍的政府部门亦有之。所以，在当前中国的依法治税工作已经有了突破性进展的基础上，我们还需要再加"一把火"——把整个政府部门的涉税行为规范好。

为此，笔者特别重申两点建议（高培勇，2002）：其一，分解作为一个整体的政府部门和专司征税之职的税务部门的涉税行为并分别冠之于不同的名称。将税务部门称作"征税人"，将其他政府职能部门称作"用税人"。其二，用"税款"取代"公款"，作为政府部门资金的代名词。这样做，并非是玩弄文字游戏。它至少有如下几个方面的现实意义：（1）它可使各个行为主体在依法治税的工作中"对号入座"——企业和居民"交钱"，税务部门"收钱"，其他政府职能部门"用钱"，分别扮演好自身必须扮演的角色，各自担负起自身应当担负的职责。（2）它有助于认清各级政府部门在依法治税工作中的关键地位和重要作用：纳税人能否依法纳税，征税人能否依法征税，在相当程度上，取决于用税人能否依法用税。（3）它启示我们把依法治税融入依法治国——也可说是依法"办众人之事"——的大系统，从依法治税和依法治国的相互联系中全面推进依法治税的工作。

　　总而言之，随着我国走入 WTO 的大门，中国的税收应当且必须同时从两个层面——税收制度和税收理念及其运行规则——上着手相应的调整工作。两个层面的事情做好了，对路了，加入 WTO 所必需的调适期才有可能被缩短，加入 WTO 所带来的积极影响才有可能被放大。

主要参考文献

卢仁法：《WTO 与中国税制》（光盘），中国国际税收研究会，2001 年。

高强：《适应市场经济要求深化税制改革》，《中国财政》2001 年第 1 期。

郝昭成：《加入 WTO 对我国税收的影响及应对措施》，国家税务总局编《情况通报》2002 年第 14 期。

贾绍华：《税收黑洞：每年吞噬 4000 亿》，《中国经济时报》2002 年 8 月 20 日。

高培勇：《税收的宏观视野》，《税务研究》2002 年第 2—3 期。

高培勇：《构建中的中国公共财政框架》，《国际经济评论》2001 年第 1—2 期。

高培勇：《规范政府的涉税行为》，《经济日报》2002 年 5 月 17 日。

（原载《国际经济评论》2002 年第 7—8 期和《财政研究》2002 年第 12 期）

中国国债规模:现状、由来与出路[*]

一　引言

对于当前中国的国债规模，在中国学术界和政府部门，有两种截然相反的判断：一曰不大。既在公认的安全线之内，亦有相当的扩张空间。另一曰偏大。已经潜伏着一定风险，应当采取相应措施加以控制。

然而，中国的国债规模，是一个既体现普遍规律又凸显中国国情的特殊问题。研究它，必须小心地循着普遍规律同中国国情相结合的路径，将中国国债放在制度变迁的大的背景下，从国债与其他相关因素的彼此联系和相互作用中逐步逼近现实。

本文拟根据上述的认识，先后讨论三个方面的问题：第一，当前中国的国债规模究竟是偏大还是不大？第二，在改革开放以来的 23 年间，中国国债经历了一个怎样的发展过程？第三，面对当前的中国国债形势，政府应当采取什么样的对策？

二　两类不同的衡量指标:各有千秋

用于衡量一国国债规模大小的指标尽管不少，但综合起来看，不外两个类别：一是存量指标。它着眼于国债的累积规模。如"债务负担率"，以国债累积额占同年 GDP 的比重数字，反映国债累积总量相对于同年经济总规模的比例关系。另一是流量指标。它着眼于国债的发行规模。如

---

[*]　本文系笔者于 2003 年 1 月 23—27 日在法国巴黎举行的"中法公共债务问题研讨会"上的演讲稿。

"债务依存度"，以国债发行额占同年政府财政支出的比重数字，反映当年政府财政支出对债务收入的依赖程度。

将两类不同的指标分别应用于当前中国国债规模状况的判断，得到的结论是迥然相异的。

就债务负担率看，截至 2001 年底，中国历年发行、尚未清偿的国债累积额为 18308 亿元，[①] 大约占同年 GDP 的 19.1%（国家统计局，2001；项怀诚，2002）。这个数字，同《马斯特里赫特条约》规定的 60% 的所谓警戒线比起来，应当说是相当低的。也正因为如此，不少人认为中国的国债规模并不大，还有相当大的扩张空间。

以债务依存度论，2001 年，中国国债的发行额为 5004 亿元，[②] 分别占同年全国财政支出额（中央和地方两级财政支出合计）的 23.9%［=5004/（18903 + 2007）］和中央财政支出额（中央本级财政支出）的 64.4%［=5004/（5768 + 2007）］（项怀诚，2002）。无论使用这两个数字中的哪一个，同欧美等国的债务依存度水平比起来，都不能算低了，甚至有些偏高了。正是基于这个原因，许多人对中国国债发行规模的迅速膨胀，持担忧的态度。

国债的累积规模不大，但发行规模偏大。两种现象同时并存的原因，在于中国举债的历史不长。从 1979 年算起，也就是 23 年的时间。欧美等国的国债的累积规模之所以能达到如今这样的高水平，是经过几百年时间积累下来的结果。问题恰恰出在这里：如果中国国债的发行规模照目前这样的势头发展下去，那么，要不了多久，中国国债的累积规模，很可能会达到难以控制的程度（高培勇，1998）。

更进一步看，国债发行额分别占同年全国财政支出额和中央财政支出额的比重数字，是依据"国家财政的债务依存度"和"中央财政的债务依存度"两种不同的口径计算的。事实上，迄今为止，中国的国债是作为中央政府组织财政收入的形式而发行的，其收入列入中央财政预算，由中

---

　① 这个数字比官方公布的 15608 亿元多出 2700 亿元。是因为，1998 年为补充国有商业银行资本金而专门向国有商业银行发行的 2700 亿元特别国债，表面看只是个账面调整问题，实质仍是政府债务的一部分，应当将其计入国债规模。

　② 其中，中央财政债务收入 4604 亿元，中央财政代地方财政发行 400 亿元。

央政府调度使用。地方政府不得发行债券,地方财政收入中既无债务收入这一项,其支出自然亦与债务收入无关。也就是说,作为债务依存度计算公式分子部分的国债发行额,全部是中央财政的债务收入额(即便是以代地方政府发行为名的部分)。所以,真正能确切地说明问题的,还是后一种口径即中央财政的债务依存度数字。

所以,如果说当前中国的国债规模确实存在着一定风险,那么,这一风险的主要方面,在于国债的发行规模(非累积规模)偏大。国债发行规模的偏大,又集中表现为中央财政(非全国财政)的债务依存度偏高。

三　改革开放以来的中国国债:因素分解

中国曾经有过一段“既无内债,又无外债”的历史时期。也就是说,在 1979 年中国政府决定重新启用国债的那一天,中国国债的累积额为 0。接踵而来的问题是,由 0 起步的中国国债,何以在短短的 23 年间演化到了当前这样的地步?其中有无可以作为历史线索的主要因素?

1. 体制改革

中国国债的重新启用同中国经济体制改革的启动几乎是同时发生的。中国经济体制改革的一大特点就是,在相当长的一段时间,改革每向前迈进一步,几乎都要以财政(特别是中央财政)上的减税让利为代价。减税让利之后出现的财政赤字,先是两条腿走路,即同时以向中央银行透支(借款)和举借国债两种方式来弥补,后来,出于抑制通货膨胀的政策考虑,从 1994 年起,彻底取消了财政向中央银行的透支(借款),财政上的赤字全部通过举借国债一种方式来弥补。随着弥补赤字方式的“双轨制”转入“单行道”,1994 年的国债发行规模,亦由 20 世纪 80 年代和 90 年代初期的几十亿至几百亿元,一举突破了千亿元(1175.23 亿元)大关。

2. 税收“缺位”

中国传统经济体制下的国民收入分配机制,是以农副产品统购统销和国家统管城市职工工资制度为前提的。由此,那一时期的政府财政收入结构,便是“税利并存,以利为主”。而且,来自国有经济单位的缴款占大头儿。① 改革开放以后，伴随着市场化的进程，农副产品统购统销和国家统管城市职工工资的格局相继被打破，原有的财政收入渠道基本上不复存在了。然而，改用规范化的税收形式取得财政收入，又遇到了长期"无（明）税"环境的惯性作用的挑战。出于心理和行为的不适应，各经济行为主体下意识的和有意识的偷漏税现象同时滋生。在税收严管重罚的力度未能相应跟上、依法治税的社会环境尚未确立的情况下，各种偷漏税的行为犹如"病毒"，逐渐蔓延，致使该征的税不能如数收上来，国家税收出现了大面积流失。1994 年税制改革之后，这种矛盾虽然已经有所缓解，但问题尚未根本解决。在呈"刚性"的财政支出面前，本应在财政收入体系中充当"主力队员"的税收的"缺位"，只会引发对国债的日益严重的依赖，从而形成国债的"越位"。

3. 非规范性政府收入的冲击

改革以来的 20 多年间，在一系列体制转轨因素的复合作用下，中国各级政府逐步形成了预算内、预算外和制度外三个层次或说是规范性和非规范性政府收入并存的格局。而且，列入预算的规范性政府收入占 GDP 比重迅速下降又同预算外收入、制度外收入等非规范性政府收入急剧扩张，几乎同时发生。② 需要看到的是，这些年来，预算外、制度外的政府收入的增长，在相当程度上是以"挤压"预算内的政府收入为前提的。没有预算内收入向预算外收入、制度外收入的转移，非规范性政府收入的扩张速度绝不会如此之快，其规模也绝不会达到目前这样的程度。非规范性政府收入冲击规范性预算内收入所带来的结果，表面上看是预算内收入占 GDP 比重的下降，但是，深入一层看，由于政府财政支出并未随财政收入同步下降，两者之间的差异，只能通过举借国债加以弥补。

4. 借新债还旧债

举借的国债终归要还本付息。在财政困难特别是中央财政的困难始终

① 以 1978 年为例，在全国财政收入总额，来自国有经济单位缴纳的税收和上缴的利润份额分别为 35.8% 和 51%。两者合计，占 86.8%（中国财政年鉴编辑委员会，2001）。

② 根据（陈小平）2000 年所做的典型调查，如果将三个层次的政府收入全部相加，当年中国政府收入占 GDP 的比重数字为 34.43%。同年，官方公布的预算内政府收入占 GDP 的比重数字则为 15%。

未得到扭转的境况下，偿债高峰期的到来，迫使政府不得不操用借新债还旧债的办法去应付到期国债的兑付难题。不仅国债的还本支出依赖于举借新债，利息支出同样指望举债。而且，从 1994 年起，又将债务还本付息支出移出预算，形成了同经常性预算、建设性预算并列，但又不在整个预算支出数字中反映的所谓"第三预算"——债务预算。比如，在 1997 年的 2476.83 亿元债务收入中，有 1916.83 亿元（占 77.39%）就是用于应付当年到期的国债本息偿付。这个数字，并不包括在当年的全国预算支出数字 9197.06 亿元之内（国家统计局，2001）。每年上千亿乃至数千亿元的偿债高峰，虽可循此方式得以渡过，但其代价是国债规模越滚越大了。

2000 年以后，中国国债的利息支出和还本支出实行"分流"——利息支出进预算，作为经常性预算中的一个支出项目。还本支出仍通过举借新债的办法融资。这虽然杜绝了国债规模越滚越大的隐忧，但长期形成的惯性作用以及利息支出进入预算之后财政赤字的相应加大，对国债发行规模的提升效应依然在一定程度上存在。

5. 财政支出膨胀

预算内收入，特别是预算内经常性财政收入的相对减少，并未带来中国政府财政支出的相应下降。相反，在改革开放的大潮中，政府各方面的支出需要增势迅猛。国债的利用，又使政府有可能突破经常性财政收入对财政支出形成的预算约束。加之国债管理制度本身不完善，对政府举债的规模缺乏有效的制约，结果便是财政支出规模的一再膨胀。1979—2001年，全国财政支出（含债务支出）由 1281 亿元膨胀至 20909.89 亿元（＝18902.58 亿＋2007.31 亿）（国家统计局，2001；项怀诚，2002），23 年间膨胀了 16 倍多，大大高于同期财政收入甚至 GDP 的增长速度。由此形成了财政支出膨胀→财政赤字加大→国债发行规模增加→财政支出进一步膨胀→国债发行规模再增加这样一种连锁反应。

6. 实行扩张性财政政策

1998 年，在亚洲金融危机的不断蔓延以至全球经济贸易增长放慢的情况下，中国政府开始实行以扩张需求为主要目标的所谓积极的财政政策。积极财政政策的主要内容，就是通过增发国债加大政府基础设施建设、国有企业技术改造以及其他方面支出的投入量，以此拉动国内需求，保持经济的稳定增长，从而抵御金融危机的侵扰。1998—2002 年，中国政府先后为此发行了 1000 亿元、1100 亿元、1500 亿元、1500 亿元和 1500 亿元的长期建设国债。5 年间发行的属于积极财政政策性质的国债总额，达到 6600 亿元（项怀诚，2002）。

四　关键是降低"债务依存度"：出路探询

我们看到，连续 20 多年的国债发行，在给中国的经济和社会发展带来一系列积极影响的同时，亦通过国债发行规模以及中央财政债务依存度的逐年加大，而使中国财政面临一定的风险。当前的经济形势又要求我们保持经济政策的连续性和稳定性，继续实行旨在扩张需求的积极财政政策，从而国债的发行规模还将面临进一步扩大的趋势。在当前的背景下，唯一恰当的选择是：立足当前，又着眼于长远。在全力保证宏观经济稳定增长的同时，把降低相对偏高的债务依存度作为一个重要的政策目标加以追求。

问题是，如何来做？

1. 进一步完善税制，把该收的税尽可能如数收上来

从根本上说来，在既定的财政支出规模约束下，以税收为代表的经常性财政收入和国债之间，是一种此增彼减的相互替代关系。国债的"越位"既然是税收"缺位"的结果，那么，让作为财政收入体系主力队员的税收"归位"，肯定是降低债务依存度的关键一步。应当确立这样一种信念：国家税收每增加一分，国债发行就减少一分。税收的依存度加大了，债务的依存度自然会相应降下去。为此，要瞄准"把该收的税尽可能如数收上来"这个目标，通过进一步完善税制，加强征收管理，堵住各方面的税收流失漏洞，使国家税收的流失减少到最低限度。

2. 加快"费改税"进程，实现政府收入机制的规范化

不论形式如何，只要是政府取得的收入，本质上都属于财政性的收入。因此，通过"费改税"，将分散在各部门、各地区的各种非规范性的政府收入，转变为可由财政部门统一调度的、规范性的政府收入，扩大规范性的财政收入总量，并以此为基础，实行整个政府收入机制的规范化，

对于降低债务的依存度来讲，显然具有打基础的意义。

3. 按国际通行做法，控制年终的国债累积额

目前中国对国债规模的控制，采取的是在年初确定国债计划发行额，并报人民代表大会审批的办法。这与国际通行的、控制年终国债累积额的做法有所不同。相比之下，就国债这种财政收入形式的特性而论，控制年终累积额的做法可能更为适当。年初确定国债计划发行额，并按计划去组织国债的发行工作，举债收入便成为一个既定的量。而这个既定的量，很可能与当年的财政实际运行状况发生脱节。这样一来，国债的灵活性就丧失掉了，也变得同具有相对固定性的经常性财政收入形式无异了。而且，失去了灵活性的举债收入，很可能因部分或全部的闲置，不得不承担起有偿性的代价。在这方面，我们已有不少教训。1996 年的国债发行，便是一个突出的例子。一方面是外汇汇率变化相应减少了国内外债务还本付息支出，中央预算赤字额得到了少量的压缩。另一方面，国债的发行工作仍依年初确定的计划数字去组织，未视财政收支的实际运行状况进行相应调整，本应"灵活"管理的国债"刚性"化了。其结果是，1996 年的债务收入出现了数额高达 43.12 亿元的结余，而不得不结转下年使用。

与其如此，不如效法国际通行的做法，年初不确定国债发行的具体数额，人民代表大会只通过规定国债累积限额的办法，对年终的国债累积额加以控制。同时，让财政部根据预算年度内财政收支的实际状况，相机决定国债的发行额度、发行券种和发行日期。实际上，即便就对国债规模的控制来说，这样做，不仅不会削弱反而可能增强人民代表大会对它的控制力。

4. 千方百计压支出

压缩财政支出，一向困难重重，但并非无计可施。关键是要下决心，方方面面，上上下下，共同努力。倘若我们能站在市场经济体制的立场上来重新认识并界定财政的职能，倘若我们能从提高资金使用效率的角度来考虑全社会的资金配置问题，我国现存的财政职能范围肯定会得到相当的压缩。如果我们能从降低债务依存度、扭转国家财政困难局面的大处着眼，割舍一些局部的、个人的既得利益，我国财政支出规模的压缩，甚至是较大幅度的压缩，亦不会是一句空话。

主要参考文献

《中国统计年鉴（2001）》，中国统计出版社 2001 年版。

项怀诚：《关于 2001 年中央决算执行情况的报告》，《中国财政》2002 年第 8 期。

高培勇：《关于中国国债规模问题的几点看法》，《财政研究》1998 年第 4 期。

《中国财政年鉴（2001）》，中国财政杂志社 2001 年版。

陈小平：《我国政府财政合理规模研究》，《中国财经信息资料》2001 年第 22 期。

（原载《教学与研究》2003 年第 3 期）

打造规范性的政府预算管理制度

——由"审计风暴"说开去

一 审计风暴终有其局限性

不出人们的所料，审计署审计长李金华在今年 6 月 28 日下午举行的十届全国人大常委会第十六次会议上，再次刮起了"审计风暴"。尽管人们对于政府部门违规收钱、用钱的情形早就有了相当的心理预期，但李审计长所提交的 2004 年度中央预算执行和其他财政收支的审计报告所揭露出来的问题，还是不免令人瞠目结舌：38 个中央部门违规用钱 90.6 亿元，四家资产公司违规金额 715.49 亿元，10 家医院违规多收费 1127 万元，18 所高校违规收费逾 8 亿元，违规征地、拖欠工程款和民工工资 3.71 亿元，26 个中央部门违规转移挪用财政性资金 10.75 亿元，等等。

依笔者的记忆，算上这一次，这样的审计风暴至少已经刮了 3 次。每年的审计风暴，都会在社会上引起轩然大波，让一部分人因此丢官帽甚至受到党纪国法的惩处。不过，在人们一再为此不断叫好、一再赞叹审计部门魄力并且呼吁相关部门加快整改的同时，如下的问题似乎是不能回避的：

审计风暴固然能起到一些矫正作用，但它毕竟是事后的。事情已经发生，损失已经出现，在老百姓心目中产生的恶劣影响已经难以挽回。除此之外，还有无其他的办法能让我们在事前就对这些情形预先加以防范？还有无其他的路径能让眼下这些一再发生的事情、出现的损失和产生的恶劣影响尽可能减少一点儿？此其一。

每一次的审计风暴过后，排除某些个别部门不论，相关的部门总会或多或少地采取一些整改措施。但就整体而言，揭露出来的问题毕竟只是冰山一角，采取的整改措施多属于治标层面甚或出于表面应付。随着审计风暴再起，便会看到，问题依旧，其中"屡审屡犯"的也不在少数。在现实生活中，究竟还能否找到其他别的什么办法能让我们从根本上面对政府收支行为不规范的问题？此其二。

中国今天的改革已经深入到触及政府部门自身利益的阶段，政府部门违规收钱、用钱亦并非个别的现象。面对如此的格局，单凭审计部门刮起所谓的审计风暴，3 年来的经历已经一再说明，它的效应可能至多是"水过地皮湿"。除了审计部门之外，在政府部门内部，还有无其他别的什么部门可以加盟？走出政府部门，还能否寻求其他别的什么切实而有效的力量的支持？此其三。

二　在规范预算管理制度上做文章

令人欣慰的是，这一次的全国人大常委会，在继续关注审计报告所揭露问题的同时，把更多的注意力移到了预算管理上。许多委员的发言，都含有加强预算的审议和监督的内容。全国人大财经委员会在随后公布的对 2004 年中央决算草案和决算报告的审查结果中，也明确提出了改进预算管理工作的建议。从预算编制的科学性到预算执行的严肃性，由基本建设预算管理到预算资金使用效果的追踪问效以至政府收支分类体系的改革，等等，建议覆盖的线索之多，牵涉的问题之深，都是前所未有的。笔者以为，在我国立法机关层次上发生这样的变化，可能是连刮三年的审计风暴带给我们的最富有意义的成果。

其实，与其等着秋后算账，不如事先加以防范；与其头痛医头、脚痛医脚，不如一下子直面病根，在但凡有点生活经验的人那里，都算是一个常识性的道理。早在 3 年之前第一次审计风暴刚刚刮起的时候，就有人将审计环节揭露出来的问题归结于预算环节。之所以在政府预算的执行过程中出现这样或那样的问题，之所以在政府部门收钱、用钱的行为上存在这样或那样的违规现象，说到底，还是源于我们的预算管理制度不规范。如果不能在预算管理制度上做适合市场经济体制的彻底变革，眼下这样的审计风暴即便再刮上几次、几十次，问题还会依旧，损失还会照样，恶劣的影响还是不能根除。

历史与现实的考察一再告诉我们，建构在市场经济体制基础上的政府预算管理制度，起码要满足如下的三个基本条件：

第一，政府部门经费实行"供给制"。

依笔者看来，当前政府部门违规收钱、用钱的现象之所以呈普遍之势，一个很重要的原因，就在于政府部门经费来源的"双轨制"。除了财政拨款之外，眼下政府部门的一部分经费还需依赖自身的所谓"创收"。"创收"所能采取的办法，当然是要跨越既有制度、在制度之外去寻求的。只要这种财政拨款与部门自筹的经费来源格局延续一天，政府部门就会兼具社会管理者和牟利者两种角色，就会兼容公共利益和企业利益两种动机，也就会为各种旨在谋取个人利益、部门利益的非规范性收钱行为、用钱行为制造口实，提供土壤。

所以，从建立市场经济体制的大计出发，政府部门经费一定要着眼于实行财政统一"供给制"——全部来源于财政预算拨款。即便出于现实国情的考虑，难以一下子消除"双轨制"，也要将"供给制"作为目标，并逐步创造条件逼近"供给制"。

第二，全部政府收支进预算。

以政府收支作为统计口径，在当前的中国，可以纳入这一口径的至少有如下三种：预算内收支、预算外收支和制度外收支。其中，预算内收支的管理比较规范——有统一的制度规范，纳入预算，接受各级人民代表大会的审议；预算外收支的管理规范程度次之——有比较统一的制度规范，部分在预算中反映，部分游离于预算之外，不完全地接受各级人民代表大会审议；制度外收支的管理几乎谈不上规范——由各个地方、各个部门自立规章，自收自支。不纳入预算，难以统计，将完全脱离各级人民代表大会的视野。

从市场经济的行为规范来看，预算外和制度外的收支，属于非规范性收支。非规范性的收支，既然能够脱离预算的控制，它的取得，便与部门利益、个人利益直接挂钩，形成"以利定收"链条，进而导致"民怨沸腾、不堪重负"的恶果。它的支用，便与个人利益、部门利益脱不了干系。相当一部分会进入"小金库"，成为个别领导的"私房钱"，直接用于正常经费预算报销不了的开支，甚至通过各种渠道转化为个别人的贪污对象和买官卖官的经费来源。

所以，应当把建立完整统一的政府预算纳入视野，尽快作出相应安排，铲除制度外的政府收支，将预算外政府收支纳入预算内管理，进而形成一个覆盖整个政府收支的政府预算。

第三，财政部门统揽政府收支。

以政府部门收支作为财政行为标准来审视现实中国各级政府部门的活动格局，就会发现，财政行为几乎存在于每一个政府部门。几乎所有的政府部门，都有从企业、居民那里取得收入的行为，都有将直接取得的收入用之于支出的现象。也就是讲，不仅财政部门从事财政活动，其他的政府部门也在从事财政活动。这种格局，打乱了政府收支活动的行为规范，也成为诱发政府部门各种腐败行为的直接因素。既然可以绕开财政部门直接向企业和居民收钱，动用政治权力向企业和居民谋钱、通过政治权力向企业和居民换钱，也就披上了合法的外衣；既然有了外衣的障眼，塞进个人私货、牟取非法利益，也就可以堂而皇之地找到可行通道。

就常识而言，政府部门之间是有职能分工的。之所以要专门设置一个财政部门管理政府收支，其根本的初衷就在于，割断政府部门的行政、执法同其服务或管理对象之间在"钱"上的直接联系，不让政府部门的行政、执法行为偏离既有法律和政策轨道——以其服务或管理对象是否上缴钱或上缴的钱的多少作为取舍标准，进而，本应以追求公共利益为宗旨的政府行为异化为以利润最大化为动机的企业行为。因而，由财政部门代表政府"间接"收钱、"集中"管钱的最大好处，就是从根本上铲除"以权牟钱、以权换钱"等腐败行为的土壤，使政府部门能在一个规范的制度环境下、以规范的行为履行它的职能。掌管全部政府收支，是财政部门的天职所在。

所以，如果把财政部门视作架在各个政府部门同其管理或服务对象之间的一堵"钱"上往来的隔离墙，并且，认定这堵墙有着不可或缺的重要意义，那么，让财政部门将有关政府收支的事情统一管起来，不允许其他政府部门发生任何的以直接向企业、居民收钱为代表的财政活动，显然是一个必须坚持的政府部门行为规范。不论是税收，还是收费，抑或其他别的什么形式的收入，都要由财政部门统一管起来。即便出于工作便利的考虑，把某些特殊形式的收入，如关税、规费交由特定的政府职能部门收取，那也要纳入"收支两条线"的制度框架，实行所谓"代收"、"代征"。

上述的三条，只不过是一个规范性的政府预算管理制度的"底线"，而非它的全部。因而，它们是必须做到、非满足不可的基本条件。

三　发挥人民代表大会的推动作用

应当说，这些年来，特别是 1998 年以后，在建设公共财政体制的旗帜下，我们已经出台了不少有关预算管理制度的改革举措。比如，国库集中收付制度、政府采购制度、收支两条线制度、部门预算制度。这些改革，当然是必要的，也是逼近市场化方向的。但综观起来，它们大都是由政府财政管理部门主动进行或自发进行的改革。且不说这些改革因涉及财政性资金管理权限的调整，往往被其他的政府部门冠之于"揽权"行为而不免在执行过程中打折扣，即使单就作为主要监督对象或审查对象的财政管理部门本身而论，其主动推出或自发推出的改革举措是否具有适合市场经济体制方向的彻底性？或者，它们能否完全割舍自身以及整个政府部门的利益而将整个预算收支真正置于规范化的平台上，从而真正建立一个公共财政意义上的预算管理制度？这些显然也是要打问号的。

对于预算制度改革的主要推动力，显然要依赖于现实预算监督权、审查权的主要行使者——人民代表大会。一旦将问题归结于此，现实中的人民代表大会对于预算监督和审议能力的欠缺以及监督和审议力度的薄弱，以至于在某种程度上使得预算监督和预算审议走了过场，便会一下子进入我们的视野。

别的方面的事情暂且不说，就拿这一次全国人大常委会公布的审查结果论，2004 年全国人大二次会议批准的中央财政收支分别是 13819 亿元和 17018 亿元，实际的执行结果则分别为 15110 亿元和 18302 亿元。收入较之预算增加了 1291 亿元，支出较之预算增加了 1284 亿元，双双超出了预算授权的 7.5% 之多。而且，如果注意到这并非 2004 年特有的现象，起码自 1994 年以来，我国预算执行过程中的"超收"、"超支"，由"超收"实现并支撑"超支"已经形成常态，人民代表大会在监督、审议预算方面的作用力如何，就更令人关注了。

事实上，作为年度财政收支计划的政府预算，其最实质的意义在于，通过政府预算的编制、审查、执行和决算，使政府部门的收支行为从头到尾置于各级人民代表大会和全体社会成员的监督之下。每当说到现实政府预算存在的未能覆盖政府部门的所有收支、比较粗放、过于笼统、不够透明、法治性不强等诸多方面的缺陷，我们总会有一股改革预算管理制度的强烈意向。可以说，在当前的中国，这样的改革意向的到位，要靠人民代表大会加强预算监督和审议力度、提升预算监督和审议能力的推动。在经历了连续 3 年的审计风暴之后，我们寄希望于迎来一场更有治本效力亦具防范作用的"预算风暴"——政府预算管理制度的改革。

（原载《涉外税务》2005 年第 10 期）

财税形势·财税政策·财税改革

——面向"十一五"的若干重大财税问题盘点

引言

站在"十五"和"十一五"的交汇口上，在财政税收领域，一项值得花费气力、应当认真去做的工作，就是对当前面临的若干重大财税问题给出一个全面而系统的盘点，以此为基础，对"十一五"的财税形势、财税政策和财税改革作出一个深刻而细致的判断。这不仅是因为，中共十六届五中全会所通过的《中共中央关于制定国民经济和社会发展第十一个五年规划的建议》将财税改革放到了极其重要的位置，财税改革将成为整个"十一五"时期改革攻坚战中的一场重大战役。而且，在走过了自1994年以来的十几年历程之后，中国的财税改革又到了一个非常重要的"关口"。发生在财税领域中的许多变化，存在于财税领域中的许多因素，已经成为关系中国经济社会发展全局的焦点、热点和难点。本文的主题，即是在这样的背景下拟定的。

接下来的问题是，如何来做？

审视现实的目的，既是为了把握未来；梳理过去五年以至更长区间行动轨迹的意图，既是为了勾画未来五年以至更长时间的工作方案，那么，事无巨细、面面俱到的通篇浏览，既不必要，也非可行。一个事半功倍又切实有效的选择，就是抓大放小、抓纲举目，以重大问题分析透视全局图景。基于上述思维，本文筛选了当前关系中国财税改革与发展全局的六个重大问题，作为分析的主要线索。这就是：财政收支规模的变化、财政风险问题的判断、税收收入的持续高速增长、政府预算约束机制的弱化、稳健财政政策的基本去向和新一轮税制改革。

一　财政收支规模的变化

1. 财政收入规模

从图1可以直观地看到，同1994年之前的情形大相径庭，1994—2005年的12年间，中国财政收入规模始终保持了相当快的增长速度。1994年，全国财政收入不过5218.10亿元，1999年突破10000亿元，2003年突破20000亿元，到2005年，已经达到了31628亿元。财政收入占GDP的比重，已经由1994年的10.95%提升至2005年的17.35%。

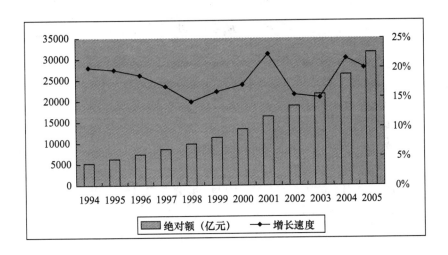

图1　中国财政收入规模的变化（1994—2005）

资料来源：中国财政编辑委员会：《中国财政年鉴（2004）》，中国财政杂志社；财政部：《关于2004年中央和地方预算执行情况及2005年中央和地方预算草案的报告》，《中国财政》2005年第4期；金人庆：《深化改革，科学发展，谱写财政工作新篇章——在全国财政工作会议上的讲话（2005年12月19日）。

关于财政收入规模，有两件事情需要澄清。

其一，我们通常所说的财政收入口径，不同于税收收入。从税收收入到财政收入，要经过一系列复杂的计算过程。以每年 1 月 1 日国家税务总局发布的上年税收收入数字为基点，加上关税收入、各种农业税收——包括农（牧）业税、农业特产税、耕地占用税和契税，减去出口退税，可以得到各项税收。以各项税收为基础，加上各项专项收入——如教育费附加、排污费、城市使用资源费收入等，再加上其他收入，然后减去企业亏损，这时，得到的结果才是财政收入。

其二，对于财政收入规模大小的判断，往往要在比较分析中得出。比较的参照系有两个：同上年实际数字相比，得到的是"增收"规模。同当年的预算或计划数字相比，得到的是"超收"规模。增收不等于超收，两者之间有一定甚或相当的距离。以 2004 年的情况为例，全国财政收入 26369.47 亿元，增收额为 4681.17 亿元，超收额为 2826.13 亿元。[①]

2. 财政支出规模

图 2 揭示了 1994—2005 年间中国财政支出规模的变化情况。同样可以直观地看到，在 12 年间，中国财政支出规模的增长速度非常之快。1994 年，全国财政支出不过 5792.62 亿元，1998 年突破 10000 亿元，2002 年突破 20000 亿元，到 2005 年，已经达到 33708 亿元[②]。财政支出占 GDP 的比重，已经由 1994 年的 12.16% 提升至 2005 年的 18.49%。

---

① 若将解决出口退税陈欠的 1288 亿元还原为当年的财政收入，则全国财政收入为 27671.79 亿元，增收 5956.49 亿元，超收 4101.45 亿元，增长 27.43%。

② 若加上当年由财政超收用作财政支出的数字，在 2004 年，财政支出规模便已突破 3 万亿元。

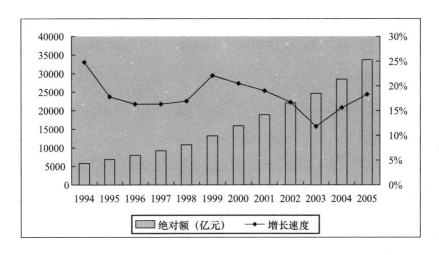

图2　中国财政支出规模的变化（1994—2005）

资料来源：同图1。

与财政收入规模的判断类似，说到财政支出规模，同样要采用比较分析。以上年实际数字为参照系，可以得到"增支"规模。以当年预算或计划数字为参照系，可以得到"超支"规模。增支与超支之间，也是有差距的。就 2004 年的情况看，全国财政支出 28486.89 亿元，增支额为 3836.89 亿元，超支额 1718.25 亿元，比上年增长 15.57%。

3. 小结：需探究的问题

财政收支规模的变化之所以重要，是因为，它集中反映着政府介入资源配置的轨迹。从过去 12 年间财政收支规模的变化中，可以发现如下几个值得关注并需在"十一五"期间妥善解决的问题：

（1）这些年来，财政收入和财政支出规模的增幅都是持续高速的。其必然的结果便是，GDP 的分割格局越来越向政府一方倾斜。如果说 1994 年财税改革后的最初几年，财政收支占 GDP 的比重提升带有矫正性质，是一件值得追求的事情，那么，在经过了持续十几年的比重提升之后，我们还能否说继续提升这个比重是必要的?

（2）在改革之初，我们曾将降低财政收入占 GDP 的比重作为改革的目标。这个比重数字，在 1978 年的时候，为 31.2%。新中国历史上的最高水平发生在 1960 年，为 39.3%。在经历了 1978—1993 年持续 16 年的下降以及 1994—2005 年持续 12 年的提升之后，我们应当回答：这个比重数字的目标值究竟多少是合适的？

（3）前面所说的财政收支占 GDP 的比重数字，只不过反映的是预算内的财政收支规模。若以实际发生的政府收支口径计算，以 2005 年为例，还要在 34000 亿元财政支出规模的基础上，加上偿还到期国债支出、社会保障支出、预算外支出和制度外支出等几个大的支出项目。而一旦如此，现实中国政府支出占 GDP 的比重数字，起码要提升至 30% 以上。这个数字，已经接近甚至超过了 1978 年的水平。

（4）还需看到，财政收支规模在过去 12 年间的迅速扩张，是以财政收入的迅速增长为基础并在财政收入迅速增长的支撑下发生的。正是由于财政收入的迅速增长弱化了政府扩张支出的约束条件，才使得财政支出的迅速扩张成为可能。也正是在这样一种背景下，政府扩张支出的偏好越来越强烈，对于政府支出膨胀的控制力正在逐步弱化中。由此带来的问题是，照此下去，其趋势何在？有无一个尽头？在这样的情况下，是否有必要将政府收支规模的约束机制真正纳入法治轨道？

二　财政风险问题的判断

对于财政风险问题的判断，通常使用两类指标：财政赤字和国债规模。

1. 财政赤字水平

从图 3 可以看到，在 1994—2005 年的 12 年中，中国财政赤字大体经历了三个不同的变化区间。1994—1997 年，在"九五"计划基本消灭财政赤字的目标下，无论是绝对水平还是相对水平，财政赤字都处于递减状态。到 1997 年，财政赤字及其占 GDP 的比重数字分别为 558.45 亿元和 0.7%。是 1997 年下半年来自东南亚的那场金融危机，扭转了这一进程。从 1998 年起，积极财政政策的实施，使得财政赤字迅速扩张起来。到 2002 年，财政赤字及其占 GDP 的比重数字分别达到了 3096 亿元和 3.0%。随着中国经济进入新一轮扩张期，财政赤字水平开始得到控制。2003 年的财政赤字虽然维持在 3198 亿元的高位，但占 GDP 的比重下降到 2.7%。

到 2005 年，两个数字则进一步分别调减至 3000 亿元和 2.0%。

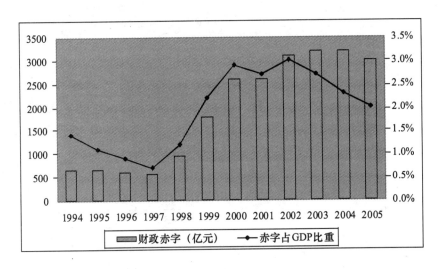

图 3　中国财政赤字及其占 GDP 比重的变化（1994—2005）

资料来源：同图 1。

2. 国债规模

讨论国债规模，必须区分两个不同的衡量指标：一是国债余额，或称国债累积额，它是存量指标。另一是国债发行额，属于流量指标。

先看国债余额。图 4 描述了 1994—2005 年间国债余额及其占 GDP 比重的变化情况。可以由此得到的突出印象就是，国债余额与年俱增，而且，增速极快。1994 年，不过 2832 亿元，占 GDP 的 6.1%。1997 年为 6074 亿元，2002 年升至 23433 亿元，到 2005 年，则达到 32933 亿元。与此相应，国债余额占 GDP 的比重数字，也先后爬升至 8.2%、22.4% 和 22.33%。

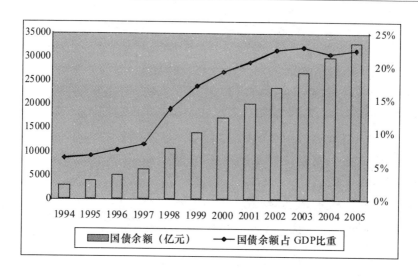

图 4   中国国债余额及其占 GDP 比重的变化（1994—2005）

资料来源：同图 1。

在测度当前中国的国债余额时，有两点值得注意。

其一，同其他国家的情况有所不同，中国每年国债余额的增量，相当于当年财政赤字额与为地方政府代发的长期建设国债额之和，而不仅仅是当年的财政赤字额。这是因为，中国的现行预算法规定，各级地方财政不允许列赤字，也不允许以举债形式筹措收入。不过，从 1998 年以后，基于实施积极财政政策的需要，采取了一种迂回的做法。这就是，在由中央财政每年增发的长期建设国债中，包括了一笔名义上转贷地方政府的份额。由此带来的问题时，为地方财政代发的这笔国债，在现行统计口径中得不到反映。迄今为止，这笔长期建设国债的数额为 2530 亿元。

其二，1998 年，为补充国有商业银行的资本金曾发行了数额高达 2700 亿元的特别国债。由于它的期限长——30 年，也由于它的发行方法特殊——内部转账，往往在统计国债余额时被人们忽略掉。

但是，无论如何，上述的两笔国债终归是中国政府的债务，需小心地将已连续 8 年由中央财政代发并转贷给地方财政的长期建设国债以及 1998 年采取特殊办法发行的特别国债，加入国债余额，而不致被漏计掉。

再看国债发行额。综合来看，决定中国国债发行规模大小的因素有三个：偿还到期国债、弥补财政赤字和实施带有扩张意图的财政政策。也就是说，三个因素相加之后，才是全部的国债发行额。长期建设国债，只不过是每年发行的国债中的一个组成部分。长期建设国债发行规模的削减，并不一定意味着整个国债发行规模的削减。

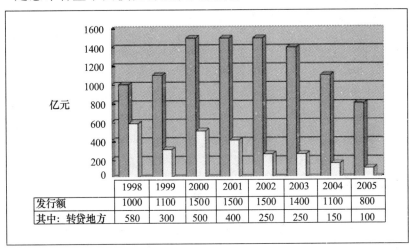

图 5　中国长期建设国债发行规模的变化（1998—2005）

资料来源：同图 1。

图 5 告诉我们，1998 年以来，长期建设国债的发行规模经历了一个由急剧爬升到缓慢下降的过程。由最初的 1000 亿元增加至 1100 亿元、1500 亿元，并在保持了三年的 1500 亿元高位之后，逐步削减至 1400 亿元、1100 亿元和 800 亿元。截至 2005 年底，长期建设国债的累计发行规模已经达到 9900 亿元。其中，代地方财政发行的部分为 2530 亿元。

然而，随着长期建设国债发行规模近 3 年来的削减，比如由 2004 年的 1100 亿元减少至 2005 年的 800 亿元，整个国债发行规模并未相应减少：反而由 2004 年的 7022 亿元增至 2005 年的 7023.4 亿元。

3. 小结：需探究的问题

在笔者看来，财政风险是迄今为止我们所讨论、所面对的所有经济风险的最后一道防线。换言之，在我们所讨论、所面对所有的经济风险中，财政风险是最重要、最严峻的风险。只要财政上不发生风险，只要能守住财政风险这最后一道防线，来自其他别的方面的任何风险就不会真正酿成大的麻烦，或者，即便发生了风险甚或很大的风险，也有可能最终得到控制。

那么，盘点过去 12 年间有关财政风险问题两类指标的变化情况，我们可以得到怎样的判断？

（1）在我们以往的概念中，财政赤字从来都是财政收支不平衡的结果。除非用作实施扩张性财政政策的手段，否则，财政赤字从来都被视作财政困难的产物。但是，从前面关于财政赤字变化轨迹的揭示中，我们看到的却是另外一番景象：12 年间，财政收入一直在持续高速增长。不少的年份，如 2004 年，都是财政赤字同财政超收并存，甚至财政超收远大于财政赤字。有时事情简单到只要动用部分财政超收，便可完全消灭财政赤字的地步。所以，必须指出，在今天的中国，财政赤字同财政收支不平衡或财政困难之间的相关度已经被弱化了。

（2）很长的一个时期，我们曾将欧盟国家"马约"规定的两个控制线——财政赤字不超过 GDP 的 3% 和国债余额不超过 GDP 的 60%——作为控制财政风险的两个参照系。但近年来，对欧盟国家经济制度的进一步考察让我们意识到（高培勇，2005），3% 也好，60% 也罢，都非欧盟国家历史经验明晰论证的结果，而是妥协的产物。而且，即便在今天的欧盟，有些国家，也早已突破了这两个控制线，并正在提升这两个控制线的水平。如法国和德国，在 2003 年，两国财政赤字占 GDP 的比重均为 4%。在 2002 年，两国国债余额占 GDP 的比重分别为 65.4% 和 62.5%。由此带来的严峻问题在于，一旦发现所谓国际公认的安全线或警戒线并不存在，我们又凭借什么去控制中国自身的财政风险？

（3）对于中国财政赤字和国债余额水平的深入调研提醒我们，无论财政赤字还是国债余额的水平，我们现在所能统计、所能谈论的，只不过是既有赤字和国债规模的一部分。除此之外，大量的隐性赤字、隐性债务以及或有赤字、或有债务，尚处在模糊不清的状态。在家底不明的情况下，即便我们勉强把财政赤字和国债余额控制在所谓的安全线和警戒性之内，安全线内也是不安全的，警戒线也是起不了警示作用的。其实，相对而言，当不知道自己的敌人在哪里、不晓得自己的敌人有多强大时，那才是真正意义上的风险所在。

（4）由于当前存在着各种经济风险向财政集聚的趋势，眼下又未拿出任何可能降低或防范这种可能风险的有效举措，故而，在"十一五"期间面临的一个十分重要的课题，就是加强对财政风险问题的研究，建立适合中国现实国情的财政风险抵御或防范机制。

三　税收收入的持续高速增长

1. "魔方"式的增长轨迹

从图6可以清晰地看到，在1994年以后，中国税收始终处于持续高速增长状态。若打比方，这种增长的轨迹有点似"百变魔方"。即便深谙税收运行机理、熟悉现行税制格局的专业人士，也常会在有关税收收入增长预期、税收增长因素解析等问题上遇到难题。

具体来说，1994年的时候，全国税收收入不过4789亿元。1994—1997年，年均增长1000亿元上下。1998年情况特殊，在通货紧缩的挤压中，很不容易勉强实现了1000亿元的增长任务。但是，在1999年之后，税收收入便进入了快车道，当年跨越10000亿元大关。接下来，2001年突破15000亿元，2003年突破20000亿元，2004年突破25000亿元，2005年突破30000亿元。

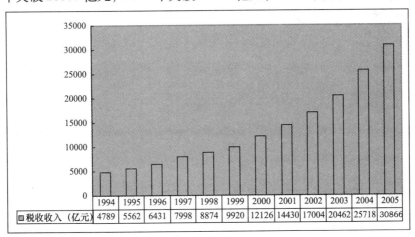

图6　中国税收收入的持续高速增长（1994—2005）

资料来源：同图1。

2. 关于税收增长的解释

应当注意到，中国税收这一持续 12 年的高速增长现象，是在税收制度基本未作任何大的调整的背景下发生的。在世界税收史上，尽管也有过一个时期税收收入跳跃式增长的先例，但那往往是税制变革的结果：或是增设税种，或是提升税率，或是拓宽税基。正是出于这样一个原因，关于中国税收的故事才特别耐人寻味。

究竟是什么原因支撑了中国税收持续十几年的高速增长局面？在过去，我们通常是用经济增长、政策调整和加强征管即所谓"三因素论"来解释的。随着 2004 年出现高达 5000 多亿元的税收收入增幅，为了更细致地揭示其背后的深刻原因，"三因素论"已为"多因素论"所替代。在多因素论下，税收收入的持续高速增长被归结为经济增长、物价上涨、税源结构不平衡、区域发展不均衡、加强税收征管和进出口不平衡六个因素交互作用的结果。[①]

相对于三因素论来说，多因素论的分析显然向前跨进了一步，更全面、更贴近现实。然而，持续十几年且在税制基本未变条件下实现的税收收入高速增长，毕竟是发生在中国的一个奇迹。要透视这个特殊的现象，只能从中国的特殊因素入手。那么，究竟什么是支撑中国税收持续高速增长的特殊因素？

仔细分析，就上述的六个因素而言，真正可以依赖、真正有点特殊并和其他国家有所不同的地方，可能主要出在加强税收征管所拓展的增收空间上。国家税务总局的调研报告表明（许善达，2004），1994 年，中国税收的实际征收率为 50% 多一点。而到 2003 年，实际征收率已提升至 70%以上。也就是讲，在 10 年间，中国税收的实际征收率提升了 20 个百分点。实际征收率提升的同时，便是税收跑冒滴漏的减少和税收收入的相应增长。问题是，中国税收何以有如此之大的拓展空间？

追溯一下现行税制的出生背景，便可发现，在 1993 年后期，中国政府亟待解决的矛盾主要有二。一是严峻的通货膨胀。为应对当时高达 20%以上的通胀率，要调动包括税制设计在内的几乎所有可能的手段。"抑热"

---

①　比较详尽的解释可参见《中国税务报》2005 年 3 月 10 日。

便成了现行税制设计的一个重要着眼点。另一是严峻的财政拮据。为扭转当时财政收入占 GDP 比重的持续下滑势头，要在税制设计中加入增收的因子。"增收"也就成了现行税制设计的一个重要着眼点。这两个重要着眼点，同当时只有50%上下的税收实际征收率相遇，"宽打窄用"的理念也就作为一种自然选择，进入税制设计过程。这就意味着，即便只着眼于5000亿元的税收收入目标，在只有50%税收实际征收率的条件下，也需事先建构一个可征收10000亿元的税制架子。① 也就是说，中国的现行税制在其出生之时，预留了很大的拓展空间。随着税收实际征收率的稳步提升，税收收入肯定要呈现强劲的增长势头。在过去的12年间，现行税制所具有的巨大的拓展空间，可能是支撑中国税收持续高速增长的最重要的源泉。

3. 小结：需探究的问题

中国税收收入的持续高速增长之所以会引起广泛的关注，是因为它事关 GDP 在政府与非政府部门的分割格局，牵涉有关中国宏观税负问题的判断，故而，对中国经济社会发展的全局有重大影响。

现在看来，从对过去12年间税收收入持续高速增长现象与原因的分析中得到的结论，可能是发人深省的。

（1）这几年来，我们一直身处所谓税收收入持续高于 GDP 增长正常与否的质疑之中。判断正常与否的关键，是操用什么样的参照系。不同的参照系，可能会得出迥然相异的结论。如以现行税制作为参照系，那么，它就是正常的。因为，本着依法治税的原则，按照现行税制的规定，把该征的税如数征上来，是税务部门的天职。反之，放着该征的税故意不征或少征，那是税务部门的失职。但是，如果换一个参照系——经济社会的正常发展，那么，它就不那么正常了。因为，税收制度总要同一个国家的经济社会发展状况相匹配。出生于12年前的现行税制，在中国发生翻天覆地变化的12年间基本未变，就好像已经长大成人的孩子仍然脚穿孩提时代所购的鞋子，又如何保证两者之间的彼此匹配？故而，12年基本不变的

---

① 一个突出的例子是，增值税的生产型税基和17%税率的形成，都同这一"宽打窄用"的设计理念有直接关系。

现行税制同发生翻天覆地变化的经济社会现状之间的不匹配，的确已经成为障碍中国经济社会发展的不正常因素。

（2）从现行税制诞生的那一天起，由于前述的"宽打窄用"设计理念的原因，我们也一直处于所谓名义税负和实际税负之间的争议之中。一旦问及企业和居民的税负是否过重？回答往往是肯定的。而拿来支持的论据，无非是现行税制的规定。也正是基于类似的思维，《福布斯》杂志公布的所谓税收痛苦指数，把中国排在了世界第二的位置。然而，一旦站在政府角度论及税负轻重，答案往往是不重。而拿来支持的论据，则是每年的税收收入——实际征收到的税收——占 GDP 的比重数字。问题在于，随着税务部门加强征管和税收实际征收率的稳步提升，名义税负和实际税负之间的差距已经在一步步拉近。如果说，现行税制诞生之时的实际税负是一种比较适当的税负水平，那么，在 12 年后的今天，企业和居民所承受的实际税负还仍是一种比较适当的税负水平吗？

（3）税务部门的工作目标之一，就是不断加强征管，以求挖潜增收。往前看，一个基本图景是，税务部门的人员素质和技术装备水平将会越来越高，税收征管工作的力度将会越来越大，名义税负和实际税负之间的距离将会越来越拉近。在如此的条件下，可以预期，在未来的 5 年以至更长时间，只要现行税制仍然保持基本不变的格局，或者，即使变了，变动的步伐仍未跟上税收实际征收率的提升以及整个经济社会发展的进程，税收收入的持续高速增长还将继续下去。如果听任这种趋势延续，它有无一个终点？如果有，那又是什么？

（4）上述的所有问题，实际上都归结于现行税制是否能够适应经济社会环境发生的变化，是否能够与时俱进上。笔者一向以为，在我们所面对的所有的经济制度中，税收制度应是与时俱进最强的那一类。由税收收入的持续高速增长所带来、所引发的一系列问题，不管是正向的，还是负向的，都应在现行税制的与时俱进中得到验证，得以解决。换言之，税收收入持续十几年的高速增长，给我们一再传递的一个十分重要的信息，就是要加快全面启动新一轮税制改革。

四　政府预算约束机制的弱化

中国政府预算对政府支出的约束机制不强，历来是个老大难问题。这些年，在公共财政体制的建设进程中，预算管理制度本身的改革的确取得了一些突破性进展。但是，跳出微观层面而放眼左右政府预算约束机制的宏观环境，便会发现，在过去的 12 年间，中国政府预算的约束机制仍处于相对弱化的状态。而且，在近期，这种相对弱化的预算约束状况又有了进一步加强的迹象。它集中表现在两个方面的线索上：超预算收支规模的膨胀和人民代表大会议程取消政府预算口头报告制度。

1. 超预算的收入

前面说过，考察中国财政收入规模的增长，必须区分"增收"和"超收"两个口径。同以上年实际数字为参照系得到的"增收"额有所不同，"超收"是以当年的预算或计划数字为参照系而计算出来的财政收入增长额。也就是说，它是突破了既有预算规模的控制而处于预算框架之外或称超计划的财政收入增长额。

表 1 揭示了 1994—2003 年间全国超预算收入的变化情况。可以立即得到的印象是，在 1994 年以后，超预算收入便成为中国财政收支安排中的一个常态现象。而且，总的趋势是，超预算收入的规模越来越大。就绝对规模看，1994 年不过 458 亿元，2004 年达到 4101.45 亿元。就相对规模看，在 1994 年，超预算收入占当年财政收入和财政增收额的比重分别为 8.8% 和 52.7%，到 2004 年，这两个比重分别达到 15% 和 69%。

表 1   全国超预算收入的演变状况（1994—2003）   单位：亿元，%

年份	财政收入	财政增收	财政预算收入	财政预算增收	超预算收入	超预算收入占财政收入比重	超预算收入占财政增收比重
1994	5218.10	869.15	4759.95	411	458.15	8.8	52.7
1995	6242.20	1024.10	5692.4	474.3	549.8	8.8	53.7
1996	7407.99	1165.79	6872.18	629.98	535.81	7.2	46.0
1997	8651.14	1243.15	8397.94	989.95	253.2	2.9	20.4
1998	9875.95	1224.81	9683.68	1032.54	192.27	1.9	15.7
1999	11444.08	1568.13	10809	933.05	635.08	5.5	40.5
2000	13395.23	1951.15	12338	893.92	1057.23	7.9	54.2
2001	16386.04	2990.81	14760.2	1364.97	1625.84	9.9	54.4
2002	18903.64	2517.60	18015	1628.96	888.64	4.7	35.3
2003	21715.25	2811.61	20501	1597.36	1214.25	5.6	43.2
合计	119239.62	17366.30	111829.35	9956.03	7410.27	6.2	42.7

资料来源：国家统计局：《中国统计年鉴（2004）》；中国财政编辑委员会：《中国财政年鉴（2004）》。

　　从图 7 可以更直观地看到，近几年，特别是 2002 年以来，同财政收入增长幅度的提升相伴随，超预算收入在中央和地方财政收入中的比重呈现出越来越明显的上升趋势。2004 年，在中央和地方的财政收入总额中，分别有高达 8.73% 和 12.81% 的部分系超预算的收入。

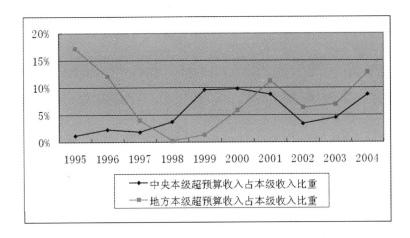

图 7　超预算收入占中央和地方财政收入比重的演变（1995—2004）

资料来源：同图1。

2. 超预算的支出

接踵而来的问题是，"超收"的钱到哪里去了？

同超收的计算口径相仿，每年财政支出规模大于预算或计划数字的部分，便形成所谓"超支"。问题的复杂之处在于，在中国现行的预算管理体制格局下，每年形成的"超收"，都要不打任何折扣地转化为当年的"超支"。而且，基本的情形是，超收多少就超支多少。在"超收"与"超支"之间，是一列高度相关的"直通车"。

进一步看，由于近几年的财政收入一再大幅度增长，增长的相当部分又表现为"超收"，故而，在一再大幅度"超收"的支撑下，中国的财政支出一再"超支"。2004 年即是一个典型的例子。高达 4101.45 亿元的"超收"额，既没用于弥补当年的财政赤字，也未留作当年的预算盈余，而是直接、全部地转化为当年的财政"超支"。

3. 取消政府预算口头报告制度

更具戏剧性的是，在 2005 年初，从中央到地方，每年一度的人民代表大会会议议程做了一项非同小可的"改革"：取消政府预算的口头报告，而仅提交书面报告。从表面看，这似乎只是基于节省会议时间考虑而进行的议程调整，但透过这一现象，我们看到的是，事实上，在这一"改革"

中，本来就亟待加强的人民代表大会对政府预算的约束机制，被进一步弱
化了。

（1）在以往每年一度的全国人大会议议程安排中，政府工作报告、国
民经济和社会发展计划报告、政府预算报告、人大常委会工作报告、最高
人民法院工作报告和最高人民检察院工作报告，均作为同一层次的正式审
议事项，既作口头报告，又发书面报告。将政府预算报告和国民经济和社
会发展报告的审议，由以往的口头和书面报告兼行改为只发书面报告。其
他的几个报告，则仍保留口头和书面报告兼行的做法。尽管可以用所谓节
省会议时间、提升会议效率甚或坚持求真务实等理由来解释，但是，按照
中国人的传统思维习惯，这起码给人一个印象：人民代表大会所审议的报
告不在同一层次上了，政府预算报告的重要性降格了。

（2）作为立法机关的各级人民代表大会之所以要审议包括政府预算报
告在内的、主要由政府行政部门提交的一系列文件，其根本的原因就在
于，政府所从事的是满足社会公共需要的公共管理活动。既然是社会公共
需要，既然同所有的社会成员都有关，政府的活动自然要纳入众人的视
野，由作为广大社会成员代表的立法机关加以审议。不过，进一步看，政
府所从事的活动多种多样，并非所有的政府活动都要形成正式文件、提交
立法机关审议。那样做，既不可能，也不必要。一个理想且有效的办法
是，寻找一条可折射、覆盖政府活动全部内容的主线作为立法机关审议的
重心。这条主线，事实上是存在的，那就是政府的财政收支。

其中的道理不难理解，政府做任何事，都需要花钱。要花钱，就得要
筹钱。这一收一支之间，伴随着政府活动的枝枝蔓蔓，牵动着政府活动的
方方面面。所以，为政府的公共管理活动而筹钱、而花钱的活动，从来都
是全部政府活动的核心内容。相对于其他政府部门提交的有关其他领域的
公共管理活动文件而言，由财政部门提交的政府预算，是居"牵一发而动
全身"地位的，它是立法机关和全体社会成员审议、监督政府部门活动的
最重要的途径和窗口。"只有财政收支到位之处，才是政府职能履行之
地。"这既是政府部门运作的一个规律，也是关于政府预算同政府部门提
交的其他方面文件之间关系的一个极好概括。也正因为如此，在现实各国
立法机关所审议的政府部门文件中，只有政府预算——而非其他方面的文

件，才是花费时间最多、投入精力最大的审议对象。政府预算最重要！

将处于核心地位的政府预算的审议层次相对降格，难免舍本逐末之嫌。

（3）如果从1998年正式确立公共财政的目标算起，中国的公共财政体制建设已经走过了近七年的历程。2003年10月召开的中共十六届三中全会，也已将完善公共财政体制写入了《关于完善社会主义市场经济体制若干问题的决定》。有别于计划经济年代专注于国有经济单位的财政收支格局，公共财政体制的最突出的特点，就在于它是以公共化为取向的，就在于它是以"取众人之财——非取国有经济单位自家之财"来"办众人之事——非办国有经济单位自家之事"的。既然取的是"众人之财"——所有的税收，不论税种怎样，也不论税基和税率的安排如何，都直接或间接地来自全体社会成员的缴纳；既然办的是"众人之事"——所有的支出，不论规模怎样，结构如何，都直接或间接地用于全体社会成员的福利，它的运作，便与全体社会成员的切身利益挂上了钩。而且，由"钱"所挂上的这个钩，亦同由其他方面线索挂上的钩有所不同：它是最牵动人心的！它是最引人关注的！因而，它可将老百姓的日常生活同国家的政治生活更紧密地连接起来，从而最大限度地调动广大社会成员参政、议政的积极性和主动性。

从加强社会主义政治文明建设的角度出发，尽可能多地连接老百姓的日常生活和国家的政治生活并搭建两者相通的桥梁，无疑是十分重要的。建构在公共财政基础上的政府预算，显然就是这样的一个不可或缺的桥梁。这又告诉我们，对于这样一个桥梁的任何甚至哪怕是稍许一点的弱化之举，既与公共财政体制的建设目标相背离，也同社会主义政治文明的建设方向不相容。

（4）中国现实的政府预算，还存在着颇多的缺陷。诸如未能覆盖政府部门的所有收支、比较粗放、过于笼统、不够透明、法治性不强，等等，都是我们时常挂在嘴边并正在着力纠正的问题。往前走，它的改革方向应当是越来越完整、越来越细化、越来越透明、越来越科学、越来越对政府的收支行为具有约束力。要实施这样的改革，各级人民代表大会对于政府预算审议、监督能力的增强，审议、监督力度的提升，肯定是一股最重要的、必须依赖的推动力量。

照此说来，人民代表们以往花在审议政府预算报告上的时间不是多了，而是太少了。不是因听读兼行而显得过于烦琐了，而是听得不够，读得不深，审得不细，以至于在某种程度上走了过场，形同虚设，因而未能发挥应有的作用。所以，如果人民代表大会会议议程确实要在政府预算报告的审议上有所改革的话，那么，增加而不是减少政府预算报告的审议时间，提升而不是降低政府预算报告的审议力度，才是应当瞄准的目标。将本就有欠庄重的政府预算审议氛围进一步淡化，将本就相当薄弱的政府预算审议力度进一步调减，将本就相当单薄的政府预算审议程序进一步省略，绝对是对政府预算制度改革进程的放慢，甚至可能产生逆转之效。

4. 小结：需探究的问题

上述几个有关政府预算约束机制弱化现象的讨论，实际上告诉我们，对于政府预算的法制建设现状不可估计过高。瞻望"十一五"的经济社会发展格局，如下几个方面问题的妥善解决可能是非常紧迫且必要的。

（1）持续十几年之久，特别是近几年呈膨胀势头的巨额财政"超收"，的确是一件好事情。因为，做事总要花钱，有未许下任何"婆家"、可机动调用的"超收"的钱，毕竟为政府解决目前面临的一系列棘手问题提供了相应的空间。但是，长此以往，它带给我们的挑战也是非常严峻的。比如，之所以会有如此的财政"超收"，其中一个很重要的原因在于，我们历年沿用的预算收入规模测定办法，都是在 GDP 的计划增幅上加 2—3 个百分点。例如 2005 年，GDP 的计划增幅为 8%，据此测定的预算收入增幅便为 11%（8%＋3%）。但是，从过去 12 年的情形看，历年的财政收入实际增幅都远大于预算增幅。其结果，巨额的财政"超收"怎能不滚滚而来？问题是，如此的预算收入测定办法究竟有无科学性？若调整，又该操用什么样的办法？

（2）在现实的预算管理制度格局下，超预算收入的动用和决策程序基本上在行政系统内完成，而不在人民代表大会的审批视野之内。即便在形式上要走某些程序，但通常的情形是，先支用，后通报。而且，本来应互为条件的财政赤字和财政超收，也互不搭界、各行其道。仍以 2004 年的财政超收和财政赤字为例，财政超收 4101.45 亿元，财政赤字 3191.77 亿元。依一般原则，即便要动用"超收"，也要在弥补赤字之后才可进行。那样做的话，真正能够动用并用于"超支"的"超收"规模不过909.68亿元。然而，现实的操作结果是，3191.77亿元的财政赤字依旧，4101.45亿元的"超收"也全部转化为预算框架之外的"超支"。在这一操作过程中，不仅整个财政支出规模得以跳出预算控制而急剧膨胀起来，政府部门扩张支出的欲望被极大地刺激起来，而且，财政赤字同财政收支不平衡或财政困难之间的相关度被弱化了，政府预算的完整性、严肃性被打破了，人民代表大会对于政府预算的监督制约作用也在一定程度上被置于尴尬境地。如何才能走出一条既适合中国国情，又可有效强化政府预算约束机制的路子？

（3）从根本上说来，人民代表和人民代表大会的根本职责就是，代表纳税人审议好政府预算报告，代表纳税人监督政府部门用好每一笔税款。在现实中国政府预算约束机制总体处于弱化的格局下，人民代表大会所进行的将政府预算报告由以往口头和书面报告兼行改为书面报告单行的所谓"改革"，不能称之为改革。或者，至少不是市场化取向改革背景下通向公共财政体制建设和社会主义政治文明建设目标的改革。无论从哪个方面看，在当前的中国，不宜降低政府预算报告的相对重要性。如何尽快地让政府预算口头报告制度回归人民代表大会会议议程，并且，采取措施不断强化人民代表大会对于政府预算的监督制约职能，是"十一五"时期不容回避也回避不了的一个重大问题。

五　稳健财政政策的基本取向

1. 稳健财政政策的实质意义

从2005年起，中国政府开始转行稳健的财政政策。在此之前，积极的财政政策伴随我们走过了7年的历程。从积极财政政策转向稳健财政政策，应当说是一个十分重大的变化。因而，在两者的比较中恰当地把握稳健财政政策的实质意义非常必要。

迄今为止，关于稳健财政政策的最权威解释，有两个重要之点：一是它的核心在于"松紧适度"。这使得我们可以立即把稳健财政政策同积极财政政策区别开来。因为，后者的核心在于"扩大内需"。由"扩张"走向"适度"，就是这一转向调整过程中的一个重大变化。另一是它的标志在于"双减"——减少财政赤字、减发长期建设国债。这也使得我们可以将稳健财政政策同积极财政政策区分开来。因为，后者的标志恰恰相反，在于"双增"——增加财政赤字、增发长期建设国债。由"双增"走向"双减"，即是这一转向调整过程中的另一个重大变化。

以所谓"松紧适度"和"双减"为参照系追溯一下近 3 年的财政收支安排，可以看到（参见图 3 和图 5）：

即便 2004 年并未宣布实施稳健财政政策，即便那时仍旧举的是积极财政政策大旗，但在那一年，财政赤字的绝对规模由上年的 3198 亿元减少到 3191 亿元，减少了 7 亿元；相对规模——财政赤字占 GDP 的比重——由上年的 2.7% 减少到 2.3%，减少了 0.4 个百分点。长期建设国债发行规模由上年的 1400 亿元减少到 1100 亿元，减少了 300 亿元。也就是讲，我们在 2004 年已经在进行"双减"，在实施"松紧适度"。2004 年实际上是在以"积极"之名行"稳健"之实。

2005 年是正式转行稳健财政政策或说是正式走向"名与实合一"的稳健的第一个年头。在那一年，财政赤字由上年的 3191 亿元减少至 3000 亿元，减少了 191 亿元。财政赤字占 GDP 的比重由上年 2.3% 减少至 2.0%，减少了 0.3 个百分点。长期建设国债发行规模由上年的 1110 亿减少至 800 亿元，减少了 300 亿元。

于 2005 年末举行的中央经济工作会议，又作出了 2006 年继续实施稳健财政政策的决策。据此作出的 2006 年财政收支安排，财政赤字又将由上年的 3000 亿元减少至 2950 亿元，减少了 50 亿元。长期建设国债发行规模由上年的 800 亿元减少至 500 亿元，减少了 300 亿元。

从 2004 年的"名实不符"到 2005 年的"名实合一"，再到 2006 年的"继续稳健"，3 年来实施稳健财政政策的经历告诉我们，这一轮的财政政策转向调整同上一轮相比，有着很大的不同。如果把上一轮的调整视作"一蹴而就"型的，那么，这一轮就是"渐进"式的。调整的核心和标志固然圈定在"松紧适度"和"双减"，但相对于 3 万亿上下的财政收支规模而言，每一年发生的"双减"变化几乎是微不足道的。小步前行，趋向稳健，渐进地逼近"松紧适度"的境界，可以说是这一轮调整的一个重要特征。

这就意味着，转行稳健财政政策也好，继续实施稳健财政政策也罢，并不意味着我们可以一蹴而就地脱掉"积极"的印记，它可能要经历一个相当长的渐进过程。

2. 转向稳健的制约因素

那么，其中的制约因素是什么？如下可能是一个大致的清单（高培勇，2005）：

在实施积极财政政策的 7 年中，全国各地利用中央举借的长期建设国债收入以及地方和银行的配套资金，兴建了一大批重点建设工程项目。这些项目，有些完工了，还有不少尚在建设之中。今后即便不再开工新的项目，仅完成这些在建工程项目，就需要相当大的后续资金投入。后续的资金投入倘若失掉支撑，这些工程就可能成为半截子工程或烂尾工程。此其一。

在实施积极财政政策的 7 年中，我们一直在论证积极财政政策每年拉动了 1.5—2 个百分点的经济增长。反证的结果便是，没有积极财政政策的拉动，每年的 GDP 增幅至少要下调 1.5—2 个百分点。在经济增长已经形成了对财政支出扩张的依赖，并且，现实的中国又需要经济增长提供的空间来解决转轨期间面临的一系列经济社会难题的情况下，转向调整的步伐过快将可能给经济运行带来较大的冲击。此其二。

实现"五个统筹"的要求也好，保持经济社会的协调发展也罢，都是要花钱的，都是要以钱去铺路的。这笔钱，数额很大。由于财政收支安排的规律通常是增量调整，存量动不得。每年数千亿元左右的财政收入增量固然可填上一些缺口，但不能完全解决问题。加之今后的收入增长空间是个未知数，故而，增发国债依然是必须依赖的一个收入来源渠道。此其三。

同财政收支有关的每笔数字的背后，都有既得利益因素的牵涉。即便抛开存量调整的企图而专注于增量，财政政策的转向调整也绕不开既得利益格局的调整这道坎儿。在财政政策转向调整中尽可能避免由此引发的社会震荡，尽可能减少由此带来的不稳定因素，是不能不慎重考虑的一个重要问题。此其四。

这一轮的宏观调控呈现出的一个重要特点是，既要防止通胀的苗头继续扩大，又要避免通缩的阴影卷土重来；既要坚决控制投资需求膨胀，又要努力扩大消费需求；既要控制部分行业盲目投资和低水平重复建设，又要着力支持经济社会发展中的薄弱环节。因而，有别于以往单纯的反通胀或防通缩的财政政策，稳健财政政策的实施必须兼容经济和社会的多重目标。此其五。

金人庆（2004）在 2004 年中央经济工作会议闭幕不久发表的《实行稳健的财政政策，促进经济平稳较快发展》一文中，曾这样归结财政政策转向调整的制约因素：政策需要保持相对的连续性，国债项目的投资建设有个周期，在建、未完工程尚需后续投入；在经济高速增长和部分行业、项目对国债资金依赖较大的时候，"收油过猛"会对经济造成较大负面冲击；按照"五个统筹"的要求，确实有许多"短腿"的事情要做，保持一定的赤字规模，有利于集中一些资源，用于增加农业、教育、公共卫生、社会保障、生态环境等公共领域的投入；保持一定的调控能力，有利于主动地应对国际国内各种复杂的形势。

3. 可能的举措

为谋划稳健财政政策的具体实施方案，财政部门已经拿出了"控制赤字、调整结构、推进改革、增收节支"的所谓"十六字"方针（金人庆，2004）。将这"十六字"的具体含义放到现实的背景下加以整合，可以看到：

所谓控制赤字，就是要适当减少财政赤字和长期建设国债。在历史和现实的种种因素制约下，无论是赤字的削减，还是长期建设国债发行规模的压缩，都不会采取较大的动作。所以，它的实现，眼前既不会有多大的作为空间，也需推进改革的安排逐步实现。

所谓调整结构，就是要按照科学发展观和公共财政建设的要求，优化财政支出投向结构。它既牵涉流量的调整，亦难免触及存量。因而，在这一过程中，坚持区别对待也好，强调有保有压也罢，它的实现，也需同改革举措相衔接，通过推进改革的安排来实现。

所谓推进改革，就是要转变以往主要依靠财政支出支持或拉动经济增长的方式，在"以改革促增长，以改革促发展"的旗帜下，以财政自身的改革以及着眼于推进改革的财政收支安排，实现推进整体改革进程的目的。

所谓增收节支，就是在强化税收征管的基础上，把该征的税尽可能如数征上来。同时，严格控制财政支出的过快增长，提升财政资金的使用效益。这既是财政税务部门的一项常规性工作，又是必须寄希望于通过改革来逼近的一个长久目标。

所以，一个合乎逻辑的判断是，以上述"十六字"作为基本图景的稳健财政政策实施方案，通篇浸透着推进改革的精神，实际上是要以推进改革作为主线来实施的。

4. 小结：需探究的问题

从当前宏观经济运行态势和财政收支运行规律的交互作用中，可以得到的基本判断是，在"十一五"期间，稳健财政政策将可能与我们长期相伴。立足于稳健财政政策的宏观环境并在这个宽广的平台上，如何加快推进那些拟议进行或亟待推进的改革事项，既是实施稳健财政政策的一个主要着力点，也是"十一五"期间中国财税工作的一个主要任务。

根据《中共中央关于制定国民经济和社会发展第十一个五年计划的建议》（2005），在"十一五"期间，拟议进行或亟待推进的有关重大财税改革事项可大致区分为如下三个层次：

（1）着眼于完善落实科学发展观的体制保障的改革。具体包括：进一步推进公共财政体制的完善；合理界定各级政府的事权，调整和规范中央与地方、地方各级政府间的收支关系，建立健全与事权相匹配的财税体制；调整财政支出结构，加快公共财政体系建设；实行有利于增长方式转变、科技进步和能源资源节约的财税制度。

（2）财税自身改革。具体包括：完善中央和省级政府的财政转移支付制度，理顺省级以下财政管理体制，致力于地区间基本公共服务均等化；完善增值税制度，实现增值税转型。统一各类企业税收制度。实行综合和分类相结合的个人所得税制度。调整和完善资源税，实施燃油税，稳步推行物业税；农村税费改革，巩固成果，全面推进农村综合改革；继续深化部门预算、国库集中收付、政府采购和收支两条线预算管理制度改革；规范土地出让收入管理。

（3）支持推进的改革。具体包括：教育体制改革、社会保障制度改革、医疗卫生制度改革、收入分配制度改革。

六　新一轮税制改革

1. 新一轮税制改革的主要内容

相对于 1994 年的那一次税制改革，我们把目前正在推进中的这一次税制改革称为"新一轮税制改革"。关于新一轮税制改革，早在 2003 年 10 月份，中共十六届三中全会所通过的《中共中央关于完善社会主义市场经济若干问题的决定》第 20 条已经作出了全面描述。紧接着，在那个基础上，于 2005 年 10 月份召开的中共十六届五中全会，又将"十一五"期间的税制改革安排写入了《中共中央关于制定国民经济和社会发展第十一个五年计划的建议》第 24 条。

对于新一轮税制改革的主要内容，可从两个层次上分别来说：改革的原则和改革的事项。

先说前一个层次。新一轮税制改革的原则，被概括为 12 个字："简税制，宽税基，低税率，严征管。"将这 12 个字与 1994 年的那一次税制改革的 16 字原则——"统一税法，公平税负，简化税制，合理分权"——做一简单的对比，就可发现，同旨在建立适应市场经济体制的税收制度体系的 1994 年税制改革有所不同，新一轮税制改革并非一次重起炉灶式的改革。它是在 1994 年所确立的税制体系框架的基础上，着眼于现行税制的进一步修补和完善。因而，相对于 1994 年的税制改革而言，它的规模和影响都要小一些。

再看后一个层次。新一轮税制改革的主要方面，可概括为 8 个项目：改革出口退税制度；统一各类企业税收制度；增值税由生产型改为消费型，将设备投资纳入增值税抵扣范围；完善消费税，适当扩大税基；改进个人所得税，实行综合和分类相结合的个人所得税制；实施城镇建设税费改革，条件具备时对不动产开征统一规范的物业税，相应取消有关收费；在统一税政前提下，赋予地方适当的税政管理权；创造条件逐步实现城乡税制统一。

迄今为止，在"十五"期间已经启动并取得相应进展的改革项目有：出口退税制度的改革、个人所得税改革内容之一——工薪所得减除额标准的上调、增值税由生产型转为消费型改革在东北地区三省一市进行试点、实现城乡税制统一改革重要一步——取消农业税。应在"十一五"期间启动甚至全面完成的改革项目有：增值税转型改革、统一各类企业税收制度、实行综合和分类相结合的个人所得税制度、调整和完善资源税、实施燃油税和推行物业税。

2. 新一轮税制改革的重点

尽管上述所有的项目都是必须推进的改革。但如果按其牵动全局意义的大小排序，在"十一五"期间，新一轮税制改革还是有其重点项目的。这就是，增值税、企业所得税和个人所得税。对这几个税种的改革，不妨讨论得细致一点。

（1）增值税。中国的现行增值税制诞生于20世纪的90年代初期。在那个时候，通货膨胀和短缺经济，是我们经常挂在嘴边的主要矛盾。抑制通货膨胀、约束消费和投资需求，也是我们反复谋划的基本目标。而且，在那个时候，财政收入不足、财政收入占GDP比重偏低，是我们经常面对的主要难题。增加财政收入、提升财政收入占GDP的比重，也是我们反复盘算的基本路径。为此，能够想到、可以用上的几乎所有的手段，都被赋予了抑制通胀、约束需求的任务。能够采取、可以实施的几乎所有的办法，也都被注入了增加财政收入的因素。增值税制的设计，自然也要被派上用场。于是，在那样的背景之下，即便增值税的基本特征是只按生产经营中的增值额计税，非增值部分——购入固定资产已在此前环节缴纳的税款——应当准予抵扣，并且，世界上通行的增值税税基是消费型——不含购入固定资产的价值，当时的增值税税制还是选择了生产型的税基——不允许抵扣购入固定资产所含税款。

早在几年之前，随着宏观经济环境的变化——通胀为通缩所取代——和财政收入形势的扭转——每年的收入增量都达千亿元以上，现行增值税制的约束消费和抑制投资倾向已经成为不合时宜的印记。于是，便有了对现行增值税制作相应调整的呼声和企盼。并且，在这种呼声和企盼中，主管部门亦拿出了比较成型的改革方案。在 2003 年召开的中共十六届三中全会上，作为新一轮税制改革的主要内容之一，增值税由生产型改为消费型还被写入了《关于完善社会主义市场经济体制若干重大问题的决定》。

作为一个对税制和税收全局具有重大影响的税种，增值税制的改革非同小可。故而，先试点，在试点的基础上向全国推广，便成为增值税改革的一个重要思路。恰好，试点对象的确定又与振兴东北老工业基地战略决策的实施相逢，于是，便有了先将增值税的改革方案在东北地区试行的方案并在 2004 年下半年得以启动，增值税制的改革由此拉开了序幕。

时至今日，增值税改革的试点已经取得了相应的经验。应当说，现在是向全国推广的时候了。然而，由于另一个改革重点——企业所得税——的改革受阻，它的推广受到了强有力的牵制。企业所得税的改革能否顺利出台，将在很大程度上决定着增值税改革的时间表。

（2）企业所得税。关于内外资企业所得税制合并改革的必要性，这几年来，社会各界已经做了相当充分的阐述。同在中国的土地上从事生产经营活动，两者的税负竟相差 10 个百分点上下，无论从哪个角度讲，都不能再继续下去了。关于内外资企业所得税制改革的方向和内容，有关部门已经有了比较成熟的方案。

但是，就在方方面面为这项改革的启动而呐喊、而谋划、而多方论证的热切企盼中，它的改革却一再受阻、一再拖延下来。之所以如此，能够放在桌面上的理由，主要是一条：它会减少外资企业独享多年的税收优惠，从而会对引进外资带来负面影响。而这条理由，在过去的几年中，已经经过多方论证并一再地为人们所证伪。

作为当今世界上最具吸引力、引进外资连年位居前列的投资国之一，我们一直在思量：外资进入中国究竟图的是什么？税收优惠固然是吸引外资的因素之一，但在左右其投资取向的棋盘上，税收上的优惠只属于蝇头小利。相对而论，稳定的政治局面、发展良好的经济态势、广阔的市场潜力、丰富而廉价的劳动力资源才是对外资吸引力最大、作用最强的因素。退一步讲，如果确有一些外资就是专奔税收优惠而来，这样的外资肯定不在实力强、技术硬、对中国经济发展具有重要作用的企业之列。此其一。

如果说在改革开放初期，尚处幼年的中国经济发展状况使得我们对于吸引外资的态度确有些多多益善、饥不择食的话，那么，在中国经济已经步入迅速发展轨道、国力已经得到稳步提升的今天，我们已经到了有资格、有条件讲究引进外资的质量和品位的时候。对于今天的中国经济而言，外资并非多多益善，不能也不应再饥不择食。沿用改革开放初期的思维来面对今天的外资工作，无论从哪个方面讲，肯定是不合时宜的。此其二。

在内外资适用不同的企业所得税法的条件下，内资企业的实际税负水平较之外资企业高出 10 个百分点以上。由于众所周知的原因，大量的内资企业本来就先天不足。加上人为施加的歧视性高税负以及各种法律、法规上的限制，事实上产生了抑制内资企业发展的效应。可以说，正是在以税收为代表的各种歧视性政策的挤压之中，几乎没有一家内资企业能同外资企业进行可称得上公平的竞争。此其三。

WTO 固然不排斥在税收上给外资企业"超国民待遇"，但实行对所有企业的一视同仁的"国民待遇"终归是其基本的规则，也是各国通行的做法。放着既符合市场经济规则、又同 WTO 要求相一致的"国民待遇"原则不用，非要额外赋予外资企业以税收特权，非要给予其税收上的"超国民待遇"，由此换得的效益究竟能否抵得上为之付出的成本？此其四。

说到底，在当前的中国，之所以会有反对内外资企业所得税制合并改革适时启动的强烈声音，其根本的原因无非在于，吸引外资规模的增减可能牵动着相关部门的政绩，沿袭多年的区域性税收优惠格局可能发生的变化会让相关地方失掉继续独享这种"级差地租"的机会。

问题的复杂性在于，企业所得税制合并改革受阻所带来的，并不限于企业所得税一个税种。事实上，它也直接拖住了增值税以及整个新一轮税制改革的进程。

这是因为，增值税的改革，主要表现为税基的缩减。因而在总体上，它是一种给纳税人减负的改革。而且，它是一种具有普惠性的、几乎所有的纳税人都受益的改革。与之有所不同，按照既有的企业所得税制合并改革方案，它的改革主要表现为内资企业税负调减而外资企业税负调增。也就是内资和外资企业的所得税税负，将分别从两头向中间靠拢。因而，它的启动肯定要遇到阻力。为了化解可能的阻力、顺利推进改革，一个既有效副作用又少的选择就是，将增值税和企业所得税改革一并推出，捆绑上市。那样做的话，两个税种改革所带来的税负增减效应相抵，从而极大地降低企业所得税制合并改革可能遇到的阻力，换取整个新一轮税制改革的成功。否则，如果增值税改革单兵突进，固然会因其给纳税人带来的明显减负效应而受到普遍欢迎，但是，失掉了平衡新一轮税制改革税负增减效应这样一个特殊的机遇，今后的企业所得税制合并改革启动的难度将会更大，甚至会因此无限推延下去。

（3）个人所得税。如前所述，作为个人所得税改革的一个内容，工薪所得减除额标准的上调已经先行一步。在"十一五"期间，个人所得税仍面临着进一步全面改革的任务。

中国的现行个人所得税制之所以需要改革，同调节居民个人收入差距的需要和现行个人所得税的格局有关。

顾名思义，个人所得税是对个人所得征收的税收。但现实中的个人所得，是可以分成若干类别的。对于不同类别的个人所得，可以区分不同项目分类征税，也可以将各种项目加总求和综合征税，还可以将分类征税和综合征税的办法混合在一起征税。相应的，个人所得税的类型被区分为分类所得税制、综合所得税制和混合所得税制。

中国现行的个人所得税，实行的是分类所得税制。列入个人所得税的征税项目一共有 11 个：工资薪金所得、个体工商户生产经营所得、企事业单位承包（承租）经营所得、劳务报酬所得、稿酬所得、特许权使用费所得、利息（股息、红利）所得、财产租赁所得、财产转让所得、偶然所得和其他所得等。对于上述不同类别的所得，采取的是不同的计征办法、适用的是不同的税率表格。故而，表面上个人所得税是一个税种，实际上它是由 11 个类别的个人所得税构成的。

再者看，由诸税种所构成的税制体系就像是一个交响乐队。个人所得税固然要为政府取得收入，但除此之外，它还有一个特殊的角色定位——调节居民间的收入分配。我们知道，在当前的中国，收入分配差距的日益拉大，已经在相当程度上危及经济社会的长期稳定发展。努力缓解收入分配差距而不是听任其继续拉大，已经成为"十一五"时期的重大战略任务。作为一种最重要的调节收入分配的手段，个人所得税改革的主要目标，当然要锁定在如何有效地调节居民收入的分配差距上。

现行分类所得税制的格局不那么适合调节收入分配差距需要。道理非常简单，人与人之间的收入差距，是一种综合的收入差距，是在加总求和所有来源、所有项目收入的基础上才能计量出来的。现行的将个人所得划分为若干类别、分别就不同类别征税的办法，固然便于源泉扣缴，不易跑冒滴漏，也能起到一些调节收入差距的作用，但是，在缺乏综合所得概念基础上实现的调节，毕竟是不全面的，甚至可能是挂一漏万的。

让高收入者比低收入者多纳税并以此调节居民之间的收入分配差距，就要实行综合所得税制——以个人申报为基础，将其所有的所得综合在一起，一并计税。这既是各国个人所得税制历史演变的基本轨迹，也是我国个人所得税的改革方向。正因为如此，中共十六届三中全会通过的《关于完善社会主义市场经济体制若干问题的决定》第 20 条，对于个人所得税制改革目标的阐述便是："改进个人所得税制，实行综合和分类相结合的个人所得税制。"

3. 小结：需探究的问题

从有关新一轮税制改革问题的讨论中，至少可以得到如下几个方面的判断：

（1）任何一个国家的税收制度，总要植根于一定的经济社会环境并随着经济社会环境的变化而做相应调整。在 1993 年设计并于次年开始实施的中国现行税制，至今已经有了 12 年的历史。这 12 年来，虽然免不了修修补补，但基本的格局没有发生大的变化。对比之下，中国经济社会环境所发生的变化绝对可以用"巨大"来形容。在今天的中国，税收制度同其赖以依存的经济社会环境之间的不相匹配现象已经越来越清晰地为人们所看到。若不对税收制度进行与时俱进的调整，税收制度肯定会对经济发展产生越来越大的负面影响。所以，在"十一五"期间，新一轮税制改革已经到了必须全面启动的时候。

（2）拟议中的税制改革方案无疑是以财政上的减收为代价的。而且，根据初步测算，仅仅增值税和企业所得税两个税种的改革，就要涉及 2000 亿元上下的减收。如此规模的成本，在财政日子并不宽裕、方方面面亟待投入的条件下，自然需要谨慎对待。但谨慎并不意味着搁置，因财政减收的担忧而搁置拟议进行的税制改革，终归不是长久之事。指望财政的日子宽裕起来再实施企盼已久的税制改革，不仅会使改革变得遥遥无期，而且，很可能永远等不来那一天。注意到目前正是税收收入增幅最大的时期，抓住眼下的收入增长"旺季"，将超预算增长的税收用于启动新一轮税制改革，应当也必须是"十一五"期间的一个重要选择。

（3）能够放在桌面上的理由也好，不能拿到桌面上的原因也罢，在内外资企业所得税制合并改革以及整个新一轮税制改革上所遇到的种种难题的破解，最终取决于相关的部门和地方究竟能否跳出部门利益、地方利益的局限而跃升至国家利益、宏观利益的层面上考虑问题。只有冲破了各种既得利益格局的围追堵截，各项亟待进行、拟议进行的改革才可能破冰而出。内外资企业所得税制合并改革如此，其他方面的改革也是这样。这也可算作我们经过一系列的碰撞之后，终于悟出的一个带有常识性的道理。

主要参考文献

许善达：《在中国税收高层论坛的演讲》，2004 年 4 月 24 日，http：//www.finance.sina.com.cn/roll/20040424/1551737。

金人庆：《实行稳健的财政政策　促进经济平稳较快发展》，《人民日报》2004 年 3 月 7 日。

金人庆：《深化改革科学发展谱写财政工作新篇章——在全国财政工作会议上的讲话》，2005 年 12 月 19 日，全国财政工作会议文件。

高培勇：《在推进改革中转向稳健——关于 2005 年中国财政政策基本取向的分析》，《税务研究》2005 年第 1 期。

《中共中央关于制定国民经济和社会发展第十一个五年计划的建议》，《人民日报》2005 年 10 月 16 日。

（原载《财贸经济》2006 年第 1 期）

中国税收持续高速增长之谜

一　引言

2006 年 1—9 月份，全国共入库税款 28420 亿元，比去年同期增长 22.5%。① 照此推算，预计 2006 年全国税收收入的增长规模，至少会突破 7000 亿元。从而，在 2004 年和 2005 年税收收入增幅连续两年超过 5000 亿元的基础上，再创新高。"十一五"开局之年税收收入增长轨迹的逐步凸显，一再地向人们揭示了一个重要事实：如果不在税收政策、税收制度等方面作出重大的调整，持续了 12 年之久的税收收入高速增长现象，仍将在"十一五"时期延续，甚至表现出更加强劲的态势。随着这种影响向宏观层面的其他区域或领域传递，中国的宏观税负水平、税收征管机制、资源配置格局、预算法制建设和公共政策走向等各个方面，都将因此而呈现联动效应，在宏观经济运行以及整个经济社会发展进程中激起更大的波澜。

税收收入的持续高速增长，并非一个新问题。进入本世纪特别是近两三年以来，它一直属于人们议论的热门话题。然而，颇有趣味的是，尽管相关著述不少，但由于观察角度、思维路径以及研究方法等方面的差异，人们所得到的结论却往往大相径庭。总体说来，无论在官方还是学界，迄今都尚未发现能够在较大范围内达成共识并具有足够说服力的研究成果。即便深谙税收运行机理、熟悉现行税制格局的专业人士，也常会在有关税收收入增长预期、税收收入增长因素解析等问题上显得力不从心。中国税

---

① 转引自《京华时报》2006 年 10 月 11 日。

收收入的持续高速增长，似乎确实是一个不易破解的"世纪之谜"。

作为"十一五"规划的重要议题，新一轮税制改革的全面启动在即。税收政策目标的选择、税收制度模式的设计以及两者的传导机制和有效性，在很大程度上取决于我们对现实中国税收运行规律的认识。所以，对税收收入持续高速增长现象以及相关问题的分析，不仅不容回避，而且变得极其紧迫。笔者以为，只有脱出表面现象的局限，而深入到那些形成现实税收收入的要素、环境和条件的制度框架以及政策体系之中，并分析税收收入、税收制度和税收政策之间复杂的生成、制约、适应和促进关系，方能清楚地认识问题的实质所在，从而找到一些可行的应对方略。

基于这样一种认识，本文的分析拟由税收收入同现行税制的关联分析入手，在税收收入增长轨迹同现行税制变动轨迹的联系中，捕捉支撑税收收入持续高速增长的"特殊"因素。以此为基础，操用特殊视角，逐一聚焦由税收收入持续高速增长所引致的若干重大问题，从而得到种种政策判断，提出相关政策建议。

本文并不企望就本文主题做全面而系统的讨论，而仅立足于提供一个分析视角。

进入本文视野的税收收入，除特别提及的之外，均以由税务部门征收入库的全国税收收入数字为统计口径，不含关税和农业五税（农业税、牧业税、农业特产税、耕地占用税、契税），[①] 亦未计入出口退税因素。[②]

二　罕见而特殊的增长轨迹(1994—2005)

中国税收收入的持续高速增长，是从 1994 年开始的。在此之前的很长一段时间，则是另外一番景象——税收收入增长缓慢，占 GDP 的比重逐年下降。因此，我们将考察区间锁定在 1994—2005 年的 12 年间。

---

① 从 2006 年起，随着农业税、牧业税和农业特产税的取消，原有的"五税"减为"两税"（耕地占用税和契税）。

② 很显然，完全意义的全国税收收入，应当在此基础上加上关税和农业税收，并减去出口退税。但出于统计数字来源方便以及现行处理方法并不统一等方面的考虑，本文选择了这一口径。但这并不妨碍分析结论的正确性。

1993 年，全国税收收入不过 4118 亿元。1994—1997 年，年均增长
1000 亿元上下。1998 年情况特殊，在严峻通货紧缩形势的挤压中，很不
容易地勉强实现了 1000 亿元的增长任务。但是，在 1999 年之后，税收收
入便进入了快车道，当年跨越 10000 亿元大关。接下来，几乎是每隔两年
便跃上一个高台。2001 年突破 15000 亿元，2003 年突破 20000 亿元，
2005 年突破 30000 亿元（参见图 1）。12 年间，税收收入的年均增长率保
持在 18.35%。①

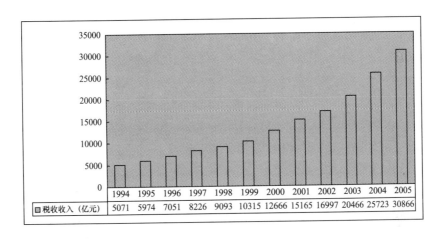

图 1　中国税收收入的持续高速增长轨迹（1994—2005）

资料来源：《中国税务年鉴 2005》，中国税务出版社 2005 年版；《中国统计年鉴 2006》，中国统计出
版社 2006 年版。

注意到这种增长轨迹的形成同现行税制的诞生同步发生——1994 年的
税制改革改写了中国税收的历史，一个显而易见的分析线索便是，将税收
收入的增长轨迹同现行税制的变动轨迹——特别是带有增税因素的变动轨
迹——联系起来，从 12 年间现行税制的变动中捕捉支撑税收收入持续高
速增长的缘由。然而，当我们循着这一线索，反观过去 12 年间中国税制

① 这 12 年的增长速度分别为：23.1%（1994）、17.8%（1995）、18%（1996）、16.7%
（1997）、10.5%（1998）、13.4%（1999）、22.8%（2000）、19.7%（2001）、12.1%（2002）、
20.4%（2003）、25.7%（2004）和 20%（2005）。

格局发生的变化时，却不无惊讶地发现，能够称得上具有增税意义的税制调整事项，只有两个：1999 年，对居民个人存款利息所得恢复课征个人所得税；2002 年，将车辆购置费改为车辆购置税。但是，且不说同期亦有若干具有减税意义并可产生抵消效应的税制调整事项出台，即便将这两个调整事项所带来的税收收入增量加总求和，在 2005 年，也只不过 500 亿元上下。操用如此的边际效应，显然难以解释当年高达 5143 亿元的税收收入增量和 30866 亿元的税收收入总量。所以，一个显而易见的判断即是，我们是在现行税制格局基本未作大的调整的背景之下，取得了长达 12 年的税收高速增长。

将中国税收的持续高速增长现象推至世界税收发展史的平台上，则可以看得更清楚些。纵观几千年的世界税收发展史，尽管也不乏某些国度、在某些历史区间的税收收入呈现跳跃式增长的先例，但是，透过税收跳跃式增长的现象，至少可以发现其背后的两个支撑要素：一是，这些国度、在这些历史区间，一定有重大的历史事件发生。或是战争的爆发导致军费开支激增，或是严峻的自然灾害导致抗灾、社会救济开支激增，从而推动了政府支出规模的急剧扩张。另一是，这些国度、在这些历史区间，一定有重大的税制变革发生。或是增设新的税种，或是提升原有税种的税率，或是拓宽原有税种的税基，从而托起了税收收入规模的急剧上升。由支出扩张带动税制变革，再由税制变革带动税收收入增长，可以说是整个世界税收发展史上的一个具有规律性的现象。

中国的情况显然没有那么简单。在过去的 12 年间，既没有因重大的历史事件所引致的政府支出规模的激增，又没有因政府支出规模急剧扩张而带来的以增税为主要意图的重大的税制变革。可以说，中国税收收入的持续高速增长，是一个难以操用一般规律加以解释的罕见而特殊的经济现象。

三　因素分解：三因素→多因素→特殊因素

对于税收收入的持续高速增长，特别是税收收入增长持续高于同期 GDP 增长，人们曾经用经济增长、政策调整和加强征管即所谓"三因素"

论来解释。甚至，在此基础上，将三因素所带来的支撑税收收入增长效应做了相应分解。即经济增长因素占50%，政策调整和加强征管因素各占25%（金人庆，2002）。

随着2004年的税收收入增幅蹿升至5000亿元，"三因素论"的解释显得相对粗糙了。为了进一步揭示其背后的深刻原因，作为"三因素论"的替代，"多因素论"应运而生。在多因素论下，税收收入的持续高速增长被归结为经济增长、物价上涨、GDP与税收的结构差异、累进税率制度、加强税收征管和外贸进出口对GDP与税收增长的影响差异等六种因素交互作用的结果（谢旭人，2006；李方旺，2006）。[1]

相对于三因素论来说，多因素论的分析显然向前跨进了一步，更全面、更细致、更贴近现实。然而，问题在于，持续十几年且在税制基本未变条件下实现的税收收入持续高速增长，毕竟是发生在中国的一个奇迹。要透视这个特殊的现象，只能启用特殊视角。以特殊的思维、特殊的方法、特殊的线索，去描述、归结这一轨迹背后的特殊缘由。

那么，究竟什么是支撑中国税收持续高速增长的特殊因素？

将上述的因素逐一过滤并反复比较之后，可以发现，它们都不能归于中国的特殊因素之列。无论经济增长同税收收入之间的相关性，还是物价上涨同税收收入之间的相关性，抑或GDP与税收结构差异、累进税率制度、加强税收征管等因素同税收收入之间的相关性，在世界上都是普遍存在的，均属于一般性而非特殊性的因素。

不过，上述因素对于税收收入持续高速增长的支撑效应，并非等量的。一旦聚焦于诸种因素的效应差异并由此入手，真正可以依赖、真正有点特殊的因素便可一下子浮出水面：中国税务机关的"征管空间"巨大。巨大的征管空间，为中国税务机关加强税收征管的努力带来了税收收入的持续高速增长。

为此引入一对概念，可能是必要的。这就是，法定税负和实征税负（钱冠林，2006）。[2] 所谓法定税负，就是现行税制所规定的、理论上应当

---

[1]　比较详尽的解释可参见《谢旭人答记者问》，《中国财经报》2006年6月13日。

[2]　亦可称作名义税负和实际税负。

达到的税负水平。所谓实征税负，则是税务部门的征管能力能够实现的、实际达到的税负水平。两者之间的距离，决定于税收征收率。故而，不同于"法定"的税负水平——税基和税率两个因素的乘积，"实征"的税负水平，则是税基、税率和税收征收率三个因素的乘积（高培勇，2002）。

分别以法定税负和实征税负作为计算税收征收率的分母和分子，来自国家税务总局的分析报告表明（许善达，2004），在 1994 年，中国税收的综合征收率只有 50% 上下。而到了 2003 年，综合征收率已提升至 70% 以上。换言之，在 10 年间，中国税收的综合征收率提升了 20 个百分点。在如此巨大的征管空间内，税收征收率的迅速提升，自然意味着税收跑冒滴漏的迅速减少和税收收入的迅速增长。

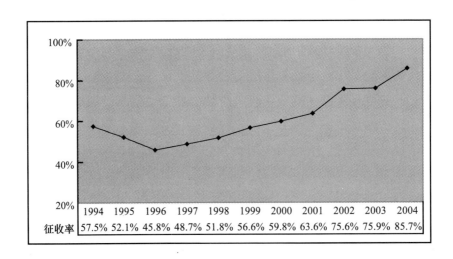

	1994	1995	1996	1997	1998	1999	2000	2001	2002	2003	2004
征收率	57.5%	52.1%	45.8%	48.7%	51.8%	56.6%	59.8%	63.6%	75.6%	75.9%	85.7%

图 2 中国增值税征收率的变化轨迹（1994—2004）

资料来源：转引自国家税务总局计划统计司《增值税征收率变动与金税工程二期效果宏观分析》。

国家税务总局的另一份分析报告《增值税征收率变动与金税工程二期效果宏观分析》进一步印证了上述判断。如图 2 所示，增值税的征收率，在 1994—2004 年的 11 年间，经历了一个先少许下降、转而迅速提升的过程。从 1994 年的 57.5%，到 1998 年的 51.8%。以 1997 年为转折点，开始迅速提升，至 2004 年，已达 85.7%。

增值税征收率提升的直接影响，便是增值税收入的相应增长。从表1可以清楚地看到，在增值税征收率迅速提升的作用下，增值税收入一路上扬。举2004年为例，依环比计算，较之2003年，当年增值税征收率提升了9.79个百分点，由此带来的增值税增收额为1269.76亿元。以1994年为基期计算，2004年增值税征收率提升了28.2个百分点，可以归入该因素项下的增值税增收额为3668.12亿元。若以1997年为基期计算，2004年增值税征收率提升了37个百分点。相应的，4805.63亿元的增值税增收额可以归入该因素项下。

表1　　　　增值税征收率变动对增值税收入的影响状况（1994—2004）

年份	增值税征收率（％）	征收率变动（环比）（％）	征收率变动影响税收（亿元）	征收率变动（1994年为基期）（％）	征收率变动影响税收（亿元）	征收变动（1997年为基期）（％）	征收率变动影响税收（亿元）
1994	57.5	——	——	——	——	——	——
1995	52.1	-5.4	-282.89	-5.38	-282.89	——	——
1996	45.8	-6.3	-381.49	-11.62	-710.53	——	——
1997	48.7	2.9	189.34	-8.77	-582.00	——	——
1998	51.8	3.1	216.05	-5.70	-401.29	3.07	216.05
1999	56.6	4.8	368.22	-0.87	-66.71	7.90	602.38
2000	59.8	3.2	274.91	2.33	199.95	11.10	951.82
2001	63.6	3.8	348.04	6.10	563.22	14.87	1372.37
2002	75.6	12.0	1200.81	18.14	1809.73	26.91	2684.55
2003	75.9	0.3	39.90	18.49	2117.63	27.26	3122.00
2004	85.7	9.8	1269.76	28.28	3668.12	37.05	4805.63

资料来源：同图2。

作为中国的第一大税种，增值税收入在全部税收收入中占据近半壁江山。[①] 增值税征收率的提升及其增收效应，对于作为一个整体的税收综合征收率和全国税收收入增长额无疑具有决定性作用。税收征收率提升对于税收收入增长的影响，由此可见一斑。

将这些年来我国在税收信息化建设方面走过的历程引入视野，并同税收征收率的提升和税收收入的增长轨迹联系起来分析，可以进一步支持上述的认识。

迄今为止，粗略划分，中国的税收信息化建设大致走过了两个阶段（金人庆，2002；谢旭人，2005）。1994—1998 年，可视为前一阶段。1994 年以增值税为主体的税制改革，把依托计算机网络的增值税专用发票管理提上了议事日程。计算机开始取代手工操作而担负起文字处理、表格设计、数据录入和信息存储等方面的工作，并从 1994 年 7 月开始在 50 个大中城市启动了增值税交叉稽核系统即金税工程一期建设试点。这一阶段的突出特征是，税收信息化建设渐成气候，税收征收率有所攀升。但对信息化的理解比较表面化，满足于技术手段的升级和管理效率的提高；1998—2003 年，可视为后一阶段。从 1998 年 8 月起，在总结金税工程一期的基础上，金税工程二期建设应运而生。它以"一个平台"（信息平台）和"四个系统"（包括防伪税控开票系统、防伪税控认证系统、增值税计算机交叉稽核系统和发票协查系统）为内容，构成了增值税管理的生命线和同涉税犯罪斗争的杀手锏。不仅增值税的防伪税控开票系统覆盖到所有一般纳税人，而且，全社会税收监控网络逐步形成。2600 万户纳税人进入征管信息系统，计算机处理纳税额占到全国税收收入额的 80% 以上。在这一阶段，对信息化的理解上升至网络化、系统化的层面，在提升税收征收率等方面的作用初见成效。

与此相呼应，中国的税收收入增长也走出了大致类似的轨迹。以 1999 年为分水岭，过去 12 年间的税收收入增长可以大致区分为两个不同的区

---

① 以 2005 年为例，在全国税收收入 30866 亿元的总盘子中，来自增值税的收入为 14876 亿元，占 48.2%。

间。前5年的增长势头相对平缓，每年1000亿元上下的增收规模，颇费周折，需严盯死守，得来不易。后6年的增长态势则迅速而猛烈，2000亿元—5000亿元的增长规模，特别是近两三年的增长势头，并不似以往那样费尽气力，而颇有点儿始料不及、水到渠成的味道。

从如此的历史视角来观察，我们可以发现这样的规律：税收信息化建设每前进一步，税收征管水平每提升一分，税收收入便可相应增长一块儿。三者之间的变化，高度相关。

四　背景追溯：巨大"征管空间"的来历

常识告诉我们，法定和实征税负之间存有距离，并非中国独有。在当今的世界上，还找不到税收征收率达到100%的国度。但是，现行税制实施之初的中国税收征收率如此之低，以至于将近50%的空间有待拓展，绝对是非常罕见的。由此提出的问题是，中国税务机关何以会拥有如此之大的"征管空间"？

税收机关的征管空间同其赖以运行的税制基础密切相关。税收制度的孕育和诞生，总要打上时代的烙印。追溯一下现行税制的孕育和诞生背景，便可发现，在1993年后期，来自三个方面的因素可能左右了现行税制的设计过程。其一，严峻的通货膨胀。为应对当时高达20%以上的通胀率，要调动包括税制设计在内的几乎所有可能的手段。其二，严峻的财政拮据。为扭转当时财政收入占GDP比重的持续下滑势头，不仅要保证原有税负不减，而且要实现略有甚至较大幅度增长。其三，偏低的税收征收率。为保证既定税收收入目标的实现，要在现行税制中植入具有抵充偏低的税收征收率效应的因素。

诸多方面的因素相交融，现行税制的格局也就大体奠定：既然要着眼于"抑热"，现行税制的设计就必须融入反通胀因素。比如增值税的税基界定，就不宜实行符合增值税本来意义的、口径相对狭窄的消费型税基，而要采用有助于抑制企业投资冲动、口径相对较宽的生产型税基；既然要着眼于"增收"，现行税制的设计就必须在税制设计中加入增收的因子，把拿到既定规模的税收收入作为重要目标。既然税收的征收率偏低，现行税制的设计就必须留有余地，"宽打窄用"（高培勇，2006）。以"宽打"的税制架构，确保"窄用"的税收收入规模。这意味着，在当时的背景下，即便只着眼于 5000 亿元的税收收入目标，考虑到"抑热"、"增收"以及"征收率偏低"等方面的实情，也需事先建构一个可征收 10000 亿元的税制架子。

换言之，中国的现行税制在其孕育和诞生之时，预留了很大的征管空间，从而也为法定税负和实征税负水平之间的巨大反差埋下了伏笔。现行税制所具有的巨大的征管空间，可能是支撑中国税收持续高速增长的最重要的源泉。

五 几个相关问题的判断

如果上述的认识大致不错，那么，围绕税收持续高速增长现象而引发的如下几个问题的判断，也就有了相应的基础。

第一，现实中国的税负水平重不重？

在中国，对于税负水平高低的判定历来说法不一。每当问到企业或者居民中国的税负重不重时，回答往往是重或者很重。每当政府部门出面来论证中国的税负水平时，结论又往往是不重或者偏轻。随着税收收入持续高速增长势头的逐年加大，这一原本就令人费解的话题变得更加复杂了：企业和居民抱怨税负在加重，而政府部门又一再解释没有采取任何增税的行动。

将支撑中国税收增长源泉的分析应用于此，可能比较容易找到回答问题的思路。

作为纳税人的企业或居民之所以咬定中国的税负重，其论据无非是，现行税制的规定如何如何。比如，个人所得税的最高边际税率45%，企业所得税的税率33%，增值税的税率17%，等等。以这些税种的税负水平同其他国家的相关税制规定比起来，中国的税负显然不能说是轻的，甚至有些偏重了。

作为征税人和用税人的政府部门之所以认定中国的税负轻，其论据在于，实征税收收入额占 GDP 的多少（参见图3）。比如，在 2005 年，将全国税收收入加总求和并同当年的 GDP 求比，只不过为 16.9%。[①] 以这样的宏观税负水平同其他国家的情形比起来，中国的税负绝对不能说是重的，甚至有些偏轻了。

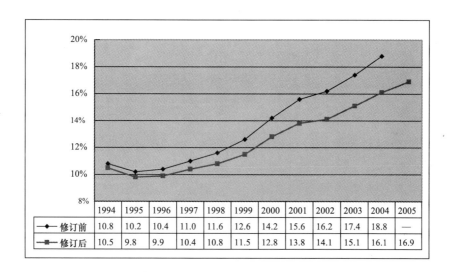

图 3　中国实征税负水平的稳步提升（1994—2005）

注：上一条线代表 GDP 统计口径修订之前的实征税负水平，下一条线代表 GDP 统计口径修订之后的实征税负水平。

资料来源：《中国统计年鉴（2006）》，中国统计出版社 2006 年版；《中国税务年鉴（2005）》，中国税务出版社 2005 年版。

　　注意到支撑两种说法的论据差异，可以捕捉到如下的信息：衡量现实中国的税负水平，必须操用"法定税负"和"实征税负"两把尺子。中国的纳税人同征税人和用税人之间在税负水平问题上的认识矛盾之所以会产生，其根本的原因无非在于，现实中国的法定和实征税负水平之间的距离甚远。

---

① 在 2005 年，全国税收收入为 30866 亿元，GDP 为 182321 亿元，税收占 GDP 的 16.9%。

　　纳税人拿法定税负作为判定税负水平的参照系，并非不正常。政府部门以实证税负作为论证税负水平的参照系，也并非新鲜事。但是，如前所述，虽然世界上没有任何国家能够实现法定和实证税负的统一，但像中国这样的两者之间距离甚远，以至于在税负水平问题的判断呈现如此之大反差的情形，可能是一个罕见的特例。因此，如下的解释可能是成立的：尽管政府没有采取任何旨在增税的行动，凭借着税务部门加强征管的努力和税收征收率的稳步提升，不仅税收收入呈现了持续高速增长的态势，而且，法定税负和实证税负之间的差距已经在一步步拉近。由此，企业和居民实际感受到的税负水平也在一步步加重中。

　　更重要的事实在于，税务机关的工作目标之一，就是不断加强征管，以求挖潜增收。往前看，一个基本图景是，税务部门的人员素质和技术装备水平将会越来越高，税收征管工作的力度将会越来越大，法定税负和实证税负之间的距离将会越来越拉近。从而，由此而引发的诸方面矛盾也会越来越尖锐。

　　第二，税收的持续高速增长是否正常？

　　每当税务机关公布税收收入增长数字的时候，在社会上总会掀起不小的波澜。人们经常问的一个问题是，如此的增长，特别是持续以高于 GDP 增长速度的速率增长，到底正常不正常？

　　同前者的情形类似，在这一问题上，操用不同的标准或参照系，人们得到的答案往往迥然相异。如以现行税制作为判定标准，那么，它就是正常的。因为，在既有税制的框架内，依法征税，把该收的税如数收上来，是税务机关的天职所在。而且，是税务机关必须倾力追求的目标。放着该收的税不收，听凭偷漏税的现象蔓延而不采取积极的行动加以阻止，或者，跳出既有税制的框架，随意给予企业和居民"变通"的照顾，在中国的市场经济已经有了长足的发展、税制运行格局经过 1994 年的改革已经逐步趋于规范的今天，无论如何，绝不能是或不再能是税务机关的所作所为。抱怨税务机关加大征管力度、提高征收效率，或者，指责税务机关办事不够灵活，因而加重了企业和居民的税收负担，无疑既片面，又不合时宜。恰恰相反，税务机关还应当继续采取一切可以采取的行动，进一步加大征收管理的力度，力争实现税收的"应收尽收"。这是必须加以肯定、在任何时候或任何情况下都不能动摇的一条。

　　然而，倘若换一个角度，以现行税制运行赖以依存的经济社会环境作为判定标准，则很难说是正常的了。如前所述，现行税制孕育并诞生于1993—1994年间，不可避免地要打上那个时代的烙印。如果说诞生之初的现行税制同当时的经济社会环境是相匹配的，那么，在13年后的今天，基本格局保持不变的现行税制同已经发生了翻天覆地的变化的经济社会环境之间，就好像已经长大成人的孩子仍然脚穿孩提时代所购的鞋子，肯定要发生碰撞，甚至是十分激烈的碰撞。关于现实中国税负水平问题的判定就是一例。如果说现行税制诞生之时"宽打"的法定税负虽然偏高，但在加入税收征收率的因素之后，"窄用"的实征税负是一种比较适当的税负水平，那么，在13年后税收征收率已经获得较大提升的今天，企业和居民所承受的实征税负绝对不在适当的税负水平之列。

　　进一步看，任何一个国家的税收制度，总要植根于一定的经济社会环境并随着经济社会环境的变化而做相应调整。而且，在我们所面临的所有的经济制度中，税收制度又属于与时俱进性最强的一种。经济社会环境变化了而现行税制未变，是围绕税收收入的持续高速增长而牵动的种种矛盾现象的根本原因。事情表现在税收收入的"超常"增长上，其深刻的根源存在于现行税制同现实经济社会环境的不相匹配中。

　　第三，连年的税收收入"超收"有无特殊缘由？

　　对于历年税收收入增长规模的测度，可以有两种不同的标尺。以上一年的实际数字为标尺，得到的是"增收"额。以当年的计划或预算数字为标尺，得到的是"超收"额。两者之间的意义，具有很大的差异。鉴于统计数字来源上的方便，这里不妨以财政收入增长规模的测度为例加以说明。[①] 在2005年，全国财政收入31649.29亿元。这个数字，同2004年的财政收入（26396.47亿元）相比，增收5253.29亿元。同当年的预算收入（29255.03亿元）相比，超收2394.26亿元。

---

　　① 税收收入和财政收入的区别，仅在于统计口径。列在财政收入项下的，除了各项税收（税收收入＋关税＋农业税收－出口退税）之外，还包括教育费附加以及其他杂项收入。其中，各项税收是主体收入。在2005年，它占到整个财政收入的91%。

　　这便意味着，中国税收收入的增长规模，可以区分为意义截然不同的两部分：计划内的"增收"和计划外的"超收"。就字面意义理解，前者系意料之中的、事先计划好的且处于人民代表大会授权范围内的增长，后者则系意料之外的、未纳入计划的且突破了人民代表大会授权范围的增长。所以，相对于前者来讲，后者的影响更为深刻，更值得关注。

　　一旦专注于"超收"并以此为标尺审视过去 12 年来的税收收入增长历程，便会发现，巨额的"超收"，并非 2005 年所特有的现象，而已演化为一种常态。图 4 即揭示了这一持续多年的"超收"轨迹。从中至少可以得到两个清晰的印象：其一，从 1994 年改写了税收收入持续下降的历史之后，我国每年都会有为数不小的"超收"，少则几百亿元，多则上千亿元。其二，进入本世纪后，"超收"额一再上扬，到 2004 年，"超收"额越过 2000 亿元大关，达到了 2826 亿元。继而，在 2005 年，又保持在 2394.26 亿元的高位。[①] 如此的"超收"额，大大提升了它的"地位"——在当年财政增收额和全部财政收入额中所占的比重（见图 5），由 1994 年的 52.7% 和 8.8% 分别提升至 2005 年的 45.6% 和 7.6%。这表明，"超收"已经成为财政收支平衡中的一个不可或缺的重要因素。

---

　　① 事实上，如果按照规范化的口径，将这两年基于特殊考虑而分别用于解决出口退税陈欠的 1288 亿元和 584 亿元的支出还原，列在这两年"超收"项下的数额，则要分别改写为 4114 亿元和 2978.26 亿元。

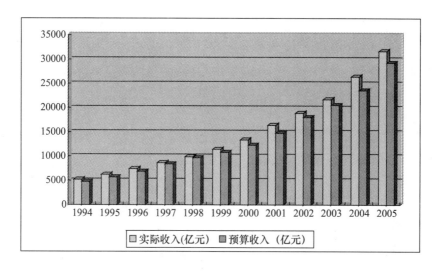

图4 持续多年的"超收"（1994—2005）

资料来源：《中国财政年鉴（2004）》，中国财政杂志社2004年版；《中国统计年鉴（2006）》，中国统计出版社2006年版。

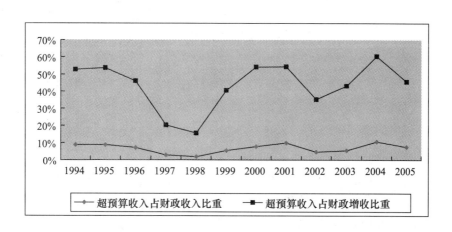

图5 居高不下的"超收"占比（1994—2005）

资料来源：同图4。

细究起来，之所以会有规模如此之大、持续如此之久的税收收入"超收"，可能主要出于两个环节的原因：

其一，计划的制订环节，迄今为止，历年税收收入计划规模的确定，基本都是以 GDP 的计划增幅为基础外加 2—3 个百分点。如在 2005 年，GDP 的计划增幅为 8%，据此测定的税收收入增幅便为 10.5%（ = 8% + 2.5%）。注意到以往 12 年实际高达 18.35% 的税收收入年均增幅，可以立刻意识到，无论出于怎样的考虑，在税收收入计划的制订环节，事实上预留了"超收"的空间。

其二，计划的执行环节。在现行税收管理体制下，作为征税人的税务机关，其日常工作要在两条线索上进行：税收计划和现行税制。一方面，作为指令性的税收计划，经过层层分解并下达到各级税务机关之后，便成为必须完成的任务"底线"。另一方面，作为征税基础的现行税制，在依法治税的旗帜下，把该征的税如数征上来，又是税务机关必须履行的天职。既要依计划治税，又须依法治税。前者很"硬"，没有讨价还价的余地；后者虽表面上不那么"硬"，也可依征管能力的状况而有所伸缩，但在法制建设的驱动下也容不得人为的调节。在计划和税法之间的现实距离，又为税务机关打下了"超收"的基础。

再深一层，在中国现行的预算管理体制下，"超收"收入的动用和决策基本上在行政系统内完成，而未纳入人民代表大会的审批视野。即便在形式上要走某些程序，通常的情形也是，先支用，后通报。故而，基本的情形是，每年形成的"超收"，都要不打任何折扣地转化为当年的"超支"。而且，超收多少，就超支多少。在"超收"与"超支"之间，是一列高度相关的"直通车"。

正是在如此的格局条件下，"超收"的意义变了味。随之，人们对于"超收"的态度也走了样：由被动地接受"超收"的结果演化为主动地追求"超收"的目标。自然的，巨额的税收收入"超收"也就滚滚而来。

第四，税收收入的增长与财政支出的膨胀有无相关性？

税收终归是作为政府支出的财源而取得的。当我们将视野由税收而转至支出时，立刻会发现，两者之间的变动轨迹有着惊人的相似。

由图 6 可以看到，在过去的 12 年间，中国财政支出规模亦经历了一个迅速膨胀的过程。1994 年，全国财政支出不过 5792.62 亿元，1998 年突破 10000 亿元。此后，两年上一个台阶。2000 年突破 15000 亿元，2002 年突破 22000 亿元，2004 年突破 28000 亿元。到 2005 年，已经达到

33930.28 亿元。12 年间，年均增长 18.08%。

将财政支出规模的年均增速（18.08%）与同期 GDP 的年均增速（9.57%）联系起来，不难发现，前者几乎是后者的两倍。作为一个必然结果，GDP 的分割格局越来越向政府一方倾斜。至 2005 年，财政支出占 GDP 的比重，已经由 1994 年的 12.0% 提升至 18.53%。

必须注意到，财政支出规模在过去 12 年间的迅速膨胀，是以税收收入的迅速增长为基础并在税收收入迅速增长的支撑下发生的。正是由于税收收入的迅速增长弱化了政府扩张支出的约束条件，才使得财政支出的迅速膨胀成为可能。也正是在这样一种背景下，政府扩张支出的偏好才变得越来越强烈。

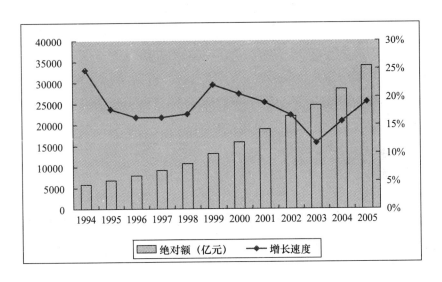

图 6　中国财政支出规模的膨胀轨迹（1994—2005）

　　资料来源：《中国财政年鉴（2004）》，中国财政杂志社 2004 年版；《关于 2005 年中央和地方预算执行情况及 2006 年中央和地方预算草案的报告》，《经济日报》2006 年 3 月 18 日；《中国统计年鉴（2006）》，中国统计出版社 2006 年版。

税收收入增长与财政支出膨胀相互推动、交相攀升的现象，把如下的严峻问题提到了我们面前：在改革之初，我们曾将降低财政支出占 GDP 的比重作为改革的目标。这个比重，1978 年为 30.8%。其后，曾走出了一个持续下降的轨迹。到 1995 年探底，仅为 11.3%。以此为转折点，开始持续提升并达到目前这样的水平。而且，往前看，在税收收入强劲增长的带动下，这个比重的提升势头依旧旺盛。如果说 1994 年税制改革后的最初几年，财政支出占 GDP 比重的提升带有矫正性质，值得追求；那么，在经过了持续十几年的提升之后，我们是否有必要继续提升这个比重？如果有必要，它的目标值又是多少？

问题还有复杂之处。同改革之前的情形有所不同，准确地讲，现实中国的财政支出规模，只是预算内的政府支出，并非政府支出规模的全部。若以实际发生的政府支出口径计算，那么，以 2005 年为例，还要在 33930.28 亿元财政支出规模的基础上，加上当年未列入预算的偿还到期国债支出、统筹层次不一的社会保障支出、预算外支出和制度外支出等几个类别的支出项目。[①] 而一旦如此，政府支出规模占 GDP 的比重，起码要提升至 30% 左右。这个数字，已经接近或相当于 1978 年的水平。新中国历史上的最高水平发生在 1960 年，为 39.3%。也就是说，在当前的中国，政府支出占的 GDP 份额，正处于由改革的起点向历史最高点的迈进过程中。我们已经到了重新审视资源配置格局并重新评估目标取向的时候。

六　结论与建议

税收制度同其赖以依存的经济社会环境之间的不相匹配现象，已经越来越清晰地为人们所看到。展望"十一五"，可以预期，只要现行税制仍然保持基本不变的格局，或者，即使变了，变动的步伐仍未跟上整个经济社会发展的进程，那么，持续十几年之久的税收收入高速增长仍将延续下去。进一步讲，现行税制同经济社会环境之间的不相匹配现象，仍将继续甚至可能演化成为障碍中国经济社会发展的不和谐因素。

历史与现实一再告诉我们，税收收入的增速，并非越快越好；税收收入的规模，并非越大越好；税收收入占 GDP 的比重，也并非越高越好。

---

① 根据《中国统计年鉴》、《中国财政年鉴》的统计数字以及相关推算，在 2005 年，这几项支出的规模分别为：3923.37 亿元、6600 亿元、4351.71 亿元和 4000 亿元。

应当作为目标追求的，是一个既同经济社会发展水平相适应，又与政府职能格局相匹配的适当的税收收入的增速、规模及其在 GDP 中的占比。也就是说，我们需要一个能够让税收收入的增速、规模及其在 GDP 中的占比保持在适当水平的与时俱进的税收制度。

所有这些，给我们传递的一个重要信息便是，在当前的中国，应当尽快地、全面地启动新一轮税制改革。

拟议中的新一轮税制改革的原则与内容，已经先后在《中共中央关于完善社会主义市场经济体制若干问题的决定》、《中共中央关于制定国民经济和社会发展第十一个五年规划的建议》以及《中华人民共和国国民经济和社会发展第十一个五年规划纲要》中做了比较系统的阐述。现在的任务，是乘势而上，付诸行动，将蓝图变为现实。

新一轮税制改革方案的实施，要以财政上的减收为代价。在财政日子并不宽裕、方方面面亟待投入的条件下，自然需要谨慎对待。但谨慎并不意味着搁置，因财政减收的担忧而搁置拟议进行的税制改革，终归不是长久之事。指望财政的日子完全宽裕起来再实施企望已久的税制改革，不仅会使改革变得遥遥无期，而且，很可能永远等不来那一天。注意到目前正是税收收入增幅最大的时期，每年动辄数千亿元的"增收"、"超收"，已为我们积攒下了消化新一轮税制改革成本的本钱。抓住眼下的税收收入增长"旺季"，将"增收"、"超收"的税收收入用于支持新一轮税制改革的启动，应当成为"十一五"期间的一个重要选择。

新一轮税制改革方案的实施，显然要触动各方面的既得利益格局。迄今为止，我们在新一轮税制改革问题上走过的道路已经表明，在诸如内外资企业所得税制合并改革以及整个新一轮税制改革上所遇到的种种难题的破解，将最终取决于，相关的利益主体能否跳出部门利益、地方利益的局限而跃升至国家利益、宏观利益的层面上考虑问题。鉴于改革已经步入攻坚阶段，各方面的既得利益格局这道关早晚要过，不会自动化解。而且，将改革继续拖延下去，肯定要付出更加昂贵的代价。所以，以极大的决心冲破各种既得利益格局的围追堵截，让各项亟待进行、拟议进行的税制改革破冰而出，必须提上"十一五"期间的议事日程。

主要参考文献

高培勇：《关于减税问题的四个基本判断》，《光明日报》2002 年 7 月 2 日。

高培勇：《财税形势　财税政策　财税改革——面向"十一五"的若干重大财税问题盘点》，《财贸经济》2006 年第 1—2 期。

国家统计局：《中国统计年鉴 2006》，中国统计出版社 2006 年版。

金人庆：《中国当代税收要论》，人民出版社 2002 年版。

李方旺：《2000—2005 年我国税收收入增长的数量特征与新一轮税制改革》，《税务研究》2006 年第 8 期。

谢旭人：《谢旭人答记者问》，《中国财经报》2006 年 6 月 13 日。

谢旭人：《加强执政能力建设，推进税收事业发展》，《中国税务》2005 年第 1 期。

许善达：《在中国税收高层论坛上的演讲》，2004 年 4 月 24 日，http：//www. finance. sina. com. cn/roll/20040424/1551737。

钱冠林：《税收分析是税收管理的眼睛》，《中国税务报》2006 年 8 月 21 日。

《中国财政年鉴（2004）》，中国财政杂志社 2004 年版。

《中华人民共和国国民经济和社会发展第十一个五年规划纲要》，《经济日报》2006 年 3 月 17 日。

《中国税务年鉴（2005）》，中国税务出版社 2005 年版。

（原载《经济研究》2006 年第 12 期）

个税自行申报：特征、意义、难题与出路

从今年元旦开始、为期三个月的第一次个人所得税自行申报，已经落下帷幕。与此同时，围绕个人所得税自行申报问题而引发的热烈讨论，也算告一段落。该是进行盘点、评估的时候了。

对于这次实施的个人所得税自行申报，似可在总体上做如下概括：一个特征、三项意义、五大难题、一条出路。

一个特征

归结起来，这次实施的个人所得税自行申报，有两项制度规范：

一是在 1980 年 9 月 10 日五届全国人大三次会议通过并分别在 1993 年 10 月 31 日、1999 年 8 月 30 日和 2005 年 10 月 27 日经过全国人大常委会三次修订的《中华人民共和国个人所得税法》以及国务院据此颁布的《中华人民共和国个人所得税实施细则》。这一制度规范的基本精神，是实行分类所得税制——将个人收入划分为若干项目，分别就不同项目计税。不同项目的收入，适用不同的税率表格。与之相配套，个人所得税的征管实行代扣代缴制——在各类收入的支付环节，由收入支付人或扣缴义务人将应纳税款代扣下来，并代缴给税务机关。

另一是 2006 年 11 月 8 日国家税务总局出台的《个人所得税自行申报办法（试行）》。与前一制度规范的基本精神有所不同，它在不改变分类所得税制的基础之上，附加了一道程序——让纳税人按照综合所得税制的口径，将各类应纳税的收入合并计算，并由纳税人自行向税务部门办理个人所得税纳税申报。

前者实施分类计税，后者要求综合申报。两个方面的基本精神及其运

行机制被"拼装"在一起，故而决定了这次实施的个人所得税自行申报的一个重要特征就是，在分类所得税制的基础上"嫁接"综合申报制。由此，我国的个人所得税走入了"分类计税"加"综合申报"的"双轨制"运行格局。

严格地讲，至少在表象层面上，这种双轨制运行格局所带来的，只不过是纳税人向税务部门报送收入信息或税务部门采集纳税人收入信息的渠道增加了一条：由以往代扣代缴的"单一"渠道变为代扣代缴加自行申报的"双重"渠道。它既不会由此添增纳税人的税负，也不会因此改变纳税人的纳税方式。这是因为，个人所得税的税制规定未变，分类所得税的征管格局未变。只要应税所得的范围未作调整，适用税率的水平未作改动，你该缴多少税，还缴多少税。并不会因为你自行申报了，你就要比以往缴纳更多的税，你就要在已经代扣代缴的税额之外另行缴纳一部分税；只要仍实行收入分项计税、源泉扣缴的办法，你该缴的税，还是要由扣缴义务人代扣代缴。并不会因为你自行申报了，扣缴义务人就不再代你报税了，你就要抛开代扣代缴而自行纳税了。唯一可能的例外是，你在过去的一年当中有漏税的收入项目。不管是出于何种缘故，你都要通过自行申报而补缴上那部分应缴未缴的税款。

三项意义

将这次实施的个人所得税自行申报置于现实的背景下仔细审视，并力图透过表面现象而深入到它的实质内容，便会发现，它起码有如下三个层面的深刻意义：

其一，个人所得税的基本功能，除了为政府取得收入之外，就是充当调节居民之间收入分配水平的手段。而且，相对而言，在现代经济社会条件下，后一方面的功能更趋重要。要调节居民之间的收入分配水平，就要让高收入者比低收入者缴纳更多的税。而这只有在实行综合所得税制——加总求和纳税人所有来源、所有项目的收入，并据此计税——的条件下，才可能办到。以此对照，现行的分类所得税制——将个人收入划分为若干类别、分别就不同类别计税——的格局，固然有着便于征管、不易跑冒滴漏的显著优点，但存在着因缺乏综合所得概念而使调节收入分配功能被打折扣的"硬伤"。正因为如此，在当今开征个人所得税的国家中，实行的大都是综合所得税制或综合制与分类制相结合的混合所得税制。在我国新一轮税制改革的方案中，也已经将个人所得税的改革方向定位于"实行综合和分类相结合的个人所得税制"。然而，实行建立在个人申报基础上的综合所得税制，不是一蹴而就的事情，而要经历一个渐进的过程。让一部分高收入者先行一步，将各种应纳税的收入合并计算并自行申报，既开启了中国个人所得税迈向综合制的大门，也是未来的综合与分类相结合个人所得税制的"试验"或"预演"。

其二，在现行分类所得税制的格局下，纳税人的申报义务和法律责任是由扣缴义务人代为履行的。既然是源泉扣税，纳税人拿到的自然是完税的或税后的收入；既然实行代扣代缴，纳税人也就没有申报纳税的必要。在纳税人与其应履行的纳税义务之间，事实上形成了一个隔离层。扮演这个隔离层角色的，便是扣缴义务人。于是，围绕个人所得税纳税义务而出现的种种偏差，其责任的主体，往往是扣缴义务人而非纳税义务人。每当发生个人所得税偷漏税案件的时候，税务部门可以追究的对象，也常常是扣缴义务人而非纳税义务人。让一部分纳税人自行申报，并在其纳税申报表上写上诸如"我确信，它是真实的、可靠的、完整的"的字样，实质是将纳税人放进了依法治税的制度框架，确立并强化了纳税人的申报义务和法律责任。

其三，从总体说来，中国现行税制体系的功能并不齐全：收入功能的色彩浓重，而调节的功能淡薄。不仅整个税制体系的布局以间接税为主体——来自间接税的收入占到了全部税收收入的70%以上，而且，即便列在直接税项下的个人所得税，也实行的是主要着眼于取得收入的分类所得税制。在以往"效率优先，兼顾公平"的政策取向下，这可能是必要的，或者说不是必须调整的。但是，在现实中的贫富差距日趋扩大、可用于调节贫富差距的手段又极其缺失的背景下，加强税收的调节功能，建设一个融收入与调节功能于一身的"功能齐全"的现代税制体系，已经成为构建社会主义和谐社会的当务之急。实行个人所得税的自行申报并逐步逼近综合和分类相结合的个人所得税制目标，从而让个人所得税担负起以所谓

"劫富济贫"为特征的拉近贫富差距的重任，正是为此而走出的一步棋。

五大难题

从三个月来的进展状况看，这次实施的个人所得税自行申报可谓步履维艰，遭遇到了许多不易跨越的难题。择其基本层面，可以大致归结为如下五个：

第一，在分类所得税制的基础上"嫁接"综合申报，不仅开了个人所得税"分类计税"加"综合申报"的"双轨制"运行格局先河，也把其带入了计税、缴税和自行报税互不搭界、各行其道的尴尬境地：一方面，纳税人的应纳税款，仍然由各类收入的支付人或扣缴义务人代为计算、代为扣缴。另一方面，除非有无扣缴义务人或扣缴不实的收入项目，否则，纳税人按综合口径自行归集并申报的收入和纳税信息，又不作为重新核定税款并实行汇算清缴的依据，该缴多少税，还缴多少税。两个渠道的彼此脱节，至少在形式上，使得自行申报表现为附加于纳税人身上的一种额外且无效的负担。因而，纳税人自行申报的积极性不高甚至基本没有积极性，便是一件不言而喻的事情。

第二，我国现行的收入分配制度尚处于转轨时期，有待规范。一个突出的表现，就是纳税人的收入项目极不规则。而且，每月或每年的收入，变化很大。在如此的收入分配格局下，即便收入来源单一、只有工资薪金收入的纳税人，除非具有每笔收入即时记录的习惯并具有区分哪一项收入计税、哪一项收入免税的技能，否则，很难说清楚其每月、每年的收入水平究竟为多少，更难以通过某一个月的收入推算全年的收入。对于收入来源多元化的纳税人，情况就更为复杂：从多种来源取得了收入，又在多个环节被代扣代缴了税款，不同收入项目的计税规定也极为不同，加之收入项目与水平的频繁变化，其在年收入汇算以及收入信息归集上可能遇到的麻烦和周折，更是可想而知。

第三，在实行与分类所得税制相配套的代扣代缴制度下，不论是哪一项目的收入，纳税人在每月或在每个收入环节实际拿到手的，都是完税之后的税后收入。有些纳税人，甚至从未关心也不知道其税前收入究竟是多少。按照规定，纳税人要自行申报的收入，则是税前的收入而非税后的收入。因而，将税后的收入还原为税前的收入，特别是将在多个环节、多个来源取得的各个项目的收入逐一分项还原为税前的收入，并且，将各项税前收入及其应纳税额、已缴税额加以汇集并分别申报，是涉及自行申报的纳税人必须面对的一个难题。这无论是对于具有税收知识背景的纳税人，还是对税收知识所知甚少的纳税人，都不是容易办到的。

第四，进一步看，于2005年10月27日通过的个人所得税法修正案，虽然写入了一部分高收入者须从2006年起实行自行申报的内容，但具体的实施方案，则是2006年11月间才出台的。实施方案出台的时间既短，又值实施自行申报的开局之年，自行申报的又是上一年取得的收入，故而，对于相当多的纳税人而言，心理准备相对不足、没有保存收入记录，是非常普遍的现象。在如此条件下申报的收入和纳税信息，只能采用追溯甚至估算办法，难以保证其应有的准确性或可靠性。自然的，纳税人申报信息与收入支付人或扣缴义务人代扣代缴信息之间的非一致性，更是在所难免。这又会进一步拷问纳税人自行申报信息的有效性，并使税务机关在信息鉴别以及征税依据方面面临新的难题。

第五，更为严峻的问题在于，实行自行申报的一个重要着眼点，就是跳出代扣代缴的制度框架，同收入支付人或扣缴义务人代行申报义务相并行，让纳税人自行承担起纳税的申报义务和法律责任。然而，如前所述，在现实背景下实行的自行申报，既难以保证纳税人自身申报信息的准确性，也必然导致纳税人申报信息与收入支付人或扣缴义务人报送信息的非一致性。建构在如此信息基础上的纳税申报表，又附有须由纳税人签字的诸如"我确信，它是真实的、可靠的、完整的"的声明。其结果，事实上，无论是自行申报的纳税人，还是为其代行申报的收入支付人或扣缴义务人，都被推上了一个诚信风险的平台。

一条出路

上述的种种难题，虽然表现各异，程度不同，但总体说来，它们均植根于现行分类所得税制与综合申报制之间的内在矛盾冲突。

　　问题还有复杂之处。各国个人所得税的通常情形是，要么分类所得税制配合以代扣代缴制，要么综合所得税制伴之以自行申报制。在分类所得税制的基础上"嫁接"综合申报，从而实行所谓"分类计税"加"综合申报"的双轨制，在迄今为止的世界个人所得税发展史上，绝对是一个特例。这就意味着，今天我们所面临的难题，既没有现成的国际经验可供借鉴，也不能指望在现行制度的框架内通过局部微调的办法加以解决。

　　那么，在现实的背景下，个人所得税自行申报该做何种抉择？

　　瞻前顾后，综合考虑，笔者以为，唯一可行且根本性的出路，在于缩短"双轨制"的过渡期，加快向综合与分类相结合的个人所得税制转轨的步伐：除一部分以个人存款利息所得为代表的特殊收入项目继续实行分类所得税制之外，其余的收入统统纳入综合所得税制的覆盖范围。以此为基础并与之相对应，前者继续实行代扣代缴制，后者则实行自行申报制。

　　事实上，从中共十六届三中全会通过的《关于完善社会主义市场经济体制若干问题的决定》，到十届全国人大四次会议颁布的《中华人民共和国国民经济和社会发展第十一个五年规划纲要》，"实行综合与分类相结合的个人所得税制度"都是作为个人所得税的改革方向而载入其中的。

　　鉴于综合与分类相结合的个人所得税制这条路早晚要走，且意义十分重大；也鉴于现行"分类计税"加"综合申报"的双轨制并非长久之策，而是一种权宜之计或临时安排，所以，下定决心，采取一切可以采取的措施，加快实现向综合与分类相结合的个人所得税制度的转轨，既是走出个人所得税自行申报困境的现实需要，也是同新一轮税制改革方向相契合的根本举措。

　　兼顾各方面的需要与可能，它应当成为"十一五"时期必须完成的一项重要任务。

（原载《中国财经报》2007 年 4 月 3 日）

中国公共财政建设指标体系:
定位、思路及框架构建

一　引言

2003 年 6 月, 笔者承接了中国社会科学院 A 类重大课题《重要战略机遇期的公共财政建设》。当时的背景是, 中共十六大刚刚提出重要战略机遇期的概念。作为对本世纪头二十年的一个重要定位, 重要战略机遇期承载了人们对于中国经济社会发展前景的深刻期望。在这一时期, 不仅要集中力量, 全面建设惠及十几亿人口的更高水平的小康社会。而且, 要通过新一轮改革大潮, 建成完善的社会主义市场经济体制和更具活力、更加开放的经济体系。

小康社会的建设和新一轮改革大潮的启动, 使得公共财政建设的意义越来越凸显出来:更高水平的小康社会也好, 完善的社会主义市场经济体制也好, 更具活力、更加开放的经济体系也罢, 它们的建设或建成, 在中国现实的背景下, 都离不开政府职能格局的转型。政府职能格局转型的基本轨迹, 可以归结为由所谓"全能型政府"转向"公共服务型政府"(李军鹏, 2004)。鉴于政府职能格局的转型最终要落实在"钱"上, 要通过财政收支安排的调整加以实现。也鉴于公共服务型政府同公共财政制度相辅相成、血脉相连, 公共服务型政府的构建要有赖于与之相配套的公共财政制度的支撑。于是, 便有了这样的期望:以公共财政建设为入手处或突破口, 以此推动公共服务型政府的建设, 从而实现重要战略机遇期的各项战略目标。

本课题就是在如此的背景下酝酿、立项的。按照最初的设想，课题最终成果应当由一部理论专著和一部研究报告所组成。理论专著侧重于公共财政理论体系的构建，意在为中国的公共财政建设奠定理论基础；研究报告侧重于公共财政实践层面的分析，旨在为中国的公共财政建设提供政策建议。

二 定位："路线图"和"考评卷"

然而，随着课题的启动和研究的深入，我们发现，原定的课题计划必须相应调整。否则，就难以适应迅速变化了的经济社会环境和不断深化了的课题目标。

2003 年 10 月份，中共十六届三中全会召开并通过《中共中央关于完善社会主义市场经济体制若干问题的决定》，作出了完善社会主义市场经济体制的战略部署。其中，在财政税收领域，要通过分步实施税收制度改革和推进财政管理体制改革，进一步健全和完善公共财政体制。认识到公共财政体制不过是完善的社会主义市场经济体制的一个重要组成部分，课题组作出了一个重要决定：将公共财政建设植根于完善的社会主义市场经济体制的土壤，在两者的密切联系中谋划公共财政建设的方案。

2004 年新春伊始，中共中央举办了省部级主要领导干部树立和落实科学发展观专题研究班。在研究班结业式上，温家宝（2004）总理发表了《牢固树立和认真落实科学发展观》的重要讲话。以此为标志，中国进入了全面贯彻落实科学发展观的时代。科学发展观的树立和落实，为公共财政建设注入了新的内涵，也为公共财政建设开辟了新的天地。对于科学发展观的深入思考也告诉我们，公共财政建设同科学发展观的全面落实是一枚硬币的两个方面，两者具有一脉相承的关系。于是，本课题作出的一个重要拓展就是，将公共财政建设放在全面落实科学发展观的背景下加以重新定位，在全面贯彻落实科学发展观的进程中推进公共财政建设。

2005 年 10 月份，中共十六届五中全会召开并通过《中共中央关于制定国民经济和社会发展第十一个五年规划的建议》。随后，于 2006 年 3 月份举行的十届全国人大四次会议又正式批准并发布了《中华人民共和国国民经济和社会发展第十一个五年规划纲要》。在这两个重要文件中，以更大决心加快推进改革、使关系经济社会发展全局的重大体制改革取得突破性进展，是一条突出的主线。并且，将财税改革置于完善落实科学发展观的体制机制保障的棋盘上，提出了以转变政府职能和深化企业、财税、金融等改革为重点，加快完善社会主义市场经济体制的要求。我们由此获得的一个重要信息是，在"十一五"期间，中国财税体制改革将面临一场难得的加快公共财政建设的攻坚战。

从社会主义市场经济体制的完善，到科学发展观的全面贯彻落实，再到"十一五"改革攻坚战的打响，中国公共财政建设的紧迫性和艰巨性，使我们越来越强烈地感受到将有关公共财政问题研究向"更加务实"的制度安排层面推进的必要。因为，说到底，公共财政是一种制度安排（高培勇，2005）。只不过，与以往有所不同，它是一种以满足社会公共需要（而非满足其他别的方面需要）为主旨的财政制度安排；与之相对应，公共财政建设是一场制度变革。只不过，与以往有所不同，它是一场以公共化（而非以其他别的什么东西）为取向的财政制度变革。

一旦将课题目标定位于公共财政制度安排并赋予公共财政建设以制度变革的意义，我们很快意识到，从总体上看，亟待向纵深挺进的中国公共财政建设进程，始终面临着如下两个方面的"瓶颈"制约：作为一种全新的制度安排，我们还不能完整而系统地描述公共财政的制度体系——正在着力建设的公共财政制度究竟是什么样子的？作为一场深刻的制度变革，我们还不能适时而动态地刻画公共财政的建设进程——不断逼近公共化目标的公共财政建设目前到了什么地步？

也就是说，在当前的中国，我们需要拿出一套切实可行的公共财政建设施工方案和验收标准——标识公共财政建设方向的"路线图"和刻画公共财政建设进程的"考评卷"。

"路线图"也好，"考评卷"也罢，是需要借助一定的形式的。可以采取以定性分析为主的规划形式，也可以选择以定量分析为主的计量模型形式。不过，考虑到中国公共财政建设毕竟是一个由诸多子系统构成的复杂的系统工程，对于实现"标识"和"刻画"目的的"路线图"和"考评卷"而言，无论上述的哪样一种形式，都是不可或缺的。我们作出的选择是，将两种形式有机的融合起来，以制度设计为主要线索，运用综合评价技术，构建公共财政建设指标体系（中国社会科学院财政与贸易经济研究所课题组，2005）。

基于上述的认识，我们对原有的研究范围和最终成果做了实质性的调整。其中，最为重要的变化是，在直奔制度设计的目标下，以公共财政实践层面分析为主题的研究报告，被定位于中国公共财政建设指标体系的构建。

三　若干基础性工作

构建中国公共财政建设指标体系，是一项全新的工作，没有现成的路径可供依循。许多事情，课题组几乎都要从零做起。

先后呈现在我们面前的如下几个互为关联的问题，显然具有打基础的意义。

第一，中国公共财政建设指标体系的构建，应当立足于怎样的体制背景？

表面上看，这个命题似乎早已得到解决。公共财政这个字眼，毕竟是在中国市场化改革的进程中走入我们视野的。既然我们已经确立社会主义市场经济体制的改革目标，并步入了通向建成完善的社会主义市场经济体制目标的新阶段，那么，将公共财政建设指标体系建构在社会主义市场经济体制的背景之下，便是当然的选择。

然而，当真正着手指标筛选并试图按其内在联系勾勒指标体系总体框架的时候，我们发现，关于体制背景的认识，必须进一步深化，而不能停留在一般层面上。

社会主义市场经济，毕竟不是简单复制所谓标准化的市场经济模式（左大培、裴小革，1996）。相对于以欧美国家为代表的所谓典型的市场经济而言，中国正在建设的市场经济甚至最终建成的市场经济，有许多不同之处（厉以宁，2003）。发展中大国、体制转轨国家再加文明古国，是我们的基本国情。坚持市场经济制度的一般规律与中国的基本国情相契合，既是中国改革 20 多年来的成功经验，也是走向完善的社会主义市场经济的必由之路。注意到上述的基本事实，并且，为了使公共财政建设指标体系建构在深刻把握并凸显中国基本国情的基础上，我们给中国的社会主义市场经济冠以"非典型市场经济"的别称（高培勇，2005）。

从根本上说来，公共财政并非完全意义上的舶来品。建构在非典型市场经济背景下的中国公共财政建设指标体系，应当也必须是根植于中国国情，以海纳百川气魄汲取一切人类社会文明成果并将两者有机融合的产物。因而，适用于典型市场经济国家的那一整套有关公共财政的理念、规则以至成型的制度安排，固然可以作为中国公共财政建设的样板之一，但不宜照搬或移植。那样做的话，难免以偏概全，水土不服，搞成"夹生饭"，甚至偏离既定的改革方向。

我们认定，中国自身的国情加市场经济下财政税收制度及其运行的一般特征，既是我们可以依循的有关中国公共财政建设的基本线索，也是我们构建中国公共财政建设指标体系的基本着眼点。

第二，如何归结或提炼公共财政的本质特征？

如果不作过细的考证，在中国，围绕公共财政问题而展开的讨论，至少可以追溯至 20 世纪 80 年代初期。尽管时间并不算短，氛围也颇为热烈，但迄今为止，人们在公共财政意义的理解和解释上仍处于五花八门状态。望字、望文生义者有之，停留于表面现象、做狭隘理解者也有之。理论层面上的探讨、纷争甚至论战，当然是必要的，也应长期进行下去。实践层面上的推进，却不能因理论上的莫衷一是而裹足不前。中国公共财政建设指标体系的构建，显然要从归结或提炼公共财政的本质特征做起。因此，课题组绕不开、躲不过的一个命题是，公共财政的本质特征究竟是什么？

以求同存异的立场看待有关公共财政问题的既有研究成果，可以发现一个共同之处：人们大都认可或倾向于以"公共性"——即满足社会公共需要——来解释公共财政的本质特征。

关于既有的中国公共财政建设实践的考察，支持了这一判断。

其实，从提出公共财政概念并以此作为改革目标的那一天起，我们就在致力于由"非公共性"向"公共性"的财政运行格局的转换。只不过，在归结非公共性的"非"字上，曾有过一段颇具戏剧性的经历。

最初的时候，包括笔者（高培勇，2000；安体富，1999）在内的不少人曾把非公共性的"非"字当作生产建设支出，从而用财政支出退出生产建设领域来解释公共财政建设。然而，人们很快注意到，财政以公共事业领域为主要投向并相应减少生产建设支出，固然符合市场化的改革方向，但减少不等于退出，需要减少的，只能限于投向竞争性领域的支出那一块儿。政府履行的公共职能，不能不包括生产或提供公共设施和基础设施。公共设施和基础设施的生产或提供，肯定属于生产建设支出系列，又肯定不排斥公共性。故而，调整财政支出结构，绝不是公共财政建设的实质所在。

也曾有人从计划经济财政与市场经济财政的体制差异来揭示公共财政建设的意义，从而认定公共财政是市场经济的产物或适应市场经济的财政模式（张馨，1999；2004）。然而，由此出发，且不说前市场经济几千年的人类社会历史长河中，并不乏诸如水利支出、修桥修路支出、赈济支出、祭祀支出，甚至包括军事支出这样的带有公共性质的政府支出项目，即使是在我国计划经济年代以生产建设支出为主导的财政支出格局中，包括城市基础设施、社会福利设施建设在内的许多可归入生产建设系列的支出项目，本身就是典型的公共性质支出。因而，把市场经济财政等同于公共财政，而将非市场经济财政一概归之于非公共财政，不仅不能说明前市场经济下的财政制度及其运行格局，不能说明计划经济体制下的公共性支出项目，而且，也难以厘清作为整个社会管理者的政府部门同其他行为主体的行为动机和行为模式。

但是，公共财政毕竟是立足于中国的现实国情而举起的一面标识改革方向的旗帜。一旦脱出支出结构调整和经济体制差异的局限而聚焦于中国特定的体制转轨背景，就会发现，表现在传统财政运行格局上的"非公共性"特征，其根本的制度源泉，在于城乡分治和不同所有制分治。

注意到颇具中国特色所谓"二元"经济社会制度的经历，便可将传统财政运行格局的"非公共性"特征作如下概括：财政收入主要来自于国有部门；财政支出主要投向于国有部门；财政政策倾向于在国有和非国有部门之间搞"区别对待"。循着这条线索，由计划经济体制转向市场经济，20多年来发生在财政运行格局上的基本变化，便可作如下归结：来源于国有部门的缴款大幅度减少了，来源于其他经济成分的缴款份额迅速上升了；专门投向于国有部门的支出份额大幅度减少了，可覆盖多种经济成分利益的支出迅速增多了；旨在限制非国有部门发展、扶持国有部门发展的政策安排迅速减少了，着眼于支持多种经济成分的政策安排相应增加了。与之相适应，财政收支运作的立足点，由主要着眼于满足国有部门的需要逐步扩展至着眼于满足整个社会的公共需要了；财政收支效益的覆盖面，要由基本限于城市里的企业与居民逐步延伸至包括城市和农村在内的所有企业与居民了。

事情一旦走到这一步，中国公共财政建设的方向，也就被带上了一个更加高远、更为广阔的平台：随着自家院落内的收收支支演变成覆盖全体社会成员的收收支支，财政收支应当也必须纳入公共的轨道，按照公共的规则、公共的理念来运作了。

上述的这些变化，正是中国财政运行格局在由"非公共性"转向"公共性"过程中走出的基本轨迹。

我们由此获得的重要启示是，可以以公共性归结公共财政本质特征，并以公共化来概括公共财政建设的进程和方向（高培勇，2004）。换言之，公共性是中国公共财政建设的灵魂所在。只有牵住了这个牛鼻子，构建中国公共财政建设指标体系的工作，才不致落入似是而非的俗套。

第三，中国公共财政建设指标体系的思想基础是什么？

中国公共财政建设指标体系，当然要建构在一定的思想基础之上。清晰地梳理这些思想的来源并由此获得其有力的支撑，是课题组必须面对的一个命题。

我们认为，在市场化改革的进程中，中国财政改革与发展的目标之所以定位于公共财政建设，显然得力于适应市场经济体制的公共财政思想的支撑。关于中国公共财政思想的来源，似可以从理论与实践、理想与现实两个层面的相互联系中来梳理。

在理论层面，进入我们视野的主要线索，除了处于指导地位的马克思主义经济学之外，也包括福利经济学、制度经济学以及其他相关流派的观点和方法（North，D. C.，1995），还包括了中国财政经济学界20多年来围绕公共财政建设问题的探索。在实践层面，进入我们视野的主要线索，

既有典型市场经济国家的做法，也有体制转轨国家的经验，还有中国 20
多年财政税收改革的经历。我们看到，正是在这些理论与实践的支撑下，
才有了迄今为止的中国公共财政建设进程。如此的理论与实践以及两者之
间的紧密融合，可以成为中国公共财政建设指标体系的一个重要思想
基础。

进一步看，无论过去、现在或者将来，中国的公共财政建设，自然要
寄托并融入我们对于中国财政改革与发展的理想追求。这些理想追求，既
来自课题组成员自身，也来自包括学术界、政府部门以及其他相关领域的
所有人。在加以抽象的基础上，将这些美好的理想付诸实践，也正是中国
公共财政建设指标体系所须担负的任务。但是，由计划经济体制下的财政
制度走向适应市场经济体制的财政制度，终归要从现实起步。描绘符合
"惠及十几亿人口更高水平的小康社会"要求的财政制度蓝图，也必须要
植根于现实的国情。我们应当做什么是一回事，我们能够做什么则是另一
回事。只有在深刻地把握现实的基础上，实现理想与现实的结合，才能够
切实有效地推进公共财政建设。我们认为，如此的理想与现实的相互融
合，可以成为中国公共财政建设指标体系的另一个重要思想基础。

四　框架构建

研究的进程至此，事实上，已经为构建中国公共财政建设指标体系的
工作搭建了一个很好的平台。接下来，该是筛选指标并勾勒指标体系总体
框架的时候了。

这有一个思路的选择问题：

首先要做的事情，是确立一个能够统领指标体系的一以贯之的线索。
应当说，这是构建中国公共财政指标体系的核心环节。有了前述的认识基
础，这项工作似乎并不困难。既然公共财政的本质特征在于它的公共性，
公共性又具体体现为以满足社会公共需要为核心的公共财政职能的实现。
而且，在当前的中国，坚持以满足社会公共需要——而不是以满足哪一种
所有制、哪一类区域或哪一个社会阶层的需要——作为界定财政职能范围
的基本口径，又是公共财政建设进程的关键所在。那么，从公共性入手并

以此作为基本线索，将涉及满足社会公共需要的各种财政要素——收入视野，并据此归纳、提炼、整合，进而筛选指标，显然是我们的一个适当选择。

在选定公共性这条基本线索之后，还有一个如何为公共财政职能定位的问题。因为，公共性是要具体化为公共财政的各项职能并通过政府履行公共财政职能的活动加以实现的。这既是一个有关公共财政的基本理论问题，也是一个事关公共财政建设的现实问题。我们看到，在现代经济社会条件下，人们的社会公共需要，主要表现为对于政府生产或提供公共物品和服务的需要、调节居民之间的收入分配水平的需要和实现宏观经济稳定、持续、均衡发展的需要。我们也看到，在包括中外经济学界在内的各种适应市场经济的公共财政思想中，尽管涉及公共财政职能的具体表述有所不同，但从大处着眼，排在前面且得到人们普遍认同的，是资源配置、收入分配和经济稳定三大职能（David N. Hyman，1990）。我们还看到，在今天的世界上，尽管基于国情的差异，典型市场经济国家的财政制度及其运行模式并非一致，但资源配置、收入分配和经济稳定三项职能的履行，往往是其财政收支运作的基本着眼点。即便类如我国这样的非典型市场经济国家，在财政制度安排由计划经济向市场经济的转轨中，也经历了一个资源配置、收入分配和经济稳定三项职能日渐凸显并占据重要地位的过程（陈共，2000）。所以，将公共性具体化为资源配置、收入分配和经济稳定等三大职能，按照这三项职能为中国公共财政建设指标体系定位，构成了我们的另一个适当选择。

再进一步，植根于非典型市场经济土壤之中的中国公共财政建设，要做的事情颇多，其艰巨性和复杂性，非其他任何类型的国家所能比拟。不仅要走中国的基本国情与市场经济的一般规律相契合的道路，而且，还须立足于从基础环节做起、渐进地逼近设定目标。这就意味着，指标体系所涵盖的基本层面或基本要素，必须力求全面而系统。

在整个建设指标体系中，既要有基础环境建设层面指标的安排，如政府干预度——政府对于经济社会生活的介入程度、非营利化——财政收支追求公共利益极大化的状况、收支集中度——财政收支管理的规范化状况；也要有制度框架建设层面指标的设计，如财政法治化——财政收支活动适用法律法规的约束状况、财政民主化——民主财政的建设状况、分权规范度——财政体制建设的规范状况；既须包括有运行绩效建设层面的指标，如均等化——公共服务的效益覆盖和成本分担状况、可持续性——财政在促进经济社会可持续发展及其自身的可持续运行状况、绩效改善度——政府为社会公众提供公共物品和服务的效果；还须立足于经济全球化的背景，包括有开放条件下的公共财政建设层面的指标，如财政国际化——财政活动融入国际潮流并在国际公共物品和服务的供给、国际财税协作等方面发挥作用的状况。如此的全方位建设格局，可以提供一个关于中国公共财政建设的完整的图景。对于我们，这显然也是一个现实的较优选择。

将上述几个方面的讨论结合起来，一个以公共性为基本线索的中国公共财政建设指标体系的总体框架，便可展现在我们的面前。概括起来，这就是："一条主线、三项职能、四个层面、十大指标"。也可以简称为"1 + 3 + 4 + 10"体系。

所谓"一条主线"，即指中国公共财政建设指标体系是以公共性——满足社会公共需要——为灵魂并以此作为贯穿始终的基本线索的。

所谓"三项职能"，即指中国公共财政建设指标体系是按照资源配置、收入分配和经济稳定三项职能，作为基本定位的。

所谓"四个层面"，即指中国公共财政指标体系覆盖了基础环境建设、制度框架建设、运行绩效建设和开放条件下的公共财政建设四个层面的内容。

所谓"十大指标"，即指中国公共财政建设指标体系由十大一级指标构成：政府干预度、非营利化、收支集中度、财政法治化、财政民主化、分权规范度、均等化、可持续性、绩效改善度和财政国际化。

综合上述，可以将中国公共财政建设指标体系的基本框架图示如下：

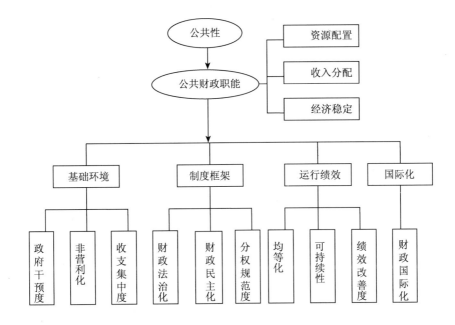

中国公共财政建设指标体系基本框架示意图

五　结语

以上述的标准审视和检验现实的财政收支运行格局，可以看到，在我国，尽管公共财政建设已经取得了初步进展，但通向"公共性"财政运行格局的公共财政建设之路，仍很漫长。要真正步入公共财政制度的新境界，还有诸多方面的事情要做。而且，要以更大的力度、更大的决心、更快的步伐去做。

归结起来，其主要的方面可能有如下几条：

第一，以公共性为取向，以均等化为主线，进一步加快财政覆盖非国有部门和农村、农民、农业的进程。以此为基础，通过逐步偿还历史欠账，逐步拉近不同所有制之间、城乡之间、区域之间在享受基本公共物品和服务方面的距离，让政府通过财政活动提供的公共物品和服务的效益，无差别、一视同仁地落在每一个企业和每一位居民身上。也就是在财政上要实行并坚持"国民待遇"。

第二，坚决退出长期处于"越位"状态的竞争性领域，让财政腾出手来专注于公共性支出，从而补足长期处于"缺位"状态的基本公共物品和服务事项。在当前，尤其要确保新增财力全部或绝大部分投向教育、卫生、文化、就业再就业服务、社会保障、生态环境、公共基础设施、社会治安等基本公共服务领域，并避免在与商务经营有关的竞争性领域注入新的投资。从而让财政收支活动逐渐褪掉同公共性不相容的牟利或营利色彩，为政府全心履行好公共物品和服务提供者的职能创造条件。

第三，以建立健全财政预算法制为基础，进一步规范财政收支行为及其机制。要将财政收支行为纳入法制轨道，坚持依法理财；要铲除制度外的政府收支，将预算外政府收支纳入预算内管理，形成一个覆盖全部政府收支的财政预算；要由财政部门总揽政府收支，将所有政府收支归口于财政部门管理，并杜绝其他政府职能部门的任何财政性活动，从根本上铲除"以权牟钱、以权换钱"等腐败行为的土壤。

第四，加强各级人民代表大会对财政收支运作的监督，使政府的收支行为从头到尾置于人民代表大会和社会成员的监督之下。无论是经常性的财政收支，还是非经常性的财政收支，抑或超出年初预算框架的财政收支，都要纳入公共视野并通过人民代表大会的途径加以安排。

第五，按照"以支定收"的思维，在严格界定履行公共服务型政府职能需要的基础上，重新评估并界定政府收支占 GDP 的比重数字，实现政府与市场的统筹、均衡发展。要站在全局高度、以宏观利益作为取舍税制改革的标准，加快推动以"两法合并"和增值税转型为主要内容的新一轮税制改革的进程，尽快实现税收制度同经济社会环境的彼此匹配。

主要参考文献

李军鹏：《公共服务型政府》，北京大学出版社 2004 年版。

《中共中央关于完善社会主义市场经济体制若干问题的决定》，人民出版社 2003 年版。

温家宝：《提高认识，统一思想，牢固树立和认真落实科学发展观——在省部级主要领导干部"树立和落实科学发展观"专题研究班结业式上的讲话》，《人民日报》2004 年 3 月 1 日。

《中共中央关于制定国民经济和社会发展第十一个五年规划的建议》，人民出版社 2005 年版。

《中华人民共和国国民经济和社会发展第十一个五年规划纲要》，《经济日报》2006 年 3 月 17 日。

高培勇：《公共财政是一场制度变革》，《中国财经报》2005 年 10 月 11 日。

中国社会科学院财政与贸易经济研究所课题组：《构建中国公共财政建设指标体系》，《经济参考报》2005 年 11 月 19 日。

左大培、裴小革：《现代市场经济的不同类型》，经济科学出版社 1996 年版。

厉以宁：《资本主义的起源：比较经济史研究》，商务印书馆 2003 年版。

高培勇：《"非典型市场经济"启示录》，《中国财经报》2005 年 7 月 28 日。

安体富：《公共财政的实质及其构建》，《当代财经》1999 年第 9 期。

高培勇：《市场经济体制与公共财政框架》，载《建立稳固、平衡、强大的国家财政——省部级主要领导干部财税专题研讨班讲话汇编》，人民出版社 2000 年版。

张馨：《公共财政论纲》，经济科学出版社 1999 年版。

张馨：《财政公共化改革：理论创新、制度变革、理念更新》，中国财政经济出版社 2004 年版。

高培勇：《公共化：公共财政的实质》，《人民日报》2004 年 10 月 22 日。

North，D. C.，《制度变迁理论纲要》，载北京大学中国经济研究中心编《经济学与中国经济改革》，上海人民出版社 1995 年版。

David N. Hyman，*Public Finance：A Contemporary Application of Theory to Policy*，The Dryden Press 1990.

陈共：《财政学》，中国人民大学出版社 2000 年版。

（原载《经济理论与经济管理》2007 年第 8 期）

打造公共服务体系建设的理念基础

引言

毫无疑问，在世界公共服务发展的棋盘上，中国公共服务的发展水平不高。这固然可归因于作为发展中国家的中国，我们的物质基础相对薄弱。但是，除此之外，还有一个可能更为重要的原因容易被人们所看漏。这就是，处于体制转换中的中国，有关公共服务的理念更新滞后于体制转换进程，并且，新旧理念之间的冲突，在相当程度上障碍了中国公共服务的发展。

所谓公共服务理念，就是对公共服务的基本看法或认识。具体说来，也就是本着什么样的思想，去规范与公共服务有关的行为主体的行为。基于什么样的游戏规则，去处理与公共服务有关的行为主体之间的关系。

不同经济体制环境下的公共服务理念，显然是有差异的。体制转换了，公共服务的理念也要随之更新，使之适应变化了的体制环境，从而在变化了的体制环境中获得相应的发展生机。

就笔者视野所及，中国公共服务体系的建设，有赖于如下几个方面理念的确立。

理念之一：政府是一个特殊的产业部门

20 世纪 80 年代以来在世界范围内兴起的"新公共管理"（Thompson，1997）浪潮，其中的一个重要内容，就是对政府部门重新定位——将政府部门放在市场经济运行的背景下，阐释其存在的必要，界定其应当担负的职能，归纳其必须发挥的作用。

与以往的定位有所不同，以市场运行为基础的政府部门行为，是可以也应当参照产业部门的眼光来审视的。因为，说到底，政府部门终究是满足人类需要的一个系统。它和另一个系统——市场——共同构成既彼此独立又相互依存的两个满足人类需要的重要渠道。只不过，由于政府部门着眼于满足的是社会公共需要而非私人个别需要，满足社会公共需要的载体是公共服务而非私人服务，公共服务又具有根本不同于私人服务的效用的非可分割性、消费的非竞争性和受益的非排他性三大特性，它的运行主要是以政治权力而非利益交换为依托的。但是，政治权力的运用毕竟是提供公共服务的条件，政治权力的外在形式并不排斥公共服务的实质内容。政治权力的形式和公共服务内容的有机统一，恰恰是政府部门在现代经济社会中履行职能、发挥作用的基本图景。

这就是说，在现代经济社会中，政府部门实质上是一个特殊的产业部门。政府部门产生、存在和运转的唯一理由，就在于它要提供通过市场解决不了或解决得不能令人满意的公共服务，满足通过市场满足不了或满足得不能令人满意的社会公共需要。有关政府活动的全部事项，就是政府部门为满足社会公共需要而提供公共服务。在现代经济社会的诸种产业中，政府部门所经营的产业，可以称之为"公共服务业"。

一旦认识提升至这样一个层面，以往被视为超凡脱俗、官僚色彩浓重的政府部门事实上被请下了"神坛"，政府部门的重新定位或角色重塑也就成为一种必然。显而易见，伴随政府部门重新定位或角色重塑而来的，是政府部门与其服务或管理对象——广大人民——之间关系以及公共服务提供机制的调整或重构。

理念之二：小康社会是一综合性的发展指标

我们已经确立了全面建设小康社会的奋斗目标。那么，什么是小康社会？对此，显然不能仅仅从市场所能提供的私人服务的质和量上去归结。

在经济学的意义上，人类的生活需要从来就是私人个别需要和社会公共需要的总和。人民的生活福利水平，从来就是一个综合性的指标。它既包括私人服务的消费水平，也包括公共服务的消费水平。要建设小康社会，就要私人服务和公共服务协调发展。而且，从人类社会发展的历史规律看，在其中，公共服务所占的份额呈现出越来越大的趋势。这就意味着，除了市场这个提供类似食品、衣物、家具等私人服务的系统之外，主要着眼于提供诸如社会治安、环境保护、公路修建等公共服务的政府部门，是建设小康社会的另一个重要系统。

翻阅一下党的十六大报告有关小康社会的描述，肯定会进一步加深我们的认识。在那里，所谓小康社会，是用"六个更加"来高度概括的。即为"经济更加发展、民主更加健全、科教更加进步、文化更加繁荣、社会更加和谐、人民生活更加殷实"。将这样一幅宏伟图景收入眼底，并将它同现实生活中的公共服务联系起来，可以看到，在全面建设小康社会的过程中，政府部门提供公共服务的发展状况举足轻重，政府部门提供公共服务的机制状况十分重要。

理念之三：公共服务是提供给全体社会成员的

在过去一个相当长的时期，国家总是要被打上"阶级性"标签而作为阶级斗争的工具来运作的。作为国家管理机构的政府部门，它所从事的包括社会管理在内的各种活动，当然也不能称之为公共服务，而只能是着眼于为广大劳动人民的利益服务。至于诸如非公有制经济那样的行为主体，不仅不是政府部门的服务对象，而且，要作为削弱、铲除的对象而列入政府部门的工作议程。因而，在那个时候，我们很难说政府部门负有提供公共服务的职能。

市场化的改革进程带来了政府部门职能的公共化，政府部门提供的各种服务也随之走上了以公共化为取向的道路。在很多场合，公共服务一词已经频繁使用，甚至成为政府部门活动的代名词。

但是，公共服务概念的逐步深入人心并不意味着人们对"公共"的意义已经有了真正的把握。也许是思维的惯性所致，在不少人的内心深处，政府部门仍然是要"区别对待"地从事各种公共服务活动的。其实，公共服务有别于以往政府活动的一个重要特征，就是它要着眼于满足整个社会的公共需要。这就意味着，它要面向全体社会成员。而且，要无差别、一视同仁地提供给全体社会成员。对于公共服务的公共性，美国经济学家马斯格雷夫（1984）曾有一个比较贴切的事例说明：即便一个人因反对研制、生产核武器而诉诸暴力，并且因此被投入监狱，身处监狱之中的他（她），依然会在核武器提供的国家安全保护之下。

理念之四：提供公共服务的行为也要讲究规范化

政府部门提供公共服务终究是要花钱的。要花钱，就要收钱。这一收一支之间，便构成了政府部门为提供公共服务而筹集财源、而拨付经费的活动——公共财政。

在公共财政问题上，传统计划经济体制留给人们的一个思维定式是，只要是为老百姓办事，只要是用于提供公共服务，那么，不管从老百姓那里收多少钱，以什么方式收，或者，不论把收来的钱投向哪个项目、哪类支出，都是不那么重要的。正是出于这样一个原因，现实生活中的政府部门收支行为的非规范性，一直是改革过程中的老大难问题。故而，成为公共服务发展的一个掣肘因素。

如果说在过去的年代，财政上的钱主要来源于国有制经济单位，亦主要用之于国有制经济单位，在国有制经济单位内部的收收支支可以不那么讲规矩、不那么守规矩的话，那么，在现实的中国，财政上的钱已经趋向于多元化的来源结构，多元化的投向结构。随着财政收支由"取自家之财，办自家之事"向"取众人之财，办众人之事"格局的转换，有规矩、讲规矩、守规矩，亦即政府部门收支行为的规范化、政府部门提供公共服务行为的规范化（高培勇，2002），也必须作为一个重要的目标加以追求。

这即是说，政府部门基于提供公共服务目的而取得收入的方式和数量，而拨付支出的去向和规模，必须建立在法制的基础上，不能想收什么就收什么，想收多少就收多少，或者，想怎么花就怎么花。无论哪一种形式、哪一种性质的收入，都必须先立法，后征收；无论哪一类项目，哪一类性质的支出，都必须依据既有的制度来安排。

理念之五:税收是连接公共服务提供者和消费者的纽带

既然政府实质是一个特殊的产业部门——提供公共服务。广大的企业和居民,则是公共服务的消费者。借用通常用于描述私人物品或服务的术语,透过复杂的税收征纳现象,我们看到的图景是:公共服务的提供与消费,公共服务的购买与销售。企业和居民之所以要纳税,就在于换取公共服务的消费权;政府部门之所以要征税,就在于向社会提供公共服务。

只要纳税人依法缴税,便因此享有了向政府部门索取公共服务的权利;只要政府部门依法取得了税收,便因此负起了向纳税人提供公共服务的义务。纳税人所消费的公共服务,来源于政府部门提供公共服务的活动。政府部门用于提供公共服务的资金,又来源于纳税人所缴纳的税收。在这里,纳税人的纳税义务与其纳税之后所拥有的消费公共服务的权力,是一种对称关系。政府的征税权力与其征税之后所负有的提供公共服务的义务,也是一种对称关系。围绕税收而形成的公共服务提供者和消费者之间的关系,均表现为权利与义务的对称。

有了这样的连接纽带,政府部门同企业和居民之间的关系便有了理顺、规范的基础。保质保量的向企业和居民提供公共服务,便有可能成为政府部门必须履行的天职。同样,依法足额地向政府部门缴纳各种税收,也有可能成为企业和居民崇尚的行为规范。

由此,不仅会为我们的依法治税工作提供一个新天地,而且,还将极大地推动中国公共服务的发展进程。

主要参考文献

Thompson, Fred. Defining the New Public Management [A] . Lawrence R. Jones, Kuno Schedler and Stephen W. Wade (eds.) . International Perspectives on the New Public Management, Advances in International Comparative Management, Supplement (3) [C] . Greenwich CT: JAI Press, 1997.

Richard A. Musgrave, Peggy B. Musgrave: *Public Finance In Theory and Practice*, McGraw – Hill Book

Company，1984.

　　高培勇：《加入 WTO 后的中国税收：两个层面的分析》，载《加入 WTO 后的中国：经济学界如是说》，经济科学出版社 2002 年版。

（原载《财贸经济》2007 年第 12 期）

奔向公共化的中国财税改革

——中国财税体制改革 30 年的回顾与展望

一 引言

发端于 1978 年并与整体经济改革如影随形、亦步亦趋的中国财税体制改革，已经步入而立之年。该是系统总结历史经验并前瞻未来走势的时候了。

这显然是一个既意义重大又颇不轻松的命题。因为，一方面，在过去的 30 年间，中国财税体制改革所面临的问题之复杂，所走过的道路之曲折，所承载的使命之沉重，所发生的变化之深刻，所取得的成果之显著，不仅在中国，而且在世界历史上，都是十分罕见的特例。另一方面，对于有了 30 年改革历史并积累了丰富经验的中国而言，举凡涉及类如财税体制改革回顾与展望方面的话题，已经不能停留于史实的追溯和再现层面。更加重要的，是要从史实入手，循着改革的历史轨迹，一步步地提炼和升华改革的历史经验和改革的历史规律。

认识到命题的重大和艰巨，一旦开始着手这项工作，我们很快陷入一连串问题的包围之中：

对持续 30 年之久的财税体制改革历程作出高度概括，取舍实属难免。取什么？当然要取改革的主线索。舍什么？自然要舍那些与主线索不那么直接地关联着的枝枝蔓蔓。问题是，这条主线是什么？我们能否为起初"摸着石头过河"、随着改革的深化而目标逐步明晰的渐进式财税体制改革历程理出一条主线？

财税体制改革不过是整个经济体制改革的一个组成部分。如果说 30 年来整个经济体制改革的基本取向就在于市场化，那么，作为其中的一个重要内容，财税体制改革有无自身的取向？如果有，那又是什么？

在 30 年间，发生于财税领域的改革事项，不仅数不胜数，而且犬牙交错。本着由部分推进至整体的考虑，在不同时点、基于某一特定背景、立足于某一侧面或角度而策划并推出的这些改革事项，当被放置到财税体制改革的大棋局上加以定位的时候，它们各自的角色和作用是什么？又同作为一个整体的财税体制改革工程有着怎样的联系？

描述以往的改革轨迹，总结以往的改革经验，其最终的着眼点，当然要放在改革规律的揭示上。这需要理论抽象。能否进行这种抽象？怎样进行这种抽象？迄今为止的财税体制改革进程是否到了足以使我们能够搭建一个理论分析框架的时候？

过去 30 年所取得的财税体制改革成果，固然显著而丰盛，但同完善的社会主义市场经济体制以及与之相适应的完善的中国财税体制目标相比，只能算是阶段性的。通向未来的财税体制改革道路，依然漫长。当我们对以往的改革轨迹、改革经验和改革规律有了一个比较清晰的认识之后，又如何勾勒未来的财税体制改革"路线图"？

如此等等。上述的这些以及其他类似的问题，对于处于今天历史背景下的我们，不是可回答可不回答的，可解决可不解决的，而是必须回答，必须解决的。它们，构成了本文的主题。

二 改革的基本轨迹：一个大致的勾勒

30 年间的中国财税体制改革历程，大致可以归纳为如下四个既彼此独立又互为关联的阶段：

（一）第一阶段：1978—1994 年

中国的经济体制改革是从分配领域入手的。最初确定的主调，便是"放权让利"。通过"放权让利"激发各方面的改革积极性，提高被传统经济体制几乎窒息掉了的国民经济活力。而在改革初期，政府能够且真正放出的"权",主要是财政上的管理权。政府能够且真正让出的"利",主要是财政在国民收入分配格局中的所占份额。这一整体改革思路与财税体制自身的改革任务——由下放财权和财力入手,打破或改变"财权集中过度、分配统收统支,税种过于单一"的传统体制格局——相对接,便有了如下的若干改革举措:

——在中央与地方之间的财政分配关系上,实行"分灶吃饭"。从1980年起,先后推出了"划分收支、分级包干"、"划分税种、核定收支、分级包干"以及"收入递增包干、总额分成、总额分成加增长分成、上解递增包干、定额包干、定额补助"等多种不同的体制模式。

——在国家与企业之间的分配关系上,实行"减税让利"。从1978年起,先后推出了企业基金制、利润留成制、第一步利改税、第二部利改税、各种形式的盈亏包干制和多种形式的承包经营责任制等制度。

——在税收建设制度上,着眼于实行"复税制"。从1980年起,通过建立涉外税制、建立内资企业所得税体系、全面调整工商税制、建立个人所得税制、恢复和改进关税制度、完善农业税等方面的改革,改变了原来相对单一化的税制格局,建立起了一套以流转税、所得税为主体,其他税种相互配合的多税种、多环节、多层次征收的复税制体系。

——在与其他领域改革的配合上,给予"财力保障"。以大量的财政支出铺路,配合并支撑了价格、工资、科技、教育等相关领域的改革举措的出台。

上述的这些改革举措,对于换取各项改革举措的顺利出台和整体改革的平稳推进所发挥的作用,可说是奠基性的。然而,无论放权,还是让利,事实上,都是以财政上的减收、增支为代价的。主要由财税担纲的以"放权让利"为主调的改革,却使财政收支运行自身陷入了不平衡的困难境地。

一方面,伴随着各种"放权"、"让利"举措的实施,财政收入占GDP的比重数字和中央财政收入占全国财政收入的比重数字迅速下滑:前者由1978年的31.1%,相继减少到1980年的25.5%,1985年的22.2%,1990年的15.7%和1993年的12.3%。后者则先升后降,1978年为15.5%,1980年为24.5%,1985年为38.4%,1990年下降为33.8%,

1993 年进一步下降至 22.0%。

另一方面，财政支出并未随之下降，反而因"放权"、"让利"举措的实施而出现了急剧增加（如农副产品购销价格倒挂所带来的价格补贴以及为增加行政事业单位职工工资而增拨的专款等）。1978—1993 年，财政支出由 1122.09 亿元一路增加至 4642.20 亿元，15 年间增加了 2.1 倍，年均增加 21%。

与此同时，在财政运行机制上也出现了颇多的紊乱现象。诸如擅自减免税、截留挪用财政收入、花钱大手大脚、搞财政资金体外循环、非财政部门介入财政分配等问题，相当普遍，随处可见。

作为"两个比重"数字迅速下降并持续偏低、财政支出迅速增长以及财政运行机制陷于紊乱状态的一个重要结果，不仅财政赤字逐年加大，债务规模日益膨胀，而且，中央财政面临的困难，已经达到了难以担负宏观调控之责的空前水平。

1979—1993 年，除了 1985 年财政收支略有结余之外，其余年份均出现财政赤字，且呈逐年加大之势：1981 年为 68.9 亿元，1990 年上升至 146.9 亿元，到 1993 年则扩大至 293.35 亿元。若按国际通行做法，将当年的债务收入纳入赤字口径，则 1993 年的财政赤字水平实为 978.58 亿元。

从 1979 年起，政府恢复了中断长达 20 年之久的外债举借。1981 年，又开始以发行国库券的形式举借内债。后来，又先后发行了重点建设债券、财政债券、国家建设债券、特别国债和保值公债。1993 年，国家财政的债务发行收入规模已经达到 739.22 亿元。

以中央财政债务依存度［债务收入/（中央财政本级支出 + 中央财政债务支出）］而论，到 1993 年，已经达到 59.63% 的国际罕见水平。这意味着，当年中央财政本级支出中的一半以上，要依赖于举债或借款收入来解决。

(二)第二阶段：1994—1998 年

如此的困难境况，很快让人们从改革最初成果的喜悦中冷静下来。意识到"放权让利"的改革不可持续，在这一思路上持续了十几年之久的财税改革自然要进行重大调整：由侧重于利益格局的调整转向新型体制的建立。恰好，1992 年 10 月中共十四大正式确立了社会主义市场经济体制的改革目标，1993 年 11 月召开的中共十四届三中全会又通过了《中共中央关于建立社会主义市场经济体制若干问题的决定》。于是，以建立适应社会主义市场经济的财税体制为着眼点，从 1994 年起，中国的财税体制改革踏上了制度创新之路。

1994 年元旦的钟声刚刚敲过，政府便在财税改革方面推出了一系列重大举措：

——按照"统一税法、公平税负、简化税制和合理分权"的原则，通过建立以增值税为主体，消费税和营业税为补充的流转税制、统一内资企业所得税、建立统一的个人所得税制、扩大资源税的征收范围、开征土地增值税以及确立适应社会主义市场经济需要的税收基本规范等一系列的行动，全面改革税收制度，搭建了一个新型的税收制度体系。

——在根据中央和地方事权合理确定各级财政支出范围的基础上，按照税种统一划分中央税、地方税和中央地方共享税，建立中央税收和地方税收体系，分设中央税务机构和地方税务机构，实行中央对地方税收返还和转移支付制度，建立了分税制财政管理体制基本框架。

——根据建立现代企业制度的基本要求，在降低国有企业所得税税率、取消能源交通重点建设基金和预算调节基金的同时，实行国有企业统一按国家规定的 33% 税率依法纳税，全面改革国有企业利润分配制度。

——彻底取消向中央银行的透支或借款，财政上的赤字全部以举借国债方式弥补，从制度上斩断财政赤字与通货膨胀之间的必然联系。

这是一个很重要的转折。在此之前所推出的财税体制改革举措，多是围绕利益格局的调整而展开的。而且，也是在整体改革目标定位尚待明晰的背景下而谋划的。这次改革的显著不同之处，就在于它突破了以往"放权让利"思路的束缚，走上了转换机制、制度创新之路。从重构适应社会主义市场经济体制的财政体制及运行机制入手，在改革内容与范围的取舍上，既包含利益格局的适当调整，更注重于新型财税体制的建立，着重财税运行机制的转换，正是 1994 年财税改革的重心所在。

迄今为止，我们所颇为看重并为之自豪的发生在中国财税领域的一系列积极变化，比如财政收入步入持续快速增长的轨道、"两个比重"持续下滑的局面得以根本扭转、财政的宏观调控功能得以改进和加强、国家与国有企业之间的利润分配关系有了基本的规范，等等，正是那一次财税改革所收获的成果。可以说，通过那次财税改革，已经为我们初步搭建起了适应社会主义市场经济体制的财税体制及其运行机制的基本框架。

（三）第三阶段：1998—2003 年

1994 年的财税改革，固然使中国财税体制走上了制度创新之路，但并没有解决问题的全部。因为，说到底，1994 年财税改革所覆盖的，还只是体制内的政府收支，游离于体制之外的政府收支，则没有进入视野。而且，1994 年财税改革所着眼的，也主要是以税制为代表的财政收入一翼的制度变革，至于另一翼——财政支出的调整，虽有牵涉，但并未作为重点同步进行。与此同时，既得利益的掣肘加之财政增收的动因，也在一定程度上束缚了改革的手脚，使得一些做法带有明显的过渡性或变通性色彩。

随着 1994 年财税改革成果的逐步释放，蕴涵在游离于体制之外的政府收支和财政支出一翼的各种矛盾，便日益充分地显露出来并演化为困扰国民收入分配和政府收支运行过程的"瓶颈"。于是，在 20 世纪 90 年代后期，以规范政府收支行为及其机制为主旨的"税费改革"以及财政支出管理制度的改革，先后进入中国财税体制改革的重心地带并由此将改革带上了财税体制整体框架的重新构造之路——构建公共财政体制框架。

1998 年 3 月 19 日，朱镕基总理在当选之后举行的首次记者招待会上说下了一段颇具震撼力的话："目前存在的一个问题是费大于税。很多政府机关在国家规定以外征收各种费用，使老百姓不堪负担，民怨沸腾，对此必须进行改革。"以此为契机，中国拉开了"税费改革"的序幕。

实际上，在全国性的"税费改革"正式启动之前，各地已经有过治理政府部门乱收费的尝试。最初的提法，是所谓"费改税"。其主要的初衷，是通过将五花八门的各种收费改为统一征税的办法来减轻企业和居民的负担。后来，随着改革的深入和视野的拓宽，人们逐渐发现，现存政府收费的种种弊端，并非出在政府收费本身。现存的、被称为政府收费的大量项目，既未经过人民代表大会的审议，又基本不纳入预算，而是由各部门、各地区自立规章，作为自收自支的财源，或归入预算外收入，或进入制度外收入，直接装入各部门、各地区的小金库。因而，它实质是一种非规范性的政府收入来源。"费改税"的目的，显然不是要将本来意义的政府收费统统改为征税，而是以此为途径，将非规范性的政府收入纳入规范化轨道。于是，"费改税"开始跳出"对应调整"的套路而同包括税收在内的整个政府收入盘子的安排挂起钩来。也正是在这样的背景之下，"费改税"一词为"税费改革"所取代，进而被赋予了规范政府收入行为及其机制的特殊意义。

在"税费改革"日渐深入并逐步取得成效的同时，财政支出一翼的改革也在紧锣密鼓地进行中。先后进入改革视野的有：财政支出结构由专注于生产建设领域逐步扩展至整个公共服务领域的优化调整；推行以规范预算编制和分类方法、全面反映政府收支状况为主要着眼点的"部门预算制度"；实行由财政（国库）部门集中收纳包括预算内外收入在内的所有政府性收入且由国库单一账户集中支付政府部门所有财政性支出的"国库集中收付制度"；推进将政府部门的各项直接支出逐步纳入向社会公开竞价购买轨道的"政府采购制度"。

然而，无论是财政支出一翼的调整，还是以"税费改革"为代表的收入一翼的变动，所涉及的，终归只是财税体制及其运行机制的局部而非全局。当分别发生在财政收支两翼的改革的局限性逐渐凸显出来之后，人们终于达成了如下共识：零敲碎打型的局部调整固然重要，但若没有作为一个整体的财税体制及其运行机制的重新构造，并将局部的调整纳入到整体财税体制及其运行机制的框架之中，就不可能真正构建起适应社会主义市场经济的财税体制及其运行机制。于是，将包括收入、支出、管理以及体制在内的所有财税改革事项融入一个整体的框架之中，并且，作为一个系统工程加以推进，便被提上了议事日程。在当时，人们也发现，能够统领所有的财税改革线索、覆盖所有的财税改革事项的概念，除了公共财政之外，还找不到任何其他别的什么词汇担当此任。于是，以 1998 年 12 月 15 日举行的全国财政工作会议为契机，决策层作出了一个具有划时代意义的重要决定：构建中国的公共财政基本框架。正是从那个时候起，作为整个财税体制改革与发展目标的明确定位，带有整体改革布局性质的公共财政框架的构建，正式进入到财税体制改革的轨道。

(四)第四阶段:2003 年至今

正如社会主义市场经济体制要经历一个由构建到完善的跨越过程一样，伴随着以构建公共财政基本框架为核心的各项财税体制改革的稳步推进，财税体制改革也逐渐步入深水区而面临着进一步完善的任务。在时隔5 年之后，2003 年 10 月，中共十六届三中全会召开并通过了《中共中央关于完善社会主义市场经济体制若干问题的决定》（以下简称《决定》）。在那次会议上以及那份重要文献中，根据公共财政体制框架已经初步建立的判断，提出了进一步健全和完善公共财政体制的战略目标。认识到完善的公共财政体制是完善的社会主义市场经济体制的一个重要组成部分，将完善公共财政体制放入完善社会主义市场经济体制的棋盘，从而在两者的密切联系中谋划进一步推进公共财政建设的方案，也就成了题中应有之义。以此为契机，中国的财税体制改革又开始了旨在进一步完善公共财政体制的一系列操作。

最先进入操作程序的，首推新一轮税制改革。在《决定》的第 20 条款中，新一轮税制改革的内容被概括为如下八个项目：改革出口退税制度；统一各类企业税收制度；增值税由生产型改为消费型，将设备投资纳入增值税抵扣范围；完善消费税，适当扩大税基；改进个人所得税，实行综合和分类相结合的个人所得税制；实施城镇建设税费改革，条件具备时对不动产开征统一的物业税，相应取消有关收费；在统一税政前提下，赋予地方适当的税政管理权；创造条件逐步实现城乡税制统一。从 2003 年10 月《决定》通过至今，已经先后有出口退税制度的改革、改进个人所得税内容之一——上调工薪所得减除额标准和实行高收入者自行申报、实现城乡税制统一改革的重要一步——取消农业税、增值税由生产型转为消费型改革在东北地区三省一市和中部地区 26 个城市进行试点、统一各类企业税收制度的主要内容——内外资两个企业所得税法合并等几个项目得以启动。并且，以处于核心地位的改革项目——内外资企业两个企业所得税法合并改革的启动为标志，新一轮税制改革已经进入实质操作期。

几乎是与此同时，财政支出以及财政管理制度线索上的改革也投入了操作。对此,《决定》的第 21 条款描绘了如下一幅蓝图: 健全公共财政体制,明确各级政府的财政支出责任; 进一步完善转移支付制度,加大对中西部地区和民族地区的财政支持; 深化部门预算、国库集中收付、政府采购和收支两条线管理改革; 清理和规范行政事业性收费,凡能纳入预算的都要纳入预算管理; 改革预算编制制度,完善预算编制、执行的制衡机制,加强审计监督; 建立预算绩效评价体系、实行全口径预算管理和对或有负债的有效监控; 加强各级人民代表大会对本级政府预算的审查核监督。与以往发生在这些事项上的改革有所不同,这一轮的改革适逢科学发展观和构建社会主义和谐社会重大战略思想的提出,故而,在全面落实科学发展观和构建社会主义和谐社会的棋盘上推进财税体制的改革,并在两者的密切联系中谋划财税体制改革的方案,也就成为一种必然的选择。

应当说,在上述的这些方面,我们已经获得了重要进展: 公共财政开始了逐步覆盖农村的进程; 财政支出越来越向以教育、就业、医疗、社会保障和住房为代表的基本民生事项倾斜; 围绕推进地区间基本公共服务均等化,加大了财政转移支付的力度并相应调整了转移支付制度体系; 以实行全口径预算管理和政府收支分类改革为入手处,强化了预算监督管理,进一步推进了政府收支行为及其机制的规范化,等等。

可以预期,伴随着整体经济社会改革的步步深入,财税体制改革将越来越向纵深地带挺进。

三 以公共化为基本取向的改革

从主要着眼于为整体改革"铺路搭桥"、以"放权让利"为主调的改革,到走上制度创新之路、旨在建立新型财税体制及其运行机制的 1994 年的财税改革; 从主要覆盖体制内的政府收支和以税制为代表的财政收入一翼,到体制内外政府收支并举、财政收支两翼联动; 从以规范政府收支行为及其机制为主旨的"税费改革"以及财政支出管理制度的改革,到作为一个整体的财税改革与发展目标的确立; 从构建公共财政基本框架,到进一步完善公共财政体制和公共财政体系,当我们大致把握了 30 年间中国财税体制改革的基本轨迹之后,一个绕不开、躲不过且对本文的命题具有重大意义的问题便接踵而来：中国财税体制改革是否存在着一条上下贯通的主线？换言之，中国的财税体制改革，究竟有无一个一以贯之的改革取向？

其实，在上面的讨论过程中，我们已经一再地遇到这个问题。并且，已经为解决这个问题打下了相应基础。

重要的事情是要回答：中国的财税体制改革从哪里来，又到哪里去？这要分别从改革的起点、改革的路径和改革的目标中去探求和揭示。

（一）改革的起点

中国的财税体制改革，当然是由传统经济体制下的财税运行格局及其体制机制起步的。对于那一时期的财税运行格局，尽管可从不同的角度加以归结，但本着收入——"钱从哪里来"、支出——"钱向何处去"以及政策——"收支安排所体现的目的"这三个有关财税活动运行层面的基本线索，可以将其概括如下：财政收入主要来自于国有部门；财政支出主要投向于国有部门；财政政策倾向于在国有和非国有部门之间搞"区别对待"。以1978年的情形为例，全国财政收入的86.8%来自国有部门的缴款，全国财政支出的85.6%用于国有部门。这样一种"取自家之财"、"办自家之事"的财政收支格局，所折射出的，无非是财政政策的鲜明取向——发展和壮大国有经济、削弱以至铲除私有制经济。

财税运行格局之所以是上述这个样子，当然同那一时期所实行的"二元"的经济社会制度环境有关。在"二元"的经济社会制度下，作为其重要组成部分的财税体制机制，自然也必须建立在"二元"的基础上——在财政上实行不同所有制分治和城乡分治。这就是：

——国有制财政。以所有制性质分界，财政收支活动主要在国有部门系统内部完成。至于非国有部门，则或是游离于财政的覆盖范围之外，或是位于财政覆盖范围的边缘地带。

——城市财政。以城乡分界，财政收支活动主要在城市区域内部完成。至于广大农村区域，则或是游离于财政的覆盖范围之外，或是位于财政覆盖范围的边缘地带。

——生产建设财政。以财政支出的性质分界，财政支出活动主要围绕着生产建设领域而进行。至于非生产性或非建设性的支出项目——其中主要是以改善民生为代表的公共服务性的支出项目，则往往被置于从属地位或位于边缘地带。

换言之，"二元"的财税体制机制所覆盖的范围，不是全面的，而是有选择的。"二元"的财税体制机制所提供的财税待遇，不是一视同仁的，而是有薄有厚的。财政支出的投向，不是着眼于整个公共服务领域的，而是专注于生产建设的。于是，便形成了同属一国国民、身处同一国土之上并受同一政府管辖，但因财税覆盖程度不同而须面对不同财税待遇的不同的区域、不同的企业和不同的居民。

有选择而非全面的财税覆盖范围，有厚有薄而非一视同仁的财税待遇，专注于生产建设而非整个的公共服务领域，如此的财税体制机制以及作为其结果的财税运行格局，显然不能说是"公共性"的，至少其"公共性"是打了折扣的。事实上，"国有制财政 + 城市财政 + 生产建设财政"所集中凸显的，正在于传统体制下的"二元"财税体制机制的"非公共性"特征。

这即是说，"非公共性"的财税运行格局及其背后的体制机制，是中国财税体制改革的起点。也可以说，正是这种"非公共性"的财税运行格局及其体制机制同财税本质属性以及经济社会发展之间的不相适应性，把中国财税体制推上了改革之路。

（二）改革的路径

中国财税体制改革的一大特点，就是它始终作为整体经济体制改革的一个组成部分，始终与整体改革捆绑在一起并服从、服务于整体改革的需要。迄今为止，关于中国经济体制改革的一个最广为流行的表述是"市场化改革"。如果说整体改革是沿着一条颇具规律性且朝着市场化方向迈进的道路走过来的，那么，财税体制改革便是一个顺应这一变革并逐步向适应市场化的财税运行格局及其体制机制靠拢的过程。

就总体而言，经济的市场化进程首先带来的，是 GDP 所有制构成的多元化。这一影响传递到中国财税运行格局上，就是财政收入来源的公共化——由"取自家之财"到"取众人之财"。到 2007 年，全国税收收入来源于国有部门的比例，已经退居到 19.2%。来自其他所有制成分的份额，则提升至 80% 以上。而且，仍在呈继续上升之势；财政收入来源的公共化，自然会推动并决定着财政支出投向的公共化——由"办自家之事"到"办众人之事"。到 2006 年，在全国财政支出中，包括基本建设、增拨企业流动资金、挖潜改造资金和科技三项费用等专门以国有经济单位为主要投向的支出占比，已经由 1978 年的 52.7% 大幅下降至 15.87%。与此同时，面向全社会的诸如养老保险基金补贴、国有企业下岗职工基本生活保障补助、城市居民最低生活保障补助、抚恤和社会福利救济费等社会保障支出以及文教科学卫生事业费支出和政策性补贴支出等所占的份额，分别上升至 11.25%、18.69% 和 3.58%。① 而且，其中的不少项目，还是从无到有的；财政收支的公共化，又进一步催生了财政政策取向的公共化——由在"自家"与"他家"之间搞"区别对待"到在全社会范围内实行"国民待遇"。也就是说，经济的市场化已经带来了中国财税运行格局的公共化。

呈现在财税运行格局上的这些变化，当然是在财税体制机制的变革过程中发生的。没有以公共化为取向的财税体制机制的变革，不可能有财税运行格局的公共化。发生在财税体制机制上的变革，又是一个顺应经济市场化以及经济社会制度由"二元"趋向"一元"的过程。这就是：

——从国有制财政走向多种所有制财政。财政的覆盖范围不再以所有制分界，而跃出国有部门的局限，延伸至包括国有和非国有在内的多种所有制部门。

——从城市财政走向城乡一体化财政。财政的覆盖范围不再以城乡分界，而跃出城市区域的局限，延伸至包括城市和农村在内的所有中国疆土和所有社会成员。

——从生产建设财政走向公共服务财政。财政支出的投向不再专注于生产建设事项，而跃出生产建设支出的局限，延伸至包括基础设施建设、社会管理、经济调节和改善民生等所有的公共服务事项。

---

① 之所以使用 2006 年而非 2007 年的数字，是因为，自 2007 年起，实行了新的财政收支分类。由于新旧分类方法的差异，目前暂无可与 1978 年口径对比的数据。

可以看出，中国财税体制机制所发生的变化，集中体现在其覆盖范围的不断拓展上。由"国有制财政＋城市财政＋生产建设财政"向"多种所有制财政＋城乡一体化财政＋公共服务财政"的跃升，便是财税的覆盖范围不断拓展并逐步实行财税的无差别待遇的过程。在这个过程中所日渐彰显的，正是财政与生俱来的本质属性——"公共性"。

这即是说，经济的市场化和财税的公共化，是一枚硬币的两个方面。经济的市场化，必然带来财税的公共化。由"非公共性"逐步向"公共性"靠拢和逼近的所谓"财税公共化"过程，是过去 30 年间中国财税运行格局及其体制机制所经受的重大挑战。

（三）改革的目标

正如整体改革是一个由目标不那么明晰、靠"摸着石头过河"，到目标愈益明确、以自觉的行动朝着既定目标前进的过程，财税体制改革也有着类似或相同的经历。

前面的考察已经先后表明，当财税体制改革刚刚起步的时候，并未确立公共化的财税体制改革取向，更未有构建公共财政体制的说法。那时，几乎所有的改革举措，都是基于提升经济活力的目的，围绕着"放权让利"的主调而推出的。然而，正是这种旨在为整体改革"铺路搭桥"、从下放财力和财权入手的种种举措，打破了"财权集中过度、分配统收统支，税种过于单一"的传统体制格局，把中国财税运行格局带上了收入来源公共化和支出投向的轨道。并且，作为收入来源公共化和支出投向公共化的必然结果，由此启动了中国财税体制机制的公共化进程。

当改革必须调整航向、在社会主义市场经济体制的棋盘上谋划全新的财税改革方案的时候，虽然并未清晰地意识到经济市场化与财税公共化的高度相关性，但那时所操用的几乎每一个棋子或推出的几乎每一个举措，也都是基于财税运行格局已经变化且不可逆转的现实而选择的。而且，在那样一种情势之下，能够作为改革参照系的财税体制机制，自然是典型市场经济国家的财政税收制度。能够与社会主义市场经济对接的财税体制机制安排以及相关的原则界定，也自然离不开经济的市场化这个基础。来自诸多方面的同市场经济血脉相连的因素、理念、规则、制度等叠加在一起，不仅催生了公共财政的概念以及相关的实践。而且，改革的着眼点也越来越向公共化的方向聚集。

到后来，当局部性的改革随着改革的深入而逐步向全局延伸，以至于必须对财税体制改革目标有个总体定位的时候，也许是水到渠成的功效所致，"构建公共财政基本框架"便被作为一种当然的选择，进入人们的视野。并且，从那以后，包括收入、支出、管理和体制在内的几乎所有的财税改革线索和几乎所有的财税改革事项，都被归结于这条改革的主线索，都被覆盖于这一改革的总目标。也正是从那以后，关于中国财税改革与发展目标或财税体制改革目标，从学术界到实践层，都越来越集中于"构建公共财政体制"或"建立公共财政制度"的概括或表述。

再到后来，伴随着建设完善的社会主义市场经济体制目标的形成和确立，建设完善的公共财政体制随之成为财税体制改革的方向所在。于是，"进一步健全和完善公共财政体制"、"完善公共财政体系"便被作为与时俱进的概括或表述，进入到中共十六届三中全会、国家"十一五"规划和中共十七大等党和政府的一系列重要文献之中。以此为基础，公共财政的字眼、理念和精神，也越来越深刻地融入于学术界围绕包括政府职能格局、公共服务体系和社会事业建设等在内的重大经济社会问题的阐述以及普通百姓的日常生活。至此，可以毫不夸张地说，经过30年"摸着石头过河"般的艰难探索，在我国，全力和全面建设公共财政，已经演化为一种围绕中国财税体制改革的有意识、有目标的自觉行动。也可以说，我们已经进入全力和全面建设公共财政的时代。

这即是说，中国财税体制改革的基本取向在于公共财政。由"非公共性"的财税运行格局及其体制机制起步，沿着"财税公共化"的路径，一步步逼近"公共性"的财税运行格局及其体制机制方向，正是迄今为止并将贯穿未来的中国渐进式财税体制改革的主线索。

小结：一条主线 + 一个取向

说到这里，作出如下判断可能是适当的：中国的财税体制改革，事实上存在着一条一以贯之的主线。这条主线，说到底，就是由"非公共性"

的财税运行格局及其体制机制不断向"公共性"的财税运行格局及其体制机制靠拢和逼近。中国的财税体制改革，事实上也有着一个一以贯之的基本取向。这个基本取向，说到底，就是构建并实行既与完善的社会主义市场经济体制相适应，又与财政的本质属性相贯通的公共财政制度体系。

以如此的角度并站在宏观层面上"俯视"中国财税体制改革的全景，可以清晰地看到，过去的 30 年间，我们正是瞄着这"一个取向"、沿着这"一条主线"奔跑过来的。未来的若干年间，我们仍要瞄着这"一个取向"、沿着这"一条主线"继续奔跑下去。"一条主线 + 一个取向"，正是我们在深刻总结历史经验和前瞻未来走势的基础上，对于中国财税体制改革的历史规律作出的高度概括。

主要参考文献

财政部财税体制改革司：《财税改革十年》，中国财政经济出版社 1989 年版。

项怀诚：《中国财政体制改革》，中国财政经济出版社 1994 年版。

刘积斌、谢旭人：《迈向新世纪的中国财政》，中国财政经济出版社 1998 年版。

刘仲藜等：《中国财税改革与发展》，中国财政经济出版社 1998 年版。

高培勇、温来成：《市场化进程中的中国财政运行机制》，中国人民大学出版社 2001 年版。

财政部综合计划司：《中国财政统计（1950—1991）》，科学出版社 1994 年版。

《中国统计年鉴（2008）》，中国统计出版社 2008 年版。

（原载《财贸经济》2008 年第 11 期）

当前若干重大税收问题的分析[*]

引言

在不同历史时期，无论是整个经济社会发展进程，还是某一特定的经济社会领域，总会面临不同的能够对全局产生或具有重大影响的重要因素，也总会遇到不同的能够对全局产生或具有重大意义的重要变化。这些因素或变化，往往是我们观察并破解一系列重大经济社会课题的"抓手"。

税收领域也不例外。而且，作为人类社会中与时俱进颇强的一个经济社会领域，这些年来，存在于税收领域的重要因素以及发生在税收领域的重要变化，在成为左右整个税收运行的重要力量的同时，也在不断地把一系列前所未有甚至在既有理论分析框架中难以求解的新课题提至我们面前。说挑战也好，言机遇也罢，对于我们，这些新课题，躲不开、绕不过，绝对在必须回答、必须解决的重大税收问题之列。

研究税收问题，特别是研究重大的税收问题，不仅要从微观角度，而且要放眼宏观。这是历史与现实一再向我们揭示的道理。只有将税收置于宏观层面上做所谓一般均衡分析，从税收同其他相关因素的彼此联系和相互作用中，恰当地定位税收、解析税收，才有可能得出比较符合客观实际的判断，也才有可能拥有统揽全局的洞察力。也只有在这样的基础上，才能建立起新的植根于中国国情的税收理论分析框架。

站在宏观层面，仔细地审视当前的中国税收运行全景，可以发现，尽

---

[*] 本文系笔者2002年发表的《税收的宏观视野——关于当前若干重大税收问题的分析》一文的姊妹篇。

管存在于税收领域的矛盾现象犬牙交错且频繁变化，但以"牵一发而动全身"为筛选标尺，归纳起来，可以放入"重大"系列的问题，大致有税收增长、税收征管、税负轻重、税收与 GDP 的分配和新一轮税制改革等几个方面。

有鉴于上述种种，本文致力于完成两个互为关联的任务：其一，在宏观层面上，回答并解决当前面临的上述重大税收问题。其二，以此为基础，充实、完善既有的税收理论分析框架。

一　税收增长的源泉

说来有趣，从 1994 年以来，伴随着税收收入增长的一再提速，用于描述"增长"的语汇都在走马灯似的变化。先是所谓"高速"增长，继而是"超常"增长，后来是"超速"增长。2007 年，税收收入的增长速度进一步蹿升至 30% 以上，于是，又有了"超高速"增长的说法。

由"高速"到"超常"，到"超速"，再到"超高速"，事实上折射了人们在中国税收收入持续高速增长问题上的一种迷茫。不过，仔细想来，迷茫并非意味着我们不喜欢税收持续高速增长。说得极端一点，倘若抛开其他方面的因素不论，如果税收增速能够达到 300% 甚至 3000%，那对于所有人都不是坏事情。之所以迷茫，无非因为，税收毕竟不是天上掉下来的馅饼。有关税收增长的问题，不能不放在宏观层面讨论。而一旦试图这样去做，我们发现，现实的税收增长实践并不能在既有的理论分析框架中得到圆满的解释。

从各种经济学教科书以及工具书可以经常看到的相关表述是，经济决定税收，税收来源于经济。其意思是说，经济才是税收的源泉，或者，税收增长只能从经济增长中获得支撑。然而，中国税收增长所走出的现实轨迹，显然是对上述理论的挑战。举 2008 年 1—6 月份的例子。全国税收收入的增速为 30.5%，而同期 GDP 的增速是 10.4%。如果说经济才是税收的源泉，那么，GDP 增速与税收增速之间的差额达 20.1%。这个差额来自哪里？即便考虑到物价上涨因素，把同期的 CPI（7.9%）叠加到

10.4%之上，从而得到以现价计算的 GDP 增速 18.3%，[①] 这时，GDP 增速与税收增速之间的差额仍有 12.2%，相当于税收增速的近一半儿。这个差额的来源，又可用什么样的因素去说明？

显然，中国现实的税收增长，不止经济增长一个源泉。[②] 两个增速之间差额的来源，只能从经济之外的因素——非经济因素——中去寻找。注意到支撑现实税收增长的源泉可以区分为经济的和非经济的两个系列，并且，举凡来自经济因素的支撑，大都可以视作正常的、可在既有理论分析框架内求解的范畴，关于税收增长问题的讨论，自然可以也应当聚焦于非经济因素。

对于支撑税收收入持续高速增长的非经济因素，即便是身处税收工作一线的税务部门恐怕也一时难言其详。然而，从迄今为止来自官方层面关于税收增长成因的归结中，还是可以揣摩出其大概的。

从 20 世纪 90 年代末期起，面对社会各界围绕税收增长问题的一片质疑之声，税务部门就一直在努力地搜集各种可能的理由给予解释。概括起来，这些解释，大致可以分作"三因素论"和"多因素论"两类。按照所谓"三因素论"的说法，中国现实的税收增长，是由经济增长、政策调整和加强征管等三个因素所支撑的（金人庆，2002）。在所谓"多因素论"下，中国现实的税收增长，被归结为经济增长、物价上涨、GDP 与税收的结构差异、累进税率制度、加强税收征管和外贸进出口对 GDP 与税收增长的影响差异等多种因素交互作用的结果（谢旭人，2006）。[③]

财政部门在最近推出的一份题名为《正确看待税收收入超 GDP 增长》（财政部税政司，2008）的报告中，也从价格依据差异、统计口径差异、GDP 结构与税收结构差异、核算方法差异、部分税种的累进制度等几个方面，更细致地论证了税收增速超过 GDP 增速的成因。

---

① 在现实生活中，对外发布的 GDP 增速往往按不变价格计算，而税收增速按现价计算。为了两者具有可比性，需对前者做相应调整。其方法是：按现价计算的 GDP 增速 = 按不变价格计算的 GDP 增速 + CPI（居民消费价格指数）。

② 对于不少人所持的诸如"税收增速不能简单同 GDP 增速做比较"之类的见解，这或许是一个更为恰当的视角。

③ 比较详尽的解释可参见《谢旭人答记者问》，《中国财经报》2006 年 6 月 13 日。

　　将上述所列的这些可能的成因——收入视野，并按照经济的和非经济的两个系列加以区分，可以看到，能够划归到非经济系列下的因素主要有二：一是税收征管，另一是累进税制。

　　税收征管对于税收增长的作用，在既有的理论分析框架中暂时还没有它的相应位置。但是，包括来自中国在内的各国的税收征管实践已经一再证明，在现行税制的基础上，税务部门加强税收征管的努力，无论是来自技术手段的更新，还是来自人员素质的提升，抑或来自管理机制的健全，甚或来自熟练程度的积累，等等，或多或少，总会减少税收的"跑冒滴漏"，总会提高税收的征管水平，总会提升税收的征收率，最终会增加税收收入。这就意味着，在各方面主客观因素的交互作用下，税务部门的税收征管水平是趋向于不断提升的。只要税收征管水平趋于不断提升（而不是下降），税收增速总是要跑在 GDP 增速的前面。

　　累进税制对于税收增长的作用，可以在既有的理论分析框架中找到它的相关阐述。现今各国的税制结构，尽管形式多样，但或多或少，总有一部分是由累进的所得税所组成的。累进所得税的一个突出特征，便是纳税人适用的税率水平，随其收入或利润额度的增加而相应提高。即是说，累进所得税在纳税人所取得的收入或利润中的份额，是趋于不断扩大的。所以，在累进税制的作用下，税收收入一般会以高于 GDP 增长的速率增长。[1] 在税收经济学中，这是一个已被我们当作税收增长的一般规律而载入的内容。

　　将上述的分析引入现实的税收增长实践，还可发现，就中国的税收收入结构而言，覆盖于累进税制下的税收收入份额并不高。以 2007 年为例，在全部税收收入中，来自所得课税的收入占比为 25.9%。若再细分，在其中，占比为 6.4% 的个人所得税，是实行分类计征的。其所包括的 11 个收入项目，并非全部适用累进税率；占比为 15.6% 的企业所得税，虽在形式上规定有两档照顾性税率，但其大量适用的，是单一的比例税率；占比为 3.9% 的外商投资企业和外国企业所得税[2]，虽伴有各种减免规定，但其所

---

　　① 按照杨斌（2008）的说法，只要实行复合税制结构，税收弹性总会大于 1。
　　② 从 2008 年起，企业所得税、外商投资企业和外国企业所得税已经统一合并为"企业所得税"。

适用的，也是比例税率。如此计算下来，在中国现实的税收收入中，可以同累进税制挂上钩的份额，绝对是个小头儿。

来自累进税制的作用既然属于小头儿，那么，本着非此即彼的逻辑，其余的大头儿——来自非经济因素的税收增长贡献，便只能记在税收征管名下了。中国税务部门在加强税收征管方面收获的成果，有力地支持了这一判断。根据国家税务总局（2005）的测算结果，1994—2004 年，增值税的征收率，由 57.45% 提升至 85.73%。11 年间，提升的幅度达 28.28 个百分点。依此计算，以 1994 年为基期，来自增值税且可归入税收征管因素项下的税收收入增长额，就达 3668.12 亿元。

结论 1：研究中国现实的税收增长问题，一个事半功倍的选择，是脱出税收总体增速的局限，而聚焦于税收增速与 GDP 增速的差异。

结论 2：来自于经济的和非经济的因素交织在一起，共同支撑了中国现实的税收增长。找寻税收增速与 GDP 增速之间出现差异的缘由，可以从非经济因素的内容及其贡献入手。

结论 3：在当前的中国，支撑税收增长的最主要的非经济因素，就在于税收征管。支撑税收超 GDP 增长的最主要的源泉，就在于税收征管水平的不断提升。

二 税收征管的魔力

对于税收征管，在以往，我们多是从管理技术或方法的角度来研究的，而很少将其提至宏观层面并在宏观经济分析的框架内加以定位。也正因为这样，当税收征管的魔力凸显出来甚至成为支撑税收增长的一个重要源泉的时候，既有的理论分析框架并未给我们提供相对成熟的答案。

也许应当算作意外之喜，税收征管实践的迅速推进，在不断地把一个个新事物、新变化提至我们面前的同时，也一再地用一个个鲜活的事实提醒我们，税收征管也是一个重要的宏观变量。前面的分析已经表明，在既定的税制安排基础上或在税制保持不变的前提下，凭借加强税收征管的努力，也能增加税收，也能改变 GDP 的分配格局，也能收获调节投资、调节消费以及调控宏观经济运行的效果。

这是一个非常重要的分析结论。循着如此的逻辑走下去，还可使我们收获如下两个可提至规律层面加以认识的重要推论：

其一，就其导致的宏观实效而言，增加税收，并非只有变动税制（如增设税种、提高税率、扩大税基）一种途径。加强税收征管，同样具有增加税收之效。可以说，变动税制和加强征管，是掌控在政府手中的两个具有同样或类似功效的推动税收增长的驱动器。

其二，鉴于税收征管的水平只会提升不会下降，并且，不断地加强征管，把该征的税尽可能如数征上来，又是税务部门的天职所在，故而，加强税收征管可以为政府实现税收超 GDP 的增长提供不竭的源泉。

税收征管的魔力如此奇特，我们不能不在宏观层面上更深入地求证它的特殊"身世"。

如下的两个问题，可能必须回答：

其一，税收征管所具有的税收增长效应，究竟是中国所特有的，还是世界的普遍现象？

从能够查找到的各国税务部门的相关文献可以看到，在当今的世界上，没有任何一个国度的税务部门可以实现 100% 的税收征收率，没有任何一个国度的税务部门不拥有相应的"征管空间"。有所不同的，只在于税收征收率的高低或"征管空间"的大小。凡征管技术相对先进、征管方法相对成熟、征管经验相对丰富、征管机制相对健全的税务部门，其征管的水平——税收的征收率就相对较高。反之，则较低。但是，不管怎样，可以认定的一个基本事实是，只要税收的征收率没有达到百分之百，只要税务部门还拥有一定的"征管空间"，那么，不论国别怎样，经济发展阶段如何，围绕税收征管这条线索所作出的任何努力，都可收获税收超 GDP 增长的效应。

其二，纵观世界各国的税收发展史，在税制保持不变的前提下，税收征管同税收增长之间达到如此之高的关联度，我国可能是一个仅有的例外。具有相同或近似"基因"的税收征管，为什么只有在中国这块儿土地上才能释放出如此之大的能量？这其中有无特殊的缘由？如果有，那又是什么？

细究起来，相同或近似的税收征管"基因"，在不同的土地上所释放出的税收增长"能量"不同，显然应归之于税收征管所身处的基础环境——作力空间——的差异。作力的空间大，可回旋的余地大，能够释放的能量相应就大。作力的空间小，可回旋的空间小，释放的能量自然就小。照此说来，中国的税收征管之所以能在税收增长上凸现出不同于其他国度的非凡魔力，只能说明一点：中国税务部门拥有的"征管空间"大——"法定税负"与"实征税负"之间的距离大①。倘若没有巨大的"征管空间"作为基础，税务部门的征管力度再大，本事再强，恐怕也"创造"不出如此之高的非经济因素贡献度，当然也就不会有如此之大的税收增速与 GDP 增速之间的差额。

接踵而来的问题是，中国税务部门何以会拥有巨大的"征管空间"？

"征管空间"的大小，显然同其赖以运行的税制基础密切相关。换言之，税务部门拥有的"征管空间"，盖因税收制度安排的结果。税收制度之所以作出这样而非那样的安排，又直接取决于税收征管身处的基础环境。

注意到我国的现行税制诞生于 1994 年，而在那时，税务部门的征管能力不强，纳税人的诚信水平不高，以至于税收的征收率偏低。在如此的基础环境下，要实现既定的税收收入目标，现行税制的设计，必须着眼于"宽打窄用"——以较高的"法定税负"框架去适应偏低的"实征税负"现实。举个例子，即便政府当年确定的税收收入目标只有 5000 亿元，但按照当时的税收征收率为 50% 的判断（许善达，2004），也须至少搭建一个能够在名义上征收到 10000 亿元税收收入的税制框架。也就是说，要以 10000 亿元税收收入的税制框架确保 5000 亿元的税收收入规模。可以看到，"法定税负"与"实征税负"之间的那 50% 的距离，正是现行税制预留给税务部门的"征管空间"，也正是税收征管因素得以发挥作用或施展魔力的基础所在。

参照前述有关增值税征收率的例子，还可以由此看到，这些年来，特别是进入本世纪以后，在我国，无论税务部门的征管水平，还是纳税人的

---

① 所谓"法定税负"和"实证税负"，是互相对应的两个概念。前者指现行税制所规定的、理论上应当达到的税负水平，后者指税务部门的征管能力能够实现的、实际达到的税负水平。

诚信水平,都得到了极大的提升。正是在"两个水平"双双获得极大提升的推动之下,税收的征收率得以迅速提升了,"法定税负"与"实征税负"之间的距离得以迅速地拉近了。从而,税收征管因素对于税收增长的贡献度越来越大了。

税收征管与现行税制之间的这种捆绑关系,是我们分析和把握中国税收征管魔力现状以及未来走势的一个重要线索。

结论 4:税收征管也是一个掌握在政府手中的重要的宏观变量。通过加强税收征管,不仅可以增加税收,为税收超 GDP 增长提供不竭的源泉。而且,还可由此改变 GDP 分配格局,实现宏观调控的政策意图。

结论 5:中国税收征管所具有的非凡魔力,来自现行税制赋予的巨大"征管空间"。正是在巨大的"征管空间"基础上,中国税收征管凸显了非同一般的税收增长效应。事情表现在中国税收征管所具有的非凡魔力上,问题的根源,则存在于现行税制所蕴藏的巨大"征管空间"之中。

三 税负轻重的判断

提到中国税负水平的轻重,自然会使人联想起《福布斯》杂志。在那份杂志分别于 2005 年和 2007 年推出的所谓"全球税收痛苦指数"(Tax Misery Index)排行榜中,中国先后被排在了第二位和第三位。税收痛苦指数,是关于税负水平的另一种表述。对于这样的税负水平排名,我们当然不敢苟同。这样的指数,也确实不能说明实际税负的高低。但是,两个必须面对、必须回答的问题是:为什么《福布斯》把我国排在了如此的位置?中国的税负水平究竟是重还是轻?

循着《福布斯》关于税收痛苦指数的测算方法,可以获知,它据以排名的指数值,是通过将各国主体税种的最高边际法定税率直接加总得到的。即将企业所得税、个人所得税、财产税、雇主社会保险、雇员社会保险和增值税(或销售税)最高法定税率直接加总。比如我国,在将企业所得税 33%、个人所得税 45%、财产税 0%、企业缴纳的社会保险费44.5%、个人缴纳的社会保险费 20.5% 和增值税 17% 等几个税(费)种的最高边际税率直接加总后，得出的指数值为 160（舒启明、刘新利，2006）。

这同我们以往使用的税负水平测算方法，可谓大相径庭。我们常用的测算方法，是以税收收入额做分子、同年 GDP 做分母，并以两者之比值——税收收入额占 GDP 的比重数字——作为评判的标准。比如 2007 年，在将全国税收收入加总求和（49449 亿元）并同当年的 GDP（249530 亿元）求比，税负水平为 19.82%。

两种测算方法及其评判结果的差异告诉我们，一国税负水平的衡量，可能至少有"法定税负"和"实征税负"两个尺度。问题在于，当分别操用这两个不同的尺度来评判中国现实的税负水平时，其结果，竟会让人们大跌眼镜。在今天的世界上，如果使用"法定税负"的标准，我国的税负可能处于高水平。但是，如果换一种标准，以"实征税负"来评判，我国的税负又绝对处于低水平。

一轻一重且反差如此之大，再次向我们印证了一个重要的现实国情：中国"法定税负"与"实征税负"之间的距离甚远。正是因为两者之间存有的距离甚远，才会令人们在税负水平的判断上呈现如此大的差异。

将上述的认识引申一步，还可发现，也正是由于模糊了存有甚远距离的"法定税负"与"实征税负"之间的界限，才会将人们一再地拖入围绕税负问题的激烈纷争。

几乎从现行税制开始实施的那一天起，我们便深陷下述矛盾现象的包围之中。一方面，来自企业和居民的关于税负加重的抱怨声不绝于耳。另一方面，政府部门又总是声称未采取任何增税的行动。乍看起来，很可能得出至少一方认识有误的判断。但深入一层，分别站在两方的立场上设身处地地仔细考究，又会意识到，无论企业和居民，还是政府部门，所道出的都是实情。企业和居民的税负，的确在加重。政府部门，也的确没有实施任何旨在增税的税制调整。税制未作任何调整，企业和居民的税负却在加重，如此的矛盾现象之所以出现，其中的谜底只能在于，在税收征管水平得以迅速提升的背景下，中国"法定税负"与"实征税负"之间的距离在一步步拉近。也就是说，企业和居民所称的税负加重，源于"实征税负"而非"法定税负"的提升。政府部门所称的税负未变，源于"法定税负"而非"实征税负"的稳定。"法定税负"未调,"实征税负"在增,这就是中国现实税负水平问题的一个重要实情。

结论6:评判中国现实的税负水平,必须两把尺子同时并用。以"法定税负"作为尺子,肯定会得出中国税负水平偏重的判断。以"实征税负"作为尺子,又会得出中国税负水平偏轻的判断。无论单独操用哪一把尺子,都难免片面性。只有同时操用两把尺子,才可能得到全面而客观的判断。

结论7:评判中国现实的税负水平,必须注意到"法定税负"与"实征税负"在迅速拉近的实情。只有在两个税负水平拉近的过程中赋予税负水平以"动态"的解释,才能比较准确地把握中国现实税负水平的脉搏。

四 税收与 GDP 分配格局

很多人都曾经有过这样的经历:每当税收增长特别是高速增长,就为之欣喜,就欢呼雀跃。一旦税收减少哪怕仅仅是增速下滑,就不禁愕然,就忧心忡忡。

如此的情形之所以会出现甚至频繁出现,同人们观察问题的视角有关。站在政府部门的角度,就税收论税收,或就税收论支出,税收当然越多越好。但是,倘若换一个角度,而跃升至覆盖整个经济社会全局的立场上看问题,便会发现,税收并非越多越好。这是因为,税收收入终究是有归宿的,它并非天上掉下来的馅饼。

说到底,税收是一个分配问题。追根溯源,税收收入不过是 GDP 的一个组成部分。若打个比方,税收就如同装配在 GDP 分配"管道"上的"截流阀"。它所扮演的角色,就是在 GDP 的分配过程中,选择若干环节,把其中的一部分 GDP 转送至政府的口袋。在既定的 GDP 盘子内,税收收入的规模大了,企业和居民的收入规模就小了。税收收入的增速快了,企业和居民收入的增速就慢了。税收收入占的份额多了,企业和居民收入占的份额就少了。反之亦然。从此增彼减、此快彼慢、此多彼少的关系链条上考虑问题,税收增速与 GDP 增速之间的差异,不论是正向的,还是负向的,都是值得我们高度关注的一个重要问题。

远的不说，仅举近 5 年的情形为例。在 2003—2007 年，税收增速与 GDP 增速（按现价计算）之间的差额分别为：7.5%、8.0%、5.0%、7.2% 和 14.7%。与此相对应，城镇居民家庭人均可支配收入增速与 GDP 增速（按现价计算）之间的差额分别为：−2.9%、−6.5%、−3.6%、−2.6% 和 0.5%。农村居民家庭人均纯收入增速与 GDP 增速（按现价计算）之间的差额分别为：−7%、−5.7%、−4.2%、−4.5% 和 −1.3%。[①] 作为一个必然且影响深广的结果，税收收入占 GDP 的比重，也呈现了高度相关的变动：由 15.1%，一步步提升至 16.1%、16.8%、18.0% 和 19.82%。将上述几个系列的数字联系起来并加以对比，不难看出，这几年的 GDP 分配向何方倾斜以及税收超 GDP 增长的源泉出在何方。

其实，历史留给我们的，并非总是正向的记录。至少在改革开放初期，税收收入占 GDP 的比重，也曾有过一步步下滑的经历。若将视野扩展至改革开放后的 30 年，由此看到的景象极具戏剧性。以 1994 年分界，前 15 年和后 15 年，我们分别走出了一条方向相反、迥然相异的轨迹。

鉴于税收收入终归是财政收入的一个组成部分，并且，税收收入对于财政收入的意义，在改革前后和改革过程中发生了显著变化，[②] 为了具有可比性，不妨以财政收入占 GDP 的比重作为考察的依据。

在改革开放刚刚启动的时候，为了加大市场配置社会资源的比重，我们曾将降低财政收入占 GDP 的比重作为改革的目标加以追求。为此，推出了一系列以"减税让利"、"放权让利"为主调的改革举措。在那些举措的交互作用下，财政收入占 GDP 的比重，从 1978 年的 31.2% 一路下滑。1980 年为 25.5%，1985 年为 22.2%，1990 年为 15.7%，1993 年为 12.3%，1994 年进一步退居到 10.8%。15 年间，下降了 20.4 个百分点。

面对着日渐削弱的宏观调控能力和日益严峻的财政运行困难，在加强政府的宏观调控能力、实现财政状况根本好转的目标下，便有了 1994 年的财税改革。作为那一次改革的重要成果，财政收入占 GDP 比重下降的

---

①　对 GDP 增速按现价调整，是出于与税收收入增速、居民收入增速具有可比性的考虑。其方法，前已述及。

②　依可比口径，税收收入在财政收入中的所占份额，1978 年为 45.9%，1984 年为 57.7%，1991 年为 94.9%，2001 年为 93.4%，2005 年为 90.1%，2007 年为 89.1%。

势头得以扭转。1995 年，这一比重数字为 10.3%，1997 年提升至 11%，2000 年为 13.5%，2005 年为 17.2%，2007 年进一步提升至 20.09%。14 年间，提升了 9.29 个百分点。

将上述前后 15 年间的变化轨迹对接起来，可以清楚地看到，它恰似一个不完全对称的"V"字形。

问题还有复杂支出。同改革开放之前的情形有所不同，这里所说的财政收入，并非政府收入的全部。即便以有案可查的、由财政部门统一报送人民代表大会的各类预算规模而论，财政收入只是其中的一般预算收入。除此之外，还有与一般预算并列、被称之为"线下"的基金预算收入、债务预算收入、预算外财政专户收入等几个类别的收入。若以政府收入为口径，将上述各种类别的预算收入加总求和，并且，再将游离于预算之外的制度外收入引入视野，政府收入占 GDP 的比重便可能提升至 30% 以上。这个数字，相当于 1978 年的水平。

以此而论，再将上述前后 15 年间的变化轨迹对接起来，不无惊讶地发现，它已经恰似一个完全对称的"V"字形了。换言之，1978—2007 年，在经过了近 30 年的市场化改革历程之后，以中国政府收入占 GDP 的口径而论，我们又回到了改革的起点。

事情并没有到此结束。2008 年，即使在宏观经济形势发生较大变化，税收收入和财政收入增长势头有所回落的情况下，前三个季度的税收收入和财政收入增幅依然分别维持在 24% 和 25.8% 的高水平。照此计算，即便把第四季度增幅还可能进一步下滑的因素考虑在内，全年税收收入和财政收入分别超过 60000 亿元甚至达到更高规模，[①] 已经没有悬念。而且，往前看，如果不出大的意外，或者现行税制不做大的调整，在今后的一个时期，税收收入和财政收入双双超 GDP 增长的局面，依然会与我们相伴而行。这就意味着，我们仍会沿着这个"V"字形右半部的一方轨迹继续前行。

静下心来，面对如此呈现在中国资源配置格局上的"体制复归"景象，我们自然会萌生某种迷惑。在此基础上，再引入当前面临的诸如居民

———————

① 数字来源于人民网，2008 年 10 月 24 日。

可支配收入相对下降、储蓄率偏高、国内消费率偏低等方面的矛盾因素，我们又必然会添增加快解决问题的紧迫之感。

现在看来，在经历了改革开放 30 年变局的今天，我们特别需要重申GDP 的基本平衡式，即 GDP ＝消费＋投资＋政府支出＝消费＋储蓄＋税收。它告诉我们，对于 GDP，可从供给和需求两个侧面来分析。从供给面上，GDP 就是消费＋储蓄＋税收。从需求面上，GDP 就是消费＋投资＋政府支出。在 GDP 既定的条件下，它们相互之间的关系，肯定是此增彼减、此快彼慢、此多彼少的。对于税收收入规模、税收收入增速、税收收入占GDP 比重等问题的讨论，不能离开这个基本平衡式。忘记这个平衡式，对形势的判断就可能出问题，所推出的举措也可能相悖于宏观经济社会政策的取向。

结论 8：税收并非天上掉下来的馅饼。有关税收增速与 GDP 增速之间差额问题的所有根源，都集中在 GDP 的分配格局上。离开 GDP 分配格局这个大道理，单纯地谈论税收增长，都难免片面之嫌。

结论 9：对类似税收增长这样的宏观变量的分析，一定要上升至宏观层面。只有站在关乎政府、企业和居民全局利益的高度，从关乎整个经济社会发展的立场上考虑问题，才有可能真正地贴近现实，也才有可能恰如其分地评估其可能的经济社会影响。

结论 10：将改革开放 30 年间税收收入占 GDP 比重的变化轨迹统统收入眼底，可以发现的一个基本事实是：我们已经到了重新审视社会资源配置格局并重新评估目标取向的时候。

五　税制改革的理由

至少从 2003 年中共十六届三中全会正式提出"分步实施税收制度

改革"的那一天算起，① 我们就开始了为启动新一轮税制改革而鼓与呼的历程。我们总在说，新一轮税制改革迫在眉睫。然而，迄今为止的新一轮税制改革进程，又总是给人以"雷声大，雨点小"的感受。于是，人们肯定要问，新一轮税制改革的理由究竟是否足够充分？

就一般的层面而言，关于税制改革的理由，清晰地认识并把握好如下的事实可能是必要的：

环顾一下身边的世界并审视一下人类社会的发展史，可以发现，税制改革是一个永恒的主题。在包围我们的各种经济制度中，税收制度的变化频率可能是最高的。此其一。

税制改革之所以是一个永恒的主题，税收制度的变化频率之所以最高，其最基本的原因无非在于，税收制度必须植根于当时当地的经济社会环境，必须跟上经济社会环境的变化进程。此其二。

诞生于 1994 年的中国现行税制，至今已经有 15 年的历史了。这 15 年来，虽然免不了修修补补，但基本的格局没有发生大的变化。相比之下，中国经济社会环境所发生的变化，绝对可以用"翻天覆地"来形容。可以说，现行税制与现实的经济社会环境已经发生了偏离。此其三。

在当前的中国，税收制度同其赖以依存的经济社会环境之间的不相匹配现象，已经越来越清晰地呈现在我们面前。若不对税收制度进行与时俱进的调整，税收制度肯定会伤害经济社会发展，甚至产生越来越大的负面影响。此其四。

进入到具体层面，其表现是多方面的，甚至可以拉出一个长长的清单。仅从贯彻落实科学发展观和构建社会主义和谐社会的角度，所能举出的例子，就有如下几条：

---

①　在中共十六届三中全会所通过的《中共中央关于完善社会主义市场经济若干问题的决定》第 20 条款中，税制改革的主要方面，被概括为 8 个项目：改革出口退税制度；统一各类企业税收制度；增值税由生产型改为消费型，将设备投资纳入增值税抵扣范围；完善消费税，适当扩大税基；改进个人所得税，实行综合和分类相结合的个人所得税制；实施城镇建设税费改革，条件具备时对不动产开征统一规范的物业税，相应取消有关收费；在统一税政前提下，赋予地方适当的税政管理权；创造条件逐步实现城乡税制统一。

　　比如，就整个税制体系的布局而言，现行税制的格局是以间接税为主体的。流转税收入占到了全部税收收入的 70% 左右。这样的税制格局，对于有效地取得收入，当然相对有利。但是，对于有效地调节贫富差距，则就不那么有利。这是因为，由诸税种所构成的税制体系就像是一个交响乐队。每个税种的共同任务虽然都是取得收入，但除此之外，每个税种也都有其特殊的角色定位——担负着不同的任务。相对而言，直接税较之间接税，具有更大的调节作用。间接税较之直接税，则具有更大的收入作用。所以，逐步增加直接税并相应减少间接税在整个税收收入中的比重，从而逐步提升中国税收的调节贫富差距的功能并使其同取得收入的功能兼容，应当成为我国税制改革的方向。

　　又如，就直接税的布局来说，目前能够纳入现行直接税体系的，主要是处于流量层面的个人所得税。迄今为止，中国还没有真正意义上的财产税。既有的房产税和城市房地产税，尽管在名义上可以归为财产税，但其设定的纳税人并非着眼于个人。以传统意义上的"单位"作为基本纳税人的这两个税种，自然不是直接税。鉴于人与人之间的贫富差距要通过流量和存量两个层面表现出来，并且，存量是基础性的，在相当程度上决定着流量，尽快开征财产税，结束财产保有层面的无税状态，从而建立起至少在收入和财产两个层面全方位调节贫富差距的直接税税制体系，显然要提上议事日程。

　　再如，就具体税种的制度设计来说，现行的个人所得税，实行的是分类所得税制。表面上是一个税种，但实际上，它是由 11 个类别的个人所得税而构成的。如此的税制格局，其优点是便于源泉扣缴，不易跑冒滴漏，故而收入功能色彩浓重。但缺点是不适合调节收入分配差距需要，故而调节功能色彩淡薄。因为，人与人之间的收入差距，是在加总求和所有来源、所有项目收入的基础上的综合收入差距。将个人所得划分为若干类别、分别就不同类别征税，固然也能起到一些调节作用，但毕竟不全面的，甚至可能挂一漏万。让高收入者比低收入者多纳税并以此调节居民之间的收入分配差距，就要实行综合所得税制——以个人申报为基础，将其所有的所得综合在一起，一并计税。这既是各国个人所得税制历史演变的基本轨迹，也应是中国个人所得税制的改革取向。

　　还如，就税负水平的设计而言，如果说，在 15 年前，我们必须以偏高的"法定税负"水平来实现既定的"实征税负"目标，那么，在 15 年后的今天，随着税务部门征管水平和纳税人诚信水平的逐步提升和"实征税负"与"法定税负"之间距离的迅速拉近，我们已经不再需要留有以往那么大的征管空间了。并且，鉴于中共"十七大"已经提出了"提高居民收入在国民收入分配中的比重"的目标，更鉴于当前的宏观经济形势变局已经到了为企业和居民适当减负的时候，因而，把相对偏高的"法定税负"降下来，从而让中国税收回归与宏观经济环境相契合的正常增长轨道，不仅是十分必要的，也是完全可能的。

　　凡此种种，都可构成全面启动并完成新一轮税制改革的理由。而且，理由也足够充分。留给我们的任务，就是乘势而上，通过与时俱进的税制改革行动，把"十一五"规划已经绘就的新一轮税制改革蓝图付诸实施。

　　结论 11：可以列出的启动新一轮税制改革的理由很多，但最根本的一条就是，现行税制同其所植根的经济社会环境之间发生了偏离。

　　结论 12：瞻前顾后，消除障碍经济社会发展的税制因素，让税收制度跟上经济社会的发展进程，从而使我们收获一个与经济社会发展环境相匹配的税收制度，是当前中国必须尽快完成的一个重要任务。

主要参考文献

高培勇：《税收的宏观视野》，《税务研究》2002 年第 2—3 期。

金人庆：《中国当代税收要论》，人民出版社 1992 年版。

谢旭人：《谢旭人答记者问》，《中国财经报》2006 年 6 月 13 日。

财政部税政司《正确看待税收收入超 GDP 增长》，财政部网站，2008 年 9 月 11 日。

杨斌：《对税收与 GDP 应同步增长理论的质疑》，《税务研究》2008 年第 9 期。

舒启明、刘新利：《税负痛苦指数不能说明实际税负的高低》，国家税务总局网站，2006 年 3 月 9 日。

国家税务总局计划统计司：《增值税征收率变动与金税工程二期效果宏观分析》2005 年。

许善达：　《在中国税收高层论坛 2004 上的演讲》，http：//www. finance. sina. com. cn/roll/

20040424/1551737。

财政部综合计划司：《中国财政统计（1950—1991）》，科学出版社 1994 年版。

《中国统计年鉴（2008）》，中国统计出版社 2008 年版。

（原载《税务研究》2008 年第 11 期）

公共财政：概念界说与演变脉络

一　引言

从 1978 年末的中共十一届三中全会算起，与整体改革如影随形、亦步亦趋的中国财政领域的改革已经走过了 30 个年头。在此期间，无论是在财政学学科建设层面，还是在财政运行实践层面，都发生了十分深刻的变化。对于这些变化，固然可从不同的角度、基于不同的目的去总结和梳理，但是，倘若要从中提炼一个关键词，并以此揭示 30 年来有关中国财政理论与实践的最重要、最实质的发展轨迹，那可能非"公共财政"莫属。与此类似，倘若也试图从中提炼一个关键词，并以此标识未来中国财政理论与实践的最重要、最实质的发展取向，那同样可能非"公共财政"莫属。

事实上，作为一个 30 年来使用频率颇高、对中国经济社会生活影响颇深的"新生"概念，公共财政不仅主导了既有的中国财政学以及中国财政改革与发展进程，也承载了人们对于中国财政学以及中国财政改革与发展前景的期望。可以说，在以往 30 年的时间里，几乎所有的有关中国财政改革与发展的事项，都是在公共财政这条线索上进行的，几乎所有的有关中国财政学学科建设以及其他相关学术问题的讨论，都可以归结到公共财政这条主线上。故而，在我们迎来改革开放 30 周年之际，以具有"牵一发而动全身"之效的公共财政作为基本线索，回顾中国财政学以及中国财政改革与发展的基本脉络，评述当前中国财政学以及中国财政改革与发展的热点、焦点和难点，前瞻中国财政学以及中国财政改革与发展的基本趋势，显然是一个比较恰当的选择。

颇具戏剧性的是，当我们果真循着这条线索来着手上述的回顾、评述和前瞻工作的时候，却不无意外地发现，不仅在财政学术界，而且在财政实践层，迄今为止，公共财政还是一个尚未达成广泛共识并得到明晰论证的概念。正因为如此，对于公共财政的理解和解释，望字、望文生义者，有之；停留于表面现象、做狭隘理解者，也有之；将其同其他相关概念混同起来从而等量齐观者，还有之。

如果只是一般性的研讨、限于学术层面兜圈子，这种五花八门的状态似乎无关宏旨。但若将其推至实践层面，特别是以其作为基本线索而延伸至整个中国财政学学科体系的改造以及中国财政改革与发展蓝图的勾画，则就是一个必须慎重对待并小心求证的事情了。所以，对于公共财政所要表述的经济现象做深入而系统的讨论，从而清晰地界说公共财政的内涵与外延，无论从哪个方面看，都是一项十分重要、非做不可的基础性工作。

上述的背景和目的，构成了本文的出发点和归宿。

二　公共财政概念的由来：一个基本脉络

首先需要对公共财政概念的演变轨迹做一简要的梳理，为本文的讨论搭建一个逻辑平台。

严格说来，对于我们，公共财政并非完全意义上的"新生"概念。仅就新中国而言，早在 20 世纪 50 年代，便曾有学者使用过公共财政或近似的概念（如尹文敬，1953）。但是，作为一个最初的"学术用语"，由限于学界内的咬文嚼字式的讨论进入到决策层视野并伸展为指导财政改革与发展实践的"文件用语"，以至成为植入现实中国经济社会生活之中的"公共语汇"，则是改革开放以后的事情。

以中国改革开放的 30 年为考察区间，在公共财政概念的演变历程中，值得提及的标志性事件，至少有如下几个：

1983 年，由美国经济学家阿图·埃克斯坦所著的 *PUBLIC FINANCE* 中译本出版发行。与以往有所不同，译者对于这一本书书名的处理有点标新立异——将"PUBLIC FINANCE"直译为《公共财政学》（张愚山，1983）。而在此之前，中国财政学界一直是将"PUBLIC FINANCE"等同于"财政学"或"财政"的。在财政学或财政的前面加上"公共"二字，应当说是一个不小的变化。然而，或许是人们当时并未意识到公共财政概念所具有的深刻内涵以及它将对中国经济社会生活带来的深刻变化，这一译法的调整，并未引起财政学术界的足够关注。此后的一段时间，尽管各种经济文献上也曾不时地出现过公共财政以及类似的提法，但从总体说来，人们只是将它视为一种有别于以往的译名调整，而未作多少特别的探究，亦未赋予它什么特殊的意义。此其一。

进入上个世纪 90 年代以后，迫于经济体制转轨以来的财政收支困难的压力，在财政收入占 GDP 比重持续下降且短期内难有较大改观的背景下，财政学术界和实践层越来越倾向于从财政支出规模的压缩上寻求出路（如叶振鹏，1993；安体富、高培勇，1993）。于是，便有了基于压缩支出规模目的而调整支出结构的动作，并有了消除"越位"、补足"缺位"以及纠正"错位"的说法。支出结构的调整牵涉沿袭多年的财政支出模式的变动，总要提出一个不同于以往的带有方向性的目标。恰好，典型市场经济国家财政职能范围相对狭窄的特点与我们旨在通过调整支出结构压缩支出规模的初衷，是相吻合的。而且，在那一时期，人们已经习惯于将公共财政同典型市场经济国家的财政支出格局相提并论，甚至将公共财政作为典型市场经济国家财政的同义语加以使用。因此，以典型市场经济国家的财政体制机制为参照系，公共财政便被人们"借用"于压缩财政支出规模、缓解财政收支困难的实践。此其二。

单纯的调整支出结构而不对收入一翼做同步的变动，至多只能缓解部分的财政困难。为了跳出"跛脚"式调整的局限，从根本上走出财政收支的困难境地，便有了 1994 年的税制改革。作为新中国建立以来规模最大、影响最为深远的那一轮税制改革，其基本的原则，被界定为"统一税法、公平税负、简化税制、合理分权"。这"十六字"原则，在当时的背景下，具有相当的冲击力。因为，它们毕竟是植根于社会主义市场经济体制的土壤，并基于构建适应社会主义市场经济的税制体系的目标而形成的。对于它们，只能按照市场经济的理念加以解释（项怀诚，2002）。故而，在归结其理论基础或思想来源的时候，公共财政的字眼，也不时出现在阐述税制改革问题的有关文献之中。此其三。

　　无论是支出一翼的调整，还是以税制为代表的收入一翼的变动，所涉及的终归只是财政体制机制的局部而非全局。零敲碎打型的局部调整固然重要，但若没有作为一个整体的财政体制机制的重新构造，并将局部的调整纳入整体财政体制机制的框架之中，并不能解决财政困难问题的全部。甚至，不可能真正构建起适应社会主义市场经济的财政体制机制。在当时，人们也发现，能够统领所有的财政改革线索、覆盖所有的财政改革项目的概念，除了公共财政之外，还找不到任何其他别的什么词汇担当此任。于是，以 1998 年 12 月 15 日举行的全国财政工作会议为契机，决策层作出了一个具有划时代意义的重要决定：构建中国的公共财政基本框架（李岚清，1998）。[①] 并且，从那个时候起，作为中国财政改革与发展目标的明确定位，公共财政建设正式进入了政府部门的工作议程。此其四。

　　时隔 5 年之后，在 2003 年 10 月，中共十六届三中全会召开并通过了《中共中央关于完善社会主义市场经济体制若干问题的决定》。在那次会议上以及那份重要文献中，根据公共财政体制框架已经初步建立的判断（李岚清，2003），提出了进一步健全和完善公共财政体制的战略目标。认识到完善的公共财政体制是完善的社会主义市场经济体制的一个重要组成部分，将完善公共财政体制放入完善社会主义市场经济体制的棋盘，从而在两者的密切联系中谋划进一步推进公共财政建设的方案，也就成了题中应有之义。因而可以肯定地说，那次会议给中国的公共财政建设带来了新的契机。此其五。

　　2007 年末召开的中共十七大，在全面总结改革开放的历史进程和宝贵经验的基础上，对我国新时期的经济建设、政治建设、文化建设、社会建设等方面作出了全面部署。在其中，无论是涉及经济建设、政治建设问题的阐释，还是有关文化建设、社会建设图景的描绘，都融入了公共财政的理念，渗透着公共财政的精神，甚至直接使用了公共财政的字眼。特别是关于"围绕推进基本公共服务均等化和主体功能区建设，完善公共财政体系"的表述（胡锦涛，2007），在更广阔的范围内、更深入的层面上标志

---

　　① 在那次会议上，时任中共中央政治局常委、国务院副总理李岚清代表中共中央明确提出"积极创造条件，逐步建立公共财政基本框架"。

着，中国公共财政理论与实践又推进到了一个新的阶段。此其六。

　　进一步考察还可发现，在当前的中国，无论是来自党和政府部门的一系列重要文件，还是学术界围绕有关科学发展观、政府职能格局、公共服务体系与社会事业建设等重大经济社会问题的讨论，甚或是普通百姓茶余饭后闲聊中的改善民生话题，都可以从中找到公共财政的字眼，都已离不开以公共财政为主要线索的相关内容阐释。在某种意义上可以说，中国已经步入全面和全力建设公共财政的时代，可能并非夸张之语。

三　找寻"公共财政"与以往"财政"的区别点：戏剧性的经历

　　从逻辑上说，将"公共"与"财政"连缀在一起，从而形成"公共财政"，肯定有不同于以往"财政"概念的特殊意义。因而，在围绕公共财政而展开的讨论中，一个始终绕不开、躲不过的命题是，"公共财政"与以往"财政"究竟有何不同？

　　基于同样的逻辑推论，"公共财政"当然是将以往"财政"作为改造对象的。也可以说，"公共财政"就是针对以往"财政"而形成的新概念（刘尚希，2000）。问题是，如果说"公共财政"有别于以往"财政"的地方，就在于"公共性"的彰显，那么，以往"财政"肯定带有某种"非公共性"特征。或者，至少在某些方面缺乏"公共性"特征。

　　事实上，不论主观上的认知程度如何，从提出公共财政概念并以此作为改革目标的那一天起，牵涉了我们颇多精力的一项重要工作，就是在"公共财政"与以往"财政"之间找寻区别点。而且，在归结以往"财政"的"非公共性"特征上，曾有过一段颇具戏剧性的经历。

　　最初的时候，包括笔者在内的不少人（如安体富，1999；高培勇，2000）曾把"非公共性"的"非"字当作生产建设支出，从而用财政支出退出生产建设领域来解释公共财政建设。然而，随着时间的推移和实践的进展，人们很快注意到，财政以公共服务领域为主要投向并相应减少生产建设支出，固然符合市场化的改革方向，但减少不等于退出，需要减少的，也只能限于投向竞争性领域的支出那一块儿。政府履行的公共职能，在任何社会形态和任何经济体制下，都不能不包括生产或提供公共设施和基础设施。公共设施和基础设施的生产或提供，肯定属于生产建设支出系列，又肯定不排斥公共性。[①] 故而，在改革过程中，减少财政对生产建设领域的投入固然必要，但让财政支出由此退出生产建设领域，甚至以此作为财政支出结构调整的方向，绝不是公共财政建设的实质内容。

也有许多人（如张馨，1999，2004）把计划经济年代的财政视作"非公共性"的典型，并试图从计划经济财政与市场经济财政的体制差异来揭示公共财政建设的意义，从而认定公共财政是市场经济的产物或适应市场经济的财政类型和模式，直至把公共财政等同于西方财政。[②] 然而，由此出发而放眼整个财政的发展史，且不说前市场经济几千年的人类社会历史长河中，并不乏诸如水利支出、修桥修路支出、赈济支出、祭祀支出甚至军事支出这样的带有公共性质的政府支出项目，即使是在我国计划经济年代以生产建设支出为主导的财政支出格局中，包括城市基础设施、社会福利设施建设在内的许多可归入生产建设系列的支出项目，本身就是典型的"公共性"支出。因而，把市场经济财政等同于公共财政，而将非市场经济财政一概归之于"非"公共财政，不仅不能说明前市场经济下的财政制度及其运行格局，不能说明计划经济体制下的公共性支出项目。而且，也难以厘清作为整个社会管理者的政府部门同其他行为主体的行为动机和行为模式。

还有人对公共财政做了主观臆断式的简化处理。其突出的表现有两极，或是把"公共财政"视作有别于以往"财政"的一个新范畴、新学科，或是将其视作同以往"财政"内涵无异的一个时髦概念。前者将公共财政同以往的财政范畴、财政学学科对立起来，试图将其解释为不同于以往的新范畴、新学科，进而有了所谓"公共财政学"、"公共财政专业"或"公共财政方向"等新的称谓。后者则在未赋予任何实质意义的条件

---

① 不少人对于公共财政的批评，也正是基于或抓住了这一点。
② 其代表性的解释是，公共财政是指在市场经济条件下国家提供公共产品或服务的分配活动或分配关系，是满足社会公共需要的政府收支模式或财政运行机制模式，是与市场经济相适应的一种财政类型，是市场经济国家通行的财政体制和财政制度。

下，把以往使用"财政"二字的地方统统置换为"公共财政"，进而有了所谓"公共财政预算"、"公共财政收入"、"公共财政支出"和"公共财政政策"等新的说法。甚至有人主张将财政部更名为"公共财政部"，将财政厅（局）改名为"公共财政厅（局）"。① 但是，循着如此的线索略加思考便知，无论是把"公共财政"当作新事物，还是把它当作旧概念的翻版，都难以自圆其说。比如，按照前者的逻辑，作为一门新范畴或新学科的起码条件，公共财政要有不同于以往"财政"的新的内涵与外延，新的研究对象或新的研究方法。而这些，并未发生在公共财政身上。"公共财政"的内涵与外延，"公共财政"的研究对象和研究方法，与以往"财政"并无不同。再如，按照后者的逻辑，"公共财政"与以往"财政"概念的替换，便成了没有实质意义的赶时髦或"画蛇添足"之举（陈共，1999）。只要开启电脑的文字处理替换功能，有关公共财政的全部工作，转瞬之间，便可通过"更名"而万事大吉。这当然更不符合事实。所以，上述的两种表现虽位于两个极端，但它们均未触及公共财政的实质内容。在某种程度上，实属对公共财政的误读。

最近的一个时期，在一片关注民生、改善民生的大潮中，又出现了一种关于公共财政的新说法——有人把公共财政等同于民生财政，甚至用财政是否专注于民生事项作为区分"公共性"与"非公共性"的标尺。应当承认，在计划经济年代，我们曾把大量的财政资金投向生产建设，而相对忽略了民生的改善。在由计划经济转入市场经济的过程中，也曾犯过所谓"倒洗澡水连同孩子一同倒掉"的错误，把为数不少的民生事项推给了市场。故而，一路走来，在民生领域积累下了大量的财政欠账。在当前，加大财政对民生事项的投入，强调改善民生的紧迫性，当然是必要的。但是，必须注意到，改善民生并非财政唯一的职能事项。除此之外，诸如国防、外交、环境保护、社会管理等典型的公共事项，都属于财政必须担负的"公共性"职能。当前对民生领域、民生事项的倾斜政策，只是说明，相对于其他的职能事项，这个领域形成了"瓶颈"，要作为重点投入事项

---

① 见之于媒体的类似说法就更多，如"公共财政为师范教育买单"，"公共财政让农村孩子不再失学"，等等。

了。这并不意味着财政的职能事项只是改善民生，更不意味着只有民生事项才是公共性的。所以，顾此失彼，从一个极端走向另一个极端，把当前带有"补偿性"色彩的改善民生举动误读为公共财政的全部内容，既确有片面之嫌，也非公共财政的实质所在。

四　在改革实践中把握公共财政的实质内容

在找寻"公共财政"与以往"财政"区别点过程中遭遇到的困难，实际折射出了中国公共财政问题的特殊性。

从英文译名的改变到被"借用"于财政改革、税制改革的实践，由构建公共财政框架到进一步健全和完善公共财政体制，再到完善公共财政体系，公共财政所走出的这一基本轨迹告诉我们，它并非一个经过严谨论证的纯学术概念，而更多的是改革实践催生的产物。因而，对于公共财政的界说，一定要跳出纯学术思维的局限而延伸至体制转轨的特殊历史背景，在改革历程的系统盘点和深刻把握中加以完成。

认识到公共财政是立足于中国体制转轨的特定历史背景而举起的一面标识改革方向的旗帜，可以得到如下的判断，作为公共财政的改造对象，首当其冲的是传统体制下的财政运行格局。再进一步，以往"财政"的"非公共性"特征，要从传统体制下的财政体制机制中去找寻。

所以，重要的问题是，在过去的 30 年间，或者，在举起公共财政的旗帜之后，中国的财政领域发生了什么样的重大变化？

循着上述的思路，我们的考察拟分两个层面展开：财政运行格局和财政体制机制。两者之间，显然具有因果关系：后者是因，前者是果；后者是一种制度安排，前者是制度运行的结果。

仔细地审视一下改革之前的中国财政运行格局并与其所植根的经济社会背景联系起来，可以将传统体制下的财政运行格局作如下概括：财政收入主要来自于国有部门；财政支出主要投向于国有部门；财政政策倾向于在国有和非国有部门之间搞"区别对待"。

具体来说，在财政收入一翼，1978 年，以全国财政收入为 100%，来源于国有经济单位上缴的利润和税收分别为 51% 和 35.8%，两者合计 86.8%。如果再加上带有准国有性质的所谓集体经济单位的缴款（12.7%），整个财政收入几乎是清一色的国有来源结构（99.5%）。① 因而，可以说，那个时候的财政收入，取的主要是来自国有部门的"自家之财"。

在财政支出一翼，1978 年，以全国财政支出为 100%，其中的 40.2% 用于基本建设支出（形成国有资产）。再加上专门投向国有经济单位的增拨企业流动资金支出（5.9%）、挖潜改造资金和科技三项费用支出（5.6%）、弥补国有企业亏损支出（1%）以及同属于国有部门支出系列的国防费支出（15%）、行政管理费支出（4.4%）、文教科学卫生事业费支出（10.1%）、工交商部门事业费支出（1.6%）和地质勘探费支出（1.79%），等等，花在国有部门身上的钱，便占到了整个财政支出的绝大比重。在那个时候，虽也有用于农业、农村和农民的所谓"三农"支出，但是，且不说它所占的份额极小（6.85%），就连称谓也被贴上了特殊的标签——"支援"农村生产支出。② 因而，可以说，那个时候的财政支出，办的主要是用于国有部门的"自家之事"。

在财政政策取向上，计划经济年代，有关财政政策的基本表述是"区别对待"。所谓"没有区别就没有政策，政策即体现于区别当中"，就是那个时候关于财政政策的典型解释。这种政策运行下来的结果，在税收上，即是私营企业的税负重于集体企业，集体企业的税负又重于国有企业。在财政支出上，即是财政上的钱主要投向于国有部门，非国有部门很少或基本享受不到财政支出的效益。因而，可以说，在那个时候，按照所有制性质的不同，对不同所有制性质的单位和部门给予不同的财政税收待遇，从而把财政政策作为发展和壮大国有经济、削弱以至铲除私有制经济的工具加以使用，是被人们当作一种约定俗成的事情来看

---

① 在那个年代，集体所有制经济单位的许多特征与国有制经济单位无异。故而，往往可以将其视作准国有单位而放入国有部门范畴加以分析。

② 在中国人的语境中，"支援"二字，可以理解为非分内之事：可做可不做，可多做，也可少做。或者，有余力多做，无余力少做。

待的。

　　造成上述格局的深厚制度背景，显然在于那一时期所实行的"二元"经济社会制度。在"二元"的经济社会制度下，作为其重要组成部分的财政体制机制，自然也必须建立在"二元"的基础上——在财政上实行城乡分治和不同所有制分治。故而，"取自家之财，办自家之事"，并在"自家"与"他家"之间搞"区别对待"，也就成为那一时期财政体制机制的不二选择。

　　进一步说，财政体制机制既是"二元"的，它的覆盖范围，肯定是有选择的，而不可能是全面的。它所提供的财政待遇，肯定是有薄有厚的，而不可能是一视同仁的。于是，便形成了同属一国国民、身处同一国土之上并受同一政府管辖，但因财税覆盖程度不同而面对不同财政待遇的不同的区域、不同的企业和不同的居民。

　　如果以覆盖范围以及由此形成的财政待遇差异作为考核的标尺，那么，传统体制下的"二元"财政体制机制的突出特征，便可归结为如下三点：

　　其一，国有制财政。以所有制性质分界，传统体制下的财政收支活动，主要在国有部门系统内部完成。至于非国有部门，则或是游离于财政的覆盖范围之外，或是位于财政覆盖范围的边缘地带。即便有涉及非国有部门的财政收支——特别是财政支出，也往往是小量的，份额偏低的；或仅限于某个特殊领域、某个特殊项目、某个特殊场合或出于某种特殊目的而安排的。

　　其二，城市财政。以城乡分界，传统体制下的财政收支活动，主要在城市区域内部完成。至于广大农村区域，则或是游离于财政的覆盖范围之外，或是位于财政覆盖范围的边缘地带。即便有眷顾到农村区域的财政收支——特别是财政支出，也常常是小量的，份额偏低的；或仅限于某个特殊领域、某个特殊项目、某个特殊场合或出于某种特殊目的而安排的。

　　其三，生产建设财政。以财政支出的性质分界，传统体制下的财政支出活动，主要围绕着生产建设领域而进行。即是说，生产建设性支出是财政支出的大头儿。① 至于非生产性或非建设性的支出项目——其中主要是以改善民生为代表的公共服务性的支出项目，则往往被置于从属地位或位于边缘地带。不仅支出规模小，所占份额低，而且，一旦遇上收不抵支的困难年景，又肯定被率先放入削减之列。②

有选择而非全面的财政覆盖范围，有厚有薄而非一视同仁的财政待遇，专注于生产建设而非整个的公共服务领域，如此的财政体制机制以及作为其结果的财政运行格局，显然不能说是"公共性"的，至少其"公共性"是被打了折扣的。事实上，"国有制财政＋城市财政＋生产建设财政"所凸显的，正是传统体制下的"二元"财政体制机制的"非公共性"特征。换言之，传统体制下的财政体制机制的"非公共性"特征，就集中体现在其覆盖范围的相对狭窄上。或者，就集中体现于它未能全面覆盖到所有的区域、所有的企业和所有的居民，未能一视同仁地对待所有的区域、所有的企业和所有的居民，未能担负起提供完整的公共服务体系的重任。

然而，在经历了近 30 年改革开放的今天，已经呈现出另外一番景象。

在财政收入一翼，2007 年，全国税收收入的来源结构已经是"二八开"：国有经济单位对于税收收入的贡献，从 1978 年的 86.8% 退居到19.2%。即便加上集体经济单位的贡献（1.6%），从而算"纯国有"和"准国有"经济单位的大账，也不过 20.8%。与此同时，包括股份制企业、私营企业、外商投资企业等在内的多种所有制企业以及其他来源的缴纳，占到了 79.2%。并且，来自后一方面缴款份额的增长势头越来越强劲。因而，可以说，我国的财政收入已经呈现多元化的格局，正在由"取自家之财"走向"取众人之财"（参见图 1）。

---

① 可纳入这一类支出的项目，主要包括基本建设支出、挖潜改造和科学技术三项费用支出、增拨国有企业流动资金支出、地质勘探费支出、支援农村生产支出以及工业、交通和商业等部门的事业费支出等。

② 正因为如此，在那一时期，人们将我国的财政称之为"生产建设财政"，而将主要倾向于公共服务支出的典型市场经济国家的财政称之为"吃饭财政"。

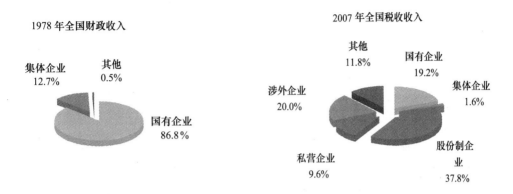

图1　"取自家之财"→"取众人之财"（1978/2007）

资料来源:《中国财政统计（1950—1991）》,科学出版社1992年版;《中国统计年鉴（2007）》,中国统计出版社2007年版;国家税务总局计划统计司相关统计资料。

在财政支出一翼,2006年,列在基本建设支出项下的比重数字,已经由1978年的40.2%下滑至11.33%。若剔除掉当年以发行长期建设国债安排的、非经常性的基础设施建设投资（600亿元）,实际上,基本建设支出项下的份额已不足10%。同时,专门投向于国有经济单位的其他支出份额也呈大幅下降态势。如增拨企业流动资金支出（0.04%）、挖潜改造资金和科技三项费用支出（4.5%）,分别较之1978年下降了5.86和1.1个百分点。相比之下,面向全社会的诸如养老保险基金补贴、国有企业下岗职工基本生活保障补助、城市居民最低生活保障补助、抚恤和社会福利救济费等社会保障支出以及文教科学卫生事业费支出和政策性补贴支出等所占的份额,分别上升至11.25%、18.69%和3.58%。① 因而,可以说,我国的财政支出已经呈现多元化的格局,正在由"办自家之事"走向"办众人之事"（参见图2）。

① 自2007年起,实行了新的财政收支分类。由于新旧分类方法的差异,目前暂无可与1978年口径对比的数据。故而,这里使用的是2006年的数据。

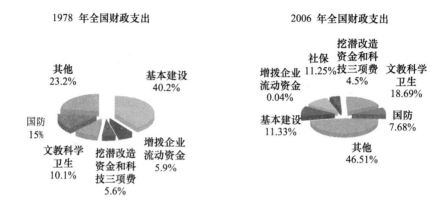

图 2 "办自家之事"→"办众人之事"（1978/2006）

资料来源：同图 1。

在财政政策取向上，当今的中国，"区别对待"早已成为不合时宜的概念。取而代之且具有耳熟能详意味的提法是，"国民待遇"、"无差别待遇"以及"均等化"。无论在税收负担还是在财政支出投向的安排上，一视同仁、无差别地对待所有的区域、所有的企业和所有的居民，并且，让所有的区域、所有的企业和所有的居民享受大致均等的基本公共服务，已经成为广泛共识并逐步深入到财政实践层面。

由"取自家之财"到"取众人之财"，由"办自家之事"到"办众人之事"，由"取自家之财，办自家之事"到"取众人之财，办众人之事"，由在"自家"与"他家"之间搞"区别对待"到在全社会范围内实行"国民待遇"，财政运行格局所呈现的上述这些变化，显然是在体制转轨的背景下发生的。或者说，是在我国的经济社会制度以及财政体制机制由"二元"趋向"一元"的过程中发生的。

仍以覆盖范围以及由此形成的财政待遇差异作为考核的标尺，中国财政体制机制所呈现的突出变化，也可做如下三点的归结：

其一，从国有制财政走向多种所有制财政。财政的覆盖范围不再以所有制分界，而跃出国有部门的局限，延伸至包括国有和非国有在内的多种所有制部门。① 或者说，财政收支活动的立足点，由主要着眼于满足国有部门的需要逐步扩展至着眼于满足整个社会的公共需要。

其二，从城市财政走向城乡一体化财政。财政的覆盖范围不再以城乡分界，而跃出城市区域的局限，延伸至包括城市和农村在内的所有中国疆土和所有社会成员。② 或者说，财政收支活动的覆盖面，由基本限于城市里的企业与居民逐步扩展至包括城市和农村在内的所有企业与居民。

其三，从生产建设财政走向公共服务财政。财政支出的投向不再专注于生产建设事项，而跃出生产建设支出的局限，延伸至包括基础设施建设、社会管理、经济调节和改善民生等所有的公共服务事项。③ 或者说，财政支出的主要投向，由专注于生产建设领域逐步扩展至整个公共服务领域。

说到这里，可以看出，伴随着经济社会体制的转轨进程，中国财政体制机制所发生的变化，集中体现在其覆盖范围的不断拓展上。财政覆盖范围的不断拓展并逐步实行财政的无差别待遇，无疑是其"公共性"逐步增强和日渐彰显的标志。所以，由"国有制财政＋城市财政＋生产建设财政"向"多种所有制财政＋城乡一体化财政＋公共服务财政"的跃升，既是中国财政体制机制在过去30年间所发生的重大变化，也是其在由"非公共性"趋向"公共性"过程中所走出的基本轨迹。

五　公共财政是一种财政制度安排

事情并没有到此结束。随着财政覆盖范围的不断拓展，在中国财政体制机制上，一种更为深刻的变化出现了。

在"国有制财政＋城市财政＋生产建设财政"的背景下，财政收支

---

① 一个突出的例子是城市居民最低生活保障补助制度的设立，当时有一句非常盛行的媒体语言："领取城市低保，不问姓资姓社"。

② 财政管理部门曾对此做了非常形象的表述："公共财政覆盖农村"和"让公共财政的阳光照耀农村大地"。

③ 特别是用于教育、医疗、社会保障、住房、环境保护等民生事项的财政支出，得到了极大加强。

活动所牵动的，主要是国有部门、城市区域，并且，主要围绕生产建设事项而进行。而且，进一步看，在那个时候、那样一种条件下，国有部门大都坐落于城市，在城市中聚集的也主要是国有部门，至于生产建设支出事项，更主要是在国有部门系统内部封闭运行。故而，从所有制看，三个层面高度重叠，财政收支集中表现为国有部门自家院落内的收支。既然是自家的事情，自家的选择，它的运行，即便也有一定的规范，但可以立足于国有部门内部。不必纳入公共轨道，也不必适用立足于整个社会的公共规则和公共理念。

但是，在"多种所有制财政 + 城乡一体化财政 + 公共服务财政"的背景下，财政收支活动所牵动的，是包括国有和非国有在内的多种所有制部门，包括城市和农村在内的所有中国疆土和所有社会成员，并且，要围绕着眼于满足社会公共需要的整个公共服务领域的事项而进行。在这个时候、这样一种条件下，财政收支已经跳出了国有部门的自家院落，而演变成整个社会的收支了。一旦财政收支要在全社会的范围内加以运作，一旦要牵涉全体社会成员的切身利益，作为众人的事情和众人的选择，它就必须纳入公共的轨道，适用立足于整个社会的公共规则和公共理念。

两种覆盖范围的体制机制差异以及由前者向后者的转换过程，把中国财政体制机制带上了一个更加高远、更为广阔的制度变革的平台：改变游戏规则——生成并适用于国有部门内部的旧的"自家"制度规范，为生成并适用于整个社会的新的"公共"制度规范所替代。

事实上，公共财政概念的提出以及围绕其而发生在中国财政领域的重大变化，正是一个制度变革的过程（贾康，2007）。我们在这个旗帜下所做的几乎全部的事情，就在于推进中国财政制度的变革，就在于把中国的财政体制机制带上公共的轨道，按照公共的规则和公共的理念加以运作。

所以，说到底，公共财政是一种财政制度安排。只不过，与以往有所不同，它是一种以满足社会公共需要（而非满足其他别的方面需要）为主旨的财政制度安排；与之相对应，公共财政建设是一场财政制度变革。只不过，与以往有所不同，它是一场以公共化（而非以其他别的什么东西）为取向的财政制度变革。

认识到这一点非常重要。它启示我们，可以以"公共性"归结公共财政的本质特征，以"公共化"来概括中国财政改革与发展的进程和方向，并把中国公共财政建设的实质内容落实在彰显"公共性"的财政制度变革上。

为此，站在制度变革的高度，按照公共的规则、公共的理念，深刻地认识并把握公共财政制度的基本特征，是十分必要的。

这显然需要理论抽象。鉴于中国公共财政问题的特殊性，这种理论抽象的思想来源，要从多方汲取。既要构筑在公共经济学一般原理的基础之上，也要立足于改革开放的实践基础。既要广泛汲取包括典型市场经济国家在内的一切人类社会文明成果，又要植根于中国的基本国情。

将上述的思想来源汇集在一起，并同计划经济年代的情形相对照，可以把公共财政制度的基本特征，归结为如下"三性"：

第一，公共性。

即是说，它以满足整个社会的公共需要——而不是以满足哪一种所有制、哪一类区域、哪一个社会阶层或社会群体的需要，作为界定财政职能的口径。凡不属于或不能纳入社会公共需要领域的事项，财政就不去介入。凡属于或可以纳入社会公共需要领域的事项，财政就必须涉足。[①]

与着眼于满足国有部门、城市区域和生产建设方面需要的传统体制机制有所不同，公共财政制度所着眼于满足的，是整个社会的公共需要。所谓社会公共需要，是在同私人个别需要的比较中加以界定的。即它指的是社会作为一个整体或以整个社会为单位而提出的需要。它非一部分人的需要，也非大多数人的需要，而是所有人的需要。其突出的特征表现，一是它的整体性。也就是，它要由构成一个社会的所有社会成员作为一个整体共同提出，而不是由哪一个或哪一些社会成员单独或分别提出。二是它的集中性。也就是，它要由整个社会集中组织和执行，而不能由哪一个或哪一些社会成员通过各自的活动分别加以组织和执行。三是它的强制性。也就是，它只能依托政治权力、动用强制性的手段，而不能依托个人意

---

① 李岚清（2002）曾将公共财政的功能归结为满足社会公共需要的功能、法制规范的功能和宏观调控的功能，并以"公共性"定义满足社会公共需要的功能，将满足社会公共需要视作公共财政的基本功能。

愿、通过市场交换的行为加以实现。

以此为标尺，可以纳入社会公共需要领域的具有代表性的财政职能事项是：

1. 提供公共服务。① 公共服务是典型的用于满足社会公共需要的载体。之所以要由政府通过财政手段来提供这类服务，主要是因为（1）：它是向整个社会共同生产或提供的。对于这类服务，全体社会成员联合消费，共同受益。即它具有效用的非分割性。（2）一个或一些社会成员享受这些服务，并不排斥、妨碍其他社会成员同时享用，也不会因此减少其他社会成员享受的数量和质量。即它具有消费的非竞争性。（3）它在技术上没有办法将拒绝为其付款的社会成员排除在受益范围之外，任何社会成员也无法用拒绝为此付款的办法将其排除在自身的消费范围之外。即它具有受益的非排他性。无须赘言，具有如此特点的服务，企业不愿也无能力提供，必须由政府通过财政手段担当起提供的责任。国防安全、社会治安、环境保护、公路修建，等等，便是公共服务的突出代表。

2. 调节收入分配。一般而言，决定市场经济条件下的居民收入分配状况的因素，一是每个人所能提供的生产要素（如劳动力、资本、土地等）的数量，另一是这些生产要素在市场上所能获得的价格。由于人们所拥有（或继承）的生产要素的差别，人与人之间的收入分配状况往往高低悬殊，客观上需要社会有一种有助于实现公平目标的再分配机制。在市场机制的框架内，又不存在这样的再分配机制。所以，只有借助于非市场方式——政府以财政手段去调节那些由此而形成的居民收入分配差距，实现收入公平合理分配的社会目标。

3. 实施宏观调控。自发的市场机制并不能自行趋向于经济的稳定增长，相反，由总需求和总供给之间的不协调而导致的经济波动，是经常发生的。为此，需要政府作为市场上的一种经济力量，运用宏观上的经济政策手段有意识地影响、调节经济，保证宏观经济得以平稳、均衡地向前发展。其中，通过不同时期的财政政策的制定和财政实践上的制度性安排，来维系总供给和总需求之间的大致平衡，便是政府所掌握和运用的重要

---

① 完整的表述应是"公共物品和服务"。在现实生活中，往往以"公共服务"作为它的简称。

政策手段之一。

第二,非营利性。

即是说,它以公共利益的极大化——而不是以投资赚钱或追求商务经营利润,作为安排财政收支的出发点和归宿。

与政企不分、全面介入竞争性领域的传统体制机制迥然相异,公共财政制度是立足于非营利性的。这是因为,在市场经济条件下,政府和企业扮演的角色不同,具有根本不同的行为动机和方式。企业,作为经济行为主体,其行为的动机是利润最大化。它要通过参与市场竞争实现谋利的目标;政府,作为社会管理者,其行为的动机不是也不能是取得相应的报偿或赢利,而只能以追求公共利益为己任。其职责只能是通过满足社会公共需要的活动,为市场的有序运转提供必要的制度保证和物质基础。即便在某些特殊情况下,提供公共物品和服务的活动会附带产生一定的数额不等的利润,但其基本的出发点或归宿仍然是满足社会公共需要,而不是营利。表现在财政收支上,那就是,财政收入的取得,要建立在为满足社会公共需要而筹措资金的基础上。财政支出的安排,要始终以满足社会公共需要为宗旨。围绕满足社会公共需要而形成的财政收支,通常只有投入,没有产出(或几乎没有产出)。它的循环轨迹,基本上是"有去无回"的。

之所以如此强调非营利性,除了上述一般理由之外,还有主要出于现实国情的如下几点考虑:

1. 作为社会管理者的政府部门,总要拥有相应的政治权力。拥有政治权力的政府部门,只要进入竞争性领域,追逐赢利,它将很自然地动用政治权力去实现追逐利润的愿望。其结果,很可能会因权钱交易的出现而干扰或破坏市场的正常运行。

2. 一旦政府部门出于营利的目的而作为竞争者进入市场,市场与政府分工的基本规则将会被打乱。由于政企不分,本应着眼于满足社会公共需要的政府行为,很可能异化为追逐商务经营利润的企业行为。其结果,或是政府活动会偏离其追求公共利益的公共性轨道,或是财政资金因用于牟利项目而使社会公共需要的领域出现"缺位"。

3. 只要财政收支超出满足社会公共需要的界限而延伸至竞争性领

域，就免不了对各个经济行为主体的差别待遇。如在财政收支的安排上，对自身出资的企业或项目，给予特殊的优惠。而对非自身出资或对自身出资的企业或项目有可能产生竞争的企业或项目，则给予特殊的歧视。其结果，着眼于满足社会公共需要的财政收支活动，会因厚此薄彼而违背市场正常和正当竞争的公正性，甚至给市场经济的有序发展造成障碍。

第三，规范性。

即是说，它以依法理财——而不是以行政或长官意志，作为财政收支运作的行为规范。

与随意性色彩浓重的传统体制机制相区别，公共财政制度是建立在一系列严格的制度规范基础上的。其根本的原因在于，以满足社会公共需要为基本着眼点的财政收支，同全体社会成员的切身利益息息相关。不仅财政收入要来自于全体社会成员的贡献，财政支出要用于事关全体社会成员福祉的事项，就是财政收支出现差额而带来的成本和效益，最终仍要落到全体社会成员的身上。在如此广泛的范围之内运作的财政收支，牵动着如此众多社会成员的财政收支，当然要建立并遵循严格的制度规范。

就总体而言，这些制度规范至少要包括如下三条：

1. 以法制为基础。即是说，财政收入的方式和数量或财政支出的去向和规模必须建立在法制的基础上，不能想收什么就收什么，想收多少就收多少，或者，想怎么花便怎么花。无论哪一种形式、哪一种性质的收入，都必须先立法，后征收。无论哪一类项目、哪一类性质的支出，都必须依据既有的制度来安排。

2. 全部政府收支进预算。政府预算不仅是政府的年度财政收支计划，还是财政收支活动接受各级人民代表大会和全体社会成员监督的重要途径。通过政府预算的编制、审批、执行和决算，可以使政府的收支行为从头到尾置于各级人民代表大会和全体社会成员的监督之下。这即是说，预算的实质是透明度和公开化，并非简单地将政府收支交由哪一个部门管理或列入哪一类表格反映。由此推演，政府的收入与支出，必须全部置于各级人民代表大会和全体社会成员的监督之下，不允许有不受监督、游离于预算之外的政府收支。

3. 财政税务部门总揽政府收支。也就是，所有的政府收支完全归口于财政税务部门管理——从全体社会成员那里筹措资金，然后，转手供给各个政府职能部门作为活动经费，而不让各个政府职能部门分别向自己的服务或管理对象直接收钱、花钱。这是因为，政府部门之间是有职能分工的。之所以要专门设置一个财政部门管理政府收支，其根本的初衷就在于，割断政府部门的行政、执法同其服务或管理对象之间在"钱"上的直接联系，不让政府部门的行政、执法行为偏离既有法律和政策轨道——以其服务或管理对象是否上缴钱或上缴的钱的多少作为取舍标准，从根本上铲除"以权牟钱、以权换钱"等腐败行为的土壤，使政府部门能在一个规范的制度环境下、以规范的行为履行它的职能。

上述的基本特征，只不过是一个相对完善的公共财政制度的"底线"，而非它的全部。因而，它们是必须做到、非满足不可的基本条件。

六　结论与启示

从本文的讨论中，似可得到如下几个互为关联的结论与启示：

1. 公共财政，与以往"财政"既有共性，也有区别。以纯学术的眼光看待公共财政，它与源远流长、一般意义上的"财政"范畴和"财政学"学科并无不同：无论是否有"公共"二字前缀，财政从来都是指的政府收支或政府收支活动，财政学从来都是关于政府收支或政府收支活动的科学。因而，公共财政并非一个有别于以往"财政"的新范畴、有别于以往"财政学"的新学科。但是，转入实践层面，并以改革的眼光看待公共财政，它与计划经济年代的"财政"又有实质区别：变局部覆盖为全面覆盖，变差别待遇为一视同仁，变专注于生产建设为覆盖整个公共服务领域，变适用国有部门的"自家"规范为适用整个社会的"公共"规范，是其针对传统财政体制机制的主要着力点。因而，公共财政又是一个有别于以往"财政"的财政制度安排。

2. "公共性"是财政这一经济范畴与生俱来的本质属性。这在任何社会形态和任何经济体制下，都概莫能外。有所不同的，只在于其公共性的充分程度以及它的表现形式。无论是称之为"公共财政"也好，还是称之为"财政"也罢，都不意味着其公共属性的任何变化。就此而论，中国的公共财政建设之路，实质是一个让中国财政体制机制回归"公共性"轨道的过程。本着实践—理论—实践的逻辑链条，并注意到传统中国财政学与传统中国财政体制机制之间的彼此关联，还可认定，建构在传统中国财政体制机制基础上的传统中国财政学，同样有一个回归"公共性"轨道的过程。

3. 如果说，曾与我们相伴多年的带有"非公共性"特征的传统财政体制机制，是基于计划经济年代的特殊历史背景而作出的一种特殊安排。那么，提出公共财政的概念并以此标识中国财政改革与发展的方向，可以看作基于体制转轨的特殊历史背景而推出的一种特殊举措。因此，按照公共财政制度的基本要求，在制度层面上全面推进以"公共化"为取向的财政制度变革，从而构建起一个彰显"公共性"特征的财政制度体系。既是公共财政这一经济范畴的应有之义，又是我们在这一特殊历史背景下的应有选择。

4. 在某种意义上，公共财政是在我们学习、借鉴典型市场经济国家适用的财政理论和财政制度过程中进入我们视野的。但是，无论如何，公共财政并非完全意义上的舶来品。从更为宽广的视野看，作为中国财政改革与发展的一面旗帜，公共财政萌生于改革开放的土壤，根植于中国的基本国情，同时汲取了人类社会的一切文明成果。故而，公共经济学的一般原理、改革开放的实践基础、中国的基本国情以及包括典型市场经济国家在内的所有人类社会的有关财政理念、规则和制度安排的成果，共同构成了中国公共财政制度的思想来源。

5. 以公共财政制度的基本特征审视和检验迄今为止的中国财政改革与发展进程，可以看到，尽管我国公共财政制度的框架已经建立，但这个框架还只是初步的。通向完善的公共财政制度之路，还很漫长。要真正步入公共财政制度的新境界，我们还有诸多重要的事情要做。认识到经济市场化与财政公共化系一枚硬币的两个方面，"公共性"又是财政这一经济范畴的与生俱来的本质属性，摆在我们面前的一个十分紧迫的任务是：瞄准公共财政制度的目标并不断向其逼近，从而构建起一个既与完善的社会主义市场经济体制相适应，又与财政的本质属性相通的公共财政制度体系。

6. 公共财政本来就是为了解决中国自身问题的需要而提出的一个富有中国特色的概念。植根于中国的特殊国情，站在理论与实践彼此交融、相互贯穿的高度，以特殊的思维和视角，作出关于公共财政的特殊界说，并且，以此为基础，改造中国财政学学科体系，勾画中国财政改革与发展蓝图，是历史赋予我们这一代人的特殊使命。由此获得的成果，将构成中国特色社会主义理论体系的重要组成部分。

主要参考文献

安体富、高培勇：《社会主义市场经济体制与公共财政的构建》，《财贸经济》1993 年第 4 期。

安体富：《公共财政的实质及其构建》，《当代财经》1999 年第 9 期。

陈共：《关于"公共财政"商榷》，《财贸经济》1999 年第 3 期。

高培勇：《市场经济体制与公共财政框架》，载财政部办公厅、国家税务总局办公厅编《建立稳固、平衡、强大的国家财政——省部级主要领导干部财税专题研讨班讲话汇编》，人民出版社 2000 年版。

胡锦涛：《高举中国特色社会主义伟大旗帜 为夺取全面建设小康社会新胜利而奋斗——在中国共产党第十七次全国代表大会上的报告》，人民出版社 2007 年版。

贾康：《对公共财政的基本认识》，《税务研究》2008 年第 2 期。

李岚清：《深化财税改革，确保明年财税目标实现》，《人民日报》1998 年 12 月 16 日。

李岚清：《健全和完善社会主义市场经济下的公共财政和税收体制》，《人民日报》2003 年 2 月 22 日。

刘尚希：《公共财政：我的一点看法》，《经济管理》2000 年第 5 期。

全国干部培训教材编审指导委员会：《中国公共财政》，人民出版社、党建读物出版社 2006 年版。

项怀诚：《我国公共财政体制框架初步形成》，新华网，2002 年 11 月 21 日。

叶振鹏：《适应社会主义市场经济的要求重构财政职能》，《财政研究》1993 年第 3 期。

尹文敬：《国家财政学》，立信会计图书用品社 1953 年版。

张馨：《公共财政论纲》，经济科学出版社 1999 年版。

张馨：《财政公共化改革：理论创新、制度变革、理念更新》，中国财政经济出版社 2004 年版。

张愚山：《公共财政学》中译本，中国财政经济出版社 1983 年版。

《中华人民共和国国民经济和社会发展第十一个五年规划纲要》，《经济日报》，2006 年 3 月

17 日。

《中共中央关于构建社会主义和谐社会若干重大问题的决定》，《学习与参考》2006 年第
31 期。

中国社会科学院财政与贸易经济研究所：《为中国公共财政建设勾画"路线图"》，中国财政
经济出版社 2007 年版。

（原载《经济研究》2008 年第 12 期）

新一轮税制改革评述：内容、进程与前瞻

引言

0.1　相对于 1994 年的那一轮税制改革，我们把始自 2003 年后期且目前正在推进中的这一轮税制改革，称之为"新一轮税制改革"。

0.2　关于新一轮税制改革的方案，最早可追溯至 2003 年 10 月份召开的中共十六届三中全会。在那次会议所通过的《中共中央关于完善社会主义市场经济若干问题的决定》第 20 条款中，以"分步实施税收制度改革"为标题，税制改革的主要内容被概括为 8 个项目：改革出口退税制度；统一各类企业税收制度；增值税由生产型改为消费型，将设备投资纳入增值税抵扣范围；完善消费税，适当扩大税基；改进个人所得税，实行综合和分类相结合的个人所得税制；实施城镇建设税费改革，条件具备时对不动产开征统一规范的物业税，相应取消有关收费；在统一税政前提下，赋予地方适当的税政管理权；创造条件逐步实现城乡税制统一。

以此为基础，于 2006 年 3 月份举行的十届全国人大四次会议，将"十一五"期间拟议实施的税制改革内容明确为 10 个项目，并写入了《中华人民共和国国民经济和社会发展第十一个五年规划纲要》第 32 章第 2 节：在全国范围内实现增值税由生产型转为消费型；适当调整消费税征收范围，合理调整部分应税品目税负水平和征缴办法；适时开征燃油税；合理调整营业税征税范围和税目；完善出口退税制度；统一各类企业税收制度；实行综合和分类相结合的个人所得税制度；改革房地产税收制度，稳步推行物业税并相应取消有关收费；改革资源税制度；完善城市维护建设税、耕地占用税、印花税。

0.3　在新一轮税制改革分步实施 5 年之后，或者说，在可利用的实施"十一五"新一轮税制改革规划的时间尚余两年之际，于 2008 年末举行的中央经济工作会议，围绕保持经济平稳较快发展这一 2009 年经济工作的首要任务，推出了一揽子的宏观调控新举措。其中，可归入积极财政政策系列并要通过新一轮税制改革加以贯彻的，就是"实行结构性减税"。这意味着，作为一项新的、必须追求的政策目标，结构性减税已经融入既有的新一轮税制改革方案之中，从而给新一轮税制改革注入了新的内容。

有别于一般意义上的减税和以往涉及减税问题的有关表述，结构性减税的特殊意义似可归结为如下三点：其一，它非全面的减税，而是针对特定税种、基于特定目的而实行的税负水平的消减。其二，它非大规模的减税，而是立足于小幅度、小剂量而实行的税负水平的消减。其三，它非净效应为零前提下的"有增有减的结构性调整"，而实实在在的是要实现纳税人实质税负水平的下降和政府税收收入的减少（高培勇，2009）。

0.4　在如此的背景之下，统筹考虑结构性减税的目标和既有的新一轮税制改革方案，以此为基础，依次审视新一轮税制改革的内容、进程并进行前瞻，从而对其做一比较完整而系统的讨论，无论对于确切地把握新一轮税制改革的实质内容，还是对于顺利地推进其改革进程，并走出一条与当前宏观经济社会形势相契合的路子，都可能是必要的。

限于篇幅，本文的讨论，不拟也不可能覆盖新一轮税制改革所涉及的全部内容和所有税种，而仅择其基本层面和主要税种。先后进入本文讨论视野的税种主要有：增值税、企业所得税、个人所得税、燃油税、物业税和遗产税等。

一　增值税

1.1　在新一轮税制改革方案中，增值税的改革方向，被界定为由所谓"生产型"改为"消费型"，简称为"增值税转型"。

生产型和消费型增值税之间的差异，说到底，就是对企业当期购入固定资产所付出的款项，在计征增值税时，是计入征税基数从而准予抵扣，还是不计入征税基数从而不准予抵扣。准予抵扣，即是消费型增值税；不准予抵扣，则是生产型增值税。依此理解，前者系对企业购进固定资产的支出免征增值税，因而体现着对企业固定资产投资的一种激励；后者则对企业购进固定资产的支出照征增值税，因而体现着对企业固定资产投资的一种抑制。

1.2　之所以要做这样的"转型"改革，同我国现行增值税制的诞生背景以及其后发生的变化有关。

众所周知，我国现行增值税制诞生于1994年。在那个时候，通货膨胀和短缺经济，是我们所面对的主要矛盾。财政收入不足、财政收入占GDP比重偏低，也是我们经常挂在嘴边的主要难题。在那样的宏观背景之下所启动的税制改革，能够想到、可以用上的几乎所有的安排，自然要被赋予抑制通胀、约束需求的任务。能够采取、可以实施的几乎所有的办法，也自然要被注入增加财政收入的因素。增值税制的设计，便是其中之一。既然要抑制通胀，要约束需求，对企业固定资产投资就不宜实施激励政策，甚至要实施抑制政策；既然要增加财政收入，要提升财政收入占GDP的比重，增值税的税基选择就宜宽不宜窄。故而，即便增值税的灵魂所在就在于只按企业生产经营中的增值额计税，而对非增值部分准予抵扣，并且，即便世界上通行的增值税税基是相对偏窄的消费型——不含购入固定资产的价值，[①] 但是，出于当时的那样一种特殊背景和特殊的政策考虑，现行增值税税制还是选择了相对较宽的生产型税基——不允许抵扣购入固定资产支出。

然而，随着时间的推移，我国的宏观经济环境发生了十分重大的变化。且不说在过去的十几年中，宏观调控的方向，已经先后经历了由反通货膨胀到反通货紧缩，到反经济过热加反通货膨胀，再到反经济衰退等一系列周期性调整，单就今天的情形而论，至少可以看到，通货膨胀和短缺经济绝对不再是我们所面对的主要矛盾。取而代之的，反倒是全球性金融危机重压下的总需求萎缩和产能过剩。并且，财政收入不足及其占GDP

---

① 在目前实行增值税的国家中，90%以上实行的都是消费型增值税，只有10%的国家实行生产型增值税。

比重的偏低，也肯定不再是我们所须聚焦的主要难题。取而代之的，反倒是持续了十几年之久的财政收入高速增长所带来的国民收入分配格局的逆转之势——居民收入占 GDP 比重的持续下降。故而，当前我们所须追求的目标，是扩大而不是抑制消费和投资需求，是适当调整而不是一味提升财政收入占 GDP 的比重。环境的深刻变化和目标的相应调整意味着，现行增值税制所具有的约束消费和抑制投资倾向，已经成为不合时宜的印记了。于是，就有了对现行增值税制进行"转型"改革的呼声和企盼。也正是在这种日渐强烈的呼声和企盼中，相关政府部门拿出了比较成型的改革方案。

1.3　不过，方案易定，操作难行。作为现实中国的第一大税种，2008 年，增值税收入占到了全部税收收入的 42.5%。①② 有关它的调整和变动，无论对于中国现行税制还是对于整个税收收入而言，绝对具有"牵一发而动全身"之效。更何况，增值税的"转型"过程，也就是其计税基数趋于缩小的过程。在以税率为主的其他要素不变的条件下，这肯定会带来增值税收入的减少。主要出于对财政收入可能因此下滑的担忧，政府在增值税"转型"方案实施问题上的态度，可以用"慎而又慎"来形容。

追溯一下这几年增值税转型改革所走过的历程，便可发现这样一个可能并不出人意料的事实：为了稀释增值税转型的减税效应，政府所拿出的"转型"方案，一再"缩水"。先是将抵扣范围限定在设备投资的范围内，而不允许抵扣房屋、建筑物投资，从而实行的是"打了折扣"的消费型增值税。继而，又对设备投资附加了所谓"增量抵扣"原则——抵扣额度不得超出当年来自该企业的增值税收入增量，从而将"可容忍"的减

---

①　中国的税收收入，目前有两个不同的统计口径：税务部门口径和财政部门口径。计入前者口径的税收收入，包括的是由国家税务局部门和地方税务局部门组织征收的税收收入。计入后者口径的税收收入，除此之外，还包括关税、耕地占用税和契税、出口退税（在预算上作减项处理）等。两者之间的关系可用公式表示如下：财政部门口径税收收入 = 税务部门口径税收收入 + 关税 + 农业税收收入 - 出口退税收入。为了讨论的方便，本文采用的是前一种口径。

②　增值税收入，包括国内增值税收入和进口环节增值税收入两个部分。2008 年，在全部税收收入中，前者占比为 31.3%，后者约占 11.2%（按进口环节税收收入的 87.8% 估算）。二者合计 42.5%。

税规模锁定在当年增值税收入增量的范围内，不致侵蚀既有的增值税收入盘子。

即便是如此缩水的方案，也未敢一下子铺开，而是再追加了一道"保险"：在渐进式改革的旗帜下，把本属"中性税"、不宜于搞差别待遇的增值税，推上了"先试点，后推广"的改革之路。于是，通过把握试点的范围和推广的节奏，"转型"的减税效应，便可由政府根据经济形势和财政收支的具体情形而精确掌控了。

1.4　试点的选择，同实施振兴东北老工业基地的战略决策在时间上恰好相逢。于是，在2004年7月，便有了增值税"转型"方案首先在东北"三省一市"八个行业的试点。这一试，就是整整四年零六个月。

东北地区的试点，进展顺利。按理说，一年之后，便可积累下相应经验而进入向全国推广的进程。但是，满怀希望的人们并没有等来"推广"的号角。于是，只能继续埋头"试"下去。

迈入第四个年头，在中部地区的一再强烈呼吁下，作为给中部崛起战略注入的一项"实际"内容，从2007年7月起，试点范围被扩大至中部地区六省份26个城市的8个行业。

到了第五个年头，作为支持内蒙古东部地区加快发展和支援地震灾区的一项政策安排，2008年7月和8月间，内蒙古东部5个市（盟）和四川地震受灾严重地区又被纳入第三批试点的范围。

在表面上，试点有条不紊，循序渐进，似乎没有脱离既定的轨道。但是，深入一步看，事实上，所谓的"试点"，已经没有了本来的意义，而演变成一种旨在推迟改革进程并等待改革时机的"审慎"之举。这是因为：

（1）先试点、后推广固然是渐进式的中国经济体制改革的一大特色，但是，在迄今为止的30年的改革历程中，从来没有哪一项改革的试点时间拖得如增值税转型改革这般长久。

（2）退一步讲，即便增值税转型改革有着其他改革项目所没有的特殊性或复杂性，以至于需要长时间地甚或反复地试点，那么，根据试点结果对试点方案做相机调整，是一个基本前提。然而，从持续了数年之久的东北地区的试点，到后来的第二批试点，再到第三批试点，"试点"的方案几乎是一成不变的。

（3）严格说来，不论有无振兴老工业基地、促进中部崛起和支持内蒙古东部地区加快发展以及支援地震灾区等方面的政策出台，增值税都要进行转型改革。这意味着，在上述地区的所谓"转型"试点，与其说是增值税"转型"的试点，不如说是上述几个方面的政策"借用"了"转型"试点。

（4）增值税"转型"试点，一再地与各方面政策"联姻"，甚至被反复当作税收优惠来操用，固然可收获短时的政策效应，但所付出的代价是巨大的。不仅会打乱增值税全面完整、相互连贯的征扣税机制并割裂全国统一的大市场。而且，因税制差异而导致的税负不均等，也极易诱发纳税人的偷逃税行为。长达几年的如此成本效益账下的如此操作，既有违"试点"的初衷，也折射出一种困局中的无奈。

1.5　还是时势造英雄。全球性金融危机的迅速蔓延拨快了增值税转型向全国推广的时间表。基于保持经济平稳较快发展系当前压倒一切的首要任务的判断，于2008年11月5日举行的国务院第34次常务会议终于作出决定，从2009年1月1日起，作为实行结构性减税的一项重要内容，在全国范围内实施增值税转型改革。以此为契机，持续了四年零六个月的名不符实的增值税转型改革"试点"宣告完结，而回到其本来意义的"转型"轨道。

既是作为结构性减税的一项重要内容，就要真正舍得"割肉"——实实在在地减税。因而，在宏观经济形势急剧变化条件下向全国推广的增值税转型改革，并未完全维系"试点"方案，而是适当调低了其"缩水"的程度——取消"增量抵扣"，允许全额抵扣。这意味着，在全国范围实施的"转型"，已经把减税效应的凸显放在了优先位置。具体到企业，其可能收获的减税规模高于原"试点"地区。

进一步看，照此测算，这一项减税动作，一年下来，将减少大约1200亿元的税收收入。注意到增值税作为第一大税种的特殊地位，它在全国范围内的"转型"，可说是政府能够拿出的最大的一笔减税单。

1.6　当然，对于增值税转型所带来的减税效应不能做绝对的理解。因为，由生产型转为消费型的增值税，毕竟只是政府推出的一项有利于减轻企业税负、激励企业投资的政策安排，这项政策能否产生实际的效应或者其实际的效应有多大，最终还要取决于企业对这项政策安排的反应。只有企业真的扩大设备投资了，真的着手技术改造了，真的增加投资需求了，增值税转型的减税效应，才能真正"落袋为安"——进入企业的腰包。否则，它便只能是等待人们去抓的"树林子里的鸟"。

1.7　倘若增值税转型的减税效应未能如所期望的那样发挥出来，并且，经济形势的变化需要在税收上采取更有力的扩张措施，那么，在增值税转型改革上可以考虑的选择，便是进一步"割肉"：是将房屋、建筑物投资纳入抵扣范围，允许抵扣全部的固定资产投资，从而实行完全意义上的消费型增值税。事实上，从增值税制的发展规律看，这一步迟早要走。认识到这是一个不可回避的基本趋势，积极创造条件，尽快地迈出这一步，应当成为我们的选项。

除此之外，类如降低增值税税率以及扩大增值税覆盖范围等方面的动作，一方面，考虑到增值税转型的同时即意味着实际税率的下调（马国强，2009），[1] 进一步下调税率的空间已经有限。另一方面，无论是调整增值税税率，还是扩大增值税覆盖范围，都牵涉中央与地方财政之间关系的重大调整，甚至可能颠覆实行了 15 年之久的分税制财政体制的根基。故而，至少在短期内，它们不宜于进入操作视野。不过，从长期看，现在可以着手做的事情，便是在一系列相关制度、措施的配套或联动中，谋划进一步的系统的改革方案。

二　企业所得税

2.1　在新一轮税制改革方案中，企业所得税的改革，被放入"统一各类企业税收制度"的范畴。作为其中最重要的一个税种，它的改革方向，被界定为"两法合并"——将内外资企业分别适用的不同企业所得税制合并为一个统一的企业所得税制。

---

① 按照马国强的测算，税率为 17% 的生产型增值税，大致相当于税率为 23% 的消费型增值税。故由前者向后者的"转型"过程，若不伴随以税率的上调，则意味着实际税率的下降。

从大处着眼，"两法合并"改革的主要目标可归结为实现所谓"四个统一"：统一税法，统一税率，统一税前扣除和统一税收优惠。

2.2   "两法合并"改革的必要性，首先来源于内外资企业之间实际税负水平的巨大差异。据测算，在原有内外资两个企业所得税制分立的条件下，内外资企业所承担的所得税实际负担水平，分别为 24.53% 和 14.89%（财政部，2007）。两者相差，竟达近 10 个百分点。同在中国的土地上从事生产经营活动，两者的实际税负水平差距如此之大，无论从哪个角度讲，都不能再继续下去。

的确，在改革开放初期，尚处幼年、亟待提速的中国经济发展状况，曾经迫使我们不得不以多多益善、饥不择食的心理面对外资。在那一时期，留给我们的税制选择只能是：以极大的税收优惠来吸引外资，以远低于内资的税负安排让利于外资。于是，便有了内外资企业分别适用不同的企业所得税制的特殊安排。但是，在中国经济已经步入迅速发展轨道、国力已经得到稳步提升的今天，我们已经有资格、有条件讲究引进外资的质量和品位了。对于今天的中国经济而言，外资并非是多多益善，不能也不应再饥不择食。到了这个时候，继续维持内外资两个企业所得税制分立的格局，反倒是不合时宜的选择了。

2.3   令人不无意外的是，这样一个至少在表面看来极易达成共识的改革事项，一旦推进到操作层面，却一再地遭遇到一个又一个的障碍。

"两法合并"的核心，在于税负水平的统一。从理论上讲，这至少可以有三种选择：其一，就低不就高，即把内资企业的税负降至外资企业的税负水平；其二，就高不就低，即将外资企业的税负提升至内资企业的税负水平；其三，向中间靠拢，即内资企业降低税负、外资企业增加税负并分别从两头向中间地带合拢。

无须做多少细致的分析，即可看出，第一种选择意味着财政收入的急剧下滑，对于政府而言，除非万不得已，否则，它绝对不是一个可以接受的选择。第二种选择意味着外资企业税负水平的急剧上升，且不说外资企业绝对难以接受，在当今的世界上，它也肯定是大大超出一般税负水平的选择。那么，剩下的便只有第三种选择了。向中间靠拢，无论对于政府的财政承受能力，还是对于企业特别是外资企业的负担能力，都是一个阻力最小的"折中"安排。所以，它肯定要成为最终的选项。

然而，阻力最小并不等于没有阻力。首先进入视野的，是来自外资企业的压力。既然"两法合并"的结果，主要表现为内资企业税负调减而外资企业税负调增，那么，出于既得利益的考虑，外资企业自然要发出质疑之声。即便意识到这是大势所趋，也要设法"拖后腿"——晚一天合并，就多独享一天优惠。于是，便有了所谓"54家在华跨国公司上书国务院反对内外税合并"的事件（王擎，2005）。

外资企业的态度传递到相关的部门和地区，"两法合并"又通过外资企业与这些部门和地区的既得利益有了牵连。认识到吸引外资规模的减少可能会削弱相关部门的政绩，区域性税收优惠格局发生的变化也可能会让相关地区失掉继续独享这种"级差地租"的机会，于是，这些部门和地区联起手来，以"两法合并"会对引进外资产生负面影响为由，发出了比外资企业更为强烈的反对声浪。

在主要来自一部分外资企业和相关部门、相关地区的一片质疑和反对声中，政府也有自身的担心。企业所得税，毕竟是现实中国的第二大税种。在2008年，来自它的收入占到了全部税收收入的21.1%。鉴于财政收入可能因这项将主要给内资企业带来减负效应的改革而相应减少，从而影响到日渐增加的财政支出需要，所以，在推进"两法合并"问题上，政府的态度也并非特别坚决。

2.4 作为一个颇具戏剧性的结果，就在方方面面为"两法合并"而呐喊、而谋划、而多方论证的热切企盼中，这项改革的启动却一再地拖延下来。

按照最初的计划，"两法合并"方案应在2005年3月提交全国人民代表大会审议，并于次年1月1日实施。计划落空之后，又把希望寄托于2006年的全国人民代表大会，并从2007年1月1日起实施，结果又是落空。直到2007年3月，在经过了为期几年且异常艰辛的反复周折和较量之后，"两法合并"方案才得以破冰而出——提交十届全国人大五次会议审议并获高票通过。从而，在2008年1月1日，才有了统一的新的企业所得税法的正式实施。

在此还要提及另外一件事。"两法合并"改革受阻所带来的，并不限于企业所得税一个税种。一个更为复杂的事实是，它也直接拖延了增值税转型改革的进程。这是因为，增值税的转型改革，主要表现为税基的缩减。因而在总体上，它是一种给纳税人减负的改革。而且，它是一种具有普惠性的、几乎所有的纳税人都受益的改革。与之有所不同，"两法合并"的改革，主要表现为内资企业税负调减而外资企业税负调增。因而至少在表象上，它是一种使一部分纳税人受益而让另一部分纳税人受损的改革。为了化解可能的阻力、顺利推进改革，一个既有效又少副作用的选择，就是将增值税转型和"两法合并"改革一并推出，捆绑上市。那样做的话，两个税种改革所带来的税负增减效应相抵，从而极大地缓解"两法合并"改革可能遇到的阻力。这就是说，"两法合并"改革的一再受阻以及等待两者"捆绑上市"的战略考虑，是造成增值税转型改革"试点"持续了四年零六个月之久的一个重要原因。也正是由于"两法合并"得以破冰而出，才最终铺平了增值税转型改革向全国推广的道路。

2.5 时至今日，从2008年开始实施的新的企业所得税法，已经运行1年。尽管在其启动之时，并未有如今这样的全球性金融危机的重压，也未有结构性减税政策目标的出台，但作为一项以减税为主要取向和最终结果的改革，起码在时间上，它所具有的减税效应的释放与宏观经济形势的急剧变化恰好相遇，从而成为企业所收到的第一笔且实实在在的减税单。所以，从实际内容看，它也属于结构性减税的重要安排之一。

具体到"两法合并"的减税规模，根据最初的测算，在新的企业所得税法下，内资企业将减少所得税1300亿元，外资企业则增加400亿元，两者相抵，实际减少税收收入900亿元。这种效应，肯定要在2009年乃至以后的年份继续释放。

三 个人所得税

3.1 在新一轮税制改革方案中，个人所得税的改革方向被界定为"综合与分类相结合"——将现行的"分类所得税制"改为实行综合和分类相结合的"混合所得税制"。

顾名思义，个人所得税是对个人所得征收的税收。但现实中的个人所得，是可以分成若干类别的。对于不同类别的个人所得，可以区分不同项目分类征税，也可以将各种项目加总求和综合征税，还可以将分类征税和综合征税的办法混合在一起征税。相应的，个人所得税的类型被区分为分类所得税制、综合所得税制和混合所得税制。

3.2　现行个人所得税制之所以需要改革，同个人所得税的功能定位以及现行分类所得税制的运行格局直接相关。

由诸税种所构成的税制体系就像是一个交响乐队。每个税种的共同任务虽然都是取得收入，但除此之外，每个税种也都有其特殊的功能定位——担负着不同的任务。具体到个人所得税，除了一般性的取得收入任务之外，它所担负的特殊任务，就是调节居民间的收入分配差距。而且，相对而言，至少就当前中国的经济社会发展情势看，后一方面的功能更趋重要。作为政府手中掌握的一种最重要的调节收入分配的手段，个人所得税制改革的主要目标，当然要锁定在如何有效地调节居民收入的分配差距上。

我国现行的个人所得税，实行的是分类所得税制。列入个人所得税的征税项目一共有11个：工资薪金所得、个体工商户生产经营所得、企事业单位承包（承租）经营所得、劳务报酬所得、稿酬所得、特许权使用费所得、利息（股息、红利）所得、财产租赁所得、财产转让所得、偶然所得和其他所得等。对于上述不同类别的所得，采取的是不同的计征办法、适用的是不同的税率表格。故而，表面上个人所得税是一个税种，实际上它是由11个类别的个人所得税构成的。

将个人所得税的功能定位与其现实的运行格局相对接，可以发现的一个基本事实是，现行的分类所得税制不那么适合调节收入分配差距的需要。道理非常简单，人与人之间的收入差距，是一种综合而非分项的收入差距。将个人所得划分为若干类别、分别就不同类别征税的办法，固然便于源泉扣缴，不易跑冒滴漏，也能起到一些调节收入差距的作用，但是，在缺乏综合收入口径基础上实现的调节，毕竟是不全面的，甚至可能是挂一漏万的。让高收入者比低收入者多纳税并以此调节居民之间的收入分配差距，就要实行综合所得税制——以个人申报为基础，将其所有来源、所有项目的收入加总求和，一并计税。这既是各国个人所得税制历史演变的基本轨迹，也自然是我国个人所得税的改革方向。

3.3   从 2006 年起至今，以"小步微调"为特征，在改革的旗帜下，现行个人所得税的调整大致围绕着如下三个线索而展开：其一，提高工资薪金所得减除费用标准，由原来的 800 元，先后提升至 1600 元、2000 元；其二，对年收入超过 12 万，或者在两处或两处以上取得工资薪金收入、在境外取得收入以及取得应税收入但无扣缴义务人的纳税人，实行自行办理个人所得税纳税申报；其三，减低乃至暂免征收利息所得税，先是将税率由 20% 调减至 5%，后来又暂时免征。

从总体上说，在这几个线索上所进行的调整，虽然有助于个人所得税既定改革目标的实现，但深入其实质层面和具体环节，便会发现，迄今为止的改革实绩，却是难以令人满意的。

3.4   根据经济社会的发展状况和消费品物价指数的变化，对个人所得税的减除费用标准作相应调整，是符合国际通例的一种常规举措。在我国，从长远说，这种调整还应纳入制度化轨道，让减除费用标准处于与时俱进的状态。

不过，应当看到，本来意义的减除费用标准，是建立在纳税人的综合所得而非某一单项所得的基础上的。工薪所得减除费用标准，显然只不过涉及了个人所得的第一个类别——工薪所得。其他的个人所得类别，并没有进入这次的调整视野。即便在工薪所得的范围内，除了减除费用标准之外的其他诸如税率结构、税率水平、纳税人身份界定、征税所得范围界定等一系列同纳税人工薪所得税负关系重大的因素，也未随之变动。所以，固然工薪所得是多数纳税人的一个最重要所得来源，工薪所得视野下的减除费用标准也事关多数纳税人的基本生计认定，但无论如何，从改革的方向着眼，它的调整，终归是局部性的，动作不大，涉及因素不多，并非牵动全局的整体改革。

3.5   在分类所得税制的基础上"嫁接"综合申报制，让一部分高收入纳税人按照综合所得税制的口径，合并计算其各类应税收入并自行办理个人所得税纳税申报，绝对是一种具有开先河意义的举动。从积极层面讲，它既开启了个人所得税迈向综合制的大门，也是未来的综合与分类相结合个人所得税制的"试验"或"预演"。但是，换一个角度，也须看到，主要源于"分类计税"与"综合申报"之间的内在矛盾冲突，这种自行申报办法有着"先天的硬伤"，绝非长久之计，不宜长期实行。比如：

（1）"分类计税"加"综合申报"的"双轨制"运行格局，把个人所得税带入了计税、缴税和自行报税互不搭界、各行其道的尴尬境地：一方面，纳税人的应纳税款，仍然由各类收入的支付人或扣缴义务人代为计算、代为扣缴；另一方面，除非有无扣缴义务人或扣缴不实的收入项目，否则，纳税人按综合口径自行归集并申报的收入和纳税信息，又不作为重新核定税款并实行汇算清缴的依据。两个渠道的彼此脱节，至少在形式上，使得自行申报表现为附加于纳税人身上的一种额外且无效的负担。因而，纳税人自行申报的积极性不高甚至基本没有积极性，在所难免。

（2）在我国现行的收入分配制度尚待规范的条件下，即便收入来源单一、只有工资薪金收入的纳税人，除非具有每笔收入即时记录的习惯并具有区分那一项收入计税、那一项收入免税的技能，否则，很难确切地说清其每月、每年的收入水平究竟为多少，更难以通过某一个月的收入推算全年的收入。对于收入来源多元化的纳税人，情况就更为复杂：从多种来源取得了收入，又在多个环节被代扣代缴了税款，不同收入项目的计税规定也极为不同，加之收入项目与水平的频繁变化，其在年收入汇算以及收入信息归集上可能遇到的麻烦和周折，更是可想而知。

（3）在实行与分类所得税制相配套的代扣代缴制度下，不论是哪一项目的收入，纳税人在每月或在每个收入环节实际拿到手的，都是完税之后的税后收入。按照规定，纳税人要自行申报的收入，则是税前的收入而非税后的收入。将税后的收入还原为税前的收入，特别是将在多个环节、多个来源取得的各个项目的收入逐一分项还原为税前的收入，并且，将各项税前收入及其应纳税额、已缴税额加以汇集并分别申报，对于涉及自行申报的纳税人，显然是一个不可跨越的难题。

（4）主要源于上述原因，在现实背景下实行的自行申报，既难以保证纳税人自身申报信息的准确性，也必然导致纳税人申报信息与收入支付人或扣缴义务人报送信息的非一致性。建构在如此信息基础上的纳税申报表，又附有须由纳税人签字的诸如"我确信，它是真实的、可靠的、完整的"的声明。其结果，事实上，无论是涉及自行申报的纳税人，还是为其代行申报的收入支付人或扣缴义务人，都被推上了一个诚信风险的平台。

3.6   作为个人所得的一个正常项目，将存款利息所得计入个人所得税的征税范围，既无可厚非，也是国际的通例。在我国的历史上，尽管从未将存款利息所得排除于征税视野，但征征停停、几经反复，确是不争的事实。作为一个必然的现象，一方面，人们习惯于将存款利息所得同其他的所得项目区别开来并另眼相看，甚至对于为此缴税抱有强烈的疑义。另一方面，在政府眼里，虽不能说可有可无，但相对于其他税种，存款利息所得从来不是一个稳定且有分量的税源。[①] 一旦遇有变故，它便往往是一块儿首选的可以割舍的"肉"。可以说，上述的背景，在相当程度上决定了我国存款利息所得税的坎坷命运。

一旦走出局部均衡分析的思维局限，而将其放置宏观层面做一般均衡分析的时候，便不难看到，面对取消利息所得税的一片呼吁之声，无论是调减它的适用税率，还是作出暂免征收的决定，其实都并非适当的选择。

主张取消利息所得税的基本理由，大都定位在了"利息所得税触及最多的是中低收入者的利益"。我们当然要承认，在银行储蓄存款人中，中低收入者占到了绝大比重。对存款利息所得的征税，就其所涉及的存款人数计，广大的中低收入者是纳税人的主体。而且，与高收入者的储蓄目的有所不同，中低收入者的储蓄，主要是应付养老、医疗、子女教育、购房等基本民生项目的需要。对本来就屈指可数的中低收入者手中的存款利息所得征税，基本民生项目显然是主要的税负归宿。照此逻辑推论，取消利息所得税，无疑是必要的。但是，转换一下思维方式，也可得到另外一番判断。一种虽未经明晰论证但得到人们广泛认同的说法是，20% 的高收入者持有银行系统 80% 的存款，或者，80% 的中低收入者只持有银行系统 20% 的存款。对存款利息所得免税，就其所涉及的存款数额计，高收入者又是最大的受惠群体。而且，不同于中低收入者的储蓄目的，高收

---

①   以调低税率之前的 2006 年为例，在当年总额为 37636 亿元的税收收入中，来自利息税的收入不过 459 亿元，占比不足 1.2%。

入者的储蓄主要是投资行为。对存款利息所得免税，事实上就是对高收入者的投资收益免税，这又无异于使高收入者的投资收益"锦上添花"，从而坐收"渔翁"之利。

取消利息所得税的另一个重要理由，是给中低收入者减负。的确，对存款利息所得的征税，是施加于包括中低收入者在内的所有存款人身上的一笔不能算轻的税收负担。但是，粗略地算算账，事情似又不是那么简单。所有的税收，不论税种如何，纳税人怎样，最终都是要落在全体消费者身上的。唯一有所区别的是，直接税的归宿易于把握；间接税的归宿，则不大易于认知。前面说过，利息所得税从来不是一个稳定且有分量的税源，且不说它绝大部分归宿是持有存款数额多的高收入者，即便把它全部计在中低收入者身上，也只不过是其所承受的税收负担的一个小头儿。如果确实要给中低收入者减税，那么，最好且收效最大的选择，应当是减少那些收入更多、占比更高的税种，如增值税、消费税和营业税。

3.7　就个人所得税的改革进程说了上述那么一大段话，无非想说明：这些调整动作，都未真正触及改革的实质内容和中心环节。要在个人所得税改革上取得突破性的进展，不能满足于"小步微调"，还得下大决心，着眼于做"大手术"：瞄准"综合和分类相结合的个人所得税制"改革目标，采取实质性的举措，尽快增大综合计征的分量，加速奠定实行综合计征的基础。

可行的选择是：除一部分以个人存款利息所得为代表的特殊收入项目继续实行分类所得税制之外，将其余的收入统统纳入综合所得税制的覆盖范围。以此为契机，在整体上构建一个适应有效调节收入分配差距需要的现代个人所得税制格局。

兼顾各方面的需要与可能，它似应成为"十一五"时期必须完成的一项重要任务。

3.8　说到这里，似有必要回应一下当前关于进一步提高工薪所得减除费用标准的声浪。在结构性减税的政策目标形成前后，包括一部分学者和普通百姓在内的不少人，或主张，或要求，将既有的2000元工薪所得减除费用标准提高至3000元、5000元、8000元甚至10000元以上（辛华，2008）。

应当说，从提高居民收入水平和拉动最终消费需求的目的出发，极大地减轻中低收入者的个人所得税负担，不仅是必要的，也是可能的。但是，瞻前顾后，综合考虑，提高工薪所得减除费用标准，可能并非唯一、更非决定性的办法。

（1）提高工薪所得减除费用标准，固然可收减轻工薪所得者个人所得税负担之效，但以当前我国居民收入水平分布状况的格局而论，在既有2000 元基础上的上调，尤其是较大幅度的上调，受惠于减税的主要群体，可能并非中低收入者，而是高收入者。

（2）在现行个人所得税制的框架内，工薪所得减除费用标准所提供的，只能是"一刀切"式的标准化待遇。这就意味着，它一旦获得提升，便会统一适用于包括中低收入者和高收入者在内的所有工薪所得者。相对而言，在当前的情势下，最需解决也是纳税人呼声最高的问题，则在于实现个人所得税的"个性化"处理——在综合计量纳税人收入水平和负担状况的基础上，根据不同收入群体、甚至同一收入群体在不同年间的不同负担状况，实施差别待遇。

（3）前面说过，工薪所得减除费用标准的调整，所涉及的，只是个人收入的其中一个项目，而非全部。然而，着眼于减轻中低收入者的负担也好，旨在调节居民之间的收入水平也罢，都要寄托于全面而非局部的个人所得税改革。

所以，看起来，围绕个人所得税改革的几乎所有的问题，还是要在"综合和分类相结合的个人所得税制"的框架内加以解决。

四　燃油税

4.1　在新一轮税制改革方案中，有关燃油税改革的提法是"适时开征燃油税"。

大约从 20 世纪 90 年代中后期开始，在"费改税"的浪潮中，以开征燃油税的办法替代交通维护和建设系列的公路养路费、公路客货运附加费、公路运输管理费、航道养护费、水路运输管理费、水运客货运附加费以及地方用于公路、水路、城市道路维护和建设方面的部分收费，便成为一个重要的改革议题。然而，它所取得的进展却一再让人们大跌眼镜。

每当岁末年初，无论是相关政府部门，还是普通百姓，都会随公路养路费集中缴纳期的到来而经历一次围绕燃油税开征与否的"备战"或"猜测"高潮。高潮过后，便是对燃油税"胎死腹中"的迷茫。这时，又总是会听到将"择机"开征燃油税的预告。就是在这样一种"择机"、"流产"、"再择机"、"再流产"的反复周折中，这一议题伴随我们度过了十几年之久的时光。也正是出于燃油税开征时间表把握上的困难，才有了所谓"适时开征"的表述。

4.2 如此漫长的"择机"、"流产"过程，不能不迫使我们静下心来思考一个带有根本性的问题：在中国开征燃油税究竟是为了什么？

细究起来，之所以会在 20 世纪 90 年代中后期萌发开征燃油税的需求，是因为，在那一时期，来自政府部门的非规范性收入行为盛行并招致了社会各界的一片声讨。政府部门的非规范性收入行为，又集中体现在围绕公路使用行为的"乱收费"上。在当时，治理"乱收费"的希望，被普遍寄托于"费改税"——通过将五花八门的政府收费改为征税，实现规范政府收入行为及其机制的目标。正是在如此的背景之下，全国人民代表大会先是在 1997 年通过《公路法》并首次提出以"燃油附加费"替代养路费，接着，又于 1999 年通过了《公路法》修正案，规定政府可以采取征税办法筹集公路的养护资金。从而，为在中国开征燃油税并以燃油税替代公路养路费等相关收费，打开了通道。

4.3 不过，有必要开征燃油税是一回事，选择开征怎样的燃油税又是另一回事。所谓燃油税，顾名思义，就是以燃油或燃气为课税对象的税。但综观全球，我们看到，在当今世界上，普遍征收的、可称作燃油税的税种，根据其收入用途以及由此决定的其他方面特征的不同，大致可区分为两类：

一是作为一般性收入，可统筹安排于各项政府支出。其基本的目的，在于以燃油税的形式为政府取得收入或为政府提供实施调节的政策手段。故而，它的制度设计，虽要在总体上贯彻"取之于民、用之于民"的理念，但无须在纳税人和受益人之间实现具有"直接对应"关系的收支挂钩。

另一是作为专项收入，要专款专用于公路的维修或建设支出。其基本的目的，则在于以燃油税的名义为政府的公路维护或建设支出项目融资。相应的，它的制度设计，要围绕公路的维护或建设贯彻"取之于路、用之于路"或"谁用路、谁掏钱"的理念，而必须在纳税人和受益人之间实现具有"直接对应"关系的收支挂钩。

由此观之，前一类所瞄准的，是燃油或燃气的生产、销售或零售的数额或数量，意在实现同其他税种基本无异的目标，因而是"名"、"实"相符的燃油税。后一类所瞄准的，则是政府的公路维护或建设支出规模，意在实现有别于其他税种的特殊目标，因而是"名"为燃油税、"实"为养路或修路费。

注意到上述的区别，可以立刻发现，前一类燃油税，事实上，已经存在于我国现行的税制体系之中。现行的消费税，共包括 14 个税目。其中的第 6 个税目，即为成品油。在成品油下，又分别列举有汽油、柴油、石脑油、溶剂油、润滑油、燃料油和航空煤油 7 个种类。对这些油类产品征收的税，无疑就是燃油税，或至少具有燃油税性质。只不过，它未作为一个单独设置的税种而存在，而是作为一个税目和其他类似的税目组合在一起，融入于由多个税目组成的消费税之中了。显然，这样的燃油税，在我国并不存在"开征"的问题。我们所谋求的，也并非要将这样的税目从消费税中独立出来，而升格为一个税种。后一类，才是我国现行税制体系中没有的，也是我们一直谋求"开征"的燃油税。

4.4　问题的复杂性在于，时过境迁，当我们操用上述思维仔细地审视现实的经济社会环境的时候，却不无意外地发现，开征后一类燃油税并以其替代公路养路费等相关收费的必要性，已经逐步褪去。

开征后一类燃油税的选择，同人们对于政府收费的最初认识不无关联。那时的收费，多系政府部门自立规章的产物，并作为自收自支的财源，直接装入其"小金库"。在那样一种情形下，收费常与"乱"字相连，甚至被贴上"乱收费"标签。因而，人们很容易在收费和非规范性收入之间画等号。这种认识，同"依法而征"的税收的各种规范性特征联系起来，便有了以"税"的形式去规范"费"的内容亦即所谓"费改税"的政策思维。从而，才有了将围绕公路使用行为的各种"收费"改为"征税"，并由此将其纳入规范性轨道的改革方案和相关实践。

十几年过后，经过了"费改税"以及后来改称为"税费改革"实践的洗礼，在"乱收费"势头得到极大控制的同时，人们对于政府收费的认识也获得了极大的提升。在今天，即便是不具多少经济学知识的普通百姓都懂得，无论是收费，还是征税，都要建立在依法（规）收取或征收的基础上。在收费与税收之间，仅有形式上的不同，并无规范性的差异。以往表现在收费上的种种弊端，错不在收费本身，而在于因政府收入行为及其机制不规范而导致了"乱"收费。具体到围绕公路使用行为的各种收费，只要是依法（规）而收，只要将其纳入了规范化轨道，只要铲除了其可能"乱"收的土壤，它（们）便同可以作为其替代物的燃油税没什么两样。

4.5　关于收费的认识和实践进入到这一层次，治理"乱收费"，也就并非只有"费改税"一条道可走了。再进一步，在此基础上，即便融入其他方面的政策目标——如节能减排，从而实现"治乱"与"节能减排"等政策目标的叠加，并将其间的利弊得失一并计算在内，那么，可以选择的改革举措，至少有如下三种：

上策："规范养路费"和"调整消费税"并举。在公路养路费等相关收费的基础上强化制度规范，通过将公路养路费等相关收费纳入法制框架，彻底铲除滋生各种非规范性政府收入行为的土壤，以求治"乱"——治理"乱收费"。在现行消费税的框架内融入新的政策目标，通过调整现行消费税的税目、税率或计税方式，提高汽油、柴油等成品油的税负水平，以求节"能"和治"污"——节约资源耗费和减少环境污染。

中策："取消养路费"和"调整消费税"联动。在取消公路养路费等相关收费的同时，在现行消费税的框架内，通过提高其中的汽油、柴油等成品油的单位税额，将来自原有公路养路费等相关收费的收入转换为现行消费税的收入，从而实现原有公路养路费等相关收费与现行消费税的"对应调整"。

下策："取消养路费"和"开征燃油税"兼施。即维持十几年前的改革设想，在对燃油税的定位不准、对于费税之间的界限不清的情况下，取消公路养路费等相关收费，同时开征新的燃油税，并通过将来自原有公路养路费等相关收费的收入转换为新的燃油税收入，从而实现原有公路养路费等相关收费与燃油税的"对应调整"。

可以看出，在燃油税问题上，出于种种方面的考虑和权衡，从 2009年 1 月 1 日起，我国以"成品油价税费改革"名义而实施的改革（史耀斌，2009），所选择的是一种"中策"举措。

就长期趋势论，随着时间的推移和各方面效应的逐步显现，这项改革还将面临进一步的调整任务。其基本的选择可能是：在既有"中策"的基础上，引入"上策"因素，寻求上、中策举措的适当融合。

五　物业税

5.1　在新一轮税制改革方案中，牵涉物业税的表述，是"对不动产开征统一规范的物业税，相应取消有关收费"。

注意到物业税不过是房地产税的另一种称谓，可以发现，尽管使用的是"开征"二字，但至少在概念层面上，物业税并非一个新的税种。在现行的中国税制体系中，就有分别适用于内外资企业的房产税和城市房地产税（石坚，2008）。故而，从表面看，物业税不过是对现行房产税和城市房地产税的一种归并整合。但是，深入一步分析，在实质层面上，物业税与房产税和城市房地产税可有着非同一般的差异。

5.2　现行的房产税和城市房地产税，分别实施于 1986 年和 1951 年。稍微了解一点中国历史背景的人们都知道，在这两个税种的诞生之日，对中国居民个人整体而言，显然是基本不拥有什么房产或房地产的。在那样的条件下，虽然这两个税种的计税依据都是房产价值或房产租金收入，也都未把居民个人排除在纳税人系列之外，但是，它们的主要着眼点，还是企业所拥有的房产或房地产。这两个税种的纳税主体，也主要是内外资企业。因而，尽管在名义上将其称之为房产税或房地产税，也都在理论上将其放入了财产税的系列，但无论如何，凭借税收常识可以认定的一个基本事实是，只要不是直接针对自然人居民的课税，只要不是以居民个人所拥有的房产或房地产作为主要的课税对象，它们便不属于真正意义上的直接税。自然，也不能算作实实在在的财产税（吴俊培，2004）。

　　与之有所不同，拟议开征的物业税，则是以我国住房制度发生了根本性变革、广大的中国居民个人成为房产或房地产的实际拥有者为前提的。故而，从谋划物业税开征的那一天起，它所锁定的纳税人主体便是居民个人而非企业，它所聚焦的主要课税对象便是居民个人所拥有而非企业所拥有的房产或房地产。就此意义说，物业税是真正意义上的直接税，也是实实在在的财产税。正因为如此，在当前的中国，物业税的字眼以及围绕它而引发的讨论，颇为扣人心弦。

　　5.3　不过，尽管各路媒体上一再地出现有关物业税试点甚至正式开征的传言，尽管相关政府部门也一直在苦苦地探索开征物业税的制度安排，但时至今日，在我们看来，物业税的开征仍然遥遥无期。

　　仔细想来，在物业税的开征问题上之所以会有如此的结果，固然与其牵动的利益面异常广大、房地产价值的评估比较复杂、直接税的征管机制尚不成熟等一系列因素有关，但一个更加重要而深刻且极易看漏的原因可能在于：我们始终未能给开征物业税找到适当的理由。

　　说来有趣，当物业税的字眼在2003年末进入人们视野的时候，我们恰好步入新一轮的经济扩张期。由房地产投资热所带动的经济过热成为主要的防范对象。为了抑制过热的房地产投资，为了把房地产市场价格涨势降下来，政府动用了几乎所有可以动用的手段。于是，物业税被"附加"了控制房地产市场价格的功能，而进入到不少人"臆想"中的操作清单（马克和，2004）。但是，房地产的价格毕竟不是一个税收问题，在财产保有环节课征的物业税又难以对流通环节施加直接的影响。所以，尽管前几年房地产价格的涨势令人忧心忡忡，它最终未能成为开征物业税的适当理由。

　　另一关于开征物业税的说法，是给地方政府寻找主体税种（贾康，2005）。在从1994年实施的现行税制格局中，尚无归地方政府专享的主体税种。本着分税制体制的要求，应当建立地方税收体系，并在其中设有主体税种。物业税本身所具有的特点，又符合作为地方税收主体税种的要求。于是，便有了以开征物业税来完善地方税收体系的呼声。但是，在中央集权制的现实背景下，不仅地方政府的税收立法权问题提不上议事日程，而且，各种转移支付被当作平衡地方政府收支的主要途径，也使地方主体税种之事难以成为重要的关注点。因而，它亦构不成开征财产税的适当理由。

5.4　既无或尚未找到适当的理由，也就难下决心去攻破缠绕在物业税身上的一个个障碍。于是，物业税的开征便只能停留于"雾里看花"状态。看起来，还要首先沉下心来，做点具有打基础意义的工作——准确而清晰地界定物业税的功能。

前面说过，税收固然是政府取得收入的手段，但取得收入并非税收唯一的功能。除此之外，它还具有一些诸如调节收入分配、拉近贫富差距、实施宏观调控等其他别的方面的功能。尽管这些功能是派生或附加于取得收入的基本功能之上的，但并不意味着它们可有可无。恰恰相反，随着经济社会的发展，这些功能的重要性日趋凸显，已经成为现代税收功能不可或缺的部分。

我们也曾提及，物业税在属性上是直接税，它是作为财产税的一个类别而进入现代税收体系的。它之所以会在人类社会出现并在许多国家运行多年，其主要的原因就在于，它所具有的财富再分配功能，可以极大地拉近人与人之间的贫富差距。

将上述有关物业税功能定位的分析联系起来并注意到中国现行税制体系中尚无"名副其实"的财产税的事实，① 可以作出的一个重要判断是：物业税的开征，意味着中国财产税缺失状态的结束。

5.5　这是一个非常重要的判断。对于贫富差距过大且仍呈逐步拉大之势的现实中国国情来说，财产税的缺失，是一个必须尽快加以纠正的事项。

因为，常识告诉我们，人与人之间的贫富差距是通过三个层面上的因素表现出来的。一是收入，你取得的收入比我多，你比我富。二是消费，你消费的规模比我大，消费的档次比我高，消费的魄力比我足，你比我

---

① 在中国现行税制体系中，被归入财产税系列的税种大致有 3 个：房产税、城市房地产税和车船税。前两个税种，因其纳税主体是企业而非居民个人，其课税对象是企业而非居民个人拥有的房产或房地产，故严格说来，不能算作真正意义上的财产税。至于后一个税种，也并非财产税的主体。

富。三是财产，你拥有的财产比我多，你比我富。其中，前两个因素属于流量，后一个因素属于存量。存量是基础性的，在相当程度上决定着流量。将这样一种贫富差距状况同现行的税制体系格局相对接，可以发现，在收入取得层面，我们有个人所得税的调节。在消费支出层面，我们有增值税、消费税和营业税的调节。在财产保有层面，我们则基本处于无税状态。放着对贫富差距具有基础性效应的存量因素——财产——不去实施税收调节，而仅着眼于流量因素——收入和消费——的税收调节，中国税收的调节贫富差距作用就可想而知了。

追溯一下这些年来我们在调节贫富差距问题上所走过的历程，还可看到，之所以贫富差距会在社会各界的广泛关注并投入相当精力试图缩小的情况下继续拉大，其中的一个重要原因就在于，作为政府手中掌握的最主要的调节贫富差距手段的税收，并非如人们所期望的那样发挥效力。之所以本应具有调节贫富差距功能的税收会在现实的贫富差距面前屡屡失效，其中的一个重要原因就在于，中国现行的税制体系始终未能"填补"财产税的空位。

5.6　认识一旦深入至这一层面，我们关于开征物业税适当理由问题的讨论，以"豁然开朗"几个字来形容，可能并不为过：

鉴于构建社会主义和谐社会已经成为全国上下的奋斗目标，并且，贫富差距的持续拉大已经成为构建社会主义和谐社会的最大障碍，那么，采取一切可以采取的举措，从而拉近当前还在呈扩大之势的贫富差距，是摆在我们面前的压倒一切的重要任务。

鉴于政府调节手段的缺失已经成为拉近贫富差距的主要"瓶颈"，并且，税收又是最适宜于市场经济环境的调节贫富差距的手段，那么，采取一切可以采取的举措，从而构建起一个能够有效拉近贫富差距的税制体系，是我们终究绕不开、躲不过的一个重要课题。

鉴于人与人之间的贫富差距要通过流量和存量两个层面而表现出来，并且，存量是基础性的，在相当程度上决定着流量，那么，采取一切可以采取的举措，从而结束中国财产保有层面的无税状态，是我们必须提上议事日程的一项重要工作。

六　遗产税

6.1　与物业税相关的一个话题，还有属于财产税系列的另一个税种——遗产税。

6.2　在我国，围绕遗产税问题而进行的讨论，至少可以追溯至 20 世纪 90 年代中期。然而，十几年来，遗产税非但没有如原先预期的那样走进我们的生活，其脚步声反而离我们越来越远。甚至在新一轮税制改革的清单上，都没有它的位置。这其中的缘由，同物业税有许多相似之处。就可拿到桌面上来讲的，大致有如下的几条：

中国的富人尚且年轻，离转让遗产的日子还很遥远。现在开征遗产税，不仅征不到多少钱，而且，会付出相当的征管成本。效益与成本相抵之后，很可能得不偿失。

中国的经济尚出于发展阶段，还需要吸引大量的投资。此时开征遗产税，不仅会把富人吓跑，而且，穷人也会因投资的减少而失掉本可以有的致富机会。所得与所失相抵之后，同样是划不来的一笔账。

中国尚无现代意义上的财产登记制度，人们拥有的财产情况也极端复杂。在这个时候开征遗产税，不仅缺失必需的制度基础，而且，税务部门也会因征管不力而难以防范纳税人的偷逃税行为，甚至造成纳税人之间负担的畸重畸轻。

世界上已经掀起了一股取消遗产税的浪潮。而且，这股浪潮还越刮越近。距离远的，如美国。在那里，正在谋划通过取消遗产税的法案。距离近的，如我国的香港特区。在那里，已经正式取消了实施了多年的遗产税。于是，有人宣告：我们不能啃人家吃剩下并扔掉了的骨头。

6.3　倘若循着上述这些冠冕堂皇的说法推演下去，最终也会得出遗产税不适合当前中国国情的结论（陈磊，2006；谢贤星，2004）。但是，基于类如物业税的思维，只要脱出微观的局限而放眼全局，将遗产税的功能与构建社会主义和谐社会的目标联系起来，就会发现，遗产税在中国的开征，同样是当务之急。这是因为：

（1）作为一个具有特殊功能的税种，遗产税从来都是作为调节或拉近贫富差距的手段而存在的。所以，遗产税的开征与否，应当主要取决于我们是否需要遗产税担当起调节或拉近贫富差距作用的重任。

（2）美国也好，中国香港地区也好，其他别的什么国家或地区也罢，或许在那里或那些地方，贫富差距不是其主要的矛盾；或许在那里或那些地方，贫富差距已经得以相当缓解而步入了一个比较正常的状态。故而，或许在那里或那些地方，已经不再需要或不再像以往那样需要遗产税的作用了。但是，必须注意到，在那里或那些地方，毕竟曾经有过需要甚至特别需要开征遗产税的时候；在那里或那些地方，毕竟遗产税曾经运行过多年并且发挥过十分重要的作用。所以，遗产税的开征与否，理应放在特定的经济社会背景下加以斟酌，而不宜超越历史阶段而陷于一般层面的空泛议论。

（3）如何采取有效措施调节或拉近现实的贫富差距，是包括税收在内的所有政府手中掌握的经济调节手段的当务之急。遗产税正是这样一种难得的、最适宜于市场经济环境的调节贫富差距的手段。正如不能因看到别人家的孩子已经上了大学，便不顾自家的孩子刚刚小学毕业的事实而执意让其直接进入大学一样，且不说是否世界上真的有了一股所谓取消遗产税的浪潮，即便在某些国家或地方有了取消遗产税的动作，对于我们，遗产税也并非就是人家吃剩下并扔掉了的骨头，也并非就不适于中国的现实国情。所以，遗产税的开征与否，最终还是要立足于自身的国情背景。以盲从的态度跟进或效法某些国家或地方基于其自身考虑而采取的某些做法，不应也不能成为我们的现实选择。

6.4 说到这里，作出如下的归结可能是适当的：在当前的中国，我们需要遗产税。在新一轮税制改革的清单上，我们需要遗产税的加盟。

引申一步说，尽快开征物业税，并以此作为突破口，陆续开征遗产税以及其他属于财产税系列的税种，建立起从收入、消费、财产等各个环节全方位调节贫富差距的现代税制体系，无论从哪个方面看，都是势在必行、迫在眉睫的重大税制改革。

结　语

从有关新一轮税制改革问题的讨论中，至少可以得到如下几个方面的结论或判断：

第一，税制改革是一个永恒的主题。任何一个国家的税收制度，总要植根于一定的经济社会环境并随着经济社会环境的变化而做相应调整。在当前的中国，诞生于 15 年之前的现行税制同其赖以依存的经济社会环境之间的不相匹配现象，已经越来越清晰地呈现在我们面前。若不能及时对其进行与时俱进的调整，它肯定会伤害经济社会发展，甚至产生越来越大的负面影响。

第二，新一轮税制改革方案的实施，显然要以触动各方面的既得利益格局为代价。往前看，物业税与遗产税的开征也好，其他诸方面税种的改革也罢，它们所遭遇到的种种难题的破解将最终取决于，相关的利益主体能否跳出个人利益、部门利益、地方利益的局限而跃升至国家利益、宏观利益的层面上考虑问题。鉴于改革已经步入攻坚阶段，各方面的既得利益格局这道关早晚要过，不会自动化解。而且，将改革继续拖延下去，肯定要付出更加昂贵的代价。因而，以极大的决心攻克既得利益格局的障碍，让各项亟待进行、拟议进行的税制改革破冰而出，是推进新一轮税制改革并最终完成"十一五"规划任务的中心环节。

第三，结构性减税，固然是作为应对当前经济形势需要而实行的一项宏观调控举措，但是，对于它，是不能仅仅当作权宜之计或应急方法来看待的。也就是说，实行结构性减税，既不能也不应一概而论——逢税必减，更不应也不必重起炉灶，而要在既有新一轮税制改革方案的基础上寻求推进。事实上，新一轮税制改革的重要目标之一，就是优化现行的税制结构。所以，将减税的意图与优化税制结构的目标相对接，可以作出的一种基本政策选择就是，在坚持减轻总体税收负担的前提下，对不同税种实行"区别对待"："削长"与"补短"相结合。这样做，可使我们在追求"保增长"目标的同时，进一步收获优化税制结构、推进新一轮税制改革之效。

第四，现行的主要建立在"收入功能"基础上的税制体系，已经不能适应中国经济社会发展进程的要求。在当前颇为复杂的经济社会形势下，建设一个融收入与调节功能于一身的"功能齐全"的现代税制体系，显得特别重要。这就意味着，新一轮税制改革的推进，不能满足于既有的改革目标，而且，还要在此基础上进一步升华：把拉近贫富差距、实施宏观调控作为与时俱进的目标而纳入视野。因而，逐步增加直接税并相应减少间接税在整个税收收入中的比重、尽快开征财产税并结束财产保有层面的无税状态、实行综合与分类相结合的个人所得税制、适当降低一般流转税——如增值税和营业税——并相应提高选择性流转税——如消费税——占流转税收入的比重等，应当成为下一步税制改革进程中得以凸显的改革举措。

第五，迄今为止的新一轮税制改革进程一再表明，税制改革的全面推进必须伴随以税收征管机制的根本变革。注意到我国现行的税收征管机制主要植根于以间接税为主体的税制结构，而且，即便理论上属于直接税的税种（如个人所得税）实行的也是间接征收的代扣代缴制，便会发现，在新一轮税制改革的进程中，不论是以物业税为代表的财产税的开征，还是综合与分类相结合的个人所得税制的实行，抑或整个税制体系中的直接税比重的扩大，最终都要取决于税收征管机制能否同步跟进——把该征的税尽可能如数征上来，或者，税收收入不会因税制改革的推进而出现非所意愿的减少。将这一因素考虑在内，我们可以认定，新一轮税制改革的全面推进之日，也将是税收征管机制的根本变革之时。因此，通盘考虑税收制度改革与税收征管机制变革并使之相辅相成，是新一轮税制改革提交给我们的一个附加命题。我们应瞻前顾后，做好长期安排。

主要参考文献

高培勇：《结构性减税：2009 年税收政策的主基调》，《涉外税务》2009 年第 1 期。

马国强：《增值税转型的预期效应》，《中国税务》2009 年第 1 期。

金人庆：《关于"中华人民共和国企业所得税法"草案的说明》，《人民日报（海外版）》2007 年

3 月 9 日。

王　擎：《54 家跨国公司上书国务院反对内外税合并》，金羊网，2005 年 1 月 14 日。

胡怡建：《企业所得税改革对财政经济的影响》，《涉外税务》2008 年第 11 期。

辛　华：《个税起征点再上调，茅于轼称应提至 8000 元》，《信息时报》2008 年 11 月 14 日。

史耀斌：《全面认识和正确理解我国的燃油税费改革》，《税务研究》2009 年第 1 期。

石　坚：《中国房地产税制：改革方向与政策分析》，中国税务出版社 2008 年版。

吴俊培：《关于物业税》，《涉外税务》2004 年第 4 期。

马克和：《我国开征物业税的难点与现实选择》，《税务研究》2004 年第 4 期。

贾　康：《对房地产税费改革思路与要点的认识》，《涉外税务》2005 年第 8 期。

陈　磊：《遗产税的开征尚不可能》，《经济论坛》2006 年第 21 期。

谢贤星：《遗产税开征将遥遥无期》，金羊网，2004 年 4 月 30 日。

（原载《财贸经济》2009 年第 2、4 期）

解决收入分配问题:重在建机制、构渠道

一　问题主要缘起于调节手段缺失

对于当前中国的收入分配形势,尽管可以操用不同的指标、从不同的角度去测度,甚至据此得出不同的判断,但有一点可以算作一个基本共识。这就是,面对呈扩大之势的收入分配差距,政府应当有所作为。

问题是,高度重视并着力调节收入分配,并非近期才提上政府议事日程的事情。事实上,起码在进入本世纪之后,举凡党和政府的重要文件,都会有专门的篇幅论及收入分配问题。然而,现实中的收入分配差距,非但没有如我们期望的那样逐步拉近,反而被日渐拉大。这其中的缘由,究竟是什么?

体制的转轨,固然是一个原因,但可能并非实质、亦非根本性的原因。因为,在今天的世界上,实行转轨的,毕竟并非只有中国一家。在从计划经济体制向市场经济体制转轨的国家中,毕竟也可找到收入差距虽有所扩大但不很明显,基尼系数并不算高的样板,如匈牙利、捷克。

也不宜把原因完全归结于实行市场经济体制。因为,并非所有的实行市场经济的国家都经历过或正在经历着收入分配矛盾尖锐化的煎熬,其中不乏处理得比较好的先例。在典型的市场经济国家那里,尽管现实的收入差距可能并不比我们小,但总体处于掌控之中,也并未引致类如当前中国这样的强烈社会反响。

更不能把账记在具有中国特色的市场经济体制上。因为,至少在一般特征上,中国的市场经济与典型市场经济国家的市场经济并无根本不同。有所差异的,不过是基于特殊国情考虑而作出的某些特殊选择。但这些特

殊选择，绝非导致收入分配差距拉大的因素。即便是，那也应在坚决摒弃而不在我们的坚守之列。

其实，人们常说的收入分配问题，本身包括两个方面的意义。一是分配差距，主要是指分配的结果，如分配差距。另一是分配不公，指的是对造成分配不平等结果原因的判断，如机会不均等。这两个问题，显然存在于所有经济体制和所有发展阶段，具有永恒性质。有所差异的是，在不同的经济体制下和不同的发展阶段，可能要操用或依赖不同的调节机制和渠道。所以，问题的关键在于，我们要以什么样的调节机制和渠道去应对收入分配差距和分配不公问题。

这就是说，倘若当前中国的收入分配问题果真有什么特殊之处，那么，这种特殊性，只能归之于现实中的市场经济体制的不完善。以有欠完善的现实市场经济体制为线索，仔细地审视当前中国的收入分配运行格局全景，可以常常观察到的一个基本事实是：政府对解决收入分配问题，不可谓重视不够，不可谓决心不大，但一旦付诸行动，就是苦于找不准下手的地方或有效的工具。

机制尚缺，渠道不畅，在收入分配差距被一天天被拉大的挑战面前，政府或是束手无策，或是鲜有作为，这或许正是当前中国收入分配问题的重要症结所在。

二　当务之急是建构起新的调节机制和渠道

在传统体制下，我们曾有过一套行之有效的调节收入分配的机制和渠道。那一套机制和渠道的主要支柱，就是农副产品统购统销和城市职工八级工资制。在农副产品实行统购统销的条件下，农民剩余的农副产品，只能按照国家规定的价格标准统一卖给国有商业部门。在城市职工八级工资制条件下，不仅城市职工被区分为若干类别，每一类都由政府规定了相应的工资级别和标准，而且，什么时候涨工资、涨多少工资，也由政府说了算。而且，在那个时候，农民获取货币收入的主要渠道，就是剩余农副产品的销售。城市职工获取货币收入的几乎唯一的渠道，就是工资。因而，只要把农民的农副产品销售渠道和城市职工的工资渠道管住了，包括农民和城市居民在内的全国人口的收入分配格局，便可完全处于政府的掌控之中。

由计划经济走向市场经济，农副产品统购统销和城市职工八级工资制逐一被打破。原有的调节机制和渠道既已不复存在，自然要以新的适应市场经济的调节机制和渠道去"换防"。这无疑要经历一个"摸着石头过河"般的探寻过程。迄今为止，曾经有不少招数先后被推上前台，但是，从总体看，由于缺乏同市场经济新体制的适应性或适应性不够，这些招数，大多未能收获预期的效果。调节机制和渠道的重新建构问题，始终未能获得根本解决。

那么，究竟有无适合市场经济的调节手段？在中国市场经济的土壤中，又能否找到适当且有效的调节机制和渠道？这一问题，一直让我们苦思、苦解。不过，随着时间的推移，人们的认识倒是变得越来越清晰并逐步逼近规律层面：

调节收入分配的担子，已经不可能继续指望曾经行之有效的、传统的行政手段。法律手段，如颁布或提升最低工资标准等，固然可以在一定范围内发挥作用，但毕竟是有限的、辅助或补充性的。能够适应市场经济的、有较大作为空间的，可能主要是经济手段。

在理论上，收入分配至少可以分为初次分配和再分配两个层面。初次分配当然是基础环节。基础打不牢，其他便很难谈起。但这一层面的问题，多属于市场体系，政府的作用空间相当有限。政府既不能直接调整非国有制企业职工工资，也不宜过多干预国有企业的职工工资。政府所能做且有效的，至多是规范市场分配秩序。除此之外，可作调节之用、具有调节之效的经济手段，只能或主要来自再分配层面。

再分配的灵魂或实质，说到底，就是"劫富济贫"——用从富人那里得来的钱去接济穷人。在现实的中国，"济贫"似不难。因为，毕竟机制在，有渠道。在既有财政支出的结构框架内，或者，通过调整既有的财政支出结构框架，完全可以在不动存量，仅靠增量——呈稳定增长之势的财政收入——的前提下，实现为低收入群体提供支援的目标。相比之下，"劫富"则难以做到。因为，它既无机制，又无渠道。即便做全方位、多视角的广泛搜索，政府所能操用的"劫富"手段，基本上就是税收。现行税制体系下的中国税收，显然胜任不了这样的使命。

比如，就整个税制体系的布局而言，税收的"劫富"的功能，要同直接税而非间接税相对接。浏览一下 2009 年全国税收收入的格局，便会看到，在由 18 种税所构成的现行税制体系中，包括增值税、营业税和消费税在内的各种流转税收入占到了 70% 左右。且不说流转税即间接税，终归要通过各种途径全部或部分转嫁出去，归宿难以把握。单就其被归结为累退税——高收入者所纳税款占其收入的比例，反而少于低收入者——这一点而言，它所可能带来的调节作用，也属逆向性质。

再如，就直接税的布局来说，目前能够纳入现行直接税体系的，主要是处于流量层面的企业所得税和个人所得税。在 2009 年，两者的占比分别为 21% 和 7%。尽管企业所得税也具调节功能，但它调节的毕竟主要是企业或行业而非居民个人之间的收入水平。现行的个人所得税，本应充当调节居民收入水平的主要工具，但是，一方面，受制于份额的偏低，其作用的空间极为有限。另一方面，还需注意到，在实行分类所得税制的条件下，将个人所得划分为若干类别、分别就不同类别征税，甚至分别适用不同的税制规定，而不是在综合计算其所有来源、所有项目收入的基础上实施调节，其本就有限的作用也被打了折扣。

还如，作为直接税的一个重要类别——处于存量层面、针对居民个人征收的财产税，仍是中国现行税制体系中的"空白"之地。这又意味着，面对由流量和存量两个层面所构成的贫富差距，现实中国税收所能实施的调节，至多触及流量，而不能延伸至存量。鉴于存量系基础，在相当程度上决定着流量这一基本常识，还可进一步认定，现实中国税收对贫富差距所能实施的调节，至多触及皮毛，而不能牵动筋骨。

说到这里，作出如下的判断可能是适当的：面对日趋严峻的收入分配情势，最迫切、最亟待解决的事情，就在于政府要重新获得并拥有一套有助于调节收入分配的机制和渠道。由重新建构机制和渠道入手，进而谋求在调节收入分配方面有所作为，这是我们在当前应当也必须作出的一个重要抉择。

三　打造"功能齐全"的现代税制体系

建构调节机制和渠道，当然要从其最重要的"软肋"地带开始。从上述的分析中，我们已经发现，如果说政府实施收入分配调节的经济手段只能或主要来自再分配层面，那么，作为再分配层面的两个行动线索，"劫富"与"济贫"相比，难不在"济贫"，而在"劫富"。所以，当前首先要着手完成的一项重要工作，就是建构好"劫富"的机制和渠道。

"劫富"要靠直接税而非间接税。所以，按照现代税收的功能标准，跳出相对偏重收入的"单一功能"格局，建设一个融收入与调节、稳定功能于一身的"功能齐全"的税制体系，是必需的。让现行税制跳出相对偏重收入的"单一功能"格局、走向"功能齐全"目标的出路，就在于增加直接税的份额。这就要求我们，通过启动一系列增加直接税并相应调减间接税比重的税制改革行动，调整并重构现行税制体系的总体布局。

增加直接税份额，显然要先将已经纳入税制改革规划且久拖未决的直接税项目付诸实施。这至少包括两个税种：个人所得税和物业税。

中国的个人所得税制，要走"综合与分类相结合"之路，这是早在"十五"计划中就已确立并写明的改革目标。并且，这是符合历史规律的、不容改变的根本目标。毋庸赘言，在过去的十几年中，主要是由于税收征管上难以跨越的障碍，我们并没有在这个方向上取得多少实质进展。或许是由于看不到短期出现革命性变化的希望，每当谈到个人所得税由分类制到综合制的改革，便总会有条件不具备的忧虑和相伴而生的躲闪之举。但是，不管怎样，长期躲闪，久拖不决，终归不是万全之策。时至今日，鉴于收入分配矛盾的解决或者缓解，已经不容我们再拖，且无多少躲闪的余地。故而，尽快地谋划一场税收征管上的革命性变化并由此破解实行综合与分类相结合的个人所得税制的重重障碍，让建立在综合计征基础上的个人所得税制"落户"中国，已经迫在眉睫。

物业税，之所以总是与"开征"二字相连，是因为，它是被严格界定为对居民个人所拥有的房产或房地产所征的税。而这样的税种，在现行税制体系中并不存在。从2003年10月间将其纳入税制改革规划至今，已有 7 年时间。7 年之久的难产经历已经告诉我们，无论是将其作为抑制房价的手段，还是将其作为地方政府的主体税种，都难以成为开征物业税的充足理由，都难以撼动开征物业税道路上的种种障碍。可以说，它们都是开征物业税的理由，但并非最基本、最重要的理由。只有在将其置于呈尖锐化之势的收入分配矛盾之中，并且，将其调节收入分配和拉近贫富差距的手段加以使用之时，物业税才有可能获得广泛的支持，物业税的开征才不会继续停留于"雾里看花"的状态。一旦物业税获得开征并由此为遗产税以及其他属于财产税系列的税种铺平道路，那么，结束中国现行税制格局中的财产税"缺失"状态，从而建立起从收入、消费、财产等各个环节全方位调节贫富差距的现代税制体系，便会成为中国的现实。

同个人所得税实行综合与分类相结合的情形相似，开征物业税的最大难题，主要来源于税收征管机制的制约。现实中国的税收征管机制，从总体而言，尚停留于"间接 + 截流"的水平。所谓"间接"，指的是，它基本上只能征间接税，而不能征直接税。所谓"截流"，指的是，它基本上只能征以现金流为前提的税，而不能征存量环节的税。拟议开征的物业税，既是直接税，又是存量税。所以，税务机关能征直接税和存量税，是开征物业税的基本条件。这又要求我们，采取一切可以采取的举措，举全社会之力，抓紧突破现实税收征管机制的"瓶颈"制约，为开征物业税铺平道路。

（原载《人民日报》2010 年 10 月 13 日）

转变经济发展方式:财税的责任与压力

作为"十二五"时期的一条主线,加快转变经济发展方式将贯穿于我国经济社会发展的全过程和各领域。在其中,财税活动过程以及财税收支领域,便是一个重要的组成部分。而且,有别于其他的过程和领域,常识还告诉我们,财税所具有的一个极其重要的特殊品质,就是"牵动大部、覆盖全部"——其触角,能够延伸至几乎所有家庭和企业、几乎所有经济社会活动、几乎所有经济社会领域;其范围,能够覆盖于所有政府部门、所有政府职能、所有政府活动、所有政府领域。或许正因为如此,中共十七届五中全会通过的《关于制定国民经济和社会发展第十二个五年规划的建议》(以下简称《建议》),将"构建有利于转变经济发展方式的财税体制"放在了十分突出的位置。

这意味着,在"十二五"时期,围绕着加快转变经济发展方式这盘大棋局,财税所担负的责任和所承受的压力,可能是空前的。其间,财税体制肯定要经历一个深刻而痛苦的调整过程。以下便是几个比较突出的例子。

一　优化产业结构与财税体制调整

我国虽已建立起比较完整的现代产业体系,但产业结构处于严重失衡状态。其中的主要表现,就是制造业和服务业不相匹配。制造业比重高,而服务业比重低。故而,控制制造业产能的盲目扩张并扩大服务业的总规模,从主要依靠工业带动转变为更多地依靠服务业带动,形成工业和服务业双轮带动增长的格局,可以说是我们在转变经济发展方式中遇到的一个重要命题。

　　将优化产业结构的要求与现行财税体制特别是现行税制体系相对接，就会发现，两者之间存在着十分尖锐的矛盾。

　　与其他国家的情形有所不同，在我国的商品和服务流转领域，并行着两个一般流转税税种——增值税和营业税。前者主要适用于制造业，后者主要适用于服务业。鉴于一般流转税属于"中性税"——税制设计不应对纳税人的产业投资方向产生影响，这两个税种，从 1994 年现行税制诞生的那一天起，一直在着力于维持彼此之间税负水平的大致平衡。然而，在增值税"转型"改革于 2009 年启动、削减了增值税税负水平之后，仅仅是因为参照系发生变化，原本同其保持大致均衡状态的营业税的税负水平，便一下子陷入了偏重境地。

　　随着增值税税负的相对减轻和营业税税负的相对加重，发生在不同产业之间，特别是发生在制造业和服务业之间的税负失衡现象由此出现：相对于制造业税负水平的下降，服务业的税负水平趋向于上升。毋庸赘言，因税负失衡而阻碍产业结构的调整甚至导致产业结构的逆向调整，无论从哪个角度看，都属于绝对不可容忍的问题之列。

　　从总体上看，能够拿出的解决办法无非两个：或让增值税吃掉营业税，从而在整个商品和服务流转环节统一征收增值税。或在营业税的框架内调减税负，从而回归营业税和增值税之间税负水平的大致均衡状态。但瞻前顾后，前一个办法要摆在优先考虑位置。在早已成型的税制改革方案中，它被称之为增值税"扩围"。并且，"转型"与"扩围"，一直是被放置在一起、相互联系的围绕一般流转税的调整行动。换言之，在增值税"转型"改革完成之后，理应相机启动"扩围"进程。

　　问题在于，一旦着手"扩围"，如下的三个障碍必须立刻寻求破解之策：

　　其一，营业税是地方政府的主体税种。将营业税并入增值税的前提条件之一，就是为地方政府寻找并设计好新的主体税种。在现行税制的框架内，这样的税种，或并不存在，或难有变更归属关系之可能。几乎唯一的可行方案，就是按照既有的税制改革方案，开征以房产税为代表的财产税并以此作为地方政府的主体税种。但是，在全国范围内开征房产税或其他财产税，至少在眼下还有相当长的一段路要走。我们终归不能把未来的目标当作现实的税源，分配给地方政府。

其二，按照目前的税收收入格局，倘若其他税种不做相应调整，"扩围"后的增值税份额，便会跃升至 60% 左右。增值税的块头儿过大，显然不利于税收收入或财政收入的安全。因此，实施增值税的"扩围"，必须同时辅之以诸如相应调减增值税税负、调增其他税种税负以及开征新的税种等配套措施。这又涉及现行税制体系以及既有税制改革方案的一系列变动。这种变动，无疑具有颠覆性影响。

其三，现行的财政体制以"分税制"冠名，其实主要分的是两种（类）共享税。其中，增值税 75∶25 分成，所得税 60∶40 分成。这样的分成比例，显然是建立在营业税作为地方税基础上的。在营业税并入增值税之后，随着营业税归属关系的变动，上述分成比例的基础条件便不复存在了，分成比例自然要重新谈判，随之调整。只要分成比例发生了变化，便意味着，实施了 17 年之久的现行分税制财政体制要推倒重来、重新构建了。这在当前的中国，绝对又是一件大事情。

只要上述的问题"无解"或尚无确切把握，增值税的"扩围"便很难迈动脚步。注意到增值税"扩围"对于优化产业结构的重要意义，中共十七届五中全会已经将其纳入《建议》，如何将这一重要的改革行动付诸实施，是一个需要大智慧方可求解的项目。

二　调节收入分配与财税体制调整

当前中国的收入分配矛盾，不仅体现于居民收入分配差距过大，而且表现为居民收入在国民收入中的占比偏低。这两个问题的解决，既牵涉内外需经济结构的调整，又事关扩大消费需求、从主要依靠增加供给转变为更多依靠扩大消费推动经济发展目标的实现。因而，它是我们在转变经济发展方式中遇到的另一个重要命题。

无论是拉近居民收入分配差距，还是调增居民收入在国民收入中的占比，都同现行的财税体制直接相关。

先看前一个问题。对居民收入分配实施有效调节的前提，在于政府手中握有适用的调节手段。在市场经济的环境中，能够与居民收入分配直接对接的政府职能，即便做全方位的重重过滤，最后所能剩下来的，基本上就是财税。一旦聚焦于财税，把财税视作政府调节收入分配的基本手段，便会发现，我国现行的财税体制并不具有或不充分具有这样的功能。

财税的调节属于再分配层面。再分配的灵魂，说到底，就是"劫富济贫"——用从高收入者那里得来的钱去接济低收入者。相对而言，"济贫"容易办到。通过调整财政支出结构或实施对特定支出项目的倾斜，完全可以在不动存量，仅靠增量——呈稳定增长之势的财政收入——的前提下，实现为低收入者或困难群体提供支援的目标。但是，"劫富"则难以实现。作为现实财政收入体系中的"主角"，税收的"劫富"功能要依托于直接税而非间接税。我国税收收入的70%以上，来源于间接税。占比不足30%的直接税，其中的大头儿，又是有转嫁可能、归宿不易把握且并不直接触及居民收入的企业所得税。而且，进一步看，位于存量环节的直接税系列——财产税，还是现行税制体系中的"空白"之地。这又意味着，面对由流量和存量两个层面所构成的收入分配差距，现实中国税收所能实施的调节，至多触及流量，而不能延伸至存量。故而，在当前的中国，直接税的建立和完善已经迫在眉睫。

然而，说来容易做到难。直接税的征收与管理，毕竟不同于间接税。我国现行税收征管机制，尚处于"间接＋截流"阶段。即是说，它基本上只适于征收间接税而不适于征收直接税；基本上只能征以现金流为前提的税，而不能征存量环节的税。所以，伴随着直接税的改革进程，税收征管机制也势必要经历一个革命性的变化。显然，这又非一朝一夕之事。

再看后一个问题。在国民收入区分为居民收入、企业收入和政府收入的格局条件下，站在政府的角度，增加居民收入的基本着眼点，恐怕要放在主动地割让一部分自己的收入上。因为，这种调整，毕竟体现为一种此增彼减的关系。果真如此操作，也会遇到重重困难。

一方面，现实中国的政府收入格局颇为复杂。平日所讲的财政收入只不过是政府收入的一个组成部分。除此之外，可以也应当政府收入统计口径的，至少还包括政府性基金收入、国有土地使用权出让收入、社会保障缴费收入、国有资本经营收入等几个项目。在其中，只有纳入一般预算的财政收入可以统筹使用。其余的收入，则或属于各个政府部门，或属于各级地方政府。不仅中央政府难以触动，就是在地方政府层面，也尚未纳入财政统一管理体系。面对不同性质的政府收入，选择哪一个或哪几个项目作为割让的对象，本身就是一件相当困难的事情。

另一方面，割让一部分政府收入的同时，当然要削减政府支出。在体制转轨期，无论改革还是发展，往往都要以政府增加支出为前提。加之以往积欠下来的大量民生领域的历史欠账需要偿还、现实的公共服务体系也亟待完善，削减政府支出的空间颇为狭小。所以，只要不以增加财政赤字的安排相伴随，收支之间一旦相对接，通过割让政府收入来提升居民收入在国民收入分配中占比的努力，便会受到极大的制约。从而使得相关决策非常困难。

三　推进城镇化与财税体制调整

在后危机时代，无论是工业化还是出口，都面临着强有力的制约。不是受到来自国外的市场制约，就是受到来自国内的资源、能源环境的制约。因而，转变经济发展方式的一个重要着眼点，就是要以城镇化的推进作为拉动内需和支撑经济增长的最重要源泉。

不过，必须注意到，我们所要着力推进的城镇化，是根据户籍人口计算的"完全意义上的城镇化"，而不是以往按照常住人口计算的"半城镇化"。这其中的最大差异，就是农民工。农民工及其家属虽常年生活在城市，但并不具有城镇居民的身份，他们在劳动报酬、劳动保护、子女教育、社会保障、住房等诸多方面并不能与城镇居民享有同等待遇。正因为如此，目前农民工及其家属的消费模式和生活方式，绝不能与城镇居民同日而语。要推进完全意义上的城镇化，就要实现农民工市民化。而完成这一转换，比较起来，其最大的制约因素，就是现行的财税体制。

迄今为止，我国现行的财税体制还是建立"二元"基础上的。对于城镇居民和农村居民，财政所承担的责任是不同的。所谓农民工市民化，无非要比照城市居民的标准，给予农民工及其家属同等的财政待遇。这首先就要以财政增加投入——拿出配套资金——为条件。注意到当前"二元"财税体制之间的巨大差异，为此而增加的财政投入，绝非一个小数，可能要花费几年甚至几十年的财政收入"增量"。这无疑要挑战现实中国的财政负担能力和财政支出结构。

与此同时，前面说过，我国现时税收收入的绝大部分，来自间接税。隐含在商品和服务价格中的各种间接税，虽最终要通过转嫁过程而落在包括城镇居民和农民工及其家属在内的所有消费者身上，但在表面上是由生产或经营这些商品和服务的企业缴纳的。这些企业，多位于城镇地带。在历史上，企业所缴纳的税收，又多被视为工作在这些企业中的城镇居民的缴纳。这不仅模糊了农民工及其家属与税收缴纳之间的必然联系并形成了制度"阻隔"，而且，也极易引发城镇居民同农民工及其家属在享有公共服务特别是具有"拥挤性"性质的公共服务方面的矛盾。

所以，实现农民工市民化所需完成的另一个重要任务，就是让包括城镇居民和农民工及其家属在内的所有居民所缴纳的税收与城镇基层政府所提供的公共服务相对接，从而还原人们的日常消费与税收缴纳之间、税收缴纳与公共服务消费之间的联系，让人们看到一个真实的有关政府收支的基本图景。这显然需要启动现行税制结构的重大调整——建立和完善直接税，增加直接税在整个税收收入中的比重。其间所遇到的最大挑战，又可归之于现行税收征管机制的变革。

（原载《人民日报》2011 年 4 月 11 日）

理性看待当前的个人所得税改革

从 4 月 20 日个人所得税法修正案（草案）正式现身公众视野至今，在我国，围绕个人所得税改革的讨论，一直处于空前的热烈状态。作为中国现行税制体系下几乎唯一的"直接"触及居民收入的税种，个人所得税的改革走向，既牵动千家万户的切身利益，又事关国家的宏观政策布局，涉及一系列重大理论和实践问题的判断。清晰地把握和认识这些问题，对于深化目前的讨论，在理性思考的基础上达成广泛共识，显然十分必要。

改革并非出于收入考虑

2010 年，政府取自个人所得税的收入为 4837.17 亿元，占全部税收收入的 6.6%。从这两个数字不难看出，在当前的中国，个人所得税不是税收收入的主要来源。有关它的调整，无论是增加税负还是减少税负，都不会对整个税收收入规模产生较大影响。可以说，在个人所得税的改革问题上，收入的增减变化，并非政府的主要考虑。

事实上，诞生于 1980 年并历经多次调整的中国个人所得税，其基本的着眼点，始终锁定于调节居民收入分配。从理论上讲，现代税收的功能被高度概括为三个：取得收入、调节分配和稳定经济。这三个功能，要分别由不同的税种来担纲。就像是一个交响乐队，在由诸税种所构成的税制体系中，虽然每个税种都具有取得收入的功能，但相对而言，直接税较之间接税，具有更大的调节分配和稳定经济作用。间接税较之直接税，则具有更大的取得收入作用。作为中国现行税制体系下几乎唯一的可与居民收入"直接"对接的直接税税种，个人所得税的基本功能，当然是调节居民收入分配和实施宏观调控。围绕个人所得税的调整事项，当然要基于调节居民收入分配和实施宏观调控的需要而展开。

就当前中国的情势而言，日渐拉大的居民收入分配差距已经成为我们面临的最大挑战。对居民收入分配实施有效调节的前提，在于政府手中握有适用的再分配手段。注意到我国现行税制体系中直接税占比低而间接税占比高、甚至几乎没有真正意义上的直接税的现实，可以发现，个人所得税是迄今为止政府所能拿出的几乎唯一的再分配手段。离开了个人所得税，政府对于居民收入分配的调节，便可能陷于"空谈"状态。

正是出于加强其调节居民收入分配功能的考虑，才有了有关个人所得税改革的诸方面动作。

改革的目标在于实行综合计征

现行个人所得税在调节收入分配方面的缺陷，主要表现在它所实行的分类所得税制上。它名义上是一个税种，实质上分作 11 个征税项目——工资薪金所得、个体工商户生产经营所得、企事业单位承包（承租）经营所得、劳务报酬所得、稿酬所得、特许权使用费所得、利息（股息、红利）所得、财产租赁所得、财产转让所得、偶然所得和其他所得。对于上述不同的征税所得项目，采取的是不同的计征办法、适用的是不同的税率表格。这样的税制安排，其优点是便于征管，可以从源征税，代扣代缴。但其致命的缺陷，就是不利于调节居民收入分配差距。

比如，人与人之间的收入差距，本来是综合而非单一项目的收入差距。在不计算综合收入水平的条件下，分别就居民的每一个单项收入征税，其所能达到的调节作用，至多只限于单一项目收入本身。除非人们的收入来源单一化，否则，针对单一项目而非加总求和之后的综合性收入的调节，无异于瞎子摸象。

再如，即便在单一项目收入如工薪收入的视野内，由于不同纳税人的负担状况不同，扣除负担之后的经济境遇便有很大的差异。在不计算差异颇大的负担账的条件下，仅着眼于居民的工薪收入账并随之征税，其所带来的调节效应，只会加剧既有的不公平而非有助于社会公平目标的实现。

又如，作为工薪所得费用减除额，其最重要的特征，应当是差异化——不同经济境遇的人适用不同的扣除规定，从而体现净所得征税原则。在我国，人们之所以习惯于将减除额误读为起征点，恰是因为，现行个人所得税实行了标准化的减除额——让不同经济境遇的人适用了统一的扣除标准。在忽略人与人之间的费用开支差异条件下所进行的个人所得税调节，当然不符合净所得征税的原则，有悖于社会公平。

诸如此类的问题，还可举出许多。如果说在市场经济建设初期，我们尚可接受这种相对粗犷的个人所得税格局，那么，随着市场经济的日趋完善，在收入分配差距日渐拉大的条件下，启用相对精细的税制安排已经势在必行。正是鉴于这样的状况，早在"九五"计划时期，我国便将个人所得税的改革目标定位于"实行综合与分类相结合"。此后，又分别在"十五"计划、"十一五"规划和"十二五"规划中，三次重申了这一目标。

有别于分类所得税制，综合与分类相结合所得税制的基本特点是，除少许的特殊收入项目外，其余的所有来源、所有项目的收入都须在加总求和的基础上，一并计税。

这样做，进入其调节视野的居民收入，便不再限于单一项目，而是综合性收入。鉴于收入来源日趋多元化的现实背景，建立在综合计征基础上的个人所得税调节，无疑是更贴近居民收入分配差距现实的调节。

这样做，先算账、再征税，便不再是一句空话。在计算纳税人综合收入账的同时，由于赡养人口不同、居住区域不同、身体状况不同而形成的负担差异，便有了据实核算、相应扣除并再予征税的可能。

这样做，个人所得税计征中的减除额，就有了实行差异化的可能。不同经济境遇的人，便可以脱出标准减除额的局限而适用差异化的扣除规定，从而使得按净所得征税成为现实。由此，减除额也就不再会被人们误读为起征点。

迄今的改革进程尚不理想

然而，综合与分类相结合所得税制终究要建立在纳税人个人申报的基础上。如何推进这样一种以综合计征为特点的全新的个人所得税制，一直在考验着中国现实的税收征管机制。

毋庸赘言，迄今为止，中国现实的税收征管机制，仍停留于"间接"征收、"截流"管理的水平。这种情形，显然不适应建立在纳税人个人申报基础上的综合计征的需要。一旦走出既有的从源征税、代扣代缴的个人所得税征管轨道，现实税收征管机制的"底线"便极可能被突破，从而陷税务机关于尴尬境地。

正是在这种现实税收征管机制的"瓶颈"制约下，再加上个人所得税纳税人众多、百姓纳税意识单薄等现实国情因素的考虑，虽然历经了至少三个五年（计）规划的追求，在长达十几年的时间里，综合与分类相结合的个人所得税制始终在研究层面徘徊。

既不能循着既有改革目标的轨道如期向前推进，人们围绕个人所得税而形成的诸如家庭联合申报、基本医疗医药费用扣除、住房贷款利息扣除、子女教育费用扣除等多方面的诉求，便越来越凝聚到其可以看得见、摸得着的线索上——提升"被称作起征点的扣除额"。人们对于现行个人所得税的不满或抱怨，也就越来越集中于其可以直接感知、立竿见影的项目上——"被称作起征点的扣除额"过低。于是，在如此这种困难而复杂的背景下所推出的个人所得税改革，便越来越走入了一个并非逼近既有改革目标的狭窄通道——以"提高工资薪金所得费用减除标准"为主要内容。

这一次的个人所得税法修正案草案，便是一个突出的例子。

比如，这一次的修正案草案，虽被冠之以个人所得税改革，但严格地讲，它充其量只能称之为"个人工薪所得税改革"。因为，在分类所得税制的框架内，它所涉及的，主要是现行个人所得税项下的一个征税项目——工资薪金所得。其余的征税项目，除了个体工商户生产经营所得有少许调整之外，并未纳入这次调整的范围。故而，无论这一次的调整内容是什么，它都并非个人所得税的整体改革。在此条件下进行的所谓调节居民收入分配，只能是调节居民工薪收入分配。

还如，这一次调整的总体方向，虽定位于减税，但减税的受益者，说到底，只是工薪阶层中的较高收入者。因为，只有在现行个人工薪所得税制下负有纳税义务的人，才可能成为减税的受益者。按照财政部关于修正案草案的说明，现行个人工薪所得税制下的纳税人，仅占全部工薪收入人群的28%。其余的那72%的工薪收入者，自然不在这一次减税的受益者行列。但是，以全部工薪收入群体作为一个整体，28%和72%的对比关系又说明，这一次的减税，并不能覆盖工薪阶层中的中低收入者。故而，无论这一次的减税幅度有多大，它都难以真正起到给中低工薪收入阶层减负的目的。

再如，这一次的调整范围，虽推出了扩大45%最高税率覆盖范围等加大对高收入者调节力度的举措，但被加高了税负的所谓高收入者，至多只是工薪收入群体中的高收入者，而并非全部的高收入者，甚至不是真正意义上的高收入者。因为，在一个收入来源多元化，并且人与人之间的收入差距主要不在工薪所得上的年代，只要调整的范围限定于工资薪金所得一个来源，它所能触动的，只能是工资薪金收入单一来源上的高收入者。虽不能说高工薪收入者绝对不是高收入者，但起码目前被公认的、造成最重要的居民收入差距的所得来源，如利息（股息、红利）所得、财产租赁所得、财产转让所得等，并未涵盖。故而，无论这一次的调增税负动作有多大，它所能触及的，可能并不是目前最需要调节的高收入者。

又如，这一次的工资薪金所得费用减除标准的提高，尽管目标在于体现所谓居民基本生活费用不纳税的原则，尽管也进行了多方面的有关城镇居民人均消费性支出的精细测算，但仍未走出"一刀切"式的老路，并未贴近人们关于个人所得税改革的基本诉求。因为，在忽略人与人之间的费用开支差异的条件下所实行的费用减除标准，无论提高到怎样的水平，无论提高的频率有多高，都属于有悖社会公平的调整。故而，它肯定不能被视为逼近个人所得税既定改革目标的调整。

聚焦点转到综合制才是上策

由上述的讨论，可以至少认清两个基本事实：

其一，这一次的个人所得税法修正案草案，不过是终极目标难以达致条件下的妥协产物，而并非最优选择。换言之，它是在有关个人所得税总体改革方案的实施一再拖延、社会公众要求启动个人所得税改革的舆论压力又一再提升的双重背景下，所拿出的暂时安排或权宜之计。既然它带有纠结和无奈的明显痕迹，在它身上存在诸多的不尽如人意之处，也就在情理之中。所以，不宜对这一次的调整方案求全责备，而应把主要的注意力放在未来的改革上。

其二，在当前的中国，牵涉个人所得税的几乎所有的问题或矛盾，都须在综合与分类相结合的改革框架内求得解决。脱离了这一改革框架的任何调整，都很难收获让人们满意的效果。所以，在这一次的调整完成之后，我们应当立刻将下一步改革的聚焦点转换到"综合与分类相结合的个人所得税制"的实现上，从而形成一股加快推进综合与分类相结合的个人所得税制的强大的社会力量。

（原载《光明日报》2011 年 4 月 24 日）

直接税:中国的现实格局与改革趋向

一　非均衡的现行税制体系格局

在中国的现行税制体系中,直接税占比低而间接税占比高,两者间的配置极不均衡,既是一个基本国情,也是一个基本矛盾(高培勇,2010)。

不妨以2009年的情形为例。在全国税收收入63103.74亿元的盘子中,来自企业所得税和个人所得税收入的占比,分别为19.26%和6.25%。两者合计,为25.51%。其余的份额,则为以增值税、消费税、营业税为代表的其他税种收入所分享。也就是说,直接税收入占全国税收收入的比重,仅在1/4左右。

这还不是问题的全部。进一步看,倘若操用严格的直接税的定义,以税负最终能否转嫁为判定标准,现行的企业所得税和个人所得税,也并不能算作完全意义上的直接税。

企业所得税,尽管是由企业直接缴纳的,但它的归宿,并不一定就是缴纳企业所得税的这个企业。作为一个经营主体,在其业务流程中,它既有"上家"——如原材料供应商和劳动力提供者,也有"下家"——产品和服务购买者或消费者。因而,从根本上说来,它所缴纳的包括所得税在内的所有税收,都是可以转嫁的。当然,在实际转嫁过程中,流转税的转嫁相对容易,所得税的转嫁相对困难,并且,转嫁的程度最终取决于其所生产或提供的产品和服务的供求。但是,就其可以转嫁、归宿并不确定这一点而言,它便带有一定的间接税性质。

个人所得税,尽管名义上直接以居民个人的收入为课税对象,并且,除了个体工商户等少许的例外，作为纳税义务人的，都是并非经营主体的自然人居民。但是，在实行分类计征和代扣代缴的现行个人所得税格局下，它的缴纳实质上由纳税人的雇主或收入支付者来完成的。比如，工资薪金收入项下的个人所得税，由纳税人的供职单位代扣代缴；劳务报酬收入项下的个人所得税，由纳税人的受雇单位代扣代缴；稿酬收入项下的个人所得税，由纳税人作品的出版单位代扣代缴，等等。既属于间接征收，其表面上的纳税人与实际上的负税人并非同为一人，且有一个从代缴到代扣的归宿实现过程，也只能称之为被"间接化"了的直接税。

还可提及的另一个重要事实是，除了上述专注于流量环节征收的直接税税种之外，还应当有处于存量层面、针对居民个人征收的财产税。而这样的税种，在中国现行税制体系中，则属"空白"之地。

这实际上告诉我们，在中国的现行税制体系中，基本没有完全意义上的直接税。也正是因为如此，现实的中国税收尚不能担负起现代税收所应担负的使命。从而陷入一种矛盾境地：一方面，今天的中国税收，已经越来越同市场经济体制紧密对接并越来越被推至破解一系列重大经济社会问题的前沿地带。另一方面，基本没有完全意义上的直接税的现行税制格局，一旦与现实的经济社会情势相遇且被寄予厚望，便一下子变得捉襟见肘，难有作为。这可以说是近些年来一直困扰着我们的一个躲不开、绕不过的"老大难"问题。

在理论上，现代税收的功能已经被高度概括为三个：组织收入、调节分配和稳定经济。税收的基本功能当然是为政府取得收入。但是，在它介入 GDP 分配并为政府取得收入的过程中，事实上亦改变着原有的 GDP 分配格局以及原有的国民财富分配格局，并由此对整个经济社会的运行产生影响。所以，税收的另外两个十分重要的功能，就是调节居民之间的贫富差距和熨平经济的周期性波动。

不过，现代税收的上述三个功能，是分别由不同的税种来担负的。由诸税种所构成的税制体系就像是一个交响乐队。虽然每个税种的共同任务都是取得收入，但相对而言，直接税较之间接税，具有更大的调节分配和稳定经济作用。间接税较之直接税，则具有更大的组织收入作用。在现代经济社会中，随着调节分配和稳定经济的税收功能日趋重要和愈益凸显，打造一个融收入与调节、稳定功能于一身的"功能齐全"的税制体系，早已成为各国税制建设的共同目标。也正因为如此，迄今为止，可以观察到的人类税收发展的一个基本轨迹是，由简单原始的直接税到间接税，再由间接税过渡到发达的直接税。

认识到这一点非常重要。这意味着，现行税制格局下的中国税收，尚处于"功能单一"状态，还不能称之为现代税收。这样一种非均衡的现行税制体系格局，当然不适应越来越趋于完善的社会主义市场经济体制。

二　久攻未下但亟待拿下的坚硬"城池"

改革开放以来，特别是从进入本世纪起，在我国，举凡牵涉重大税收改革事项的规划，几乎都将逐步提高直接税占比、相应降低间接税占比，从而实现税类或税种配置上的大致均衡，作为一个重要议题。但是，如果将直接税比喻为一座亟待攻破的"城池"，那么，迄今为止，在直接税这座坚硬的"城池"面前，我们几乎没有前行半步。

收官在即的"十一五"规划便是一个突出的例子。在《中华人民共和国国民经济和社会发展第十一个五年规划纲要》第 32 章第 2 节中，有关税收改革的内容共涉及 10 个项目：

在全国范围内实现增值税由生产型转为消费型；适当调整消费税征收范围，合理调整部分应税品目税负水平和征缴办法；适时开征燃油税；合理调整营业税征税范围和税目；完善出口退税制度；统一各类企业税收制度；实行综合和分类相结合的个人所得税制度；改革房地产税收制度，稳步推行物业税并相应取消有关收费；改革资源税制度；完善城市维护建设税、耕地占用税、印花税。

按照上述规划，对发生在"十一五"期间的税收改革进程做一大致盘点之后，便会发现，包括增值税、消费税、燃油税、营业税、出口退税、企业所得税在内的几个税种的改革，或是已经全面完成，或是已经部分完成。资源税、城市维护建设税等几个税种的改革，或是已经开始试点，或是已经有了成型的方案，甚至可望于近期启动。但是，除此之外的两个税种——个人所得税和物业税——的改革，不仅至今尚无启动的时间表，而且尚未获得多少实质性的进展。现在看来，作为"十一五"时期税收改革的两个"未尽事项"，这两块儿重石，起码要被我们带到"十二五"，方有可能卸下。

颇有趣味的是，上述的两个税种，在税理上，都属于直接税。而且，按照其改革的目标，它们都属于以居民个人为纳税人的完全意义上的直接税。相对而言，已经全面或部分完成、有望于近期启动改革的税种，则属于间接税。或者，即便属于直接税，也系针对企业而非针对居民个人纳税人征收的直接税。

其实，前面说过，直接税改革"城池"的久攻不下，并非始于"十一五"，我们可以追溯至更早。但是，尽管艰难，它也始终没有脱离我们的改革视野，而一直在决意追求的改革目标之列。

不妨稍稍回顾一下迄今为止围绕个人所得税和物业税的改革轨迹。

个人所得税，早在 2000 年制定"十五"规划时，便确立了"实行综合与分类相结合的个人所得税制"的改革目标。鉴于现行的是分类所得税制，其改革的实质，就是由以分类制向综合制靠拢。此后，正如我们今天已经看到的，这项改革并未在"十五"期间启动，而是由"十五"规划被搬至"十一五"规划之中，从而经历了第一次"搬家"。接着，在"十一五"期间，尽管推动了让高收入者自行申报的尝试，但因其基础仍是分类所得税制，故而形成了"分类计税"和"综合申报"互不搭界的格局，既未收获多少实效，也并未由此向综合制靠拢，从而不得不经历第二次"搬家"——由"十一五"规划搬至"十二五"规划。时至今日，在《中共中央关于制定国民经济和社会发展第十二个五年规划的建议》中，我们已经找到了"逐步建立健全综合和分类相结合的个人所得税制度"的条款。

再看物业税。它是从 2003 年 10 月中共十六届三中全会开始进入我们视野的。从那时起到现在，已历时 7 个年头外加一个季度。追溯起来，在当时，之所以选择物业税，首先是因为，它属于财产税类中的一个税种。财产税至少有三个系列：一般财产税、特种财产税和财产转让税。鉴于中国百姓所拥有的财产现状以及税收征管可能的考虑，从特种财产税——对居民所拥有的房地产征税——入手，然后逐步向其他财产税税种拓展，从而建立起中国的财产税体系，无疑是明智的选择。并且，当时之所以使用物业税而非房地产税的称谓，既有借鉴香港地区概念的因素，也是为了同现行税制体系中的房地产税——以企事业单位等所拥有的经营用房地产为征收对象的税——相区分，从而对"老税调整"与"新税开征"分而治之。也即是说，从一开始，物业税的功能定位就是立足于调节贫富差距的财产税，而非抑制房价。从一开始，物业税所锁定的征税对象，就是居民个人所拥有的居住用房地产，而非企事业单位等所拥有的经营用房地产。

在积累了 7 年零一个季度之久的"难产"经验之后，再来审视物业税的相关信息，却不无惊讶地发现，不仅其初衷在一片抑制房价的呼声中被淹没掉了，而且连物业税的称谓也在不少场合，特别是在《中共中央关于制定国民经济和社会发展第十二个五年规划的建议》中被替换成了"房地产税"。这里固然有"老税调整"与"新税开征"相对接等税制设计方面的战略考虑，但从根本上说来，也同物业税开征过程中遭遇到的困难直接有关。正是由于在具体操作上始终突破不了各种难题的包围，一直未能撼动开征物业税道路上的种种障碍，"老税调整"与"新税开征"才有了彼此对接并相互融合的必要，也才有了围绕物业税的相关表述的变化——将"十一五"规划中的"稳步推进物业税"改为"研究推进房地产税"。

三　"后危机"时代的改革诉求

如果说，直接税改革进程的迟缓以及由此造成的中国现行税制体系格局的失衡，始终是压在我们心头的一块儿重石，那么，伴随着我们迈入"十二五"的脚步，这块儿重石，变得愈加沉重了。

当前的国内外经济社会形势，带有典型的"后危机"时代特征。"后危机"不等于具有周期性意义的"危机后"，而旨在强调，经过了这轮前所未有的国际金融危机的洗礼之后，无论是中国，还是整个世界，都发生了一系列极其深刻的变化。所谓"旧患未除"、"新忧又至"（李扬，2010）便是对这种变化的一个生动刻画。一方面，造成这一轮百年不遇国际金融危机的主要因素比如结构失衡，依然存在，另一方面，危机中各国政府所采用的大量非常规措施的负面作用如流动性过剩，正渐次显现。受此影响，世界各国都将面临一个极其痛苦的重大调整过程。而且，这一痛苦的调整过程，可能至少要持续 5 年以至更长时间。

具体到我国，在如此的国内外经济社会情势下，所面临的重大调整起码要包括经济发展方式转变、调节居民收入分配和推进城镇化进程等几个方面。这些调整，在税收愈益成为牵动经济社会发展全局的重大因素的条件下，当然要与现行税制体系相对接。而一旦涉及现行税制体系的改革诉求，便可发现，它们几乎剑剑指向直接税。

比如，经济发展方式转变。在今天的世界上，不仅各国已经倾向于把导致这轮危机的深层次原因归结于经济结构失衡或全球经济结构失衡，而且已经围绕调整经济结构悄然推出了一系列规模颇大的举措。在当前的中国，围绕着被拖入这轮危机的根本原因的反思，我们不仅已经将经济发展方式转变视作刻不容缓之举，而且，已经将其提升至"关系改革开放和社会主义现代化建设全局"和"深入贯彻落实科学发展观的重要目标和战略举措"的高度加以认识，甚至有了社会制度转型、经济体制转轨和发展方式转变所谓三次决定中国现代化命运的重大抉择的历史定位。

伴随着以转变经济发展方式为主线而展开的我国经济社会领域的深刻变革，在分析由此而牵动的一系列体制性障碍时，人们总会把现行增值税制拎出来，当作现行税制体系制约服务业发展的一个例证。也总会把增值税"转型"之后所引发的制造业和服务业之间的税负失衡，当作启动增值税"扩围"行动的一个重要理由。鉴于增值税"扩围"遇到的难题之一便是其块头儿陡增，块头儿过大的增值税肯定会对税收收入或财政收入的安全性构成挑战，故而，增值税"扩围"，必须辅之以包括相应调减增值税税负、相应调增其他税种税负等相关的配套动作。在这一此减彼增的税制调整中，能够进入调增视野的，自然是目前份额偏低的直接税，特别是基本不存在的完全意义上的直接税。

再如，调节居民收入分配。可以看到，随着对这轮国际金融危机爆发特别是我国被拖入这轮危机原因的全面分析，上至决策层，下至普通百姓，一再发出尽快出台切实有效措施、在解决收入分配问题上取得实质性突破的强烈信号和呼吁。这不仅是因为收入分配差距过大已经被确诊为我国内需不足的深层根源之一，并且，拉动内需的希望已经在很大程度上寄托于收入分配差距的拉近。而且因为，日趋尖锐化的收入分配矛盾与日渐显著的通货膨胀压力一旦对接，便会在一定程度上威胁到社会的稳定。所有的这些挑战，都在强化解决收入分配问题的紧迫感，要求甚至逼迫政府在收入分配领域尽快拿出实招、狠招和有效招数。

每当谈到政府可以利用的调节居民收入分配的招数时，人们总会注目于税收，也总会提及存在于现行个人所得税身上的种种不尽如人意之处，也总会把调节居民收入分配的希望寄托于现行个人所得税的改革上。鉴于现行个人所得税的根本缺陷就来源于其所实行的分类所得税制，现行个人所得税的改革目标就在于变分类所得税制为综合与分类相结合制，一旦实行综合制便意味着直接针对居民个人征收且由居民个人直接缴纳时代的来临，故而，围绕个人所得税改革目标的谋划和追求，就在于让具有部分意义的现行个人所得税"变身"于完全意义上的直接税。

又如，城镇化。作为支撑经济增长的源泉之一，在中共"十七大"报告中，城镇化曾与工业化、信息化、市场化、国际化一起并称为"五化"。与之有所不同，在今天的中国，城镇化异军突起，已经被视为现实中国的最大内需和最雄厚的内需潜力之所在（李克强，2010）。这意味着，在当前以及今后很长的一个时期，城镇化将作为支撑中国经济发展的最重要的源泉而备受关注，人民群众的生活方式和经济社会结构也将随之发生一系列深刻变化。

在谋求加快城镇化发展进程的策略时，人们总会说到现行税制对于城镇化进程的种种制约作用，也总会把调整现行税制当作推动城镇化进程的一个重要举措。鉴于现时的税收收入主要来源于企事业单位而非居民个人的缴纳并由此隔断了外来人口与税收缴纳之间的必然联系，也鉴于城镇化的核心内容在于从农民到市民的身份转换以及相伴而生的人口在全国范围内的大规模流动，加快推进城镇化的一个关键之处，就在于让包括原有居民和外来人口在内的所有城镇居民所缴纳的税收与城镇基层政府所提供的公共服务相对接，从而还原人们的日常消费与税收缴纳之间、税收缴纳与公共服务消费之间的联系，故而，围绕城镇化与现行税制之间关系命题的讨论，也可归结于增加直接税，尤其是增加完全意义上的直接税在整个税收收入中的份额问题上。

还如，在遇到诸如遏制房价过快增长、拉近贫富差距等方面的命题时，人们总会指望开征以物业税为代表的财产税，寄希望于通过对财产存量的征税来添加住房投资者的成本，并实现对包括收入、消费和财产等多个层面所形成的贫富差距的全面调节。鉴于物业税的开征便意味着中国财产税"缺失"状态的终结，物业税等财产税的计征，又只能建立在税务机关直接征收和居民个人直接缴纳的基础上，故而，开征以物业税为代表的财产税的过程，也就是让完全意义上的直接税融入中国现行税制体系的过程。

这些情形，不过是其中的几个突出的例子。这也意味着，在后危机时代，特别是在"十二五"时期，中国的税收改革，应当也必须围绕着直接税这一线索而推进。

四　直接税改革的主要内容

说到这里，可以对中国的直接税改革任务做如下的概括：第一，直接税要增份额。第二，个人所得税要搞综合制。第三，以物业税为代表的财产税要开征。第四，以上述的改革行动为基础，构建适应中国国情的直接税体系，并由此实现中国税制体系格局的基本平衡。

如此看来，在"十二五"时期，中国直接税改革的主要内容或重心所在，可以也应当放在两个税种上——个人所得税实行综合与分类相结合和开征物业税（房地产税）。

先看个人所得税。个人所得税的综合制，在历经两个五年规划的追求、一再遭遇各种障碍且始终未能收获预期效果的背景下，仍被写入"十二五"规划。这一事实也说明，在中国，个人所得税制度走"综合与分类相结合"的道路，绝对不可逆转。正所谓"历尽艰辛，痴心不改"。无论前行的路有多么曲折和复杂，个人所得税要同综合与分类相结合制捆绑在一起，这样一个在全球范围内被反复验证的规律，迟早要在中国大地生根、开花。

在这个时候，重申一下个人所得税实行综合计征的好处，或许是十分必要的：

其一，进入其调节视野的居民收入，不再限于单一项目，而是综合性收入。人与人之间的收入差距，本来是综合而非单一项目的收入差距。在不计算综合收入水平的条件下，分别就居民的每一个单项收入征税，其所能达到的调节作用，至多只限于单一项目收入本身。除非人们的收入来源单一化，否则，针对单一项目而非加总求和之后的综合性收入的调节，无异于瞎子摸象。鉴于收入来源日趋多元化的现实背景，建立在综合性收入基础上的个人所得税调节，无疑是更贴近居民收入分配差距现实的调节。

其二，先算账、再征税，不再是一句空话。即便在单一项目收入如工薪收入的视野内，由于不同纳税人的负担状况不同，扣除负担之后的经济境遇有很大的差异。在不计算差异颇大的负担账的条件下，仅着眼于居民的工薪收入账并随之征税，只会加剧既有的不公平而非有助于社会公平目标的实现。在个人所得税改行综合制并计算纳税人综合收入账之后，由于赡养人口不同、居住区域不同、身体状况不同而形成的负担差异，便有了据实核算、相应扣除并再予征税的可能。

其三，个人所得税计征中的扣除额，有了实行差异化的可能。作为个人所得税中的扣除额，其最重要的特征，应当是差异化——不同经济境遇的人适用不同的扣除规定，从而体现净所得征税原则。在中国，人们之所以习惯于将扣除额误读为起征点，恰是因为，现行个税实行了标准化的扣除额——让不同经济境遇的人适用了统一的扣除标准。在忽略人与人之间的费用开支差异条件下所进行的个税调节，当然不符合净所得征税的原则，有悖于社会公平。实行个人所得税的综合计征，综合不同经济境遇的人，便可以脱出标准扣除额的局限而适用差异化的扣除规定，从而使得按净所得征税成为现实。由此，扣除额也就不再会被人们误读为起征点。

接下来看物业税（房地产税）。无论继续称作物业税，还是基于"老税调整"与"新税开征"彼此对接并相互融合的考虑而改叫房地产税，这一税种都是特指对居民个人所拥有的居住用房地产征收的财产税。开征这一税种的基本着眼点，都在于拉近贫富差距而非抑制房价或给地方政府寻找主体税种。也正是因为我们握有其他税种无法替代的这一定位和基本理由，开征物业税（房地产税）才会在一再"难产"的背景下几番进入党和政府的议事日程，并仍被写入"十二五"规划。

在此特别重申一下财产税的基本定位，显得十分必要。生活中的常识早就告诉我们，人与人之间的贫富差距是通过三个层面上的因素表现出来的。一是收入，你取得的收入比我多，你比我富。二是消费，你消费的规模比我大，消费的档次比我高，消费的魄力比我足，你比我富。三是财产，你拥有的财产比我多，你比我富。其中，前两个因素属于流量，后一个因素属于存量。存量是基础性的，在相当程度上决定着流量。将这样一种贫富差距同中国现行的税制格局相对接，可以发现，在收入取得层面，我们有个人所得税的调节。在消费支出层面，我们有增值税、消费税和营业税的调节。在财产保有层面，我们则基本处于无税状态。放着对贫富差距具有基础性效应的存量因素——财产——不去实施税收调节，而仅着眼于流量因素——收入和消费——的税收调节，中国税收的调节贫富差距作用可想而知。

一旦物业税（房地产税）获得开征并由此为遗产税以及其他属于财产税系列的税种铺平道路，那么，结束中国现行税制格局中的财产税缺失状态，从而建立起从收入、消费、财产等各个环节全方位调节贫富差距的现代税制体系，便会成为中国的现实。

五　到了必须攻破征管"瓶颈"的时候

现在的问题是，中共十七届五中全会已经再一次把以个人所得税和物业税（房地产税）为代表的直接税改革放入了"十二五"规划。在未来的 5 年内，我们又能够拿出并实施怎样的举措来确保既有的改革规划不再经历另一次"搬家"？这当然要涉及与此相关的各种难题的破解。诸如既得利益格局阻碍、纳税人税收意识淡薄、现金交易量庞大、房地产价值评估困难等，都是人们常常挂在嘴边的内容。但是，本着宜粗不宜细、先简后繁、先易后难等被历史证明行之有效的原则，并脱出上述这些表面因素的局限而深入到问题的实质层面，便会发现，在综合计征个人所得税和开征物业税（房地产税）问题上，真正不易跨越且躲不开、绕不过的一道坎儿，还在于个人所得税和物业税（房地产税）的征管机制。

　　中国的税收征管，在过去的 30 多年中，无论从人员素质看，还是从技术装备和操作手段看，都取得了显著的进步。税收的实际征收率，由十几年前的 50% 左右跃升至 75% 上下，便是一个可以立刻拿出且值得称道的例子。不过，尽管如此，就总体而言，它还不属于可与现代税制对接的税收征管。

　　倘若要给现实的中国税收征管机制画一幅素描，那么，其基本的线条，可能只有四个字，"间接" + "截流"。

　　所谓"间接"，指的是，它基本上只适于征收间接税，而不能适于征收直接税。观察一下税务机关的现实征管工作格局，便会发现，除了少许的例外，它往往是隔着一个人（法人）向另外一个人（自然人）收税，或者，通过一个人（法人）向另外一个人收税。占全部税收收入 70% 左右的流转税的征收自不待言，事实上，即便是被称之为直接税的企业所得税和个人所得税，也跳不出如此的格局。企业所得税，从根本上说来，是可以转嫁的。既可以向"上家"——原材料供应商和劳动力提供者——转嫁，也可以向"下家"——产品和服务消费者——转嫁。只要发生了转嫁，哪怕是部分的转嫁，它便带有一定的间接税性质。个人所得税，在实行分类计征和代扣代缴制的条件下，实质上属于间接征收，系被"间接化"了的直接税。

　　所谓"截流"，指的是，它基本上只能征流量环节的税，而不能征存量环节的税。观察一下现行税制体系中的 18 个税种的税源情形，便会发现，除了少许的例外，几乎所有税种的税源都是同现金流绑在一起。有现金流，则有税源；有税源，则有税收。没有现金流，则没有税源；没有税源，当然也就没有税收。若打比方，在如此的税源格局下，税收征管所做的最主要的工作，就是寻找一个有利地形——征税环节，当诸种现金流从身边"通过"之时，便挥动手中的分流工具截下一块儿并输送国库。换言之，操用现实的税收征管机制，税务机关尚难以触动存量环节的税源。也正因为如此，存量环节的税源，还属于现行税制体系的"空白"地带。

　　可以说，现实税收征管机制所形成的"瓶颈"制约，恰恰是"十一五"税制改革规划的两个未尽事项——个人所得税实行综合与分类相结合和稳步推行物业税（房地产税）——的基本成因。建立在综合计征基础上的个人所得税，无疑是真正意义上的直接税，而非以"代扣代缴"方式被"间接化"的直接税。拟议开征的物业税（房地产税），既是真正意义上的直接税，又是脱离了现金流支撑的存量税。一旦触及真正意义上的直接税，现实的税收征管机制便力不从心了；只要脱出流量而深入到存量环节的税源，现实的税收征管机制便难有作为了。难不在税制安排，而在征管实现。正是这一瓶颈，绊住了"十一五"税收改革前行的"马腿"。

但不管怎样，今天的中国税收，已经越来越同市场经济体制紧密对接并越来越被推至破解一系列重大经济社会问题的前沿地带。鲜有直接税或基本没有完全意义上的直接税的现行税制格局，已经不适应于当前的经济社会形势，更不适应于越来越趋于完善的社会主义市场经济体制。既然税务机关能征真正意义上的直接税和脱离了现金流支撑的存量税，是启动上述直接税改革的基本条件，并且，个人所得税实行综合与分类相结合和稳步推行物业税（房地产税）的时间表，将直接取决于税务机关突破现实税收征管机制"瓶颈"制约的进程，那么，面对着后危机时代的重重压力和种种挑战，我们没有别的选择，只能以攻破税收征管"瓶颈"的努力，来破解并消除前行道路上的一系列重大经济社会问题。

主要参考文献

高培勇：《什么是中国现行税制的软肋？》，《中国财经报》2010 年 2 月 2 日。

谢旭人：《坚定不移深化财税体制改革》，《求是》2010 年第 7 期。

李扬：《调控可能更倾向于阻止经济下滑》，http://www.zjsyg.com/news_det.asp?info_kind=002003&ID=212，2010 年 8 月 23 日。

李克强：《关于调整经济结构、促进持续发展的几个问题》，《求是》2010 年第 11 期。

（原载高培勇等主编：《中国财政经济理论前沿（6）》，社会科学文献出版社 2011 年版）

推进结构性减税:规模界定、对象选择与具体路径

一　结构性减税关系着这一轮宏观调控的成败

当前复杂而严峻的经济形势,要求我们把稳增长放在更加重要的位置,进一步加大预调和微调的力度。然而,搜索一下目前可供操用的各种宏观经济政策手段,便会发现,相对于以往,留给我们的实现稳增长的政策空间事实上已经变窄:

就积极财政政策而言,在经历了主要依靠增加财政支出、扩大公共投资的几番反危机操作之后,其"粗放型"扩张对于中国经济结构的负面作用已经逐渐凸显。在当前的中国,较之于危机前,调结构的任务显得更为紧迫。这意味着,我们不能再以牺牲调结构为代价,主要通过增加财政支出、扩大公共投资而硬性实施财政扩张。

就稳健货币政策而言,为期几年的非常规货币刺激措施导致的流动性过剩,再加上以普通劳动者工资增加为代表的各类成本上升因素的推动,已经形成了对于物价上涨的强大压力。这种压力,不仅在短期内难以缓解,而且,在各种社会矛盾处于多发期和凸显期的背景下,一旦物价上涨与各种社会矛盾相交织,极可能危及社会的稳定。这意味着,我们不宜再以推高物价为代价而硬性实施天量货币驱动。

一方面要稳增长,另一方面要调结构、控物价,在不以牺牲调结构和推高物价水平为代价的前提下实施有利于稳增长的政策操作,正是我们在今天所面临的最紧迫、最富有挑战意义的任务。

受制于多种因素的制约或牵制并权衡各方面的利弊得失,可以发现,至少在积极财政政策的线索上,能够兼顾稳增长、调结构、控物价三重政

策目标需要且较少副作用的一个可行选择，就是推进结构性减税。有别于以往以"增支"为重心的操作，以减税作为积极财政政策的主要载体，主要通过民间可支配收入的增加而非政府直接投资的增加实施经济扩张，将有助于在实现稳增长目标的同时，兼收调结构、控物价的功效。也许正因为如此，在几乎所有涉及当前经济形势和宏观经济政策的讨论中，特别注意完善结构性减税，加大结构性减税力度，是这一时期出现频率颇高的字眼。

这便意味着，在当前的中国，要把实现稳增长的重点放在推进结构性减税上。可以说，结构性减税能否落到实处，在很大程度上，关系着这一轮宏观经济调控的成败。

二　当前的结构性减税，尚有相当大的空间

2012 年的时间已经过半。半年多来，围绕结构性减税所推出的措施，尽管种类不能算少。但从总体上看，尚有相当大的空间：

这些结构性减税措施，所针对的，大都是小微企业。而且，多属于零敲碎打型的。但是，注意到中国税收 80% 甚至 90% 以上的份额来自大中型企业，即便把来自小微企业的税收全部免掉，它对于中国税收所形成的减税冲击，也是一个很小的数字。此其一。

正在上海进行的营改增改革试点，应算是迄今规模最大的一个结构性减税措施。但是，在上海的地域内，其所能涉及的减税规模，大约在 100 亿元上下。即便下半年试点范围能够如所预期的那样扩大，所能涉及的减税规模，至多几百亿元。此其二。

严格地讲，始自去年 10 月份的提高个人所得税工薪所得减除费用标准和调整税率结构的措施，发生在去年年末举行的中央经济工作会议之前，不应算作今年的结构性减税项目。即便考虑到它的所谓"翘尾效应"并往宽里估算，今年所能涉及的减税规模，不会超越 1000 亿元。此其三。

将上述这些项目所涉及的减税规模加总计算，显然同结构性减税的政策目标，特别是同其在今年积极财政政策中所应担负的角色，并不相称。

三　关键要拿出结构性减税的总体方案

检讨起来，在推进结构性减税问题上之所以进展迟缓，是因为，结构性减税是一个相对笼统的提法，迄今为止，尚无总体的设计方案。在既无量化目标又无对象设定的条件下，其操作上便留有很大的回旋余地。注意到减税本身直接牵涉政府部门的切身利益，其推进过程，肯定会遇到主要来自政府部门内部的重重阻力。

有鉴于此，结构性减税的顺利推进，关键是要锁定将结构性减税落到实处的目标，做好方案的总体设计。这个总体方案，至少要解决两个问题：

其一，究竟要减多少税？要清晰地界定好结构性减税的规模——究竟要减多少税？否则，只有定性而无定量，只有方向而无规模，结构性减税便会停留于抽象层面，满足于零敲碎打，跟着感觉走。这既难以保证结构性减税的实施效果，更可能导致一些似是而非的说法或实践。

其二，究竟要减什么税？要清晰地界定好结构性减税的对象——究竟要减什么税？否则，不问青红皂白，统统砍上一刀，或者眉毛胡子一把抓，见什么减什么，结构性减税便会陷于盲目状态。这既与税收的一般常识相违，更可能偏离既有税制改革的轨道和目标。

也就是说，结构性减税的总体方案，应当也必须在总量和结构两个层面有明确界定。

四　在总量上，以至少 6000 亿元作为减税量限

结构性减税的规模界定，可从如下三个层面入手：

第一，财政赤字的规模。结构性减税，当然要在财政赤字的约束下加以实施。一笔特定的财政赤字，既可以用于支撑增加支出的安排，也可以用于支撑减少税收的安排。换言之，今年财政预算赤字的规模，是界定结构性减税量限目标的基本出发点。根据正式公布的政府财政预算，将通过举借国债弥补的赤字（8000 亿元）和动用中央预算稳定调节基金弥补的

赤字（2700 亿元）合并计算，在 2012 年，我国的预算赤字为 10700 亿元。照此推算，即便将今年财政赤字的一半用于支撑结构性减税，那么，结构性减税的最低规模也应为 5350 亿元。

第二，增支减税的对比。前面说过，有别于以往以"增支"为重心的操作，在 2012 年，"减税"已成为积极财政政策的主要载体。既然主要载体是结构性减税而非增加政府支出、扩大公共投资，那么，在 10700 亿元财政预算赤字的约束下，即便是向结构性减税稍作倾斜，而不是让"减税"和"增支"平分秋色，2012 年实施结构性减税的规模，当以超过 5350 亿元计算，以至少 6000 亿元为量限目标。

第三，财政收入形势。今年 1—6 月份，全国财政收入 63795 亿元，同比增长 12.2%。这个数字，尽管较之去年同期回落 19 个百分点，但是，按照今年 9% 的预算收入增幅指标计算，则是"超出"3.2 个百分点。它意味着，迄今为止，我国财政收入的形势走向，不过是以往增速的放缓，而非负增长，更非低于预算指标的增长。它所能影响的，至多是超收收入规模的多与少。以超出预算收入增幅指标 3.2 个百分点计算，今年可能形成的财政超收收入规模，起码在 3000 亿元上下。故而，鉴于超收收入的机动财力性质，至少 6000 亿元的减税规模，不仅是有必要的，而且是有能力实施的，甚至是可以超越的。

四　在结构上，以增值税作为主要减税对象

结构性减税的对象也不难界定。这可以从对我国现实税收收入结构的判断和"十二五"时期的税制改革规划入手。

以 2011 年为例。在当年全部税收收入中，来自流转税的收入占比为 70% 以上。除此之外，来自所得税等其他非流转税税种的收入合计占比不足 30%；来自各类企业缴纳的税收收入占比为 92.06%。除此之外，来自居民缴纳的税收收入占比只有 7.94%。可以说，走商品价格通道、由企业法人缴纳，集中揭示了我国现行税制结构以及由此而形成的现实税收收入结构的失衡状况。

我们已经看到，这种严重失衡的现行税制结构和现实的税收收入结

构，不仅在国内的经济社会发展进程中遭遇了一系列的麻烦，而且在全球经济走入持续震荡的背景下，其弊端也越来越充分地显露出来。

正因为如此，在"十二五"规划纲要第四十七章第三节中，专门写入了如下一段话："按照优化税制结构、公平税收负担、规范分配关系、完善税权配置的原则，健全税制体系。"所以，从优化税制结构和税收收入结构的目标出发，应当进入减税视野的，主要是那些走价格通道转嫁、由企业缴纳的间接税或流转税。

进一步看，在中国现行的税制结构下，可归入间接税或称流转税的税种主要有四个：增值税、消费税、营业税和关税。除了关税有其自身的特点、同进出口贸易的状况直接相关之外，在其余的三个税种中，增值税块儿头最大。它的收入占比，在 2011 年，是全部税收收入的 41.1%。消费税和营业税的收入占比，则分别为 8.79% 和 15.25%。

上述格局，提醒我们注意如下三个基本事实：（1）增值税在所有流转税中的块儿头最大，牵涉它的减税效应可能是最大化的。（2）营业税改征增值税，不仅已经纳入"十二五"规划并公布了改革试点方案，而且，试点范围正在由上海向全国推展，营业税终归要被增值税"吃掉"的趋势已经不可逆转。（3）消费税的特殊性质——系主要针对奢侈品等征收的附加税，由于它所牵涉的群体主要为高收入者，围绕它的增减变化，历来争论很大，难以达成共识。所以，兼顾税制改革的方向和尽可能放大结构性减税效应两重目标，结构性减税的主要对象，无疑应当锁定于增值税。

并非巧合，目前正处于试点中的营业税改征增值税（或称增值税扩围）方案，为实施增值税税负的削减搭建了一个很好的平台：（1）通过增值税逐步"扩围"至营业税的征税领域，原适用营业税的纳税人所承受的重复征税现象将得以减少，从而减轻税负。（2）通过增值税逐步"扩围"至营业税的征税领域，因增值税转型改革所带来的营业税税负相对上升现象将趋于减少，从而减轻原适用营业税的纳税人所承受的税负。（3）通过增值税逐步"扩围"至营业税的征税领域并适用两档新的较低税率，增值税的整体税负水平将趋于下降。

五　在路径上：增值税"扩围"与"降率"并进

锁定至少 6000 亿元的减税规模目标并以增值税作为主要减税对象，其操作的基本路径可做如下选择：

选择之一：进一步加快推进扩大"营改增"试点范围进程。从目前情形看，营业税改征增值税或称增值税扩围，既是一项涉及减税规模最大的改革项目，又是以增值税为主要减税对象的改革，故而，"营改增"试点的范围越大，结构性减税的总量和结构效应也就越大。瞄准"营改增"试点范围的扩大目标并采取切实有效的行动加以推进，显然有助于实现落实结构性减税之效。

选择之二：在扩围的同时，相应调低增值税税率。必须注意到，始自 1994 年的现行增值税税制，毕竟是专门为制造业量身打造的。将原本基于制造业的运行特点而设计的增值税税制"扩围"至服务业，一方面不能不考虑服务业的运行特点并作适应性调整，另一方面，也不能不将包括制造业和服务业在内的两个产业相对接，在两者融为一体的条件下重启制度安排。目前在上海等地所实施的以追加 6% 和 11% 两档新税率为代表的调整措施，至多能够应付试点的短时之需，并非长远安排，特别是难以保证结构性减税的效果。

所以，着眼于长远，在"扩围"的同时，还须立即着手"降率"——从整体上降低增值税的现有税率，使其平均税负水平有实质性下降。根据初步测算，增值税标准税率每下调 1 个百分点，将减税 2000 亿元左右。并且，以增值税收入为税基的城建税、教育费附加、地方教育费附加三项税费，也会随之减少 240 亿元上下。两者相加，综合减税规模约为 2240 亿元。照此计算，如将标准税率从目前的 17% 减少至 15%，则其涉及的减税规模有可能达到 5000 亿元左右。

（原载《光明日报》2012 年 8 月 13 日）

着力打好规范收入分配秩序的硬仗[*]

对于当前中国收入分配领域的种种矛盾现象，可以从两个方面来认识：一是分配差距，主要是指分配的结果。另一是分配不公，指的是对造成分配不平等结果的原因的判断。这两个问题，存在于所有经济体制和所有发展阶段。有所不同的是，在当前的中国，分配差距往往与分配不公高度关联。而分配不公，又与现实收入分配秩序的有欠规范直接相关。事情表现在收入分配差距上，问题的根源，则存在于收入分配秩序的不规范之中。所以，打造一个以公开透明、公正合理为特点的规范性的收入分配秩序，十分重要。

正是基于这种判断，国务院批转的《关于深化收入分配制度改革的若干意见》以较大篇幅专门围绕规范收入分配秩序问题，从"加快收入分配相关领域立法、维护劳动者合法权益、清理规范工资外收入、加强领导干部收入管理、严格规范非税收入、打击和取缔非法收入和健全现代支付和收入监测体系"六个方面作出了重要部署。并且，以此为基础，提出了"合法收入得到有力保护、过高收入得到合理调节、隐性收入得到有效规范和非法收入予以坚决取缔"四个主要目标。这意味着，从规范收入分配秩序入手，矫正分配不公，进而缩小收入分配差距，已经成为深化中国收入分配制度改革的一条重要线索。缩小收入分配差距、解决收入分配问题的曙光，已经初步呈现。

然而，鉴于当前中国收入分配问题的复杂性和艰巨性，要完成上述任务、实现上述目标，绝非一蹴而就。它不仅是一项长期性的工作，而且还

---

　　*　本文系作者应国家发改委之邀为配合国务院批转国家发改委等部门《关于深化收入分配制度改革的若干意见》正式发布而撰写的解读性文章。

必须有打硬仗的思想准备。以"牵牛鼻子"的思维透视围绕规范收入分配秩序问题的各项改革，至少如下几场具有基础意义的硬仗要首先打好。

一　规范国有企业收入分配秩序

应当说，对于国有企业的收入分配秩序，这些年来，党和政府已经推出了一系列规范性举措，《国有企业负责人职务消费行为监督管理暂行办法》、《中央金融企业负责人职务消费管理办法》即是两个突出的范例。这些办法，为建立规范国有企业领导人员职务消费的制度约束机制、推进职务消费制度改革迈出了坚实一步。

但是，从总体上说，在国有企业收入分配领域，我们仍然面临着许多严峻的挑战。比如，由于国有企业收入分配的约束机制未能真正建立起来，对国有企业的工资总额、高管人员收入水平和职务消费缺乏有效约束；由于国有企业利润全民分享机制未能真正建立起来，国有企业向国家上缴利润的比例，不仅远远低于国际上的一般水平，而且上缴的利润也多在国有企业系统内部封闭运行；由于缺乏对于垄断行业管理的有效机制，垄断行业凭借行政垄断地位和准入机制，既享受国家政策扶持，又垄断市场，获取了高额垄断利润，并通过各种形式转化为本行业的高工资和高福利；由于收入分配领域的相关立法尚未完全到位，一些非法收入，如以企业改制为名将国有资产化公为私、偷税漏税、以权谋私、贪污受贿、走私贩私等现象，也时有发生。

要从根本上解决上述例举到的以及没有例举到的问题，关键是规范好国有企业的收入分配机制。其中，最为重要的两个机制当在优先解决之列。

其一，建立健全国有资本收益分享机制。国有企业的基本属性，一是企业，另一是国有。作为企业，它要遵从市场法则，参与市场竞争，在市场上谋生存、求发展。作为"国有"的企业，它要遵从公共法则，让全体人民参与收益分配和监督管理。两者相辅相成，缺一不可。这就意味着，在国有企业的利润分配及其使用中，应当也必须使国家作为国有资本所有者在国有企业的权益得到保障。就此而论，作为 1994 年财税改革的一项安排，国有企业不向国家上缴利润或少向国家上缴利润，不过是出于支持国有企业脱困的需要而采取的临时性措施，绝非长久之策。绝不能以此为托词，将临时措施长期化、固定化甚至制度化。所以，以健全国有资本经营预算制度为主线索，尽快采取措施，将所有国有企业纳入上缴利润范围并大幅提高国有企业上缴利润的比例，是规范收入分配秩序的当然之举。

其二，规范垄断行业分配秩序。垄断行业的分配秩序之所以特别引人关注，就在于它一方面牵涉市场机制的运行秩序，另一方面，它也关系到国有资源、国有资产及其收益的分配秩序。故而，要通过加快垄断行业改革，打破垄断，放宽准入领域，引入竞争机制。对于已经初步拆分、引入竞争的电力、电信、石油、民航部门，要引入新的竞争并完善改革措施。对于尚未进行实质性改革的铁道、金融、公用事业等，要加快改革步伐，积极推进政企、政资、政事分开。与此同时，对于这些企业，要加强对企业职工收入分配的监督，严格实行工资总额控制制度，确立高管人员与普通职工收入之间的合理比例。

二　规范政府部门收入分配秩序

发生在政府部门身上的以滥发各种津贴和奖金、职务消费失范为代表的非规范性现象之所以会出现，各种隐性收入之所以成为久治不愈的"顽症"，其最根本的原因，就在于政府部门的收入分配秩序不规范。

比如，为数不少的政府部门，都有从企业、居民那里取得收入的行为，都有将直接取得的收入用于支出的现象。也就是讲，不仅财政部门从事财政性分配活动，其他的政府部门也在或多或少地从事财政性分配活动。这可以说是发生在转轨期间的中国的一个世界罕见的特殊现象。正是由于存在大量的没有纳入统一管理体系的财政性收入，各种津贴和奖金滥发以及职务消费失范行为才获得了便利的经济来源支持。

再如，尽管在名义上已经取消了所谓预算外资金，但在现实中，政府部门所取得的收入仍可以区分为一般预算收入、基金预算收入、社会保障基金预算收入和国有资本经营预算收入至少四个类别。其中，只有一般预算收入通过各级人大审批且可统筹使用，其余的几类收入，或是尚未进入各级人大审批视野，或是不能统筹使用而属于相关部门的"私房钱"。正是由于未全部纳入统一的预算视野，本属于同一性质的各种政府收入的收取和使用才会"政出多门"，不仅乱收费、乱罚款屡禁不止，滥发津贴和奖金、职务消费失范等现象也俯拾即是。

由此看来，解决上述问题的根本之策，在于规范政府收入分配秩序，实行"釜底抽薪"——让政府部门同各种非规范性收入"绝缘"。为此，如下的两个行为规范必须明确并制度化：

其一，按照市场经济的基本规则和国际的通行规范，在进一步清理整顿各种行政事业性收费和政府性基金的基础上，让财政部门将有关政府收支的事情统一管起来，不允许其他政府部门发生任何的以直接向企业、居民收钱为代表的财政性分配活动。

其二，按照"十八大"的精神，以实行全口径预算为目标，尽快作出相应安排，铲除各种游离于完整统一预算的财政性收入。不论是一般预算收入，还是基金预算收入，甚或其他任何别的什么名义的政府收入，除非特别需要，都要全部纳入各级人大的审批视野并实行统筹安排。

三　规范调节过高收入的再分配机制

再分配的灵魂就在于"抽肥补瘦"。以此为标尺审视现实中的税收、社会保障和转移支付等几个主要的再分配手段，可以发现，作为主要致力于"补瘦"的手段，尽管社会保障和转移支付仍有种种不尽如人意之处，但毕竟机制在，有渠道。当下的任务，在于采取多方面的措施进一步加以"完善"。作为主要致力于"抽肥"的手段，现实中的税收则既缺机制，又少渠道，基本不具备胜任如此使命的条件。

对于中国现行的税收制度和现实的税收格局，可以 2012 年的数字为例，还原出如下一幅近似直观的基本图景：70% 以上的税收收入来自间接税。剩下的 25% 左右的直接税，其中的 19.5% 又系企业所得税。只有 5.8% 的税收收入，来自个人所得税。

如此的税收制度和税收格局，导致我们在调节过高收入方面一再地遭遇难以跨越的种种难题：

其一，70%以上的税收须通过价格渠道转嫁，意味着我们的税收归宿在整体上是难以把握的。锁定特定的人群实行"定点调节"，让税收的归宿能够有所把握，对于我们，目前还是一个难以企及的事情。

其二，70%以上的间接税加上近乎20%的企业所得税，90%以上的税收需通过企业之手缴纳，意味着我们的税收调节在整体上是难以触及居民个人的。政府着眼于居民收入分配所实施的调节，即便意图明晰，目标确定，经过企业这个中间环节，其有效性究竟能有多大，目前还是一个难以提及的难题。

其三，6%左右的税收直接来自于居民个人，意味着可用于调节居民个人收入分配的税收空间极其狭小。它所能产生的能量，相对于它所锁定的调节对象——居民收入——而言，属于小马拉大车，心有余而力不足。运用税收手段调节居民收入分配，目前还是一个难以实现的梦想。

故而，可以认为，现行税制的缺陷以及由此派生的现实税收格局，系当下中国收入分配领域的"卡脖子"地带。只有打下税收制度改革的基础，才会有各种再分配手段的协调配合，才可能实施有助于"抽肥补瘦"目标的相关操作。

也正因为如此，在十八大报告中，首次提出了"形成有利于结构优化、社会公平的税收制度"这一战略构想。将这一战略构想付诸实施的基本路径，就在于通过税收改革，在保证宏观税负水平基本稳定的前提下，减少间接税，增加直接税；减少由企业缴纳的税，增加由居民个人缴纳的税，从而建设一个融间接税和直接税、企业法人纳税与居民个人纳税为一体的大致均衡的税收体系格局。

（原载《经济日报》2013 年 2 月 7 日）

"营改增"的功能定位与前行脉络

一　引言

作为对中国正在推进中的营业税改征增值税改革的简要表述，迄今为止，"营改增"还是一个在国内外既有各类辞典中所查阅不到的经济词汇。它的形成和应用，颇具中国特色。在某种意义上说，它绝对属于植根中国国情并将在中国经济生活中产生重要影响的中国概念。

从 2012 年 1 月上海启动交通运输业和部分现代服务业营业税改征增值税试点算起，"营改增"在中国的实践已持续一年有余，其意义和效应已经或正在逐渐显露出来。来自方方面面的信息表明，对于"营改增"的意义和效应，人们的分析和评估并非是充分的。或是局限于税制改革思维，将其视作完善税制的举措，在税制结构的变化中去归结其意义和效应；或是拘泥于结构调整视野，将其视作推动服务业发展的举措，从制造业和服务业均衡发展以及产业结构的转换中去提炼其意义和效应。即便有所拓展，如将其视作宏观经济调控的手段之一，也多沉溺于经济领域，很少甚或没有同包括经济建设、政治建设、文化建设、社会建设、生态文明建设和党的建设等方面因素在内的整体发展和变革联系起来。换言之，"营改增"的实际意义和效应可能大于甚至远大于最初的预期。

很显然，倘若我们的认识停留于这样一个层次，则不仅会看漏"营改增"所具有的某些甚至可能是十分重要的意义和效应，由此作出的分析和评估难免片面之嫌。而且，在未能全面而充分地揭示其各方面现实和潜在的意义和效应的条件下，围绕"营改增"的方案选择和战略布局，亦可能因认识不够、投入不足甚或操作失当而障碍实施效果。因而，在时下的中国，将与"营改增"有关或所牵涉的诸种要素提升至整个经济社会发展层面和全面深化改革开放的大棋局中仔细地加以审视，从而作出全景式的全面而系统的判断，是非常必要且十分迫切的一项重要任务。

上述任务，构成了本文的研究主题。

二　宏观经济运行视角下的"营改增"

"营改增"当然肇始于税制结构调整，最初是作为完善现行税制的一个举措而进入人们视野的。然而，由于"营改增"本身的复杂性，随着时间的推移和环境的变化，特别是当"营改增"得以正式启动并将其潜在的效应施加于宏观经济层面之后，它所具有的多重功效便接二连三地一个个展现在我们面前。如下便是其中几个突出的例子。

1. "营改增"是完善现行流转税制的基础性举措

从税理上讲，流转税有一般流转税和特殊流转税之别。与特殊流转税着眼于实施调节的功能定位有所不同，举凡一般流转税，都要按照"中性税"来设计——税制安排不对纳税人的经济选择或经济行为产生影响，不改变纳税人在消费、生产、储蓄和投资等方面的抉择。然而，主要出于历史的原因，在我国的现行税制体系中，并行着两个一般流转税税种——增值税和营业税。前者主要适用于制造业，后者主要适用于服务业。尽管可以在税制设计上按照彼此照应、相互协调的原则来确定税负水平，但在实际运行中，两个税种之间好似孪生兄弟，一直难免税负失衡。来自任何一方的哪怕是轻微的变化，都会直接影响并牵动到另一方。加之前者不存在重复征税现象，因而税负相对较轻；后者则有重复征税现象，因而税负相对较重。因一般流转税"两税并行"而造成的制造业与服务业之间的税负水平差异，不仅使得增值税和营业税陷入"非中性"状态，而且也常常对于现实中的产业结构产生"逆向调整"——相对抑制服务业的发展——效应。

更为复杂的问题在于，随着经济的发展，以生产性服务业为代表的大量新兴产业不断涌现。这类产业的一个重要特点，就是兼具制造业和服务业性质，很难对其产业归属给出明确的界定。不断涌现且产业属性不清的新兴产业与现行一般流转税的"两税并行"格局相对接，便形成了一般流转税征收缴纳的模糊地带。不仅给纳税人一方在适用增值税还是营业税问题上留有不必要的选择空间，而且，在国家与地方两套税务机构并行、分别征收增值税和营业税，增值税和营业税又分别属于中央地方共享税和地方税的条件下，也带来了征税人一方——两套税务机构之间——征管范围不清甚至相互争抢税源的矛盾。

正因为如此，事实上，几乎从 1994 年现行税制诞生的那一天起，就存在着并预设了未来将两个税种合并为一个税种——增值税——的考虑。早期的称谓是"增值税扩围"，后来基于通俗化表述的需要，改称为"营业税改征增值税"即所谓"营改增"。随着这种潜藏于现行一般流转税制体内的矛盾变得更加严峻和凸显，将其付诸改革实践便成为势在必行的操作。故而，可以说，"营改增"是一项早就纳入改革视野的完善现行流转税制的基础性举措。

2."营改增"系推动经济结构调整的重要手段

"营改增"既与现行流转税制的"非中性"状态以及由此派生的"逆向调整"产业结构效应有关，它的目标设定和方案设计，当然也就同经济结构的优化调整紧密相连。事实上，"营改增"之所以能够在国际金融危机趋向长期化和国内外经济持续震荡的背景下于 2012 年 1 月正式启动，恰恰是基于中国经济结构不平衡、不协调、不可持续的矛盾面临激化势头而倒逼的政策选择。

这一轮国际金融危机区别于以往危机的最大不同点，就在于它系周期性因素和结构性因素相交织的危机。或者说，它更多的是由结构性因素所导致的危机。正因为如此，尽管各国政府操用了规模空前、种类繁多的反危机措施，全球经济并未能如以往或所期望的那样顺利迈上周期性回升的轨道。也正因为中国经济已经与全球经济深度交织在一起，中国经济自身的结构矛盾和全球经济的结构性矛盾深度交织在一起，我们才不得不经历一个十分痛苦且相对漫长的深度转型调整过程。

经济结构的调整，在政府层面，当然牵涉到税收政策以及其赖以支撑的税制布局。可以立刻指出的一个基本事实是，"营改增"即是在经济结构矛盾趋于激化状态的背景下、基于调整经济结构的需要而启动的。其契机，便是增值税转型改革的实施和完成。

作为反危机的一项宏观经济政策安排，于 2009 年 1 月实施的增值税转型改革，其最重要的变化，就是企业当期购入固定资产（主要是机器设备）所付出的款项，可以不计入增值税的征税基数，从而免征增值税。所以，说到底，它是一项减税措施。注意到增值税系现行税制体系中第一大税种的地位，它还是一项规模颇大的减税措施。这项改革，固然可以带来扩大内需的反危机政策功效；但其政策成本亦相伴而生：由于增值税税负水平相对减轻，同属于一般流转税、与增值税捆绑在一起的营业税税负水平相对加重。作为一种必然的结果，发生在不同产业之间，特别是发生在制造业和服务业之间的税负失衡矛盾，也由此激化——相对于制造业税负水平的下降，服务业的税负水平趋向于上升。

这种现象，显然同转变经济发展方式、调整经济结构的时代潮流相背离。故而，为了推进服务业的发展进而调整产业结构，在增值税转型改革大致完成之后，特别是在全球经济持续震荡和中国经济不平衡、不协调、不可持续问题更加突出而形成步步紧逼压力的背景下，作为它的后续安排，相机启动与其密切关联的另一项改革——"营改增"，在整个商品和服务流转环节统一征收增值税，便成为一种推进经济结构调整的自然选择而提上了议事日程。

3. "营改增"关系此轮宏观调控操作成败

同增值税转型改革相似，"营改增"毕竟是在国际金融危机的背景下，基于实施结构性减税的意图而启动的。从一开始，它就被打上了反危机的烙印，与宏观调控操作紧密相连。不仅如此，更值得关注的是，随着时间的推移和形势的变化，"营改增"对于宏观调控的意义日趋凸显。其在当前宏观调控体系中的地位，不仅超越了在此之前启动的增值税转型改革。而且，在某种意义上，它已演化为关系此轮宏观调控成败的一项重要操作。

仔细地审视一下当前国内外经济形势的新变化和中央经济工作会议所确定的我国宏观经济政策的主基调，如下几个互为关联的事实肯定会相继进入视野：

与以往单纯致力于发挥逆周期调节的作用有所不同，当前的宏观经济政策布局，尽管仍以"积极的财政政策"和"稳健的货币政策"冠名，但其功能定位同时指向了逆周期调节和推动结构调整。与此同时，宏观经济政策的目标，也不再仅限于稳增长，而同时添加了调结构、控物价和防风险，以至形成了所谓系列性目标。换言之，当前的宏观调控操作，必须兼具逆周期调节和推动结构调整两个方面的功能，必须兼容稳增长、调结构、控物价和防风险等多方面的目标。从而，不能不在双重作用、多重目标之间徘徊。此其一。

欧美日等主要发达经济体正在陆续推出的新一轮量化宽松政策，必将带动全球主要货币大量放水，潜在通胀和资产泡沫的压力再度全面加大，其溢出效应必将影响我国；我国财政金融领域存在的风险隐患正在蓄积，随政府换届正在出现新一轮的地方融资平台冲动；以往流动性过剩带来的通胀压力始终未能缓解，包括外部输入和内部新增在内的新一轮通胀压力正在生成。凡此种种，都将极大地牵制或压缩稳健货币政策的作为空间，使其不得不将其主要精力投入于控物价和防风险。从而，稳增长和调结构的重任将主要落在积极财政政策身上。此其二。

在连续实施了5年的财政扩张性操作之后，相对于以往，以扩大支出为主要内容的扩张性操作药效已经有所下降，其"粗放型"扩张对于结构调整的副作用已经显现。较之于危机之前，不平衡、不协调、不可持续的问题更加突出。故而，扩大支出的操作将不能不有所节制，各级政府不仅要厉行节约，严格控制一般支出，把钱用在刀刃上——非做不可、不干不成的重要事项。而且，即便是必须增加的公共投资支出，也要在增加并引导好民间投资的同时，着眼于打基础、利长远、惠民生，又不会造成重复建设的基础设施领域。这意味着，以往以扩大政府支出为主要载体实施财政扩张的操作，不会再现于当前的宏观调控舞台。与之相反，以往处于"配角"地位、扩张功效逊于扩大支出的减少税收操作，将会异军突起，甚至成为当前积极财政政策的主要载体。此其三。

在当前的中国，每当提及启用财政扩张措施、再度增加公共投资支出规模时，总会有人发出不同声音。每当提及启用货币扩张措施、再度实施天量货币驱动时，也总会有人表达不同意见。然而，一旦提及实施减税，不论是操用结构性减税的概念，还是采用全面性减税的说法，人们的意见便变得出奇地一致。不仅可获得普遍的认同，而且，还会伴之有诸如"加快推进"、"加大力度"等方面的一片"促进"之声。可以说，在当下的宏观经济政策抉择中，减税确实是最能赢得国人共识的一个宏观调控操作，也是宏观调控领域的最大经济政治公约数。此其四。

当前在积极财政政策旗帜下所实施的减税操作，被称之为结构性减税。与全面性减税有所不同，结构性减税的最重要特点在于目标的双重性，一方面要通过减税，适当减轻企业和居民的税收负担水平。另一方面，要通过有增有减的结构性调整，求得整个税收收入结构的优化。也即是说，将减税操作与税制改革的方向相对接，是结构性减税的题中应有之义。正是出于这样的考量，中央经济工作会议操用的是"结合税制改革完善结构性减税政策"的表述。将现行税制体系以及由此决定的税收收入格局与"十二五"税制改革规划相对接，减流转税（间接税）而非直接税，减收入所占份额较大的主要流转税（间接税）而非所占份额微不足道的零星流转税（间接税），无疑是推进结构性减税的重点。此其五。

在现行税收收入体系中，收入所占份额较大、可称为主要流转税（间接税）的，分别是增值税、营业税和消费税。2012 年，其所占份额分别为 39.8%、15.6% 和 9.0%。鉴于增值税块头儿最大，牵涉它的减税效应可能是最大化的，也鉴于营业税的前途已经锁定为改征增值税，其终归要被增值税"吃掉"的趋势已经不可逆转，亦鉴于消费税的基本征税对象是奢侈品和与能源、资源消耗有关的商品。对于消费税的任何减少，都要牵涉到国家的收入分配政策和节能减排政策安排，历来难以达成共识，不能不格外谨慎，相比之下，只有增值税最适宜作为结构性减税的主要对象。正在上海等地试行的"营改增"方案，本身恰是一项涉及规模最大、影响范围最广的结构性减税举措。此其六。

三　全面深化改革开放视角下的"营改增"

事情并未到此结束。循着"营改增"的前行脚步及其所牵动的因素，还可以看到，它所产生的功效，不仅可以超越宏观经济运行层面而延伸至财税体制改革领域，而且，在新一轮改革大潮扑面而来的特殊背景下，鉴于财税职能、财税体制所具有的不同于其他政府职能和管理体制的特殊品质，这种功效，亦可由此延伸至包括经济建设、政治建设、文化建设、社会建设、生态文明建设和党的建设在内的全面改革领域，从而在某种意义上具有催生全面深化改革开放的特殊功效。

1. "营改增"将催生地方主体税种以及地方税体系的重建

作为现时地方政府掌握的几乎唯一的主体税种，营业税收入大致占到地方政府税收收入的一半以上。正在 9 省（市）① 试行的"营改增"方案，其范围仅涉及交通运输业和 6 个现代服务业（包括研发和技术服务、信息技术服务、文化创意服务、物流辅助服务、鉴证咨询服务和有形动产租赁服务），故被简称为"1＋6"。由于各相关省（市）之间产业结构的差异，在"1＋6"的范围内，"营改增"所牵动的地方政府营业税收入份额，分别在 20%—30% 之间不等。尽管"营改增"吃掉了地方政府原有营业税收入的一块儿，但尚未动摇营业税的根基。加之在"财力与事权相匹配"的原则下，作为实施"营改增"的配套性临时安排，被"吃掉了"——改征为增值税、转由国家税务局征收——的那块儿营业税收入，还会如数返还给地方政府，故而，对地方主体税种和地方财政收支形成的冲击，尚处于有限的、可控的地步。

然而，随着今年 8 月份"1＋6"范围内的"营改增"试点扩展至全国所有地区，与此同时，邮电通信、铁路运输和建筑安装等行业也将适时纳入试点范围，"1＋6"变身为"2＋N"、"3＋N"或其他，营业税的根基便可能发生动摇，地方主体税种和地方财政收支所受到的冲击便不再是有限的、可控的。更进一步看，按照"十二五"规划的要求，至迟至 2015 年，"营改增"将覆盖全国所有地区和所有行业。随着营业税被全部纳入增值税框架体系、作为一个独立税种且属于地方政府主要收入来源的营业税不复存在，无论是地方主体税种还是地方财政收支，都将由此面临极大的冲击，甚至演化为难以接受、难以为继的矛盾。

到了这个时候，即便仍可以暂时操用返还被"吃掉了"的收入、以

---

① 按照加入试点的先后顺序，包括上海市、北京市、江苏省、安徽省、广东省（含深圳市）、福建省（含厦门市）、天津市、浙江省（含宁波市）、湖北省。

中央转移支付匹配地方政府支出责任的办法来缓和矛盾，但是，"分税制"毕竟不是"分钱制"，配套性临时安排毕竟不能作为长久之计，地方财政终归不能退居为"打酱油财政"——花多少钱，给多少钱。只要"分税制财政体制"的方向不变，地方主体税种的设立和存在就是必需的。只要多级次政府管理的格局不变，一级政府、一级财政的基本财政规律就是不可背离的。在坚持"分税制财政体制"方向和多级次政府管理格局的前提下，具有相对独立的收支管理权和收支平衡权的健全的地方财政体系，当然是不可废弃的。

　　换言之，面对"营改增"所带来的地方主体税种和地方财政收支的新变化，不能满足于治标，而须着眼于治本——重建地方主体税种以及地方税制体系，以此为基础，重构地方财政收支格局。

　　2. "营改增"将催生直接税体系建设的提速

　　前面说过，在中国现行税收收入体系中，来自增值税收入的份额最大。2012年，它占到全部税收收入的39.8%。与此同时，来自营业税收入的份额为15.6%，系第三大税种。这意味着，在"营改增"到位之后，随着第一大税种、第三大税种合并为一个税种，倘若其他税种不作相应调整，增值税在全部税收收入的占比就会一下子跃升至50%甚至55%以上。增值税"一税独大"格局的进一步加剧，既不利于税收收入体系的均衡布局，更不利于财政风险的控制，甚至会加大既有的财政风险。为此，在实现增值税"扩围"的同时，适当地控制其所占份额，尽可能做到"扩围不增（份）额"，是"营改增"推进过程中不能不面对的一个重要挑战。

　　着眼于"扩围不增（份）额"，"营改增"的推进肯定会触动两个方面的问题：一方面，"营改增"之后的增值税应着手减低税率。一旦"扩围"与"降率"相伴而行，"扩围"的减税效应与"降率"的减税效应合兵一处，增值税收入本身以及附属于增值税之上的教育费附加、城市维护建设税和地方教育费附加等收入肯定会减少。而且，减少的规模将不会是一个小数。另一方面，历史与现实的考量一再证明，政府的财政支出规模通常只能增不能减。能够有所控制的，仅在于财政支出的增速或增量。一旦财政支出规模不能同步减少，由此而留下的财政收入

"短缺"空间，便只能以其他税种或新增税种收入规模及其份额的相应增加来填充。

问题是该填充些什么？又有哪些税种可以作为调增的对象而进入到该填充的序列之中？这涉及现行税制体系和税收收入体系格局的配置和调整。

前面也曾涉及，直接税占比低而间接税占比高，两者间的配置极不均衡，是久已存在于我国税制体系中的"老大难"问题。以 2012 年的数字为例，在全部税收收入 100600.99 亿元的盘子中，70% 以上来自间接税，只有 25% 左右的份额来自直接税。而且，在 25% 左右的直接税份额中，企业所得税和个人所得税各自所占的份额，分别为 19.5% 和 5.8%。鉴于企业所得税系对企业而非个人征收，其税负最终也是可能转嫁的，在我国现实税收收入体系中，可以基本算作完全意义上的、针对居民个人征收的直接税，只有这区区几个百分点的个人所得税。至于位于存量层面、针对居民个人征收的另一种直接税——财产税，则属于"空白"地带。

注意到直接税与间接税之间保持均衡是现代税制体系和现代税收收入体系的基本标志之一，再注意到中国已经成长为世界第二大经济体、理应构建与之相匹配的现代税制体系和现代税收收入体系，更注意到缺乏直接税的现行税制体系和现实税收收入体系格局已经演化为障碍现代税收功能实现、障碍社会主义市场经济体制有效运行的重要因素，加快直接税建设，逐步增加直接税并相应减少间接税在整个税收收入中的比重，显然是我国下一步税制改革必须牢牢把握、全力追求的目标。

并非巧合，作为中国税制改革的一项新的目标定位，"形成有利于结构优化、社会公平的税收制度"先后被载入中共十八大报告以及国务院批转的《关于深化收入分配制度改革的若干意见》之中。联系到中央经济工作会议关于"结合税制改革完善结构性减税政策"以及与此相关的一系列战略部署，可以认为，随"营改增"进程所可能出现的财政收入"短缺"空间，肯定要由以财产税和个人所得税为代表的直接税加以填充。故而，开征居民个人房产税和实行综合与分类相结合的个人所得税制等涉及直接税建设格局的改革的事项将可能进入实际操作阶段。显而易见，无论是居民个人住房房产税的开征，还是综合与分类相结合的个人所得税制度的建立，所涉及的都是增税。这些可能被增上去的税都属于直接税。

3. "营改增"将倒逼分税制财政体制的重构

如所周知，我国现行的财政体制，被称作"分税制财政体制"。在"分税制"旗帜下构建的现行财政体制，其最主要的内容，无非是事关两类税种收入的分享比例：增值税收入按75:25在中央与地方财政之间分享，所得税（包括企业所得税和个人所得税）收入按60:40在中央与地方财政之间分享。毋庸赘言，这样的分享比例是建立在既有税种归属关系格局基础上的。一旦由中央税、中央与地方共享税和地方税所构成的既有税种归属关系格局发生变化，特别是发生十分重大的变化，上述的分享比例势必要随之作出重大的调整，甚至整个分税制财政体制都要随之启动重构程序。

也许并不出人意料，在当前的中国，如此的变化已经发生了。上海市首先启动的"营改增"试点也好，其他8省（市）后来跟进的"营改增"也罢，其所带来的，无一不是其所辖区域内的交通运输业和6个现代服务业原有营业税收入归属关系格局的变化——作为地方税的部分营业税收入被划入中央与地方共享税收入范围。随着"营改增"扩展至全国所有地区和所有行业，当作为一个独立税种的营业税被全部纳入增值税框架体系之后，被转作中央与地方共享税收入的，将不再是部分的营业税收入，而是全部的营业税收入。随着既有税种归属关系格局的打破，上述的分享比例当然要随之调整。再进一步，现行分税制财政体制的基础也当然会随之动摇，甚至不复存在。

不仅如此，鉴于既有税种归属关系格局同以国、地税机构分设为主要特点的现行税收征管格局密切相连，既有税种归属关系格局的变化亦会带来国、地税两套税务机构各自税收征管范围以及国、地税两套税务机构并行格局的变化，也鉴于目前所推崇的所谓"财力与事权相匹配"原则有后退为"分钱制"之嫌，而且在事实上孕育了中央与地方财政关系的模糊地带，所以，重申和坚守"分税制财政体制"的方向，进而重构分税制财政体制格局，已经势在必行。由此出发，整个中央和地方之间的财政关系以及整个中央和地方之间的行政关系的重新界定并调整，也肯定要随之纳入议事日程。

4. "营改增"将倒逼新一轮全面改革的启动

与其他方面的政府职能和管理体制有所不同，财税职能和财税体制所具有的一个特殊品质，就在于其最具"综合性"——它的运行范围，能够覆盖所有政府职能、所有政府部门和所有政府活动。发生在这一既十分复杂又牵动全局领域的任何改革事项，都不会止步于财税领域本身，而且可以延伸至整个经济体制改革，甚至可以触动包括经济、社会、政治、文化、生态文明和党的建设在内的所有领域。牵住了财税体制改革这个牛鼻子，就等于抓住了政府改革以至于全面改革的几乎全部内容。

这实际上告诉我们，"营改增"所点燃的新一轮财税体制改革导火索，很可能成为启动和推进全面改革的突破口和主线索。作出这一判断的基本依据和基本逻辑在于如下几条：

第一，如中共十八大报告所说，经济体制改革的核心问题是处理好政府和市场的关系。其中，特别是对于当前的中国而言，政府是矛盾的主要方面。因而，调动各级政府改革的积极性和主动性，以推动政府改革来规范政府和市场的关系，进而带动全面改革，无论从哪个方面看，都是下一步改革的关键环节。

第二，政府改革的核心问题是政府职能做适应市场经济体制的规范化调整。纵观当前中国政府所履行的各项职能，尽管项目繁多，表现各异，但从大类分，无非是"事"和"钱"两个方面。前者主要涉及行政体制，后者主要指财税体制。故而，我们实际面临着从"事"入手还是由"钱"入手来转变政府职能两种选择。不过，相对于各级政府之间和各个政府部门之间的权力归属和利益分配关系而言，有关"事"的方面即行政体制的调整，对其的触动是直接的、正面的，有关"钱"的方面即财税体制的调整，对其的触动则是间接的、迂回的。显然，前者实施的难度较大，遇到的阻力因素较多。后者实施的难度和阻力，通常会弱于前者。以财税体制改革为突破口，顺势而上，有助于迂回逼近政府职能格局的调整目标，进而推动政府改革和全面改革。

第三，事实上，自 1978 年以来的 30 多年间，财税体制改革一直是我国全面改革的突破口和主线索。我国的改革是从分配领域入手的。最初确定的主调，便是"放权让利"。而在当时，政府能够且真正放出的"权"，主要是财税上的管理权。政府能够且真正让出的"利"，主要是财税收入在国民收入分配格局中的所占份额。正是通过财税上的"放权让利"并以此铺路搭桥，才换取了各项改革举措的顺利出台和全面改革的平稳推进。

1992 年 10 月中共十四大正式确立社会主义市场经济体制的改革目标，标志着我国的改革进入"制度创新"阶段。随着 1993 年 11 月召开的中共十四届三中全会通过《中共中央关于建立社会主义市场经济体制若干问题的决定》，以建立适应社会主义市场经济的财税体制为突破口和主线索，为整个社会主义市场经济体制奠基，也就成为那一时期的必然选择。于是，便有了以"制度创新"为特点的 1994 年的财税体制改革。可以说，正是由于打下了 1994 年的财税体制改革的制度创新基础，才有了后来的社会主义市场经济体制的全面建立和日趋完善。

第四，当前中国经济社会发展中面临的诸多难题的破解，几乎都要以财税体制改革的全面深化为前提。比如，最终走出国际金融危机、使经济步入正常发展轨道，显然不能在现有的经济结构和经济发展方式格局下实现，而必须调整经济结构、转变经济发展方式。无论是调整经济结构，还是转变经济发展方式，都有赖于现行财税体制的深刻变革。再如，缓解或解决收入分配领域矛盾的寄望，在于重建或调整适应市场经济体制的政府收入分配调节机制。一旦论及收入分配机制的重建或调整，无论是初次分配层面，还是再分配层面，都涉及与财税体制的对接，甚至要求财税体制的根本性改革。故而，从总体上看，现行财税体制已经演化为各方面改革深入推进的"瓶颈"地带和焦点环节。全面深化财税体制改革，也就意味着包括经济、政治、文化、社会、生态文明和党的建设等领域在内的全面改革的启动和推进。

四　启示与结论

关于"营改增"的意义及其效应问题的讨论至此，可以得出如下几点启示和结论：

其一，正在逐步"扩围"并将于"十二五"落幕之时全面完成的"营改增"，绝非一般意义上的税制调整或税制改革举措。它所产生的效应，不仅可以跨越税制改革领域而延伸至宏观经济运行层面，而且可以跨越宏观经济运行层面而延伸至财税体制改革领域，并通过财税体制改革牵动包括经济建设、政治建设、文化建设、社会建设、生态文明建设和党的建设在内的全面改革。所以，很有必要对"营改增"做全面而系统的评估。

其二，作为一项早已预设且谋划多年旨在完善现行流转税制的基础性举措，"营改增"并非简单的"两税合并"。它不应也不能止步于将营业税简单地纳入增值税体系框架，而须在此基础上跃升一步，实现增值税税制的再造。这是因为，始自1994年的现行增值税税制，毕竟是专门为制造业量身打造的。将原本基于制造业的运行特点而设计的增值税税制"扩围"至服务业，不能不将包括制造业和服务业在内的两个产业相对接，在两者融为一体的条件下重启制度安排。就此而论，目前的"营改增"方案，尚属于零敲碎打，终归带有修补性质，至多能够应付试点的短时之需，而难以做长远打算。这意味着，我们已经到了站在覆盖所有制造业和服务业的高度做顶层设计，着眼于增值税税制整体变革的时候。

其三，鉴于这一轮国际金融危机的特殊性，鉴于作为第二大经济体的中国经济已经全面融入世界经济体系，也鉴于人类税收制度变迁的一般规律，更鉴于结构性减税已经演化为这一轮宏观调控的主战场，抓住"营改增"这一难得的契机，通过逐步增加直接税并相应减少间接税的操作，对中国现行税制体系做结构性的重大调整，不仅关系到这一轮宏观调控的成败，而且关系到我们能否实现"形成有利于结构优化、社会公平的税收制度"的目标，能否构建起适应适合社会主义市场体制的现代税制体系和现代税收收入体系。应当说，伴随着"营改增"的启动和推进，对于以开征居民个人房产税和实行综合与分类相结合的个人所得税制为主要内容的中国的直接税建设，我们已没有选择和犹疑的余地。

其四，既然"营改增"会带来包括地方主体税种、中央和地方税收征管格局、现行分税制财政体制基础以及中央和地方财政关系在内的一系列重大变化，完全可能成为引发或倒逼整个财税体制改革甚至全面改革的导火索，摆在我们面前的恰当选择，就是顺藤摸瓜，循着"营改增"的推进线索，不失时机地启动新一轮财税改革："营改增"走到哪儿，触及哪些因素，财税改革便推进到哪儿，改革哪些因素。并且，以此为基础，将财税改革作为突破口和主线索，由此带动并延伸至其他领域的改革，进而不失时机地启动新一轮全面改革。为此，在当前亟待提上议事日程的一项重要工作，就是做好财税体制改革以及全面改革的顶层设计和总体规划。

主要参考文献

1. 财政部、国家税务总局：《关于印发〈营业税改征增值税试点方案的通知〉》（财税【2011】110 号）。

2. 财政部、国家税务总局：《关于在上海市开展交通运输业和部分现代服务业营业税改征增值税试点的通知》（财税【2011】111 号）。

3. 财政部、国家税务总局：《关于应税服务适用增值税零税率和免税政策的通知》（财税【2011】131 号）。

4. 财政部、国家税务总局：《关于交通运输业和部分现代服务业营业税改征增值税试点若干税收政策的通知》（财税【2011】133 号）。

5. 国家税务总局：《关于印发《营业税改征增值税试点地区适用增值税零税率应税服务免抵退税管理办法（暂行）的公告》（国家税务总局 2012 年 13 号公告）。

6. 高培勇：《尽快启动直接税改革——由收入分配问题引发的思考》，《涉外税务》2011 年第 1 期。

7. 新华社：《中央经济工作会议 12 月 15 日至 16 日在北京举行》，《人民日报》2012 年 12 月 16 日。

8. 楼继伟：《中国政府间财政关系再思考》，中国财政经济出版社 2013 年版。

9. 胡怡建：《营改增：试点成效显著、扩围应对挑战》，《中国税务报》2013 年 4 月 22 日。

10. 财政部：《2012 年中央和地方预算执行情况与 2013 年中央和地方预算草案的报告》，《人民日报》2013 年 3 月 17 日。

11.《中华人民共和国国民经济和社会发展第十二个五年规划纲要》，《人民日报》2011 年 3 月 16 日。

（原载《税务研究》2013 年第 7 期）

财税体制改革亟待定夺的四个方向性问题

当前制约我国经济社会发展的许多具有全局性影响的问题，如地方债务风险、产业结构调整、城镇化推进、改善民生导向和宏观经济政策布局等，都同财税体制密切相关。可以说，财税体制改革牵一发而动全身，已经成为全面深化全面改革开放的突破口和主线。

一旦聚焦财税体制改革并深入到其所牵涉的多方面因素，又会发现，解决当前的突出矛盾固然是财税体制改革的一个重要着眼点，但围绕它的研究和谋划，应当也必须从顶层设计和总体规划入手。其中，事关财税体制改革根本方向的如下四个问题，当在优先考虑之列。

一　财政体制：要不要继续坚守"分税制"？

1994 年迄今，我国的财政体制一直以分税制财政体制冠名。毋庸赘述，将"分税制"作为财税体制的前缀，表明我国的财税体制是以分税制作为改革方向或建设目标的。也毋庸赘言，"分税制"所对应的是"分钱制"，是将"分钱制"作为其对应面来设计的。

与我们曾经经历过的以统收统支、财政大包干为代表的"分钱制财政体制"安排有所不同，本来意义上的"分税制财政体制"至少具有"分事、分税、分管"三层含义："分事"，就是在明确政府职能边界的前提下，划分各级政府间职责（事权）范围，在此基础上划分各级财政支出责任；"分税"，就是在划分事权和支出范围的基础上，按照财权与事权相统一的原则，在中央与地方之间划分税种，即将税种划分为中央税、地方税和中央地方共享税，以划定中央和地方的收入来源；"分管"，就是在分事和分税的基础上实行分级财政管理。一级政府，一级预算主体，各级预算相对独立，自求平衡。

对照分税制财政体制的上述含义，不难发现，在过去的 20 年中，经过一系列的所谓适应性调整，眼下的财政体制格局已经出现了偏离"分税制"而重归"分钱制"的迹象。

比如，分税制财政体制的灵魂或设计原则，就在于"财权与事权相匹配"。然而，在"财权"和"事权"始终未能清晰界定的背景下，绝对属于颠覆性的调整变化发生了：先是"财权"的"权"字被改为"力"字，从而修正为所谓"财力与事权相匹配"。由于财力和事权分别处于"钱"和"权"两个不同的层面，现实中的操作便如同分居在不同楼层的两个人的联系方式，除非一个人跑到另一个人所在的楼层，否则只能隔空喊话或借助通信手段。因而，财力与事权之间的匹配方式很难规范化。后来，又在预算法的修订中以"支出责任"替代"事权"，从而，名义上的"财力与事权相匹配"演化成了事实上的"财力与支出责任相匹配"。问题在于，"财力"指的是"钱"，"支出责任"无疑指的也是"钱"，由两"权"层面上的匹配退居为两"钱"层面上的匹配，虽可说是迫于现实条件的一种不得已的选择，但终归是从分税制财政体制基点的倒退之举。

还如，将现行税制体系中的 18 个税种划分为中央税、地方税和中央地方共享税，本是分税制财政体制的一个重要基石。基于当时的特殊背景，1994 年财税改革的主要注意力放在了中央税和中央地方共享税建设上。在此之后的调整，并未适时实现主要注意力向地方税建设的转移。一方面，2002 年的所得税分享改革，进一步添增了中央地方共享税收入占全部税收收入的比重。另一方面，始自 2012 年上海试点、眼下已经向全国扩围且要在"十二五"落幕之时全面完成的"营改增"，又将属于地方唯一主体税种的营业税纳入了中央地方共享税——增值税——框架之内。尽管如此的操作有其必要性，系事关财税体制改革的重要步骤，且同时伴随以相应的财力补偿性措施，但一个直接的、不可回避的结果是，地方税体系被进一步弱化了，唯一的地方税主体税种被撼动了，地方税收入占全部税收收入的比重进一步下降了。

再如，分税制财政体制的另一个重要基石，是在"分事"、"分税"的基础上实行分级财政管理。作为一级政府财政的基本内涵，就在于它须有相对独立的收支管理权和相对独立的收支平衡权。但是，这些年来，随着中央各项转移支付规模及其在全国财政收支规模中所占比重的急剧增长和扩大，不仅地方财政可以独立组织管理的收入规模及其在地方财政收入中的占比急剧减少和缩小，而且地方财政支出的越来越大的份额依赖于中央财政的转移支付。在某种意义上，为数不少的地方财政已经沦落为"打酱油财政"——花多少钱，给多少钱。倘若此种格局长期化，甚至于体制化，那么，多级财政国情背景下的各级地方财政，将由于缺乏相对独立的收支管理权和收支平衡权而在事实上带有"打酱油财政"的性质。它的本质，同历史上的带有"分钱制"色彩或倾向的财政体制安排是类似的。

所以，下一步财税体制改革亟待澄清的一个根本问题在于：是继续坚守"分税制"的方向并逐步向其逼近？还是迫于现实条件的制约而部分回到"分钱制"？

二 税制结构：要不要增加直接税？

1994 年确立的我国现行税制结构及其所决定的税收收入结构，是以流转课税为主体的，2012 年，来自增值税、营业税和消费税等流转课税的收入占全部税收收入的比重超过 70%，企业所得税和个人所得税收入的占比，则分别为 19.5% 和 5.8%。进一步看，在现实生活中，流转课税加上企业所得税，均系通过各类企业之手缴纳。两者份额合计，来自企业缴纳的税收收入占到全部税收收入的 90% 以上。

如此的结构，在过去的 20 年中，特别是这一轮国际金融危机以来，给我们带来了一系列的挑战：

第一，流转课税的另一个称谓即是间接税。70% 以上的税收收入来自间接税，意味着我国税收收入的绝大部分要作为价格的构成要素之一嵌入价格之中，同商品和服务价格高度关联。在国内，它既可垫高商品和服务的价格水平，又会障碍政府控制物价水平的努力。在国际贸易领域，由于中外税制结构的巨大差异，还会因嵌入价格之中的间接税"分量"的不同而带来境内外商品和服务价格之间的"反差"或"倒挂"现象。

第二，90% 以上的税收收入来自企业缴纳，一方面意味着我国税收的绝大部分可以转嫁，税收归宿在总体上难以把握，从而模糊政府利用税收调节经济活动的视线。另一方面也说明，即便宏观税负水平可能相同或近似，即便税收在经过一系列的转嫁过程后最终要落在消费者身上，至少在国民收入初次分配环节，我国企业所承担的税负也会高于国际一般水平，从而使企业在参与国际竞争中处于不利地位。

第三，来自个人所得税收入的占比仅为 5.8%，又几乎没有任何向居民个人征收的财产税，意味着我国税收与居民个人之间的对接渠道既极其狭窄，又只能触及收入流量。这对于政府运用税收手段调节居民收入分配差距，特别是调节包括收入流量和财产存量在内的贫富差距而言，绝对属于小马拉大车，心有余而力不足。

第四，从根本上说来，税制结构所反映或揭示的，是税收负担在社会成员之间的分配状况。税制结构及其所决定的税收收入结构的差异，与经济发展水平和社会文明程度直接相关。人类税制结构的发展史，就是从简单原始的直接税到间接税，再由间接税到发达的直接税的演进过程。其中，主导这一过程的一个最为重要的因素，就是人类对于税收公平的追求。就向间接税一边倒且主要依赖企业税收来源的现行税制结构而论，我国当下的税收负担分配难以提及或体现公平。随着我国跻身世界第二大经济体的脚步以及社会发展水平的提升，这种税制结构越来越呈现出种种不相匹配之处。在某些方面，甚至已经演化成为种种矛盾冲突。

正是基于上述的判断，党的十八大报告正式提出了"形成有利于结构优化、社会公平的税收制度"的税制改革目标。

所以，下一步财税体制改革绕不开、躲不过的一个根本问题在于：是否将社会公平作为一个主要因素纳入税制设计棋盘？是否要在"营改增"已经并将继续带来相当的间接税减税效应的同时，逐步增加直接税并提升其占比？

三　预算管理：要不要真正实行"全口径"？

在我国，财政收支或称预算收支不等于政府收支，既是一个久已存在的老大难问题，又是一个久治未愈的心腹之患。从 2003 年党的十六届三中全会正式提出"实行全口径预算管理"的改革目标迄今，在 10 年的时间里，尽管先后推出了一系列的调整、整合动作，逐步形成了公共财政预算、政府基金预算、社会保险预算和国有资本经营预算四类预算的现实格局，但这一矛盾始终未能真正缓解，甚至有趋于常态化的倾向。

具体来讲，公共财政预算，亦称一般收支预算，这类收支有统一的制度规范，须接受并通过各级人民代表大会的审议、批准，且可在各级政府层面统筹使用。故而属于规范程度最高的政府预算。政府基金预算，虽在名义上纳入了各级人民代表大会的视野，但在现实中被视作相关部门的"私房钱"。其收支的运作，既不需通过各级人民代表大会的批准程序，也不可能在各级政府层面做统筹安排。故而充其量只能算作"备案"性的审议。社会保险基金预算，虽有相对规范的收支内容、标准和范围，并实行专款专用，但其编制和执行的主导权既非财政部门，又仅限于向各级人民代表大会报告，故而亦属于"备案"性的审议范畴。至于国有资本经营预算，则一方面，进入预算视野的范围仍限于部分国有企业，而且上交预算的国有企业利润比例远低于国际通行水平；另一方面，即便上交的部分，也在国有企业内部封闭运行。故而至多可算作打了较大折扣的"备案"性审议。

按照 2013 年的预算数字计算，在包括上述所有四类预算收支的盘子中，公共财政预算收支所占的比重，仅为 65% 上下。其余的三类预算收支所占比重数字加总，高居 35% 左右。这意味着，当前中国的政府收支规模，真正纳入"全口径"预算管理视野或完全处于"全口径"控制之下的比重，较之 20 世纪末实行"费改税"之前的水平，虽有所改善，但距离党的十六届三中全会设定的目标，还有相当长的一段路要走。

这种不规范的预算格局，使我们一再地遭遇各种难以跨越的难题：

时至今日，我国尚无全面反映政府收支规模及其占 GDP 比重的统计指标。在所谓财政收支的名义下，每年的政府预算所能揭示的，仅仅是公共财政预算收支的规模及其占 GDP 的比重。也正是出于上述的原因，对于我国宏观税负水平的判定，至今仍无一个相对清晰且为人们所能接受的标准。此其一。

即便按照扣除国有土地出让收入之后的口径计算，2012年，政府收入占GDP的比重仍旧高居30%上下。尽管政府财力总额不能算少，尽管财力的性质完全相同，但由于分属于规范性程度不同的预算，其中相当的部分又被分割为若干块儿分属于不同政府部门、不能统筹安排的"私房钱"，由此既造成了政府财力使用上的分散和浪费，也在财力紧张的表面现象下潜藏了政府收入不断扩张的现实内容。此其二。

既不能将所有的政府收支纳入统一的制度框架，各级人民代表大会对政府预算进行的审批只能是"区别对待"式的。既不能将全部的政府收支关进统一的制度笼子，本属于同一性质的各种政府收支的运作也就会"政出多门"。毋庸赘言，建立在如此基础之上的政府预算，当然谈不到完整规范，更谈不上公开透明。此其三。

所以，下一步财税体制改革不容回避、也回避不了的一个根本问题是：要不要正视并突破主要来自政府内部的既得利益格局的阻碍？要不要真正下决心把"全口径"预算管理落实到位？

四　政府支出：要不要稳定规模并转换结构？

按照目前有账可查且可以查到的统计文献计算，2012年，我国全部政府支出占GDP的比重已经突破35%。这样的支出规模，在今天的世界上，虽然从一般比较角度而言不能算是偏高的，但一旦同经济发展水平相联系而作更为细致的比较，特别是在将目前相对落后的财政支出管理水平纳入视野之后，则绝对属于相对偏高状态了。

进一步看，政府支出规模在扣除各类赤字或债务之后，直接表现为宏观税负水平的高低。鉴于我国现实的宏观税负水平已经处于相对偏高状态，也鉴于我国的国民收入分配结构近些年已经发生了越来越向政府一方倾斜的变化，更鉴于政府支出规模过大不利于经济结构调整和经济持续健康发展的事实，稳定既有政府支出规模及其占GDP比重，并使其不再进一步扩大或提升，无疑是必要的。

与此同时，我国现实的政府支出结构也颇不均衡。虽然仅以公共财政预算支出计算的投资和建设性支出比重已大幅下降，但若将以国有土地出让收入为主体的政府性基金预算支出和地方政府融资平台资金所形成的支出计算在内,"全口径"政府支出中的投资和建设性支出占比,则要超过50%。投资和建设性支出比重的偏大,意味着我国对于民生领域的投入仍处于不足或欠账状态,也意味着政府沿袭多年的通过扩大投资和上项目的发展经济思路亟待调整。

所以,在国内外经济形势已经发生重要变化、新一届党中央领导集体治国理政思路已经作出重大调整的背景下,下一步财税体制改革应当也必须解决的一个根本问题是:要不要将稳定既有的政府支出规模作为一个目标加以追求?要不要在稳定政府支出规模的同时,真正摒弃以扩大政府投资和建设支出换取经济增长的传统思维定式,并作出向民生领域支出倾斜的政策抉择?

上述的四个方向性问题,对于启动下一步的财税体制改革是极为重要的。只有在大方向明确的条件下,方可避免出现一些似是而非的决策,改革才不至于出现周折或反复。

（原载《光明日报》2013 年 8 月 16 日）